中国经济问题丛书

U0665588

新发展格局下的金融结构优化

何 青 / 著

中国人民大学出版社

· 北京 ·

图书在版编目（CIP）数据

新发展格局下的金融结构优化/何青著 . -- 北京：
中国人民大学出版社，2022.4
（中国经济问题丛书）
ISBN 978-7-300-30612-4

Ⅰ.①新… Ⅱ.①何… Ⅲ.①金融结构-研究-中国
Ⅳ.①F832.1

中国版本图书馆 CIP 数据核字（2022）第 079561 号

中国经济问题丛书
新发展格局下的金融结构优化
何 青 著
Xin Fazhan Geju Xia de Jinrong Jiegou Youhua

出版发行	中国人民大学出版社			
社　　址	北京中关村大街 31 号		**邮政编码**	100080
电　　话	010 - 62511242（总编室）		010 - 62511770（质管部）	
	010 - 82501766（邮购部）		010 - 62514148（门市部）	
	010 - 62515195（发行公司）		010 - 62515275（盗版举报）	
网　　址	http://www.crup.com.cn			
经　　销	新华书店			
印　　刷	涿州市星河印刷有限公司			
规　　格	160mm×230mm　16 开本		**版　　次**	2022 年 4 月第 1 版
印　　张	24.25		**印　　次**	2022 年 4 月第 1 次印刷
字　　数	361 000		**定　　价**	88.00 元

《中国经济问题丛书》
总　序

　　经济理论的发展和变化是与经济实践紧密联系的，在我国构建高水平社会主义市场经济体制的今天，实践在呼唤经济学的发展和繁荣；与此同时，实践也为经济学的发展创造着条件。

　　中国的市场化改革是没有先例的，又没有现成的经济理论作指导，这是中国学者遇到的前所未有的挑战。他山之石，可以攻玉。随着一大批西方经济理论译介进来，以及一大批具有现代经济学素养的人成长起来，认识和解决中国问题开始有了全新的工具及视角。理论和实践是互动的，中国这块独一无二的"试验田"在借鉴和运用现代经济理论的同时，势必会为经济理论的发展注入新的活力，成为其发展的重要推动力量，而建立在探讨中国经济问题基础之上的经济学也才有望真正出现。中国经济问题正是在这个大背景下获得了特别的意义。

　　我们策划出版《中国经济问题丛书》的主要目的是鼓励经济学者的创新和探索精神，继续推动中国经济学研究的进步和繁荣，在中国经济学学术著作的出版园林中，创建一个适宜新思想生长的园地，为中国的经济理论界和实际部门的探索者提供一个发表高水平研究成果的场所，使这套丛书成为国内外读者了解中国经济学和经济现实发展态势的必不可少的重要读物。

　　中国经济问题的独特性和紧迫性将给中国学者提供广阔的发展空间。本套丛书以中国经济问题为切入点，强调运用现代经济学方法来探究中国在改革开放和经济发展中面临的热点、难点问题。本套丛书以学术为生命，以促进中国经济与中国经济学的双重发展为己任，选题论证采用"双向匿名评审制度"与专家约稿相结合，以期在经济学界培育出一批具有理性与探索精神的中国学术先锋。中国是研究经济学的最好土壤，在这块土地上只要勤于耕耘、善于耕耘，就一定能结出丰硕的果实。

目 录

第1章 导 论

1.1 金融结构优化的背景与问题

自改革开放以来，中国的金融业保持了快速增长态势，形成了多元化的金融机构体系，金融总量不断增加，金融业务不断拓展和创新。金融业的快速发展，对支持我国经济结构的调整和发展起到了重要作用，也成为我国宏观经济调控不可或缺的重要渠道。然而，近年来，我国金融业的发展与实体经济的增长却出现了较严重的背离现象。一方面，我国金融部门持续膨胀，社会融资总量、信贷规模、资本市场等快速发展。2007—2020 年我国信贷总额占 GDP 的比例升至 250% 以上。截至 2020 年底，货币供给总量 M2 余额达到 218.7 万亿元。另一方面，我国实体经济持续低迷，增长速度逐年下滑，中小企业融资难、融资贵成为较普遍的现象。金融与实体经济发展的失衡，意味着金融并没有发挥有效的资源配置作用，大部分资金只是在金融系统或虚拟经济内循环。我国金融业蕴含着的巨大金融风险，成为中国经济长期稳健增长的隐患。

2020 年 10 月，党的十九届五中全会通过的《中共中央关于制定国民经济和社会发展第十四个五年规划和二〇三五年远景目标的建议》提出，要加快构建以国内大循环为主体、国内国际双循环相互促进的新发展格局。2021 年 3 月，《中华人民共和国国民经济和社会发展第十四个五年规划和 2035 年远景目标纲要》正式提出，坚持扩大内需这个战略基点，加快培育完整内需体系，把实施扩大内需战略同深化供给侧结构性改革有机结合起来，以创新驱动、高质量供给引领和创造新需求，加快构建以国内大循环为主体、国内国际双循环相互促进的新发展格局。构建新发展格局，既要坚持扩大内需的战略基点，又要坚持深化供给侧改革的主线。2015 年底，中央经济工作会议明确提出，要在适度扩大总需求的同时，着力加强供给侧结构性改革，着力提高供给体系质量和效率。长期以来，我国经济改革主要强调总需求侧的改革，过度依赖于货币政策刺激，从而加剧了金融资源的错配，延缓了金融部门的改革，拖累了经济结构和经济增长模式的转型。中国的供给侧结构性改革需要在劳动、资本、土地、技术创新等领域取得进展，金融部门的改革尤为重要。2019 年 2 月底，习近平总书记在中共中央政治局就完善金融服务、防范金融风险举行的第十三次集体学习中强调，要"正确把握金融本质，深化金融供给侧结构性改革，平衡好稳增长和防风险的关系，精准有效处置重点领域风险，深化金融改革开放，增强金融服务实体经济能力，坚决打好防范化解包括金融风险在内的重大风险攻坚战，推动我国金融业健康发展"。面对中华民族伟大复兴的战略全局和世界百年未有之大变局，进一步深化金融供给侧改革，有效防控金融风险，才能使金融发展更好地服务于实体经济，促进中国经济高质量转型发展。

目前，我国学术界的主流观点是，金融供给侧结构性改革要更加有效地发挥金融系统的资源配置功能，提高金融供给满足实体经济金融需求的能力（李扬，2017；孙国峰，2017；郑联盛，2019）。这个看似完整的逻辑却存在一定的内在缺陷，2017 年第五次全国金融工作会议提出了服务实体经济、防控金融风险、深化金融改革三项任务。与金融供给侧改革并驾而行的不只是服务实体经济，防控金融风险同样是供给侧结构性改革需要重点关注的问题，不可偏废。张晓晶（2020）指出，金融科技变革了金融服务实体经济的渠道和模式，使得金融服务进一步下沉到以往很难获得信贷融资的小微企业和居民家庭。信用下沉必然与风险相伴随，也就是整个经济体中有更多的群体可以进行加杠杆操作。若我国的金融制度、金融监管没有及时跟上，这种金融创新服务实体经济的方式有可能成为金融风险的蓄水池。

基于以往十余年的研究，笔者在总结前人经验的基础上提出，金融供给侧结构性改革主要包括金融制度和金融科技，两者相辅相成、螺旋上升才是金融供给侧结构性改革的最优路径，既能实现服务实体经济、促进经济高质量发展的政策目标，又能兼顾防范化解重大经济金融风险的重大任务。若金融制度落后于金融科技的发展，那么监管无法触及的领域很可能集聚风险，威胁整个社会的金融稳定。若金融科技落后于金融监管，过去几十年存在的金融压抑现象将持续存在，金融服务实体经济的效率将大打折扣。因此，本书将从金融制度和金融科技两个维度分析金融供给侧改革，探讨两者如何交织交融、和谐发展，更好地服务于实体经济、防范金融风险，服务于"以国内大循环为主体、国内国际双循环相互促进"的新发展格局。

1.2 金融结构优化的重点

根据美国经济学家罗伯特·默顿和兹维·博迪的金融功能分析框架，金融系统最基本的、最核心的功能可以归纳为六项：在时间和空间上转移资源；提供分散、转移和管理风险的途径；提供清算和结算的途径，以完结产品、服务和各种资产的交易；提供集中资本和股份分割的机制；提供价格信息；提供解决"激励"问题的方法。

根据黄达对中国金融体系概念的界定和剖析，现代金融体系由五个要素构成：由货币制度所规范的货币流通；充当信用中介、媒介以及从事各种金融服务的金融机构；作为金融活动载体的金融工具；作为金融工具发行和交易场所的金融市场；对金融运行进行管理和对金融领域进行调节的调控机制。

金融制度和金融科技是金融结构优化的两大重点，从金融功能的视角出发，两者均可以解释金融结构的变化和金融效率的提升；从宏微观结合的理论视角出发，两者均能同时作用于宏观金融和微观金融，进而兼顾促进金融发展和防范金融风险。

1.2.1 金融制度

在微观金融的范畴内，在一个不存在任何摩擦的市场中，金融市场可以充分发挥价值发现和资源配置的功能。此时，对金融结构的选择并不重要，也不存在任何金融风险（Modigliani and Miller，1958；Holmstrom and Tirole，1997）。然而，在现实世界中，完美的金融市场并不存在，各种摩擦的出现使得金融风险内生且不可避免。

第一，阿罗-德布鲁的完全市场是不可能实现的。金融中介作为天然经营风险的机构，决定了其必然会面临各种风险。商业银行作为吸收公众存款、发放贷款、办理结算等业务的企业法人，决定了其不可能实现资本完全覆盖。银行的期限转换功能依赖于吸收活期存款、发放中长期贷款，天然面临期限错配的风险。因为完全市场并不存在，所以资产证券化、信用违约互换等风险管理产品并不能消除风险，只能实现风险在不同机构、不同时期的转移（张晓朴，2010；Acemoglu et al.，2015）。

第二，真实世界充满了信息不对称，不存在完全信息的假设。由于存在不完全信息，信贷配给的出现是必然的（Stiglitz and Weiss，1981）。信息不对称常常使金融机构低估自己所承担的风险水平，并在事前过度承担风险，在事后寄希望于政府救助（余明桂等，2013；Diamond and Rajan，2001；Jiménez et al.，2014）。

第三，完全合同在现实中无法实现。一方面，这说明金融机构的公司治理能力较差增加了金融体系的脆弱性（周小川，2020；Laeven and Levine，2009）；另一方面，它表明政府在监管上也难以做到尽善尽美，政府失灵也会客观存在（林毅夫和李志赟，2004；Stiglitz，2010）。

福利经济学第一定理证明了任何竞争均衡都是帕累托最优的，但完全市场、完全信息、完全合同的假设在现实中并不存在，这种自由放任主义无法达到政府期望的目标，从而为政府干预提供了理由。正如张杰（2017）所述，亚当·斯密刻画了一个自由和谐的市场环境，而事实上，宏观金融充斥着集体非理性，如通货膨胀、资产泡沫以及银行挤兑等。为了实现资源配置、宏观经济稳定、收入再分配的功能，政府开始制定一系列的政策，主要分为以下六类：为经济活动制定并实施法规；税收和支出；发行和管理货币；提供产品和服务；解决问题或假装解决问题；与其他国家协商（Benassy-Quere et al.，2013）。

道格拉斯·诺斯指出："制度是人为设计的约束机制，这种约束对人类的相互作用起到了组织作用。制度是由以下三个部分组成的：正式约束（规则、法律、宪法）、非正式约束（行为规范、习俗、自我施加的行为准则）以及两者的执行特点。它们共同定义了社会的激励机制，尤其是经济层面的。"金融制度也是如此，制度影响市场均衡和政策的有效性，可以更好地引导资本流入社会需要的领域，防范金融风险的过度集聚。

1.2.2　金融科技

金融科技基于人工智能、大数据、区块链、云计算、生物识别等一系列技术创新，应用于支付清算、借贷融资、投资理财、零售银行、保险等金融领域。金融科技能够帮助金融机构改变成本结构、增强服务能力、提高服务效率。目前，中国中小企业的融资缺口大，正规部门的融资缺口接近 1.9 万亿美元，融资缺口率达 43%，成本大致为 7.5%～11.5%。

信息不对称问题的存在，降低了中小企业的融资可得性，推高了融资成本。正规金融机构无法有效判断中小企业的实际经营状况，无法有效约束企业主的行为，从而降低了融资市场对于中小企业资金的有效供给。金融科技无论是在技术种类创新，还是在制度规范化方面均取得了进展。金融科技的技术应用与产品创新打破了信息封闭不对称、成本高昂、业务流程复杂、时空转换不方便等难题，为中小企业的发展提供了新机遇，逐步缓解了中小企业融资难困境，扩大了金融服务可得性。

人工智能可用于信用评估、企业财务、智能投顾、智能客服环节。我们可应用人工智能技术对中小企业进行信用风险分析，帮助金融机构快速有效地识别中小企业的信用风险，提高中小企业的融资效率，增加中小企业的融资可得性。RPA（机器人流程自动化）技术为中小企业解决财务管理的相关问题提供了一个低价、高效的解决方案。基于马科维茨（Markowitz）的投资组合理论和机器学习算法技术，可以根据中小企业的风险偏好、财务状况、投资目标和行业背景，找出针对该中小企业的最优投资组合，并且根据市场变化进行动态调整。智能客服通过生物认证、语音识别、自然语言识别等人工智能技术，分析客户的语言和行为，提取客户的需求，并利用知识图谱和数据库内容构建客服机器人的回答体系，为中小企业提供了更为人性化的服务，从而提高了服务水平。

大数据可应用于征信、风险控制、风险定价、供应链金融。大数据征信就是把大数据技术运用到传统的征信服务中，通过大规模数据的采集、存储、计算和分析，能够更准确地分析中小企业的信用状况。大数据风险控制可以更早地发现违约风险和欺诈风险，及时避免损失的发生，从而提高了金融机构的风险管控能力，降低了金融机构的风险成本。风险定价是中小企业金融服务中的关键一环。大数据技术可以让金融机构充分利用中小企业数据库，通过大规模数据分析，为中小企业提供个性化的风险定价模式。

区块链可用于企业融资、支付结算、保险、资产交易平台。在中小企业金融服务的范畴中，区块链的应用场景较为广泛，在企业融资、支付结算、保险、资产交易平台、征信和供应链金融方面都有很好的应用前景。总的来说，区块链提供的底层技术支持，在中小企业金融服务发生革命性变化、去中心化和去信任的前提下，使得中小企业能够更高效地获得金融服务。

云计算可用于金融机构 IT 系统的云化。通常说来，云计算并不直接作用于服务过程或是应用于金融产品，而是通过对金融机构经营管理类系统、渠道类系统和核心业务系统等 IT 系统的云化，为大数据技术和人工智能技术应用提供基础设施支持，使得金融机构能够及时、快速地对接中小企业客户，提升中小企业金融服务的可得性，降低中小企业获取金融服务的成本。

生物识别可用于支付结算和交易过程。生物识别主要从支付方式和交易方式方面为中小企业的金融服务提供技术支持。在支付结算方面，基于生物识别的移动支付在中小企业获取客源、拓宽业务市场和维持资金稳定方面具有战略性意义。在交易方面，生物识别可以帮助中小企业便利、安全地实现远程开户、交易转账，进一步降低中小企业的成本。

1.3 新发展格局下金融结构优化的目标

1.3.1 防范和降低金融风险

当今世界正经历百年未有之大变局，我国面临的机遇和挑战出现了新的发展变化。为了化解挑战、把握机遇，金融机构要始终把防范风险放在突出位置。防范金融风险，守住不发生系统性金融风险的底线，是"三大攻坚战"之首，也是我国建设现代化经济体系、实现高质量发展的必然要求。如何防范外部冲击带来的金融风险，易纲（2018）认为，中国有很好的条件做好金融风险防控工作：一是我们有社会主义市场经济的制度优势；二是我们有改革开放 40 多年积累的雄厚物质基础；三是我们有市场化、法治化处置金融风险的丰富经验。此外，2019 年 10 月 31 日中国共产党第十九届中央委员会第四次全体会议通过的《中共中央关于坚持和完善中国特色社会主义制度 推进国家治理体系和治理能力现代化若干重大问题的决定》也指出："战胜前进道路上的各种风险挑战，必须在坚持和完善中国特色社会主义制度、推进国家治理体系和治理能力现代化上下更大功夫。"

在防控系统性金融风险、推动中国经济转向高质量发展方面，中国已经取得了一些成果（汪同三，2018）。但在新型冠状病毒肺炎疫情（以下简称"新冠疫情"）暴发后，中国的国内外政治经济形势发生了较大变化。在内部环境方面，我国经济正处于转向高质量发展的关键时期，本来就面临老龄化加快、储蓄率下降、资源环境约束增强等诸多困难。百年不遇的特大疫情直接造成我国在 2018 年第一季度的经济增长深度下跌，而中期发展仍面临许多不确定性因素。在今后一段时期，我国经济供需两端、国内外两个市场同时承压，金融体系势必面对很大困难（郭树清，2020）。在外部环境方面，随着新冠疫情的暴发，各国财政部和中央银行均采取了史无前例的大规模刺激行动来避免金融和经济崩溃，不断扩展财政政策和货币政策的边界；与此同时，新冠疫情加剧了全球金融市场的联动和共振，国际协调的难度也在加大（朱民，2020）。习近平总书记多次强调，金融是国家重要的核心竞争力，金融安全是国家安全的重要组成部分，金融制度是经济社会发展中重要的基础性制度。在后疫情时代，重新思考和定义外部突发事件对金融风险的影响，探索和剖析金融风险的跨市场传染机制，进而总结和归纳行之有效的干预对策就显得十分迫切。

第一，微观审慎监管可以最大限度地降低单一机构、单一市场的金融风险。

金融机构具有外部性，若不加约束、单纯追求利润最大化，则会过度承担风险，威胁整个金融体系。因此，微观审慎监管可以从最大化社会福利水平的角度出发，在给定制度背景下降低金融机构的风险（Bath et al.，2008），其中最重要的是对银行等存款货币金融机构的监管（周慕冰，2015；高然等，2018）。另外，微观审慎监管还可以对市场结构进行监管，以降低单一市场的风险，如设定准入标准、反垄断规定、业务设定、市场约束机制等（马榕和石晓军，2015；吴汉洪和王申，2020）。

第二，宏观审慎政策可以有效地防控金融风险的传染，维护中国金融稳定。

单一的货币政策在面临价格稳定和金融稳定的抉择时常常陷入两难的境地，微观审慎监管存在"合成谬误"，无法独自承担金融稳定的任务，此时"货币政策＋宏观审慎政策"的"双支柱"调控框架应运而生（Borio and Shim，2007；Blanchard et al.，2010）。"双支柱"调控在中国可以起到金融稳定的作用（周小川，2011；陈雨露和马勇，2013），在外部汇率冲击和内部资产泡沫冲击下都能有效地防范金融风险（陈彦斌等，2018；芦东等，2019）。

第三，国际政策协调可以有效应对国外经济金融风险，并为国内政策创造空间。

他国宏观政策的外溢性常常冲击本国的金融稳定（Craine et al.，2008；Fratzscher et al.，2018），由于国际市场的不完备，进行国际政策协调可以改善各国的福利（Devereux，2006）。对于汇率政策等问题，若缺少国际政策协调，可能会适得其反（Obstfeld，2011）。在当前复杂多变的国际格局下，国际政策协调是充分考虑政治经济形势、化解金融风险的客观考量（孙国峰等，2017；张宇燕，2019），秉承"人类命运共同体"的全球治理理念在国际平台上进行协调，可以推进公正合理的国际政治经济新秩序逐步形成（刘伟和王文，2019）。

第四，国家治理体系建设是我们应对金融风险传染的制度保障。

坚持和完善中国特色社会主义制度、推进国家治理体系和治理能力现代化是应对和化解经济金融风险的重要体制保障。我国在面对突发事件时具有独特的优势（房宁，2003），主要表现在中央统一指挥、基层贯彻落实以及党组织的带动和保障，这也是我国应对金融风险的独特优势（易纲，2019；王兆星，2019）。随着国家治理体系和治理能力现代化的推进，我国在公共治理体系建设、法治建设和行政效率等方面取得了长足进步（张文显，2014；俞可平，2019），对于金融领域暴露出来的体制、机制问题也将及时完善，增强自身应对外部冲击的能力（李稻葵等，2019）。

1.3.2　服务实体经济

服务实体经济是金融结构优化的首要目标。随着社会经济的发展，时代不断产生对金融服务的需求，催生金融工具和金融体系创新，反哺经济发展。中国南北朝时期的寺庙和西方中世纪的教堂，在当时混乱动荡的历史时期发挥了财富贮藏、汇兑中介、借贷中介的职能，逐渐发展成现代金融业的雏形，为资金融通、财富积累提供了便利，促进了 16—17 世纪世界经济的繁荣增长。起源于荷兰的现代银行和证券市场充分发挥了"聚沙成塔"的筹集资本功能，很好地契合了当时资本主义工商业发展在客观上对能够支持、服务和推动资本主义扩大再生产的需求，促进了机器大生产的产生和发展，推动了一次又一次的技术变革和经济增长。伴随着信用货币的产生，现代存款货币创造机制的雏形显现，货币和实体经济成为相互交融的整体，与实物流相伴随的是连绵不断的货币流和债权与债务网。此时，借贷记账法和信息技术的发展在现代经济金融发展中展现了巨大的"推动力"，成为过去半个多世纪经济社会发展的制度保障。

然而，早在 20 世纪 80 年代，金融与实体经济增长的背离已成为全球经济发展的一个重要特征。大量学者开始研究金融部门如何发挥资源配置作用以及金融部门与实体经济的关系。一些学者试图将金融部门纳入宏观经济学的分析框架中，解释金融部门影响实体经济的运行机制。在将金融部门纳入宏观经济的分析框架方面，有代表性的研究成果，如Gorton and Pennacchi（1990）分析了在信息不对称下，金融中介如何提供流动性，Bernanke，Gertler and Gilchrist（1996）提出了金融加速器理论，Diamond and Rajan（2001）揭示了银行如何以脆弱的资本结构创造流动性。在次贷危机后，越来越多的学者意识到金融与实体经济的复杂关系，并将金融部门纳入了一般均衡模型的分析框架。例如，Gertler and Kiyotaki（2010）在 Diamond and Rajan（2001）模型的基础上，将金融加速器理论引入了该模型；Iacoviello and Neri（2010）在 DSGE 模型中引入抵押物约束，等等。然而，学者仍然很难厘清金融部门影响实体经济的运行机制。一些学者从经济增长的角度入手，分析金融发展与经济增长之间的关系。他们主要关注金融发展如何帮助企业识别投资机会（Bencivenga and Smith，1991），提高研发创新能力（King and Levine，1993）以及提高风险承担能力（Obstfeld，1994）等。Levine（1997）对金融发展支持经济增长的理论进行了全面、详细的论述。然而，在金融危机后，Cecchetti and Kharroubi（2012）结合最新的经验数据发现，金融发展与经济增长之间的关系不是线性的，而是呈"倒 U"形，在过了某一个阈值后，金融发展对经济增长出现了抑制作用，但现有金融发展理论并不能有效地解释这一现象。由此可见，如何理解金融发展在资源配置中的作用，有效地服务于实体经济，是我国经济和全球经济面临的一个重大难题与挑战，相关的理论需要进一步的更新和完善。部分国内学者对中国金融结构与实体经济之间的关系进行了研究，如王国刚（2004）、陈雨露（2013）等讨论了金融与实体经济的关系。张成思等（2014）研究了中国商品金融化对通货膨胀形成机制的影响。孙红燕、王雪敏和管莉莉（2020）发现我国金融服务实体经济的指数较低，表明我国金融与实体经济的发展不协调，存在一定"脱实向虚"的发展特征。股市过度投机造成非上市企业的融资机会和生产能力下降，威胁实体经济的健康发展（苏冬蔚和毛建辉，2019）。房价上涨是金融

"脱实向虚"的形成机制之一（黎伟和许桂华，2021）。服务实体经济是"十四五"时期健全现代金融体系的重要举措（吴晓求，2020）。这些研究大多是基于政策层面的探讨，对金融结构影响资源配置的运行机制以及金融供给侧结构性改革方面的探讨尚存不足。

1.4 金融结构优化的研究框架

我们在撰写过程中以两个重点、两个目标为主线，即金融结构优化以金融制度和金融科技为两个重点，以降低金融风险和促进金融发展为两个目标。金融制度主要涵盖公司治理、金融机构、金融市场、监管制度、汇率制度和政策调控六个方面。金融科技主要从六种技术着手，分别是大数据、人工智能、区块链、云计算、生物识别和物联网。在研究过程中，本书摒弃了单一的分析思维，从整体上做到宏微观结合、内外部均衡，从视角上做到监管与创新并重、法制与信用并重。本书运用案例分析、调研分析、理论建模、实证研究等多种方法进行定性描述、机制探讨和综合化建模，力争在降低金融风险、促进金融发展、服务实体经济方面得到具有实践意义的政策建议。

1.5 创新之处

第一，清晰的研究框架。以往关于金融结构优化的书籍往往从不同专题进行划分，如信贷市场、股票市场、中小企业融资，并没有形成统一的思维框架。本书的逻辑架构分为金融制度和金融科技两个重点，金融风险和金融发展两个目标，清晰明确地刻画了金融结构优化的不同维度，见图 1-1。

第二，新的研究视角。国际上关于金融发展与资源配置的研究，主要从银行体系和资本体系的角度入手，比如资本市场能降低企业的融资成本、帮助企业寻找盈利的投资机会。然而，大多数新兴市场经济体的金融体系不健全，因而本书的研究侧重于一些非标准的金融发展和新兴金融业态，比如影子银行、民间金融和互联网金融等，分析它们在金融

图 1-1 的基本框架

```
                    ┌─────────────────────────┐
                    │    金融结构优化的两个重点    │
                    └─────────────────────────┘
```

金融制度   联动影响   金融科技

| 公司治理 | 金融市场 | 汇率制度 | | 大数据 | 区块链 | 生物识别 |
| 金融机构 | 监管制度 | 政策调控 | | 人工智能 | 云计算 | 物联网 |

交融发展

研究思路

| 宏微观结合 | | 内外部均衡 |
| 监管与创新 | | 法制与信用 |

定性描述
剖析汇率制度
金融科技案例
分析市场泡沫
公司治理问题

机制探讨
风险转移
风险传染
信息不对称
融资约束

综合化建模
中美两国政策影响
建模系统性风险
金融形势指数
SVAR分析外溢性

降低金融风险，促进金融发展

金融供给侧结构性改革的目标

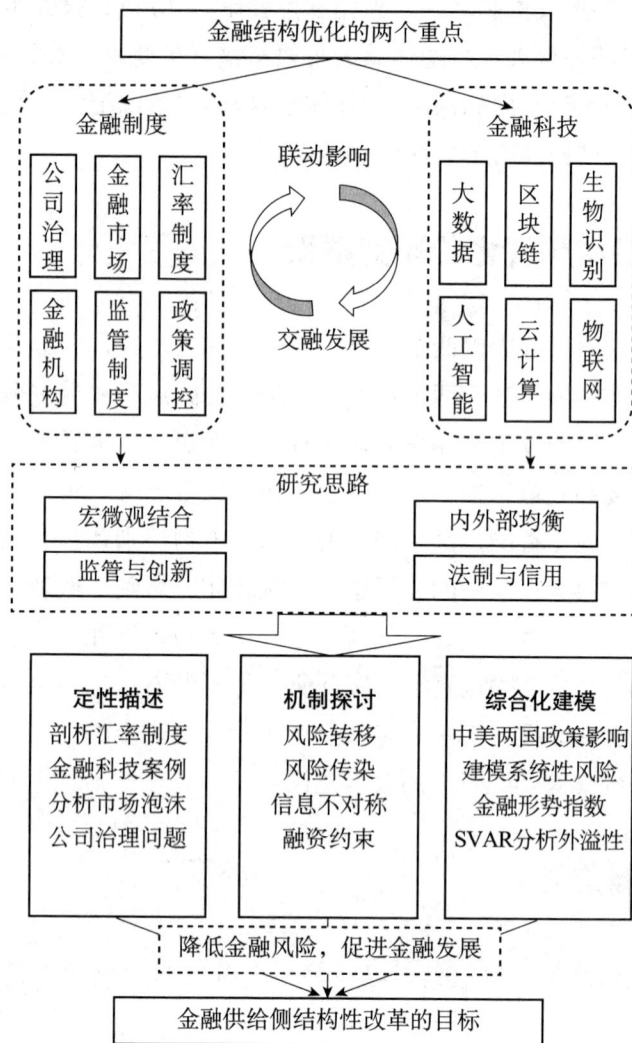

图 1-1　本书的基本框架

风险和金融发展中的作用。

　　第三，新的研究模型。现有的关于金融发展与实体经济关系的理论研究，主要基于 Bernanke et al.（1996）的金融加速器理论。本书不仅基于这个模型进行了拓展研究，而且构建了系统性风险、金融形势指数等多个研究模型，可以更好地研究和解释中国及广大新兴市场经济体如何发展金融。

　　第四，模型和定量分析相结合。我们不仅对构建理论模型进行了理论分析和数值模拟，而且采用多个新兴市场经济体和中国的数据进行验证。特别地，本书拟采取的计量分析方法能够定量地分析金融发展对生产要素资源配置效率和实体经济的影响，可以为当前优化金融发展、促进经济转型和经济增长提供有益的参考。

　　第五，静态分析和动态分析相结合。在金融发展水平的测度、金融发展水平的决定因素以及金融发展水平对资源配置和实体经济影响的研究中，本书将静态比较研究和动态过程分析研究有效地结合起来，为提出合理的政策建议创造了良好的基础。

第 2 章　金融制度

2.1　基于累积投票制的分析

2.1.1　累积投票制的缘起和讨论

自进入 21 世纪以来，我国经济保持高速增长，连续赶超西方国家，成为世界第二大经济体。然而。在我国经济持续创造辉煌、亿万富翁如雨后春笋般涌现的同时，我国证券市场却没有为广大投资者带来预期的合理回报。这个现象反映的问题发人深省。众所周知，资本市场的发展是为了便利企业筹融资活动，同时也为广大投资者带来合理的回报。La Porta et al.（2000）指出，外部投资者购买公司的股票面临着巨大的风险，因为公司的内部人（包括高管和大股东）可能会为谋取个人收益而侵占公司和小股东的利益。特别是在很多新兴市场经济体，由于法律制度不健全和投资者保护缺失，广大投资者的利益得不到保障，从而扭曲了投资者行为，最终伤害了金融市场的效率和企业的生产经营状况。近年来，众多的中小投资者在我国资本市场得到的回报不多，而大量的金融机构、上市公司、上市公司高管和大股东却成为这一现象的最大受益者。很多上市公司并不缺钱，虽然它们没有好的投资项目，却在金融机构的帮助下，在资本市场上大额融资。然而，它们融资获得的资金大多闲置于银行或用于购买银行理财产品。上市公司高管和大股东在股票上市后疯狂套现，无视企业的生产经营状况。此外，我国资本市场上的内幕交易行为时有发生，大股东侵占小股东利益的行为也存在。

中小投资者难以得到保护的根本原因在于中小股权分散，无法有效参与公司的决策和监督企业的经营，而累积投票制提供了投资者保护的可行途径。我国控股股东"一股独大"的现象格外突出，截至 2016 年末，在我国 3 055 家 A 股上市公司中，直接控股股东持股比例超过 50％的上市公司有 709 家，占比 23％。[①] 在多数投票制度下，股东按照"一股一权"的原则进行投票，由股东大会入选的董事会成员都由大股东决定，中小投资者的利益难以得到保护。在累积投票制下，每一股东拥有的票数是持股数量乘以待选董事数量，股东用其选票对所有候选人投票，得票数最高的前几名候选人当选，从而中小股东可以将自己的票数集中投给某一个或某几个候选人。Rae et al. (1971)、Bhagat and Brickley (1984) 均通过数学推算证明了累积投票制可以确保中小股东选出代表其利益的董事。

现有文献对累积投票制的讨论较为充分，学者对其的作用褒贬不一。支持累积投票制的观点主要从保护中小股东权益（LLSV，1998；LLSV，2000；Gompers，2003）、改善公司经营管理（Bhagat and Brickley，1984；Gordon，1994）、缓解代理问题（Dodd and Warner，1983；Kraakman and Black，1996）以及增加公司价值（Bhagat and Brickley，1984）四个方面来论证，而对累积投票制的批评主要集中在影响公司决策效率（Williams，1959；Gordon，1994）、小股东利用董事会谋求私利（Gordon，1994）、存在比累积投票制成本更低的保护中小股东利益的途径（Axley，1950）等问题上，甚至有学者认为，在法律保护充分、股票流动性较高的背景下，累积投票制显得多余（Axley，1950；Steadman，1955）。

然而，当前对于累积投票制的实践经验及其对公司治理作用的考察在以下方面存在不足，即对不同公司治理模式下累积投票制存在的差异没有给予应有的关注。公司治理模式的差异能够有力地解释不同国家和地区在是否实行累积投票制，以及累积投票制的立法模式、作用等方面的差异：从是否实行累积投票制的横截面数据来看，东欧、东亚和拉美地区较

---

① 资料来源：国泰安数据库。

少实行累积投票制。这是因为在东欧的德日模式和东亚、拉美的家族模式下，控股股东对公司的控制力强，累积投票制保护中小股东利益的作用有限。从立法模式来看，东亚地区采取"强制式"或者至少是部分"强制式"，即达到条件的所有上市公司均要求采取累积投票制，而英国、美国、加拿大等发达市场经济国家则一般采取"许可式"，即上市公司可自主决定是否实行累积投票制。这是因为在东亚家族模式下，控股股东有强烈的"掏空"激励，因而立法模式采取"强制式"，以最大限度地保护中小股东利益；在英美模式下，由于股权分散、流动性高、立法健全，因而累积投票制主要是作为公司的异质性制度选择，而不是强制性制度安排。从作用来看，累积投票制在英美模式和德日模式下的作用有限但成因不同，在家族模式下的作用则因控股股东的持股比例而异。在英美模式下的作用有限是因为股票流动性高，且立法对于投资者的保护已经相当完善；在德日模式下的作用有限是因为大银行对于企业的控制力非常强，即使引入了累积投票制，中小股东也不能有效参与公司治理，因而无论是否引入累积投票制，其结果基本无差异；在家族模式下，累积投票制在股权分散的企业作用显著，而在控股股东持股比例较高的企业作用甚微。

为厘清公司治理模式对累积投票制实践和作用的影响，本节首先回顾了三种不同公司治理模式下累积投票制的实践经验，然后将国际经验与中国实践进行对比分析，从中总结出中国实行累积投票制过程中存在的问题和难题，并提出针对性建议。

2.1.2 不同治理模式下累积投票制的作用分析

不同的国家和地区存在不同的公司治理模式[①]：一是英美模式。其主要特征是股权分散，依靠外部监督约束管理者的行为。在以英美为代表的市场主导型金融体系下，资本市场发达，公司股权分散、流动性高，同时立法健全，对股东权益的保护也较为完善。在这种情况下，如果小股东对公司的经营决策不满，通常会"用脚投票"——卖出所持股

---

① 关于公司治理模式的划分，有部分研究指出，目前各国的公司治理模式存在趋同现象，然而其本质特点仍然保留了下来，而且各种模式具有持久性；此外，不同的公司治理模式虽有趋同的趋势，但不会最终趋同为单一模式。

份，因而较少直接参与公司经营，而是更关注股票的价格。二是德日模式。其主要特征是股权集中且稳定，依靠内部监督约束管理者的行为。在以德日为代表的银行主导型金融体系下，公司股权集中在家族、公司法人或大银行手中，主要是大银行和大股东直接参与公司治理，并对公司董事会的日常经营决策有着很强的影响力；小股东由于持股比例低，参与公司治理的主观意愿和客观能力均不强。三是东亚和拉美的家族模式。其主要特征是股权集中度较高，特别是"一股独大"的现象突出，同时董事会与管理层多有重叠，难以有效约束控股股东和管理层的行为，因而控股股东与中小股东的利益冲突严重。

（一）美国和英国的累积投票制分析

美国的累积投票制从 1870 年确立至今，经历了兴起、改革、衰落、重新讨论四个阶段。

兴起阶段为 1870 年至 20 世纪中期，累积投票制被美国各州广泛采用，且以"强制式"为主流。美国伊利诺伊州于 1870 年首次将累积投票制引入当地《宪法》和《公司法》，而后半个多世纪，越来越多的州将累积投票制写进《公司法》。到 1955 年，美国约有 20 个州的《公司法》规定了累积投票制（梅慎实，1996）；在立法理念上，主流是"强制式"。到 1900 年，有 16 个州将"强制式"累积投票制写入宪法修正案或其他法规当中，有 3 个州采用"许可式"累积投票制（Sturdy，1961）。在 20 世纪 40 年代，将累积投票制作为当地强制式法规的增加到 22 个州（梅慎实，1996）。

改革阶段为 20 世纪中期至 20 世纪 80 年代，累积投票制从"强制式"向"许可式"转变。1950 年，美国的《标准公司法》第一次以统一立法的形式明确规定了"强制式"累积投票制。[①] 但在实践中暴露出的诸如导致董事会不和谐、降低公司运行效率、小股东滥用累积投票制等种种弊端受到各方诟病，越来越多的声音要求废除"强制式"累积投票制。这使得"许可式"累积投票制逐渐成为主流。"许可式"又可分为"选出式"（opt-out）和"选入式"（opt-in）。"选出式"是指除公司章程

---

① 1950 年《标准公司法》的第 31 条。

另有规定的场合外，在选任两名以上董事的股东大会上，股东应提议公司采用累积投票制；"选入式"意味着，除非公司章程中规定在股东大会上选举董事必须采用累积投票制，否则不予采用。1955 年，《标准公司法》不再强制规定累积投票制，而是给予各州自主选择"强制式"或"许可式"的权力。1959 年，《标准公司法》进一步删除了"强制式"累积投票制，代之以"许可选出式"和"许可选入式"两种立法选择。

衰落阶段为 20 世纪 80 年代至 20 世纪末，在恶意收购的浪潮下，累积投票制逐渐被废除。20 世纪 80 年代美国兴起了恶意收购的浪潮，累积投票制由于给意图恶意收购的中小股东提供了便利而饱受诟病，因此，无论是州立法、《标准公司法》，还是上市公司章程，都逐步摒弃了累积投票制。1984 年，有 18 个州强制规定采用累积投票制，而到 1992 年，只有 6 个州还保留这一规定（Zhao and Brehm，2011）。1984 年的《标准公司法》明确只采用"许可选入式"，到了 2002 年，该法甚至不再对累积投票制做任何规定。[①] 在这一大环境下，采用累积投票制的上市公司数量显著减少。

重新讨论阶段为 20 世纪末至今。随着机构投资者的数量增加并且更多地参与公司治理，累积投票制被认为是有利于保护投资者利益、改善公司治理的有力措施。随着机构投资者数量的不断增加，机构投资者逐渐成为公司治理的重要参与者。"采用累积投票制""废除分类董事会""高管薪酬问题"成为机构投资者针对公司治理问题的三个主要提案内容（Campbell et al.，1999；Gillan and Starks，2007）。

英国的累积投票制起初主要用于政治选举，其在公司治理中的运用开始于 19 世纪末 20 世纪初。与美国"强制式"累积投票制不同的是，英国的公司法并没有明文强制所有公司采取累积投票制，而是采取"许可选入式"，即股东可以要求上市公司在其章程中加入累积投票制。当前，英国上市公司采取累积投票制选举董事会的比例较低，但也有个别公司在公司章程中加入了累积投票制的条款。例如，2013 年 12 月在伦敦证券交易所上市交易的 ROMGAZ 公司就在公司章程中引入了累积投

[①] 2002 年《标准公司法》的第 7.28 条（b）款。

票制。① 需要注意的是，英国公司法对于董事罢免做出了明确规定，累计持有不少于 10% 投票权的股东可以召开股东大会，并提出罢免某个董事或全部董事的提案，若该提案获得超过 50% 的赞成票，则提案所指董事必须辞职。② 赋予股东罢免董事的权力，是对其选举权的有效保障。

（二）日本和德国的累积投票制分析

累积投票制被引进日本始于 1950 年。在修改日本的《商法典》时，其效仿美国规定了"强制式"累积投票制。该法第 156 条第三款规定：即使公司章程中规定董事选举不采用累积投票制，但若有持股数占公司已发行股总数 1/4 以上的股东提出请求，公司也必须采用累积投票制。1974 年，受美国立法模式逐步转变为"许可式"的影响，日本对《商法典》进行修订，将累积投票制从"强制式"转变为"许可选出式"。修改后的《商法典》第 256 条第三款规定：在以选任两人以上董事为目的而召集股东大会时，除章程另有规定的场合外，股东应请求公司依累积投票制进行选举。在该修正案推出后，基本上所有的日本上市公司均通过了废除累积投票制的条款，小股东几乎不可能在董事会选出自己的代表（Tatsuta，1981）。2005 年，日本颁布了《公司法》，其中第八十八条和第三百四十一条规定，在公司设立和公司运行过程中，董事的选任采用"许可选出式"累积投票制。

日本累积投票制的实践具有如下特点：一是基本追随美国的步伐进行相应的立法。从日本引进累积投票制的初衷来看，主要是为了借鉴美国的经验，与国际通行做法保持一致，而不是基于日本公司治理中的突出问题进行有针对性的制度建设。二是在立法模式上，日本经历了"强制式"到"许可选出式"的变迁。这种变迁的主要原因是出于追随美国的目的，而不是根据日本国情的变化进行的相应调整。三是从目前上市公司的实践来看，在"许可选出式"的规定下，实际采用累积投票制的上市公司寥寥无几。

德国不采用累积投票制。根据最新的德国公司法（Aktiengesell-

---

① ROMGAZ 公司 2013 年 12 月普通股东大会 21 号决议之Ⅲ。
② 2006 年《英国公司法》第 168、281、282、303 条。

schaft）关于股东权利的规定，股东投票权采取"一股一票"的方式。Schnorbus（2001）指出，由于股东不具有董（监）事会候选人的提名权，而且在选举董（监）事成员投票时，只能投赞成或者反对票，因而单纯引入累积投票制的意义并不大。

（三）我国台湾地区和巴西的累积投票制分析

在东亚和拉美以家族企业为主的公司治理模式中，大多数国家和地区并没有采用累积投票制，而我国台湾地区和巴西是将累积投票制纳入相关规定的少数典型。

我国台湾地区累积投票制的历史经历了"强制式—许可选出式—强制式"的发展历程。1966 年，我国台湾地区将"强制式"累积投票制写入"公司法"[①]。2001 年，为给予公司更多的自主权，并且与大陆法系的"多数决定原则"相一致，我国台湾地区"公司法"将"强制式"累积投票制修改为"许可选出式"，即董事会选举投票默认采取累积投票制，但上市公司可以修改为直接投票制。随后，共有 20 家我国台湾地区的上市公司将累积投票制转换为直接投票制（Lin and Chang，2017）。2011 年，我国台湾地区的"公司法"再一次恢复到"强制式"累积投票制。这次改革的原因主要是由于我国台湾地区的企业以家族控股、股权集中为主要特征，在 2001 年修正案后有共计 20 家上市公司废除了累积投票制，引起市场对于保护小股东利益的担忧。为了体现股东权利平等和加强对控股股东制约的意图，我国台湾地区决定恢复"强制式"累积投票制。对于 2011 年我国台湾地区的"公司法"改革，大部分上市公司都没有预期到，这等于为验证"强制式"累积投票制的效果提供了一个接近"自然实验"的情景。有鉴于此，Lin and Chang（2017）利用640 家我国台湾地区上市公司 2009—2015 年的面板数据进行了实证研究，研究结果显示："强制式"累积投票制的作用是短期的，而且累积投票制虽然提高了控股股东主导投票结果的成本，但实际上并不能有效削弱控股股东对公司的控制——控股股东会通过其他途径来强化控制，如代理投票权争夺、缩小董事会规模等。

---

① 1966 年我国台湾地区"公司法"第 198 条。

目前，巴西采用"许可选入式"累积投票制。在现行的巴西法律下，持股比例超过 10% 的普通股股东可以要求公司实行累积投票制。但在实践中，真正采用累积投票制的公司数量较少。Black et al.（2010）于 2005 年的一项调查表明，只有 12% 的受访公司在受访的近五年内使用过累积投票制，而且其中的人部分公司都是偶然使用，只有一家受访公司在过去五年内每年都使用。Dutra and Saito（2002）对 2000 年巴西上市公司采用累积投票制的绩效进行了实证研究，其结果也显示累积投票制的作用不大。

（四）三种公司治理模式下累积投票制的对比分析

通过对各国或地区累积投票制的实践经验进行梳理，可以看出：在三种不同公司治理模式下的累积投票制，无论在是否采用、实施细则还是作用上，均存在较大差异。

在英美模式下，累积投票制具有以下两个特点：①作用有限。第一，由于英、美等资本市场发达的国家极其注重投资者保护，导致累积投票制对投资者保护的促进作用不大。第二，由于中小股东专业知识欠缺、对公司缺乏了解等原因，累积投票制在赋予中小股东更多权力的同时，可能会产生决策效率低下、分裂管理层、决策偏颇等带来的成本，因而存在比累积投票制成本更低的保护投资者方式。第三，由于股权分散、流动性较高，中小股东在不满公司的经营决策时一般会"用脚投票"——出售所持股票，而不是使用累积投票制选举利益代言人进入董事会参与公司治理。②实施细则呈差异化、多元化、个性化。累积投票制作为一个公司可自主选择的制度安排，不同公司的不同选择成为体现公司异质性的一个指标，使得投资者可以结合自身投资需求选择不同特征的公司。当前，美国的《标准公司法》、英国的《公司法》对于累积投票制没有任何要求，即公司可以自主选择是否实行累积投票制，也可以自主制定累积投票制的实施细则。这就使得不同公司关于累积投票制的制度安排呈现出明显的差异化、多元化和个性化。公司对于累积投票制的自主选择权，与市场主导型金融体系密切相关：由于资本市场发达，直接融资是主导性的投资和融资方式，公司的异质性既满足了公司差异化的融资需求，又满足了投资者差异化的投资需求。

在德日模式下的累积投票制具有以下特点：①相较于英美模式，其累积投票制的作用更加有限。这主要是由于在德日模式下的公司大股东集中且稳定，小股东对公司治理的参与程度和参与能力有限。②实施细则基本是照搬英美模式，流于形式。这主要是因为德日模式下累积投票制的作用有限。从日本累积投票制的实施过程就可以看出，日本引入累积投票制主要是为了与国际通行做法保持一致，其实施细则的规定基本是照搬美国的做法；而德国不采用累积投票制。鉴于德日模式下因公司治理模式不同导致累积投票制实际上作用有限，其立法机关和金融市场监管机构自然没有动力去设立、完善一个没有实际作用的制度安排。

在家族模式下的累积投票制具有以下特点：①在不同股权结构下的作用存在差异性，但为中小股东赋权仍是良好公司治理的必要不充分条件。其差异性取决于股权的集中度：对股权较为分散的公司，累积投票制的作用较大，而对于股权集中度较高的公司，累积投票制的作用甚微。这是因为后者的控股股东对于公司的控制力非常强，即使累积投票制能在一定程度上削弱其在投票上的主导权，其仍可以通过其他途径加强控制，比如代理投票权争夺、缩小董事会规模等。就国内而言，控股股东持股比例高于30％的上市公司占比高达64％，控股股东持股比例高于50％的上市公司占比也达23％，因而累积投票制的影响同样有限。然而，即便累积投票制并不一定能有效制约控股股东的行为，也难以解决控股股东与中小股东的矛盾，但在家族模式下，累积投票制为中小股东赋权，给予他们足够的权力表达利益诉求，却是良好的公司治理必不可少的。因此，累积投票制为中小股东赋权是良好公司治理的必要不充分条件。此外，鉴于在股权集中度较高的情形下，单纯为中小股东赋权对于公司治理的作用有限，所以还要辅以直接规范控股股东行为、直接打击掏空行为的措施，才能真正解决第二类代理问题。②累积投票制的立法模式偏好"强制式"，或者至少是部分"强制式"。我国台湾地区对所有上市公司要求"强制式"，我国大陆则对控股股东持股比例高于50％①的公司要求"强制式"。之所以偏好"强制式"的立法模式，主要是考虑到在家族模式下股权集中、控股股东与中小股东矛盾突出这一

---

① 2002年，《上市公司治理准则》将这一比例规定为30％。2012年，证监会发布的《证券公司治理准则》将这一比例提高为50％。

特点。

2.1.3　累积投票制的国际比较分析

（一）中国累积投票制的发展与作用

中国累积投票制的监管立法情况可以分为两个阶段：第一阶段是从2002年至2005年，为累积投票制的确立阶段。这一阶段的标志是累积投票制被写入2002年的《上市公司治理准则》和2005年的《中华人民共和国公司法》（以下简称《公司法》）。在2002年中国证监会和国家经贸委出台的《上市公司治理准则》中，我国首次将累积投票制写入法律文件。其中，第三十一条规定："股东大会在董事选举中应积极推行累积投票制度。控股股东控股比例在30%以上的上市公司，应当采用累积投票制。采用累积投票制度的上市公司，应在公司章程里规定该制度的实施细则。"2005年，累积投票制被正式写入《公司法》。该法第一百零六条规定："股东大会选举董事、监事，可以根据公司章程的规定或股东大会的决议，实行累积投票制。"

第二阶段是从2005年至今，为累积投票制的细化阶段。这一阶段的特点是交易所和证监会陆续出台了细化和规范累积投票制的文件：一是阐述了累积投票制的适用范围，包括董事、监事和独立董事，但独立董事应当与董事会其他成员分别选举（2005年，上交所[①]）。然而，这些文件对于董事和监事采取累积投票制进行选举，是单独进行还是合并进行，没有明确规定。部分学者指出，将董事、监事和独立董事合并选举，可以降低中小股东代言人获选所需的投票集中度，更有利于累积投票制发挥作用（王继军，1998；张保华和张宏杰，2012）。二是明确了累积投票制的适用情形，即在选举两名及以上董事或监事时实行累积投票制（2006年，深交所[②]）。三是规定了累积投票制应采取差额选举（2005年，上交所；2006年，深交所）。四是将董事、监事候选人的提名权从持股3%放松到1%（2005年，上交所；2006年，深交所）。但

---

①　2005年3月的《上海证券交易所上市公司部关于发布〈公司章程〉累积投票制实施细则建议稿的通知》。

②　2006年1月，深圳证券交易所推出的《中小企业版投资者权益保护指引》。

是，股东的董事、监事候选人提名权并没有单独确立，而是隐含在股东提案权当中，同时对于董事、监事的罢免程序也没有相关规定。五是细化了董事、监事候选人的确认程序，即公司在确定董事、监事候选人之前，董事会、监事会应当以书面形式征求公司前十大流通股股东的意见（2005 年，上交所）。六是将是否采用累积投票制纳入公司治理创新情况及综合评价的考核指标（2007 年，证监会①）。七是将强制实行累积投票制的门槛由过去的控股股东持股比例为 30％提升到 50％（2012 年，证监会②），意味着证监会逐步将是否采用累积投票制的决定权下放到公司自身。但是，结合接下来对于累积投票制作用的考察，我们发现：对于股权集中度较低的公司，累积投票制的作用较大，而对于这部分公司并不强制其采用累积投票制；然而，对于证监会强制实行累积投票制的公司，即控股股东的持股比例超过 50％的公司，累积投票制的作用甚微。八是将累积投票制的实施范围从上市公司拓展到非上市公司（2013 年，证监会③）。

从上市公司的执行情况来看，在相关条例出台后，大部分上市公司响应号召将累积投票制写入了公司章程，但只有很少的公司明确了累积投票制的适用范围及细则，致使累积投票制的规定流于形式，实际作用有限。根据 2004 年上海证券交易所的统计，在公司章程中规定实施累积投票制的上市公司比例为 56％；根据 2013 年钱玉林的统计，截至 2012 年，将累积投票制写入公司章程的上市公司比例达到 89.3％。也就是说，这一比例在 8 年间上升了 33 个百分点。然而，虽然将累积投票制写入公司章程的上市公司数量众多，但只有少数公司明确了累积投票制的适用范围及细则。钱玉林（2013）的统计也显示，截至 2012 年，在 840 家将累积投票制写入公司章程的上市公司中，仅有 93 家上市公司规定了实施细则，占比仅为 11％；即使在规定了实施细则的上市公司

---

① 2007 年 3 月，证监会发布的《关于开展加强上市公司治理专项活动有关事项的通知》（证监公司字［2007］28 号）。

② 2012 年 12 月，证监会发布的《证券公司治理准则》（证监会公告［2012］41 号）。

③ 2013 年 1 月，证监会公布的《非上市公众公司监管指引第 3 号——章程必备条款》（证监会公告［2013］3 号）。

中，仍有 7 家采用简单投票制选举董（监）事。钱玉林（2013）进一步指出：在 2012 年使用了累积投票制进行董事会换届选举的 24 家上市公司中，所有公司的选举均采取等额投票。尽管累积投票制已引入多年，但直到 2012 年 5 月 25 日才第一次成功运用：在珠海格力电器股份有限公司的 2011 年度股东大会上，耶鲁大学基金会及鹏华基金等机构投资者通过累积投票制集中选票，使其推荐的董事代表成功入选了格力电器第九届董事会。

关于我国引入累积投票制的作用，学者的研究得出了不同的结论：一部分学者认为，累积投票制在减少控股股东掏空行为、改善公司绩效等方面具有积极的影响（吴磊磊等，2011；陈玉罡，2015）；但更多的研究得出了基本相反的结论，累积投票制对减少掏空行为、公司表现、投资者保护、公司股价等均无显著影响（Chen et al.，2015）。后者认为，董事会规模较小、第二大股东持股比例较低、第一大股东"一家独大"以及累积投票制的公共监督和内部执行不力等，是累积投票制在中国失效的主要原因。另外，还有部分学者的结论是：累积投票制对股权结构较为分散的上市公司有显著的积极作用，而对于股权高度集中的公司作用甚微（倪意，2009；陈玉罡等，2016）；累积投票制的治理效应因控股股东的性质而异，对非国有上市公司的治理效应好于国有上市公司；累积投票制对掏空的治理效应弱于直接治理掏空的改革措施。

（二）中国累积投票制的主要特点

将中国累积投票制的实践情况与美国、英国、日本、德国、巴西累积投票制的实践经验进行比较，可以发现中国累积投票制存在如下特点：

第一，中国的公司治理模式比较接近家族模式。首先，从公司的股权结构来看，中国的上市公司普遍存在股权集中度高、"一股独大"、控股股东与中小股东利益冲突严重、管理层与董事会重叠的现象。此外，与一般公司治理中的家族模式相比，数量众多的国有控股公司除了面临大小股东之间的代理问题，还面临内部人控制和管理层自利的第一类代理问题。

第二，从中国累积投票制的立法模式看，对于控股股东持股比例超过50％的公司采用"强制式"，对于控股股东持股比例低于50％的公司采用"许可选入式"。结合吴磊磊等（2011）、倪意（2009）和陈玉罡等（2016）的研究结论看，累积投票制在股权集中度较低的公司作用显著，而对于控股股东持股比例超过50％的公司几乎没有作用。换言之，法条所规定的强制实行累积投票制的门槛标准，完全反其道而行，存在立法模式和实际作用的背离。

第三，从中国累积投票制的适用范围来看，可适用于董事和监事的选举，而在美国、日本和巴西，累积投票制主要适用于董事选举。Schnorbus（2001）指出：德国公司的中小股东不具有董（监）事候选人的提名权，因而单纯引入累积投票制的意义并不大的问题，在中国同样存在。目前，中国的相关法规并没有单独确立公司股东的董（监）事候选人提名权，而是将其隐含在股东提案权当中。根据现行《公司法》第一百零二条的规定，"单独或者合计持有公司百分之三以上股份的股东，可以在股东大会召开十日前提出临时提案并书面提交董事会……临时提案的内容应当属于股东大会职权范围……"。也就是说，首先，股东必须满足持股比例3％的下限，才有资格向股东大会提交关于推荐董（监）事候选人的提案；其次，在提案提交之后，需要由股东大会进行投票，而按照《公司法》第一百零三条的规定，"股东出席股东大会会议，所持每一股份有一表决权"，即股东大会投票采取的是直接投票制而不是累积投票制，因而控股股东仍可以否决中小股东推荐董（监）事候选人的提案。另外，从程序上看，董（监）事候选人提名权在前，股东投票权在后，如果中小股东不具有董（监）事候选人的提名权，单纯赋予其累积投票制的投票权的作用也是有限的。

第四，目前的《公司法》仅对累积投票制进行董事和监事的选举程序做出了规定，并没有对董事和监事的罢免程序进行规定，这意味着累积投票制缺乏事后保障程序。在这种情形下，对于董（监）事的罢免和撤销只能按照传统程序提请股东大会进行投票决定。根据《公司法》的第一百零三条，股东大会投票实行"一股一票"的直接投票制。因此，即使中小股东选出了代表自己利益的董（监）事进入董（监）事会，从理论上说，控股股东仍可以利用手上占多数的股权罢免该董

（监）事。这种缺乏事后保障机制的累积投票制，难以真正保障中小股东的利益。

第五，目前对于累积投票制下董事和监事的选举是合并进行还是分别进行，没有明确规定；对于董事和独立董事的选举，根据 2005 年 3 月上交所的建议稿，应分别进行。在中小股东持股比例较低的情况下，董事、监事分别选举，要求中小股东手中选票的集中度较高，从而制约了累积投票制的作用。

第六，董事会规模较小是累积投票制在中国失效的一大重要原因。Rae et al.（1971）提出的排除阈值（threshold of exclusion）理论表明，董事会的规模越大，保证至少一席当选所需的阈值就越低，中小股东保证代表其利益的候选人当选所需的持股比例也就越低。《公司法》规定的董事会规模为 5～19 人，范围比较宽泛。然而，中国上市公司的董事会规模比较小，平均规模为 6.3 个席位。根据数学计算，这需要 14.7% 的股权比例才能保证在董事会获得一个席位，而他们统计的中国第二大股东的持股比例平均值仅为 8.45%，远低于 14.7% 的阈值。

第七，从美国累积投票制演变的历史经验来看，美国在 20 世纪 80 年代曾经兴起恶意收购的浪潮。在这一阶段，累积投票制由于给予了恶意收购者可乘之机而饱受诟病。自 20 世纪 90 年代以来，由于机构投资者广泛参与了公司治理，累积投票制成为保护机构投资者和中小股东利益的有力措施。当前，中国的并购浪潮和机构投资者数量增多这两个趋势正在同时显现。因此，累积投票制的实施可能是一把"双刃剑"：一方面，为机构投资者参与公司治理提供了更广阔的平台；另一方面，恶意收购的意图也可能被隐藏。根据 Wind 提供的 2020 年报数据，在 A 股上市公司中，机构持有个股的份额占个股流通股比例的平均值为 37%，持有每只 A 股股票的机构数量平均值为 107 家，见表 2-1。机构持股超过个股流通股的 20%、30% 和 50% 的个股比例，分别为 70%、58% 和 33%，见表 2-2。由此可见，机构投资者已成为上市公司重要的投资者。

表 2 - 1　2020 年末机构持股统计

	平均值	最大值
机构持股占流通股的比例	37.00%	97.75%
持股机构数	107	3 343

表 2 - 2　2020 年末单一个股中机构持股占流通股的比例

机构持股比例分位	股票数量	股票数量占比（%）
>20%	2 867	69.69
>30%	2 404	58.43
>50%	1 347	32.74

资料来源：Wind 金融数据终端。

（三）中国累积投票制存在的问题

第一，在中国的公司治理模式下有两类代理问题比较突出，而如何制约大股东和内部人通过其他途径加强控制是一大难题。在控股股东和内部人对公司控制力较强的背景下，切实有效地制约大股东和内部人的权力存在较高的难度，即使在累积投票制赋予中小股东更多权力的背景下，大股东和内部人仍可以通过其他途径加强控制。

第二，强制实行累积投票制的控股股东持股比例的阈值设置过高。在中国股权集中、"一股独大"的情形下，累积投票制的作用随控股股东持股比例的提高而减弱，而当前立法规定强制实行累积投票制的控股股东持股比例的阈值为 50%，也就是累积投票制存在立法模式与实际作用的背离。

第三，累积投票制缺乏前置程序和事后保障机制。当前，股东不具有独立的董事和监事候选人提名权，而提名权为选举权的必要前提，即累积投票制缺乏前置程序。与此同时，《公司法》缺乏对董事和监事罢免的相关规定，控股股东仍可以通过手中持有的多数股权罢免中小股东选出的董事或监事，即累积投票制缺乏事后保障程序。

第四，董事、监事、独立董事分别选举，再加上中国上市公司较小的董事会规模，制约累积投票制的有效实施。在控股股东持股比例较高、上市公司董事会规模较小的情形下，若董事、监事、独立董事分别选举，则要求中小股东的投票具有较高的集中度，因而累积投票制能够成功运用并为中小股东选出利益代言人的可能性非常低。

第五，在中国并购浪潮和机构投资者数量增多两个趋势同时显现的背景下，累积投票制的实施可能是一把"双刃剑"。累积投票制在给予中小股东更多权力的同时，有可能被意图恶意收购的股东利用，给公司的正常经营带来不利影响。

（四）结论和建议

我们梳理了英美模式、德日模式和家族模式三种不同公司治理模式下累积投票制的实践经验，发现公司治理模式的差异可以在很大程度上解释各国是否采用累积投票制，以及累积投票制的实施细则和作用的差异：在英美模式下，累积投票制的作用有限，但实施细则呈差异化、多元化和个性化；在德日模式下，累积投票制的作用更加有限，实施细则也跟在美、英后亦步亦趋，流于形式；在家族模式下，累积投票制的作用因股权结构而异，但为中小股东赋权则是良好公司治理的必要不充分条件，而在立法模式上偏好"强制式"。将中国的情况与上述国际实践经验相比较可以发现，在中国控股股东和内部人对公司控制力较强的背景下，目前累积投票制的实施存在以下问题和难题：作用有限、强制实行的阈值设置过高、缺乏累积投票制的前置程序和事后保障程序、董（监）事分别选举、董事会的规模较小、容易成为恶意并购的工具等。

基于以上比较分析，结合中国公司治理模式的典型特征和主要问题，我们提出如下建议：

第一，在中国股权集中、"一股独大"、控股股东对公司控制力较强的背景下，应该同时采取参与策略（participative strategy）与控制策略（controlling strategy），即除了赋予中小股东更多的权力以保证其利益诉求得到表达外，还需要出台相关制度对控股股东的行为进行直接约束。其中，参与策略是指通过赋予中小股东更多的权力来制约大股东的行为，而控制策略是指直接对大股东的行为施加约束来制约大股东的行为。在股权较为集中的公司治理模式下，单纯给中小股东赋权并不能切实有效地降低控股股东的控制，无法对控股股东形成有力的约束。

第二，降低强制实行累积投票制的阈值，甚至要求所有公司采取累积投票制。一方面，对于控股股东持股比例较低、股权较为分散的公司，累积投票制的作用较为显著，强制要求这部分公司实行累积投票制，可以有效保护这些公司的中小股东利益；另一方面，虽然强制要求控股股东持股比例较高的公司实行累积投票制的作用甚微，但累积投票制作为保护中小股东权益的必要不充分条件，是实现良好公司治理不可或缺的制度安排。

第三，除了累积投票制之外，还应完善关于董（监）事候选人提名权和董（监）事罢免权的相关规定，使得股东对董事和监事的提名权、投票权、罢免权形成完整、闭合的链条，切实保障中小股东的利益。董（监）事候选人的提名权是选举权的前提，而罢免权是选举权的保障。如果中小股东无法提名能够代表自己利益的董（监）事，那么即使赋予其累积投票制的投票权，仍然无法选出真正代表其利益的董（监）事；如果董（监）事的罢免权仍然掌握在控股股东手中，那么即使中小股东选出了能够代表其利益的董（监）事，控股股东仍可以将其罢免，则累积投票制仍是"竹篮打水一场空"。

第四，通过制度设计，降低中小股东至少能在董事会中获得一个席位所需的持股比例，比如合并董事、监事和独立董事的选举；将董事会规模的下限适当提高等。董事、监事和独立董事合并选举，可以降低中小股东代言人当选所需集中的票数，提高中小股东通过累积投票制选取代言人的成功率。与此同时，董事会规模较小是累积投票制在中国失效的一个重要原因，为了使累积投票制的作用能够更好地发挥，可以适当扩大董事会的规模，提高董事会规模的下限。

第五，在制定和完善累积投票制的同时，应配套相应的预防措施，防止累积投票制成为恶意收购的工具。累积投票制在赋予中小股东更多权力的同时，不可避免地会给予中小股东利用手中的权力进行恶意收购等损害公司行为的可乘之机。如何既能发挥累积投票制的积极作用，又能避免恶意收购等消极影响，需要在现有的"分类董事会"等措施之外，探索新的制度安排。

2.2 基于内幕交易的分析

2.2.1 基于中国制度建设的内幕交易分析

随着中国经济的崛起，作为政府发展金融市场的一部分，改善上市公司的公司治理已成为当务之急。中国自 20 世纪 90 年代初建立股票市场以来，先后颁布了各种法律法规，以协助公司监管。大多数上市公司是由一家或几家大型国有企业改制而成的，它们在上市后成为控股股东，而内部人侵占中小股东权益的潜在问题一直是中国股市关注的焦点。1998 年 12 月 28 日，中国发布了《中华人民共和国证券法》（以下简称《证券法》），以保护中小股东的利益。《证券法》第三章第四节规定了若干条例来规范公司内部人的交易。内部人不得基于未披露的、有特权的信息进行股票交易。第七十四条将内部人定义为与上市公司直接或间接关联的个人或公司。[①] 第七十五条将内幕信息进一步定义为公司股权结构、债务担保、股利分配、业务指引、重大投资等可能影响股价的未披露消息。中国证监会对证券交易所进行监管，并负责执行内幕交易法。然而，事实证明，这些法规在遏制企业内部人的没收行为方面没有起到有效的作用。内幕交易利用私人重要信息进行交易牟利，在中国上市公司普遍存在（Howson，2012）。[②] 薄弱的法律制度大大降低了违法成本。与此同时，外部投资者和监管机构在获取和分析内幕交易方面面临着极高的成本。

2007 年 8 月 15 日，中国证监会发布了监管内幕交易的相关规定，这些规定类似于美国内幕交易条例。[③] 企业内部人必须在交易后两个工作日内通知企业。反过来，该企业立即向证券交易所报告这一交易，然后证券交易所在自己的网络平台上发布这些信息。对虚假陈述或者不及时通知的，证券交易所将处以罚款。

企业内部人凭借其工作职能，对未来现金流和股价中未反映的折现率有提前了解（Seyhun，1986，1988；Fidrmuc et al.，2009；He and Rui，2016）。企业内部人的相关交易所利用的信息可能是特定公司或公

---

① 《证券法》列举了公司内部人，如持有公司 5% 以上股份的董事、监事、经理和股东，能够获得公司交易重要信息的人，监管机构的工作人员，有关管理人员。

② 一个值得注意的例子是中国证监会对浙江杭萧钢铁股份有限公司（股票市场代码 600477）采取的强制措施。在 2007 年 3 月宣布与安哥拉签订大型基础设施合同后的 5 周内，该公司的股价上涨了 150%，在公告发布前购买公司股票并随后出售的内部人获得了 500 万美元的利润。

③ 美国《萨班斯-奥克斯利法案》（SOX 法案）第 403 节要求内部人在交易后两个工作日内报告其持有的股份。

开的信息（即行业范围或经济范围的因素）（Seyhun，1988）。如果内部人只根据公司的特定信息进行交易，那么他们的交易不应该包含任何与经济活动变化有关的信息。相比之下，如果他们的部分交易是由于尚未反映在公司股票价格中的经济因素的变化，那么内幕交易总量与随后的市场回报之间应该是正相关的。企业内部人在多大程度上基于整体经济因素进行交易，这取决于利用特定信息的成本和收益。如果监管和公司治理增加了企业特定信息的交易成本，那么内部人更愿意利用整个经济体的信息。

Seyhun（1988，1992）使用美国数据提供了经验证据，并表明市场指数随着内部人总购买量的增加而上升，随着内部人总出售额的增加而下降。Aktas et al.（2008）提供了进一步的证据，证明在内幕交易日，市场的价格发现过程会加快。我们认为，一些内部人的交易是由于经济信息的变化。然而，大多数新兴市场国家的法律体系和执法薄弱，而这种糟糕的投资者保护阻碍了知情交易，并导致信息环境不足（Morck et al.，2000）。利用跨国数据，Brochet et al.（2013）发现：内幕交易活动总量与随后的市场回报的关系在各国之间存在很大差异。虽然我国已采取了内幕交易的强制披露制度，但这一规定并没有得到很好的执行。内部人经常被观察到利用公司的特定信息在股票市场上交易，牟取自己的利益而不招致惩罚（Howson，2012；He and Rui，2016）。因此，我们预计内部人在决定交易时不太可能使用整个经济体的信息，也就是内幕交易与股票市场收益之间的潜在关系被弱化。

考虑到企业内部人的交易风险，我们就会对内部人的风险有进一步的认识。如果内部人以牺牲外部少数股东的利益为代价，即通过广泛的自利交易获取利益，那么侵占风险就会影响内幕交易。具体说来，在那些征收风险较小或投资者保护更好的公司，内部人更可能根据他们对整个经济体信息的观察进行交易。其结果表明，内幕交易总量与市场收益之间的关系与投资者保护正相关。

为了在公司层面衡量投资者保护的程度，我们采用了公司治理的三个替代指标。首先，继 La Porta et al.（1998）和 Bebchuk and Roe（1999）后，我们采用主要股东持股比例作为股权集中度的衡量标准。

集中的所有权结构有助于通过掏空渠道将资源从企业转移出去，为企业内部人谋利益，特别是在投资者保护薄弱的情况下。例如，他们可以优惠条件将资产转让给控股股东持有大量股份的其他公司（Johnson et al.，2000）。他们还可以有选择地报告或保留有价值的公司特定信息，通过以优惠价格购买公司股份来稀释少数股东的利益（Morck et al.，2000；Du et al.，2012）。由于外部投资者无法保护自己不受内部人自利交易的影响（La Porta et al.，2000），而集中的所有权结构可以帮助内部人操纵公司信息，并形成一个伪装的信息环境，因而股权集中度将削弱内幕交易总量与后续市场回报之间的关系。

其次，我们考虑了上市公司的股权类型。自 1978 年中国实行改革开放政策以来，中国政府通过放松对国有企业的控制来刺激经济。与此同时，中国也涌现出一大批民营企业或外资企业，它们为中国经济的增长做出了贡献。混合所有制类型为我们研究股东身份对没收风险的影响提供了一个宝贵的机会。Boycko et al.（1996）认为，国有企业为实现更多就业、环境等社会目标，在一定程度上扭曲了其经营效率。许多研究提供了支持这一论点的实证证据（Shleifer and Vishny，1994；Shleifer，1998；Fan et al.，2007；Fogel et al.，2008）。此外，国有企业的公司治理制度具有特殊性，其信息透明度较低，投资者需要花费更多的精力来获取内部信息（Leuz et al.，2003；Leuz and Oberholzer-Gee，2006；Chaney et al.，2011）。我们可以预计，国有企业内幕交易的总体信息几乎不会传递到整个市场。因此，我们预计国有企业的内幕交易总量与投资组合收益之间的关系较弱。

最后，我们使用控制权与现金流权比率作为衡量征用风险的替代指标。现有文献表明，控股股东受货币激励的程度越低，他（或她）就越有可能追求控制权的私人利益（Bebchuk and Roe，1999；La Porta et al.，2002）。这些问题在新兴市场国家更为普遍，这些国家普遍采用"金字塔"式持股和交叉持股。控股股东通常拥有比现金流权更大的控制权。控制权与现金流权的分离加剧了控股股东的固守。控股股东可以通过隐瞒信息或有选择地披露信息来掩饰他们的自利行为（Morck et al.，2000；Fernandes and Ferreira，2009）。因此，我们预计，在控制权和现金流权分离程度较低的公司中，内幕交易总量与随后的投资组合回报之间的关系更加明显。

2.2.2　数据和描述性统计

根据《上市公司董事、监事和高级管理人员所持本公司股份及其变动管理规则（2022 年修订）》（中国证券监督管理委员会公告［2022］19号，以下简称"RMSHLC"），董事、高级管理人员和监事必须报告他们的交易。上市公司收集到的信息应通过证券交易所的《上市公司利益完整记录披露》向公众发布。这些记录提供了股票代码、内部人的身份、交易量、价格以及交易日期等信息。2007 年 6 月 1 日，我国开始实施强制披露。我们从 2007 年 7 月 1 日至 2014 年 12 月 31 日期间，在上海和深圳证券交易所的网上平台获取了所有 A 股股票的内幕交易数据。股票收益率和公司治理变量来自 GTA 信息技术公司开发的中国公司治理研究数据库（CCGRD）。

根据文献（Seyhun，1986），我们只考虑企业内部人的公开市场购买和出售。表 2-3 中的 A 组显示，我们的样本共有来自 1 556 家上市公司的 27 751 笔交易记录，包括 19 432 笔出售和 8 271 笔购买，购销比为0.4，远小于美国市场上内部人的购销比 0.7（Seyhun，1986）。这意味着中国的企业内部人更有可能成为净卖家。

在样本期内，出售交易的平均值为 203.3 万元，远大于 105 万元的平均购买交易额。出售交易的中位数为 43 万元，购买交易的中位数为11 万元。与菲德尔穆茨（Fidrmuc）等人的研究结果一致。Fidrmuc（2006）的研究结果显示，内部人出售交易的平均数量和价值均大于其购买交易的平均数量和价值。平均而言，中国的每家公司每年只有 0.86笔（1.89 笔）购买（出售）交易，而美国有 2.77 笔（4.74 笔）购买（出售）交易。中国报告的内幕交易数量远少于美国。

为了代表内部人以牺牲少数股东利益为代价获取私利的能力，我们使用了三种公司治理代理指标。Concentration 是一个代表最大持股比例的变量。State 是一个虚拟变量，如果最大股东与政府有关，则 State 等于 1，否则为 0。Separation 代表控制权和所有权之间的分离程度（控制权与现金流权的比率）。遵循 Giannetti and Simonov（2006）的做法，如果没有股东持有超过 20％的投票权，我们将 Separation 设为 1。[①]

我们针对公司治理的代理指标见汇总表 2-3（B 组）。总的来说，我们的样本公司在所有代表公司治理的指标上显示出很大的横截面差异。Concentration 的均值和中位数分别为 35.79 和 34.35，范围为 4.08～86.32。这表明大多数上市公司的股票高度集中，政府在中国资本市场中仍然扮演着重要的角色，也就是有相当大比例的公司（42％）仍然由政府或相关机构控制。毫不奇怪，在抽样期间，Separation 的平均值和中位数都大于 1。这表明因所有权和控制权分离而导致的代理问题普遍存在。

为了检验内幕交易是否与公司治理的主要指标相关，我们使用公司治理变量将公司分为若干组，然后分析内幕交易的差异。表 2-3 中的 C组按公司治理变量报告了内部人公开市场交易的分布情况。首先，利用 State 将内幕交易分为两类，而后分析了国有企业与非国有企业内幕交易的差异。国有企业有 8 625 笔交易，而非国有企业有 18 282 笔交易。此外，非国有企业每笔交易的平均金额远大于国有企业。其次，利用样本中股权集中度的平均值，将内幕交易分为股权集中度五分位数。公司的所有权集中度如下：第 1 组小于 20％[②]；第 2 组为 20％～36％；第 3组为 36％～48％，第 4 组大于 48％。与文献一致，这种分类确保了每一类公司都有超过 4 000 笔内幕交易，同时仍保持着多种股权结构。有趣的是，每次购买交易的金额从第一组的 2 261 千元大幅下降到第二组的968 千元，然后在股权高度集中的公司（第四组）中增至 741 千元。最后，我们使用 Separation 将公司分为两组。我们发现，控制权和所有权未分离公司的平均每次购买金额为 992 千元，高于控制权与所有权分离的公司。这些结果表明：在公司治理较好的公司中，内部人更有可能在每次购买时进行更大规模的交易。

[①] Faccio and Lang（2002）认为，拥有 20％的投票权就足够了。

[②] 当所有股东持有的表决权都少于 20％时，公司可视为被广泛持有（Faccio and Lang, 2002；Giannetti and Simonov, 2006）。

表 2-3　所有内幕交易和净交易汇总统计

A组：所有行业

	公司数量	交易数量	平均交易次数	交易数量			交易金额		
				中位数	平均值	标准差	中位数	平均值	标准差
购买	1 288	8 271	0.86	10 000	98 228	723 565	110	1 050	4 070
出售	1 367	19 432	1.90	29 193.5	136 501	588 302	430	2 033	7 081
总计	1 556	27 751	2.39	—	—	—	—	—	—

B组：公司治理变量的描述性统计

	总观测值	平均值	标准差	最小值	10%分位数	中位数	90%分位数	最大值
State	4 984	0.42	0.49	0	0	0	1	1
Concentration	4 984	35.79	14.42	4.08	17.47	34.35	54.15	86.32
Separation	4 984	1.22	0.63	1.00	1.00	1.004	1.77	15.72

C组：按所有权类型、所有权集中度及控制权和所有权（两权）分离程度分类的交易

	出售数量	购买数量	平均出售金额	平均购买金额	交易数量
所有权类型					
State=1	4 882	3 743	1 664	338	8 625
State=0	14 050	4 232	2 126	1 362	18 282
所有权集中度					
Group 1	3 546	1 173	2 142	2 261	4 719
Group 2	8 705	3 703	2 176	968	12 408
Group 3	4 621	1 816	1 730	698	6 437
Group 4	2 576	1 593	1 941	741	4 169
两权分离程度					
Separation=1	6 343	2 559	2 227	992	8 902
Separation>1	13 105	5 726	1 939	866	18 831

资料来源：国泰安中国公司治理研究数据库，经作者计算。

注：表2-3为所有交易和净交易的描述性统计数据（价值单位：千元人民币）。在A组，平均交易次数是从2007年7月1日至2014年12月31日，约391周的平均值。B组报告了公司治理的三个代表性指标——Concentration、State和Separation的描述性统计数据。C组报告了按所有权类型、所有权集中度和两权分离程度分列的内幕交易描述性统计数据。

我们采用周度数据来检验内幕交易总量与市场回报之间的关系。公司 i 在第 t 周中的内幕交易净笔数 $\mathrm{NH}_{i,t}$ 的定义如下：

$$\mathrm{NH}_{i,t} = \sum_{j=1}^{J_{i,t}} H_{t,j} \qquad (2-1)$$

其中，$t=1, 2, \cdots, 386$ 表示2007年8月1日至2014年12月31日的周数。$J_{i,t}$ 表示公司 i 在第 t 周的内幕交易总数。如果交易 J 是购买，

$H_{t,j}$ 等于 1；如果交易 J 是出售，$H_{t,j}$ 等于 -1。为了确保各公司在累积内幕交易度量中具有相同的权重，我们通过减去平均值并除以其 386 周的标准差，对 $\mathrm{NH}_{i,t}$ 进行了标准化。具体说来，k 组在第 t 周的标准化内幕交易总量 SANE_t^k 可定义为：

$$\mathrm{SANE}_t^k = \sum_{i=1}^{I_k} \frac{\mathrm{NH}_{i,t} - \overline{\mathrm{NH}_i}}{s(\mathrm{NH}_i)} \tag{2-2}$$

式中，I_k 为 k 组中的公司数量；$s(\mathrm{NH}_i)$ 为以 NH_i 为自变量的函数。

我们看到：

$$\overline{\mathrm{NH}_i} = \sum_{i=1}^{386} \frac{\mathrm{NH}_{i,t}}{386} \tag{2-3}$$

可以得出：

$$s(\mathrm{NH}_i) = \left[\sum_{i=1}^{386} \frac{(\mathrm{NH}_{i,t} - \overline{\mathrm{NH}_i})^2}{385} \right]^{\frac{1}{2}} \tag{2-4}$$

图 2-1 显示了 2007 年 8 月 1 日至 2014 年 12 月 31 日期间所有公司的 $\mathrm{SANE}_t^{\mathrm{All}}$ 时间模式。$\mathrm{SANE}_t^{\mathrm{All}}$ 序列表现为平稳正相关。

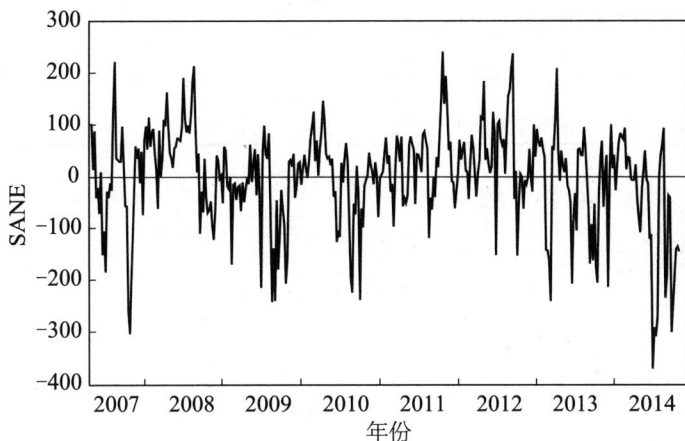

图 2-1 高管每周标准化合计净交易

资料来源：国泰安中国公司治理研究数据库，经作者计算。

注：所有公司（2007 年 8 月 1 日至 2014 年 12 月 31 日）。

表 2-4 列出了所有公司按 SANE 划分的标准化交易总量的统计特性。在我们的构架中，SANE 的均值是零。所有公司 SANE 的标准差为 96.07，远大于每个公司组的标准差。SANE 的序列相关系数呈现几何

衰减模式。Box-Pierce-Q 统计表明，三阶自回归模型 ［AR(3)］适用于我们的大多数系列。[①] 此外，表 2-4 还列出了不同公司内幕交易总量的相互关系。相应公司间的标准化交易总量的横截面相关系数一般为正，在 0.44 至 0.61 之间变化，但相对小于公司之间和所有公司的横截面相关系数。这表明来自不同公司的内部人不太可能同时交易他们的股票。它提供了第一手证据，表明不同公司的内部人似乎对相同的经济整体因素没有反应。

表 2-4　标准化内幕交易总量的统计性质

A 组：所有公司

变量	标准差	最小值	10%分位数	中位数	90%分位数	最大值	序列相关系数			
							1 阶	2 阶	3 阶	4 阶
SANE	96.07	−369.86	−136.82	14.19	98.30	241.88	0.63*	0.44*	0.28*	0.12*

B 组：按 State 划分的 SANE 统计和时间序列特性

公司组	标准差	最小值	中位数	最大值	横截面相关系数		序列相关系数			
					$SANE_{2,1}$	$SANE_{2,2}$	1 阶	2 阶	3 阶	4 阶
$SANE_{2,1}$	42.23	−199.72	4.60	145.32	0.55	0.82	0.51*	0.32*	0.20*	0.12*
$SANE_{2,2}$	66.36	−279.47	10.20	188.34		0.93	0.61*	0.43*	0.30*	0.12*

C 组：按 Concentration 划分的 SANE 统计和时间序列特性

变量	标准差	最小值	中位数	最大值	横截面相关系数				序列相关系数			
					$SANE_{1,2}$	$SANE_{1,3}$	$SANE_{1,4}$	SANE	1 阶	2 阶	3 阶	4 阶
$SANE_{1,1}$	21.17	−82.33	4.01	65.61	0.61	0.51	0.48	0.77	0.48*	0.35*	0.24*	0.09
$SANE_{1,2}$	45.72	−168.28	6.75	154.74		0.59	0.55	0.91	0.54*	0.40*	0.24*	0.11*
$SANE_{1,3}$	28.18	−140.33	3.92	85.75			0.44	0.78	0.45*	0.29*	0.22*	0.05
$SANE_{1,4}$	22.35	−108.16	2.66	58.17				0.72	0.38*	0.18*	0.08	0.08

D 组：按 Separation 划分的 SANE 统计和时间序列特性

公司组	标准差	最小值	中位数	最大值	横截面相关系数		序列相关系数			
					$SANE_{3,1}$	$SANE_{3,2}$	1 阶	2 阶	3 阶	4 阶
$SANE_{3,1}$	30.20	−105.02	4.15	80.45	0.67	0.83	0.48*	0.38*	0.22*	0.10

---

① 高阶序列相关系数不显著。

续表

公司组	标准差	最小值	中位数	最大值	横截面相关系数		序列相关系数			
					$SANE_{8,1}$	$SANE_{8,2}$	1 阶	2 阶	3 阶	4 阶
$SANE_{3,2}$	73.15	−277.16	11.83	196.98		0.97	0.60*	0.40*	0.25*	0.12*

资料来源：作者计算。

注：表 2-4 列出了高管（SANE，$SANE_{i,j}$）标准化交易总量的统计和时间序列特性，相关计算见（2-1）式～（2-4）式。在 A 组中，SANE 是所有交易的标准化总量。在 B 组中，交易基于 State 分为两组，其中 $SANE_{2,1}$ 为政府关联股东的标准化交易总量，$SANE_{2,2}$ 为其他类别。在 C 组中，所有交易被分为四组：第一组，公司的持股比例不到 20%；第二组，持股比例为 20%～36%；第三组，持股比例为 36%～48%；第四组，持股比例超过 48%。变量 $SANE_{1,j}$（$j=1$，2，3，4）是 j 组的标准化合计净交易数。同样，在 D 组中，交易是基于两权分离程度进行分组的。其中，在第一组中，Separation 值等于 1，而在第二组中大于 1。变量 $SANE_{3,j}$（$j=1$，2）是 j 组的标准化交易总量。SANE，$SANE_{i,j}$ 的平均值定义为零，因而不在表中报告。每个系列每周有 386 次观测。表中还列明了 SANE，$SANE_{i,j}$ 的横截面相关系数和序列相关系数。1～4 阶的序列相关系数用 lag1～lag4 表示。高阶序列相关系数不显著，故未报告。在 5% 的显著性水平下，显著性用*表示。

2.2.3　实证结果

　　为了考察内幕交易总量与股票市场收益之间的关系，我们进行了一系列多元回归分析。其中，因变量为一周超额市场收益率 RME，其定义为市场投资组合的周收益率与 7 天回购利率之间的差额。[①] 为了代表市场投资组合，我们使用所有中国上市公司的平均加权投资组合。自变量是 SANE 的滞后项。[②] 由于大多数回归均包含序列相关的残差，我们在分析中加入了一个误差模型，即在第 4 个滞后项目有显著的移动平均项。[③] 市场收益率和同期一周无风险利率均来自国泰安 CSMAR 数据库。

　　如果对内幕交易的强制性披露有效，那么内部人应该在其他市场参与者之前，首先根据他们对整个经济活动变化的观察进行交易；因此，我们预计当前内幕交易与未来超额市场回报之间存在正相关关系，相关的计算结果见表 2-5。在模型（1）（表 2-5 的第一行）中，自变量是 SANE 的一周滞后项。研究结果显示，它对于累积内幕交易的预测能力有限。虽然 $SANE_{t-1}$ 的系数是正的，但在传统的置信水平下，它在统计学上是不显著的。模型（2）（表 2-5 的第二行）包括长达四周的 SANE 的

---

　　① 7 天回购利率通常用作基准利率（Green，2005）。

　　② 我们还利用中国所有上市公司的价值加权投资组合来衡量市场收益，并得到了相似的结果。

　　③ 由于篇幅有限，误差模型的估计值不做报告，但可根据要求提供。

表 2 - 5 超额市场收益率与标准化内幕交易总量的回归分析

常数项	$SANE_{t-1}$	$SANE_{t-2}$	$SANE_{t-3}$	$SANE_{t-4}$	$SANE_{t-5}$	$SANE_{t-6}$	$SANE_{t-7}$	$SANE_{t-8}$	R^2
3.086 8	0.017 9								0.001 5
(2.263 0)	(0.023 6)								
2.570 6	0.011 7	−0.017 8	0.003 3	0.044 9					0.009 2
(2.254 9)	(0.030 2)	(0.034 9)	(0.034 9)	(0.030 3)					
2.431 1	0.012 1	−0.016 1	0.004 5	0.055 3	−0.010 6	−0.002 2	−0.002 0	−0.044 3	0.020 0
(2.268 3)	(0.030 6)	(0.035 4)	(0.035 5)	(0.035 5)	(0.035 5)	(0.035 7)	(0.035 6)	(0.031 0)	

注: 作者计算。

表 2 - 5 报告了实际回报组合减去同期无风险利率。估计系数和标准差见括号。

市场投资组合的实际回报减去同期无风险回报率。超额市场回报率定义为市场加权平均回报率（RME）与 A 组内部人（SANE）每周标准化交易总量滞后值之间的 OLS 回归结果。超额市场回报率定义为所有估计系数和标准差乘以 1 000。White 异方差稳健标准误差在括号内。***、**和*分别表示在 1%、5%和 10%的显著性水平下显著。

滞后期限。$SANE_{t-2}$ 的系数仍然不显著，但 $SANE_{t-3}$ 和 $SANE_{t-4}$ 的系数均为不显著的正值。模型（3）（表 2-5 的第三行）包括长达 8 周的 SANE的滞后期限[①]，估计系数基本不变。这些结果表明，内部人不太可能根据整个经济体的信息进行交易。[②] 与我们的假设一致，强制披露内幕交易对改善信息环境的作用微乎其微。

此前的讨论表明，中国的企业内部人能够有选择地报告自己的交易，或者为了自己的利益而隐瞒交易，因而他们不太可能根据整个经济的信息进行交易。在公司治理更完善的公司中，内部人很少有机会侵占少数股东的利益，因而内部人更倾向于观察，也更倾向于利用整个经济体的信息进行交易。我们预测内幕交易总量的预测能力与公司治理的强度正相关，接下来将检验这个假设。

我们使用三个公司治理变量将公司分为若干组，并分析每组中内幕交易总量的预测能力，分析结果见表 2-6。A 组将内幕交易的预测能力提前了 8 周，我们将这些交易分为国有企业和非国有企业的交易。正如预测的那样，内幕交易总量与国有企业的超额收益之间没有显著的正相关关系。相比之下，$SANE_{t-4}$ 的估计系数是正的，对于非国有企业来说，在 5% 的显著性水平下显著。在 B 组中，我们通过合并不同股权集中度的公司的内幕交易，分别考察了内幕交易总量与后续市场收益之间的关系。我们发现，在股权多元化的公司（第一组）和股权高度集中的公司（第三组和第四组）中，内幕交易总量与公司的投资组合收益呈正相关关系且显著。对此，一种可能的解释是集中的股权结构允许控股股东侵占少数股东的利益。然而，当控股比例超过某个临界值时，该公司更有可能以私人公司的形式运作，即控股股东和少数股东的利益基本上是一致的。因此，控股股东有更多的动机和足够的投票权来干预公司的日常运营，这对所有股东都有利（Jensen and Meckling，1976）。在 C 组中，

---

① 我们也包括了更多的滞后项，但所有的系数在统计学上与零相差不大。

② 我们还进行了额外的测试来检查结果的敏感性。首先，我们使用价值加权市场组合来衡量超额市场回报。其次，我们包括了更多的滞后项。最后，我们排除了一些异常值，得到了类似的结果。

表2-6 分组回归结果

A组：按是否为国有企业列出的回归结果

	常数	$SANE_{t-1}$	$SANE_{t-2}$	$SANE_{t-3}$	$SANE_{t-4}$	$SANE_{t-5}$	$SANE_{t-6}$	$SANE_{t-7}$	$SANE_{t-8}$	R^2
国有企业										
	3.088 7	0.036 4								0.000 3
	(2.263 4)	(0.056 1)								
	2.608 3	-0.001 3	0.021 0	0.054 5	0.017 7					0.005 2
	(2.259 5)	(0.065 0)	(0.071 7)	(0.071 6)	(0.065 2)					
	2.342 7	0.011 7	0.020 5	0.049 1	0.046 0	-0.011 5	0.047 2	-0.128 2*	-0.006 6	0.016 5
	(2.271 0)	(0.066 4)	(0.073 8)	(0.073 7)	(0.073 4)	(0.072 4)	(0.072 1)	(0.071 9)	(0.065 6)	
非国有企业										
	3.087 8	0.023 2								0.001 9
	(2.263 2)	(0.033 5)								
	2.563 1	0.021 0	-0.035 1	-0.014 2	0.083 9**					0.014 1
	(2.250 9)	(0.042 0)	(0.048 1)	(0.048 1)	(0.042 2)					
	2.454 3	0.016 4	-0.031 8	-0.000 9	0.084 2*	-0.008 5	-0.028 6	0.049 6	-0.093 8**	0.026 0
	(2.259 8)	(0.042 6)	(0.048 8)	(0.049 0)	(0.049 0)	(0.048 9)	(0.049 5)	(0.049 5)	(0.043 3)	

B组：按股权集中度列出的回归结果

	常数	$SANE_{t-1}$	$SANE_{t-2}$	$SANE_{t-3}$	$SANE_{t-4}$	$SANE_{t-5}$	$SANE_{t-6}$	$SANE_{t-7}$	$SANE_{t-8}$	R^2
股权集中度第一组										
	3.087 8	0.063 8								0.000 9
	(2.263 6)	(0.107 1)								
	2.523 2	0.011 5	-0.030 8	-0.096 8	0.312 7**					0.017 1
	(2.246 1)	(0.123 4)	(0.133 0)	(0.132 2)	(0.123 7)					

续表

	常数	$SANE_{t-1}$	$SANE_{t-2}$	$SANE_{t-3}$	$SANE_{t-4}$	$SANE_{t-5}$	$SANE_{t-6}$	$SANE_{t-7}$	$SANE_{t-8}$	R^2
	2.437 4 (2.257 6)	0.012 9 (0.124 6)	-0.035 0 (0.135 2)	-0.040 6 (0.136 2)	0.379 9*** (0.136 9)	-0.187 6 (0.136 9)	-0.030 9 (0.138 2)	0.015 7 (0.136 8)	-0.163 4 (0.126 6)	0.029 8
股权集中度第二组										
	3.089 3 (2.263 6)	0.029 0 (0.049 6)								0.000 9
	2.566 0 (2.253 3)	-0.020 0 (0.059 2)	0.007 7 (0.065 2)	0.067 4 (0.065 2)	0.049 1 (0.059 4)					0.010 7
	2.380 4 (2.272 0)	-0.025 9 (0.059 8)	0.004 3 (0.065 9)	0.070 2 (0.066 7)	0.054 1 (0.066 7)	0.020 6 (0.066 9)	-0.009 3 (0.067 4)	-0.030 0 (0.066 7)	-0.053 9 (0.060 9)	0.016 8
股权集中度第三组										
	3.091 0 (2.264 0)	0.036 4 (0.080 4)								0.000 5
	2.562 3 (2.242 0)	0.032 5 (0.089 3)	-0.020 1 (0.095 6)	-0.155 2 (0.096 3)	0.242 9*** (0.090 4)					0.020 6
	2.323 6 (2.259 3)	0.013 1 (0.091 4)	0.014 0 (0.098 5)	-0.143 9 (0.098 1)	0.254 7** (0.098 4)	-0.059 6 (0.098 5)	-0.039 4 (0.098 3)	0.088 4 (0.098 6)	-0.112 6 (0.092 1)	0.027 5
股权集中度第四组										
	3.087 1 (2.262 7)	0.082 6 (0.101 5)								0.001 7
	2.641 8 (2.250 1)	0.102 7 (0.109 0)	-0.140 2 (0.116 1)	0.219 3* (0.116 3)	-0.123 7 (0.109 3)					0.013 2
	2.377 6 (2.243 2)	0.138 2 (0.109 3)	-0.158 3 (0.116 9)	0.225 2* (0.117 1)	-0.122 5 (0.116 6)	0.049 8 (0.116 3)	0.116 2 (0.116 5)	-0.254 2** (0.116 4)	-0.161 4 (0.109 6)	0.040 4

续表

C组：按控制权与现金流权分离程度列出的回归结果

	常数	$SANE_{t-1}$	$SANE_{t-2}$	$SANE_{t-3}$	$SANE_{t-4}$	$SANE_{t-5}$	$SANE_{t-6}$	$SANE_{t-7}$	$SANE_{t-8}$	R^2
两权分离程度为1										
	3.088 7	0.035 4								0.000 6
	(2.264 0)	(0.075 2)								
	2.551 9	0.012 4	−0.058 2	−0.004 0	0.182 8**					0.013 3
	(2.250 3)	(0.086 7)	(0.093 1)	(0.093 2)	(0.087 2)					
	2.418 2	0.021 9	−0.062 0	0.015 8	0.209 8**	−0.071 1	0.018 1	−0.053 5	−0.099 7	0.022 6
	(2.265 2)	(0.087 4)	(0.093 8)	(0.096 0)	(0.096 1)	(0.096 0)	(0.096 4)	(0.094 4)	(0.088 5)	
两权分离程度大于1										
	3.087 5	0.025 0								0.001 7
	(2.262 7)	(0.031 0)								
	2.586 7	0.015 8	−0.015 9	0.012 3	0.040 8					0.006 4
	(2.258 1)	(0.038 5)	(0.044 1)	(0.044 2)	(0.038 7)					
	2.417 4	0.015 5	−0.014 1	0.013 0	0.048 2	0.002 7	−0.012 0	0.008 5	−0.062 0	0.016 4
	(2.272 3)	(0.038 8)	(0.044 6)	(0.044 6)	(0.044 6)	(0.044 7)	(0.045 0)	(0.045 1)	(0.039 5)	

资料来源：作者计算。

注：表2-6列出了不同类别公司的回归结果。在A组中，第一组是国有企业的标准化交易总量，第二组是非国有企业的标准化交易总量。第三组是按股权集中度分组，第一组公司的最大持股比例不到20%；第一组公司的持股比例为20%～36%；第三组公司的持股比例为36%～48%；第四组公司的持股比例超过48%。同样，C组根据控制权与现金流权分离程度进行分组，第一组中的两权分离程度等于1，表示没有股东拥有超过20%的表决权，第二组中的分离程度大于1，括号内为White异方差稳健标准误差。***、**和*分别表示在1%、5%和10%的显著性水平下显著。

我们使用 Separation 将公司分为两组。与我们的预期一致，在 Separation=1 的组中，$SANE_{t-4}$ 的估计系数在 5% 的显著性水平下是正且显著的。然而，在 Separation>1 的组中，我们没有发现内幕交易总量与后续市场收益之间存在显著的关系。这表明在控制权大于现金流权的企业中，内部人更有可能侵占少数股东的利益。因此，他们的交易不太可能传达整个经济体的信息。

我们将进行各种测试来检验结果的敏感性。首先，我们计算了内幕交易总量的附加测度。企业 i 在第 t 周中的内幕交易合计净股数 $NQ_{i,t}$ 由（2-1）式中 $H_{t,j}$ 的标准化乘积和（2-4）式中的交易股数定义，用以计算内部人的标准化总交易净股数（SANQ）。公司 i 在第 t 周中内幕交易的总净值 $NV_{i,t}$ 由（2-1）式中 $H_{t,j}$ 的标准化乘积和（2-4）式中交易份额的值定义，用以计算内部人的标准化总交易净值（SANV）。表 2-7 中的 A 组和 B 组分别报告了 SANQ 和 SANV 的经验结果，并获得了类似的结果。在所有的公司样本中，都没有对内幕交易总量的预测能力。然而，在非国有企业、股权多元化或高度集中的公司以及控制权和现金流权没有分离的公司中，内幕交易总量能够预测未来的股票收益。这些研究结果表明，我们对内幕交易的不同定义并不意味着内幕交易的结果。

到目前为止，我们已经记录了在公司治理相对较好的公司中，股票收益率与内幕交易总量之间存在着密切的关系。Seyhun（1992）的研究表明，无论是商业环境的变化，还是股票价格在基本面上偏离预期值的变动都可以解释内幕交易总量的预测能力。为了检验内幕交易总量的预测能力，我们将与未来实际经济活动变化相关的几个变量作为股票收益的额外预测因子。具体说来，我们使用未来国内生产总值和工业生产的增长率作为衡量未来实际经济活动的两个指标，并将过去的股票收益率作为一个附加变量。由于没有每周的国内生产总值和工业生产数据，我们使用下一季度的国内生产总值增长率和下个月的工业生产增长率。我们首先用所有公司的数据检验内幕交易总量与相关股票收益之间的关系，然后用每个公司的数据分别进行检验。有趣的是，在所有的指标中，GDP 的系数都是负的，并且显著不为零。这表明未来 GDP 增长率与股票超额收益率呈负相关关系。一种可能的解释是，股票价格不是由中国股市的经济或商业状况驱动的（Morck et al.，2000）。我们还发现，过去的股票收益是未来超额股票收益的一个重要预测因子。RME_{t-2}的系数为正，在传统显著性水平上具有统计学意义。与表 2-3 中的简单回归一致，表 2-7 显示，在所有公司的样本中，内幕交易总量没有边际解释力。与此相反，对于非国有企业、股权多元化或高度集中的公司以及控制权与现金流权分离的公司，内幕交易总量与超额股票收益呈正相关关系。将未来的经济活动和过去的股票收益作为额外的解释变量，并不影响内幕交易总量的系数大小或显著性。这表明内幕交易的变动不受未来经济活动预期的影响。因此，内幕交易总量的预测能力并不取决于对未来实体经济活动的预期。

为了确保简单回归的实证结果的真实性，我们使用向量自回归（VAR）模型，在一个多方程模型中检验了超额市场收益率与内幕交易总量之间的相互关系。[①] 我们的实证结果显示，在投资者保护做得较好的公司，内幕交易总量能够预测股票收益。因此，我们使用格兰杰因果关系检验来检验这些公司是否存在从内幕交易总量到市场回报的因果关系。此外，我们使用脉冲响应函数来捕捉变量对冲击的反应速度。

表 2-8 列出了所有公司的格兰杰因果关系检验结果，以及每个公司的格兰杰因果关系检验结果。在整个样本中，从内幕交易总量到市场回报率都没有观察到显著的格兰杰因果关系。内部人交易的实证结果与我们的假设不太一致。然而，市场回报率在很大程度上取决于非国有企业、股权多元化或高度集中的公司以及控制权和现金流权没有分离公司的滞后内幕交易总量。在治理结构较好的公司中，内幕交易总量似乎包含了更多的信息。

---

① 由于没有实际经济活动（如 GDP 和工业产出）的每周数据，VAR 模型只包括内幕交易总量和市场收益。

A组：市场超额收益率与 SANQ 的回归分析

表 2-7　其他识别检验回归结果

	常数	$SANQ_{-1}$	$SANQ_{-2}$	$SANQ_{-3}$	$SANQ_{-4}$	$SANQ_{-5}$	$SANQ_{-6}$	$SANQ_{-7}$	$SANQ_{-8}$	R^2
总体										
	2.3910	-0.0117	0.0048	0.0126	0.0672	-0.0147	0.0023	-0.0208	-0.0375	0.0188
	(2.2702)	(0.0368)	(0.0425)	(0.0426)	(0.0427)	(0.0426)	(0.0430)	(0.0431)	(0.0380)	
国有企业										
	2.3008	-0.0593	0.0888	0.0233	0.0705	0.0378	-0.0017	-0.1391*	0.0185	0.0233
	(2.2635)	(0.0700)	(0.0759)	(0.0760)	(0.0756)	(0.0750)	(0.0746)	(0.0739)	(0.0688)	
非国有企业										
	2.4179	-0.0032	-0.0139	-0.0241	0.1188**	-0.0263	-0.0031	0.0337	-0.0933*	0.0240
	(2.2655)	(0.0495)	(0.0571)	(0.0571)	(0.0578)	(0.0577)	(0.0586)	(0.0590)	(0.0517)	
股权集中度第一组										
	2.4681	-0.0205	-0.0626	-0.0122	0.3650**	-0.1195	-0.0570	0.0747	-0.2554*	0.0296
	(2.2613)	(0.1301)	(0.1408)	(0.1415)	(0.1420)	(0.1420)	(0.1489)	(0.1483)	(0.1401)	
股权集中度第二组										
	2.3347	-0.0483	0.0207	0.0582	0.0744	0.0072	-0.0062	-0.0422	-0.0333	0.0126
	(2.2774)	(0.0654)	(0.0710)	(0.0714)	(0.0719)	(0.0719)	(0.0719)	(0.0719)	(0.0667)	
股权集中度第三组										
	2.2770	-0.0104	0.0309	-0.1273	0.2352**	0.0048	-0.0229	0.0428	-0.0356	0.0177
	(2.2701)	(0.0993)	(0.1044)	(0.1042)	(0.1041)	(0.1045)	(0.1044)	(0.1044)	(0.0997)	
股权集中度第四组										
	2.4254	-0.1713	0.0568	0.3261*	-0.0189	0.0951	0.0066	-0.3846**	-0.2185	0.0324
	(2.2531)	(0.1723)	(0.1750)	(0.1808)	(0.1814)	(0.1811)	(0.1825)	(0.1796)	(0.1755)	

续表

	常数	$SANQ_{t-1}$	$SANQ_{t-2}$	$SANQ_{t-3}$	$SANQ_{t-4}$	$SANQ_{t-5}$	$SANQ_{t-6}$	$SANQ_{t-7}$	$SANQ_{t-8}$	R^2
两权分离程度为1										
	2.382 8	−0.008 2	0.016 2	−0.011 4	0.131 7**	0.009 4	−0.038 2	−0.062 6	−0.027 6	0.021 9
	(2.265 7)	(0.057 8)	(0.062 2)	(0.062 2)	(0.062 1)	(0.061 9)	(0.063 2)	(0.063 7)	(0.059 2)	
两权分离程度大于1										
	2.344 0	−0.023 6	−0.001 9	0.025 5	0.074 1	−0.003 9	0.015 9	0.018 3	−0.095 3	0.015 2
	(2.275 1)	(0.057 2)	(0.062 9)	(0.063 1)	(0.063 8)	(0.064 3)	(0.063 7)	(0.063 6)	(0.058 6)	

B组：市场超额收益率与SANV的回归分析

	常数	$SANV_{t-1}$	$SANV_{t-2}$	$SANV_{t-3}$	$SANV_{t-4}$	$SANV_{t-5}$	$SANV_{t-6}$	$SANV_{t-7}$	$SANV_{t-8}$	R^2
总体										
	2.354 8	−0.013 7	0.005 1	0.020 9	0.067 9	−0.020 3	0.008 1	−0.020 9	−0.028 2	0.019 6
	(2.269 4)	(0.036 2)	(0.041 9)	(0.042 1)	(0.042 0)	(0.041 9)	(0.042 3)	(0.042 5)	(0.037 2)	
国有企业										
	2.283 7	−0.079 2	0.093 6	0.047 2	0.065 1	0.025 4	−0.006 2	−0.110 1	0.030 8	0.023 4
	(2.263 3)	(0.067 3)	(0.073 3)	(0.073 5)	(0.073 1)	(0.072 4)	(0.072 0)	(0.071 0)	(0.066 0)	
非国有企业										
	2.392 8	0.002 6	−0.017 5	−0.022 7	0.129 9**	−0.032 9	0.010 7	0.022 4	−0.084 2	0.025 3
	(2.264 2)	(0.049 8)	(0.057 7)	(0.057 7)	(0.058 4)	(0.058 2)	(0.059 1)	(0.059 6)	(0.051 9)	
股权集中度第一组										
	2.395 7	−0.009 9	−0.091 3	0.005 1	0.381 4***	−0.105 4	0.004 8	0.023 8	−0.197 7	0.028 0
	(2.262 5)	(0.129 1)	(0.140 7)	(0.141 9)	(0.142 4)	(0.142 3)	(0.147 7)	(0.146 7)	(0.137 5)	
股权集中度第二组										
	2.303 8	−0.039 9	0.008 3	0.082 5	0.078 9	0.009 2	−0.019 6	−0.038 9	−0.019 9	0.015 6
	(2.274 1)	(0.064 6)	(0.070 4)	(0.070 6)	(0.071 0)	(0.070 9)	(0.071 2)	(0.071 3)	(0.065 9)	

续表

	常数	$SANV_{t-1}$	$SANV_{t-2}$	$SANV_{t-3}$	$SANV_{t-4}$	$SANV_{t-5}$	$SANV_{t-6}$	$SANV_{t-7}$	$SANV_{t-8}$	R^2
股权集中度第三组										
	2.258 9	−0.011 9	0.034 0	−0.090 8	0.240 8**	−0.024 6	−0.020 9	0.062 4	−0.021 5	0.018 5
	(2.269 3)	(0.097 2)	(0.102 3)	(0.102 5)	(0.102 5)	(0.103 0)	(0.102 8)	(0.102 5)	(0.097 7)	
股权集中度第四组										
	2.407 3	−0.188 0	0.095 7	0.310 8*	−0.002 3	0.079 4	0.011 4	−0.357 9**	−0.202 6	0.031 4
	(2.254 0)	(0.168 2)	(0.171 0)	(0.175 2)	(0.176 1)	(0.175 9)	(0.177 1)	(0.175 2)	(0.171 3)	
两权分离程度为 1										
	2.358 2	−0.007 2	0.015 7	−0.003 1	0.142 7**	−0.018 3	−0.022 0	−0.060 2	−0.014 3	0.022 3
	(2.265 5)	(0.057 4)	(0.061 9)	(0.062 1)	(0.062 0)	(0.061 8)	(0.063 2)	(0.063 4)	(0.058 8)	
两权分离程度大于 1										
	2.297 4	−0.029 2	−0.000 5	0.041 8	0.069 5	0.014 2	0.005 9	0.020 1	−0.081 1	0.016 6
	(2.273 2)	(0.055 8)	(0.061 4)	(0.061 6)	(0.062 1)	(0.062 5)	(0.062 1)	(0.061 9)	(0.056 9)	

资料来源：作者计算。

注：表 2-7 列示了 A 组市场超额收益率对 SANQ 的回归结果，以及 B 组市场超额收益率对标准化总交易净值（SANV）的回归结果。括号内为 White 异方差稳健标准误差，***、**和*分别表示在 1%、5%和 10%的显著性水平下显著。

表 2 - 8　格兰杰因果检验

组别	原假设	显著性水平
总体	SANE 不是 RME 的格兰杰原因	0.257
股权集中度第一组	SANE 不是 RME 的格兰杰原因	0.035**
股权集中度第二组	SANE 不是 RME 的格兰杰原因	0.567
股权集中度第三组	SANE 不是 RME 的格兰杰原因	0.039**
股权集中度第四组	SANE 不是 RME 的格兰杰原因	0.020**
国有企业	SANE 不是 RME 的格兰杰原因	0.338
非国有企业	SANE 不是 RME 的格兰杰原因	0.056*
两权分离程度为 1	SANE 不是 RME 的格兰杰原因	0.029**
两权分离程度大于 1	SANE 不是 RME 的格兰杰原因	0.140

资料来源：作者计算。

注：表 2-8 给出了关于 SANE 与 RME 关系的格兰杰因果关系检验。公司从三个维度进行分组。首先，根据公司是否为国有企业分组。其次，根据股权集中度分组，第一组公司的最大持股比例不到 20%，第二组公司的持股比例为 20%～36%，第三组公司的持股比例为 36%～48%，第四组公司的持股比例超过 48%。最后，根据控制权与现金流权的分离程度分组。如果没有股东拥有超过 20% 的表决权，则控制权与现金流权之比等于 1。括号内为 White 异方差稳健标准误差，***、** 和* 分别表示在 1%、5% 和 10% 的显著性水平下显著。

　　脉冲响应函数（见图 2-2）代表了 SANE 和 RME 对所有公司外部冲击的滞后响应。图 2-2（a）显示了市场回报率正向冲击的标准化脉冲响应。在正常情况下，第 1 周对这种冲击的反应系数为 -0.296 4，第 7 周绝对值的系数降至 10% 以下，并继续变小。图 2-2（b）显示了内幕交易中市场收益净值对一个标准差冲击的响应。系数的变化表明，内幕交易出现正向冲击后，股票收益率也随之增加，然而响应的幅度相对较小。第 1 周和第 2 周的系数分别为 0.043 9 和 0.029 5，而随后几周的市场回报率几乎没有对这些冲击做出响应。

　　图 2-3 中的（ai）～（hi）（i＝1，2）展示了不同公司群体的脉冲响应函数。与图 2-2(a) 类似，所有公司的系数变化表明，在回报率出现正向冲击后，内幕交易总量也随之减少。然而，针对市场回报对整体内幕交易正向冲击的反应，不同规模公司的差异显著。

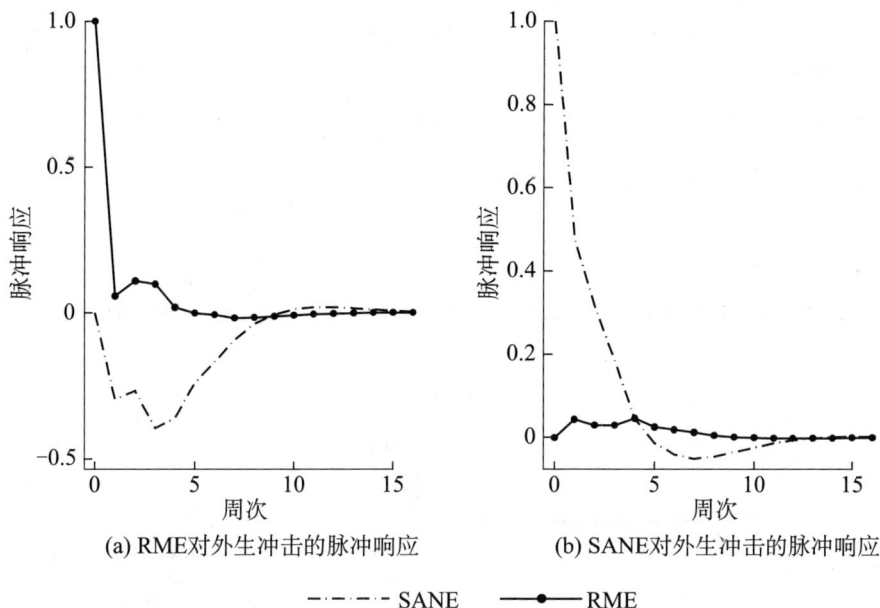

(a) RME对外生冲击的脉冲响应　　　(b) SANE对外生冲击的脉冲响应

- · - · - SANE　　　●—● RME

图 2 - 2　脉冲响应函数

资料来源：作者计算绘制。

注：图 2 - 2 显示了 SANE 和 RME 对外生冲击的脉冲响应。图 2 - 2（a）显示了 RME 的脉冲响应图像，图 2 - 2（b）显示了 SANE 的脉冲响应图像。

尽管我们观察到国有企业和非国有企业的内幕交易总量都出现了冲击，但非国有企业的第一周系数为 0.486 5，远大于国有企业的第 1 周系数 0.341 7。对于整个样本，响应也要大得多。对于不同所有权集中度下的脉冲响应，我们得到了类似的结果：第 1 组和第 4 组的第 1 周系数分别为 0.218 8 和 0.260 4，而第 2 组的第 1 周系数为 0.020 4，几乎没有反应。研究结果还表明，市场对内幕交易总量的正向反应远大于控制权与现金流权分离的公司。第 1 周系数分别为 0.455 0 和 0.280 1，这表明后者对相关股票收益的预测能力较弱，我们通过简单回归分析和格兰杰因果关系检验证实了这一发现。

虽然我们的回归分析显示了内幕交易总量的预测能力，但它的经济意义并未得到说明。下面检验内幕交易总量与市场回报之间的关系是否可以用来构建一个盈利的交易策略。

非国有企业

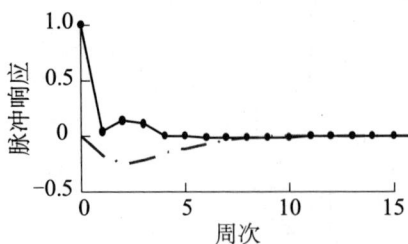

(a1) RME对外生冲击的脉冲响应

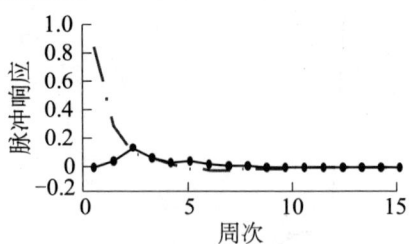

(a2) SANE对外生冲击的脉冲响应

国有企业

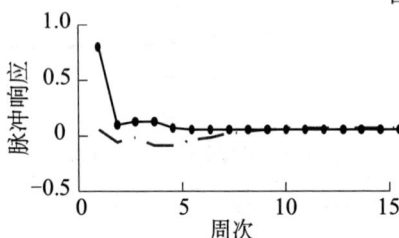

(b1) RME对外生冲击的脉冲响应

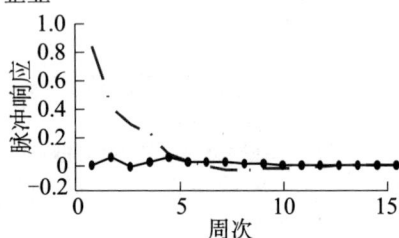

(b2) SANE对外生冲击的脉冲响应

股权集中度第1组

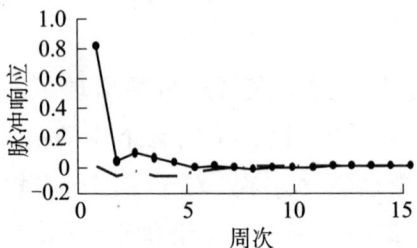

(c1) RME对外生冲击的脉冲响应

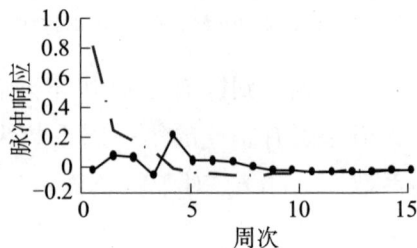

(c2) SANE对外生冲击的脉冲响应

股权集中度第2组

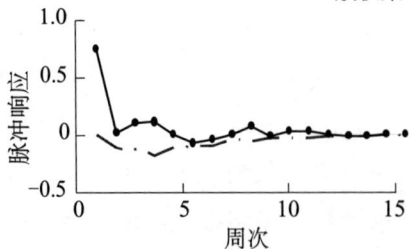

(d1) RME对外生冲击的脉冲响应

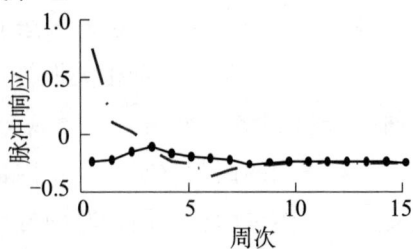

(d2) SANE对外生冲击的脉冲响应

股权集中度第3组

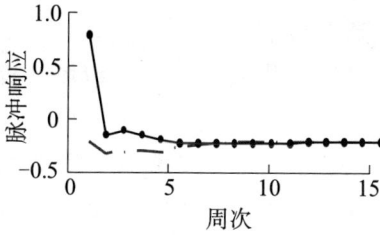

(e1) RME对外生冲击的脉冲响应　　　(e2) SANE对外生冲击的脉冲响应

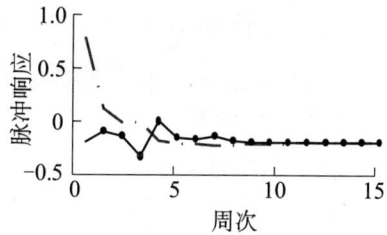

股权集中度第4组

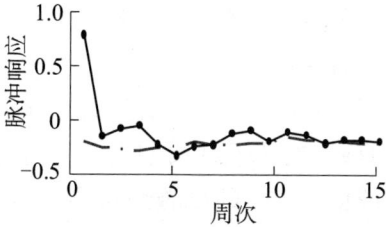

(f1) RME对外生冲击的脉冲响应　　　(f2) SANE对外生冲击的脉冲响应

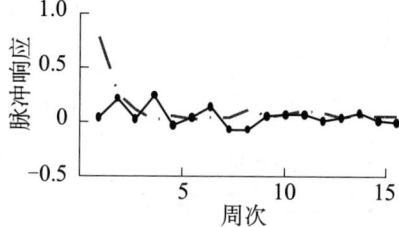

两权分离程度为1

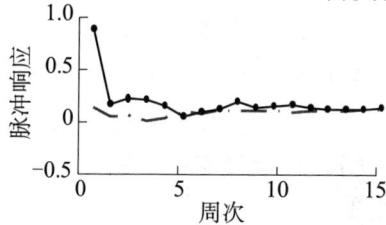

(g1) RME对外生冲击的脉冲响应　　　(g2) SANE对外生冲击的脉冲响应

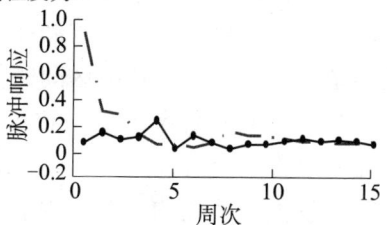

两权分离程度大于1

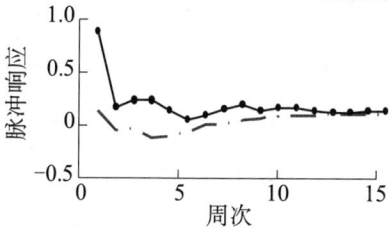

(h1) RME对外生冲击的脉冲响应　　　(h2) SANE对外生冲击的脉冲响应

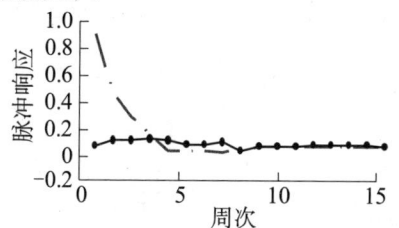

－ － － － SANE　　　　●——— RME

图 2 - 3　企业分组的脉冲响应函数

资料来源：作者计算绘制。

注：图 2 - 3 中的（a1）～（b2）比较了在国有企业和非国有企业之间 SANE 与 RME 对外生冲击的脉冲响应。图 2 - 3 中的（c1）～（f2）比较了不同股权集中度公司之间 SANE 与 RME 对外生冲击的脉冲响应。图 2 - 3 中的（g1）～（h2）比较了具有不同控制权和现金流权分离程度的公司之间的脉冲响应。

我们估计每周的 SANE。当 SANE 下降到零以下时，我们得到下行信号；否则，我们得到上行信号。当得到下行信号时，我们卖空一个市场（投资组合）指数，而当得到上行信号时，我们买入一个市场（投资组合）指数。这种策略的盈利能力是平均等权重市场（投资组合）收益在预测的前后两周的差值。具体说来，我们考察了在预期上涨的几周内，市场（投资组合）的平均回报率是否超过了预期下跌的几周。表 2-9 使用了内幕交易总量的信号来预测股票市场的未来八周。在不同预测区间的全样本中，预测上升周的平均市场收益率高于预测下跌周的平均市场收益率，但两者的差异在统计学上与零差异不大。这表明在内幕交易总量信息公布后，未来的市场回报是不可预测的。

然而，我们发现：在某种程度上，我们的交易策略在公司治理较好的公司群体中是有利可图的。在前一周预测的非下跌周期内，公司的平均回报率超过了预期的 61.8%，而且该值在 1% 的显著性水平下显著。相比之下，在国有企业的任何预测区间内，这种差异在统计学上并不显著。我们还发现，对于所有权多元化或高度集中的公司，以及控制权和现金流权没有分离的公司，利润在几个预测区间内都是显著正的。对于其他类型的公司，所有预测区间的差异都较小，而且在统计上不显著。

与我们之前的研究结果一致，表 2-9 表明：内幕交易总量的预测能力在一定程度上可以用来构建盈利策略。对于公司治理较好的公司来说，预期收益是巨大的，在经济上也很重要。

表 2-9　基于过去累计内幕交易信息的策略的周平均超额收益

组别	预测周期：基于过去周次的数据							
	1	2	3	4	5	6	7	8
总体	0.003 7 (1.22)	0.003 2 (1.04)	0.002 8 (0.88)	−0.000 2 (−0.07)	0.002 5 (0.81)	0.002 4 (0.77)	0.000 2 (0.05)	−0.002 5 (−0.81)
国有企业	0.006 1 (1.81)	0.004 1 (1.23)	0.002 3 (0.69)	0.002 0 (0.55)	0.002 8 (0.95)	0.003 1 (1.05)	0.000 5 (0.17)	−0.003 3 (−1.09)
非国有企业	0.002 3 (0.44)	0.004 5 (0.87)	0.002 7 (0.53)	0.002 4 (0.46)	0.003 9 (0.77)	0.008 7 (1.64)*	0.005 7 (1.08)	0.016 1 (3.00)***
股权集中度第一组	−0.004 7 (−0.91)	−0.003 1 (−0.56)	0.001 5 (0.29)	0.002 3 (0.44)	0.005 3 (1.00)	0.000 2 (0.04)	0.004 9 (0.88)	0.009 8 (1.69)**
股权集中度第二组	0.002 6 (0.78)	0.004 8 (1.54)	0.003 2 (0.99)	0.004 7 (1.59)	−0.005 1 (1.74)	−0.003 7 (1.24)	−0.000 9 (0.29)	0.001 0 (−0.33)
股权集中度第三组	−0.002 0 (−0.41)	−0.003 2 (−0.64)	−0.001 5 (−0.29)	0.004 4 (0.86)	−0.001 2 (−0.24)	0.000 1 (0.01)	0.001 0 (0.19)	0.008 9 (1.65)*

续表

组别	预测周期：基于过去周次的数据							
	1	2	3	4	5	6	7	8
股权集中度第四组	0.002 0 (0.36)	0.000 2 (0.04)	0.005 6 (1.11)	−0.006 2 (−1.28)	0.004 2 (0.85)	0.002 2 (0.44)	0.017 8 (3.63)***	0.010 6 (2.13)**
两权分离程度为1	0.002 1 (0.66)	0.001 6 (0.52)	0.003 2 (1.04)	0.005 0 (1.71)**	0.003 6 (1.10)	0.003 0 (0.84)	0.006 9 (2.10)**	0.005 0 (1.55)*
两权分离程度大于1	0.002 7 (0.90)	0.004 3 (1.34)	0.003 2 (1.02)	0.000 5 (0.14)	0.002 7 (0.86)	0.001 9 (0.60)	−0.000 9 (−0.28)	−0.003 4 (−1.03)

资料来源：作者计算。

注：表 2-9 显示了基于过去内幕交易信息的策略对每周超额收益的可预测性。样本公司从三个维度进行分组。首先，根据公司是否为国有企业进行分组。其次，根据股权集中度进行分组，第一组公司的最大持股比例不到 20%，第二组公司的持股比例为 20%～36%，第三组公司的持股比例为 36%～48%，第四组公司的持股比例超过 48%。最后，根据控制权与现金流权的分离程度进行分组。如果没有股东拥有超过 20% 的表决权，则控制权与现金流权之比等于 1。括号内为 White 异方差稳健标准误差，***、**、和*分别表示在 1%、5% 和 10% 的显著性水平下显著。

2.2.4　结　论

我们研究了过去的内幕交易总量与未来股票收益之间的关系。总的来说，我们的实证结果显示：一周内的内幕交易总量净值并不能预测未来八周的市场组合收益。这表明内部人并不能只根据他们对自己公司股票定价偏误的评估来进行股票交易。尽管证监会要求内部人报告有关其公司股票的交易，但有多种方式可以让内部人有选择地报告交易或隐藏某些交易以牟取私利。

然而，在非国有公司、股权多元化或高度集中的公司以及控制权和现金流权没有分离的公司中，用内部人的交易总量可以预测未来的股票收益。在被征用风险较小的公司中，内幕交易更容易受到审查，因而他们倾向于根据经济整体因素造成的错误定价来交易自己公司的股票。当市场认识到整个经济活动的变化时，股票投资组合的价格就会发生变化。

我们使用衡量内幕交易总量的其他解释变量（如过去的股票收益和未来实际经济活动的代理变量）来检验该结果的稳健性。检验结果表明，该结果保持不变。研究结果还表明，内幕交易总量的预测能力并不取决于对未来实体经济活动的预期。VAR 分析和简单的预测检验结果强化了我们的论点，即更好的公司治理增强了内幕交易对未来市场回报的预测能力。

我们的研究结果对新兴市场的监管机构有许多政策启示。借鉴发达国家的经验，大多数新兴市场经济体都实施了内幕交易法，以规范内部人的交易。然而，这些改革并没有带来实质性的改善，其中许多国家仍然缺乏投资者保护，因为仅靠市场监管机构不足以减轻内部人的违法交易。为了规避内幕交易法，内部人更可能通过未公开的自我交易而不是在二级市场上交易来获取私人利益。我们有必要全面加强内幕交易法的执行力度，以限制新兴市场的征收风险。

2.3 基于地方城投融资平台制度的分析

2.3.1 地方投融资平台的发展情况及制度安排

按照《国务院关于加强地方政府融资平台公司管理有关问题的通知》（国发〔2010〕19号）的规定，地方投融资平台可被定义为：地方政府及其部门和机构等通过财政拨款或注入土地、股权等资产设立，承担政府投资项目融资功能，并拥有独立法人资格的经济实体，包括各类综合性投资公司（如建设投资公司、建设开发公司、投资开发公司、投资控股公司、投资发展公司、投资集团公司、国有资产运营公司、国有资本经营管理中心等）以及行业性投资公司（如交通投资公司等）。

在我国，地方投融资平台的发展经历了如下三个阶段（魏加宁，2010）：第一个阶段是探索阶段。这个阶段始于1987年终于1997年，它的标志性事件是上海市设立了专门负责地方投融资项目的上海久事公司。第二个阶段是从1998年到2008年的推广与融合阶段。这个阶段的标志性事件包括：1998年，安徽芜湖市与国家开发银行签订了第一个贷款协议；此外，在2002年后，重庆市政府牵头成立了八大投资公司。这些项目都得到了国家开发银行的支持和世界银行的肯定。此后，各地效仿重庆模式成立了地方投融资平台。第三个阶段是在2009年后的高速发展阶段。2009年3月18日，《中国人民银行、中国银行业监督管理委员会关于进一步加强信贷结构调整促进国民经济平稳较快发展的指导意见》明确指出：支持有条件的地方政府组建投融资平台，发行企业债、中期票据等融资工具，拓宽中央政府投资项目的配套资金融资渠道。此后，地方投融资平台的数量迅速增长，它们在融资方式上呈现以银行信贷为主的特点，而在投资项目上则呈现以当地项目为主的特点。

地方投融资平台的设立主要有如下三点原因（祝志勇和高扬志，2010）：

首先，地方政府财权和事权的不对称从制度层面造成了地方政府融资紧张，不得不对外举债来维持地方经济发展。1994 年分税制改革的实行使我国出现了财政分权体制，主要表现为：中央财政的税收占比逐步提高，地方财政的税收占比逐渐降低。然而，分税制改革仅仅体现在对财政收入的改革上，地方政府仍需承担与分税制改革前相当甚至更加繁重的基础设施建设任务。这种现象可被概括为：财权层层上收，重心上移；事权层层下放，重心下移。这就导致了地方政府的财力紧张。地方政府官员为了经济建设的需要，抑或是出于仕途政绩的考量不得不对外举债，这在一定程度上促成了地方投融资平台的设立。

其次，在相关法律的限制下，地方政府不得不通过地方投融资平台来完成地方性财政融资：1994 年 3 月 22 日，我国颁布了《中华人民共和国预算法》，明令禁止地方政府通过发行地方债券进行融资，这斩断了地方政府的直接融资渠道。此外，1996 年中国人民银行颁布的《贷款通则》明确规定银行借款人应当是经工商行政管理机关（或主管机关）核准登记的企（事）业法人、其他经济组织、个体工商户或具有中华人民共和国国籍的具有完全民事行为能力的自然人，而地方政府并不属于上述自然人或法人，因而地方政府通过银行谋求间接融资的希望就此破灭。

最后，官员晋升上的竞争促使一些官员通过地方投融资平台融资来满足提升政绩的需要。在我国，城市的发展和官员的晋升具有"示范效应"（钱颖一和许成钢，1993；周黎安，2007），各经济区域的经济绩效容易相互比较，这有助于地方进行局部政策实验，一旦成功，就可以向其他地方推广；此外，官员的晋升与其主政地区的 GDP 增长速度有显著的正向关系（周黎安等，2005）。这样，如果一个地方通过设立地方投融资平台成功促进了当地经济的发展，并且相关官员获得了晋升机会，这种地方投融资平台模式就会被迅速向外推广。另外，设立投融资平台的失败风险较小，因为我国地方政府存在预算软约束（Qian and Roland，1998），即便地方投融资平台出现了债务危机，依然有中央财政负责"兜底"，这增强了地方政府官员执政的"道德风险"。为了追求升迁，一些地方政府官员很可能通过地方投融资平台的过度融资和投资来达到目的（Jensen，1976）。

基于地方投融资平台设立的原因，我们可以发现地方投融资平台在运行上具有如下特点：

首先，地方投融资平台的设立初衷就是为政府融资，所以它在运行上受到地方政府和国家行政政策的较大影响，并造成了其多元化的目标和较低的市场化程度，而且其无法做出相关的投融资决策。

其次，地方投融资平台的董、监、高等高级管理人员大多由政府任命或由政府办公厅、财政厅、国资委的官员兼任，同时其最大的股东是地方政府，因而其管理层和股东在本质上都是政府，这使其无法形成现代公司治理模式。政府作为股东，没有监督地方投融资平台高管的动机；与此同时，地方投融资平台的管理层也缺乏忠于股东、实现平台价值最大化的动机，因为管理层的绩效考评由政府决定，与平台的经营状况关系不大。这种治理结构极易引发股东与管理层之间的委托-代理问题。

地方投融资平台的功能主要体现融资上，其资金来源主要有如下两个渠道：银行贷款融资和发行企业债券融资。根据 2017 年的数据，在地方投融资平台的资金来源中，银行借款占 79%，债券融资占 7%，由此可见地方投融资平台的主要资金来源仍是银行贷款融资。

我国地方投融资平台的运营模式是地方政府通过划拨土地等方式出资设立城市建设投资公司（以下简称"城投公司"），并将财政补贴、财政担保等作为还款保证，城投公司通过银行贷款和发行城投债的方式募集资金来投资地方基础设施建设。

但是，出于化解地方政府债务风险的需要，银监会（现为银保监会）、证监会、发改委对城投公司的融资做出了诸多限制，比如《关于贯彻〈国务院关于加强地方政府融资平台公司管理有关问题的通知〉相关事项的通知》(财预〔2010〕412 号)禁止主要依靠财政性资金偿还债务的城投公司继续融资。城投公司和地方国有企业呈现了城投国企化和国企城投化的趋势。具体说来,目前它们规避监管的运行方式有如下三种:方式一是在原城投公司遭遇监管的情况下,由原城投公司出资组建一家新的名义上的地方重点国企,然后由该国企向银行融资或发行公司债券融资,原城投公司作为该公司的担保方;方式二是由原有的两家被纳入监管的城投公司组建成立国有资产管理母公司,母公司作为融资主体,原有融资平台作为子公司为母公司提供担保,从而躲避监管限制;方式三是由原融资平台与金融机构新设立合伙企业,原融资平台以项目资产为股本认购合伙企业有限合伙人的份额,金融机构认购另一部分有限合伙人的份额,形成"PPP 模式"。此后,地方投融资平台通过项目现金流回购金融机构手中的有限合伙人份额,这被戏称为"假股真债"。

目前,我国对地方投融资平台采取名单制管理,对于被列入名单的企业,依据证监会发布的《公司债券发行与交易管理办法》,处于银保监会政府融资名单中,且非"退出类"的发行人,不得发行公司债。①此外,发改委也对地方投融资平台做出了如下规定:对于被银保监会纳入政府融资平台名单,且非"退出类"的发行人,原则上不再审批其发债申请。银行间市场对地方投融资平台的管理规定为:新增债务纳入政府一类债务的公司发债需要提供所在地同级财政及审计部门出具的一系列专项说明。

对于"退出类"平台发债,需要提供银保监会出具的相关证明,且需要达到全覆盖的标准。

根据银保监会的原则,"退出类"平台成熟一家退出一家。地方投融资平台达到"退出类"平台的要求需要满足五个条件,其中最主要的两个条件是资产负债率要在 70% 以下,并且自身现金流 100% 覆盖贷款本息(即达到全覆盖的指标要求)。

银保监会名单中的地方投融资平台可按照自身现金流能否覆盖全部债

---

① 在银保监会政府融资名单中,且为"退出类",或者涉及土地开发、政府项目代建等相关业务的发行人,其报告期(近 3 年,非公开发行为近 2 年)来自所属地方政府的收入和现金流占比,不得同时超过 50%,但募集资金用于省级保障房的除外。

务本息的情况分为如下几种类型：全覆盖（100%）、基本覆盖（70%～100%）、半覆盖（30%～70%）、无覆盖（30%以下）。满足监管要求的地方投融资平台可以依照规定退出管理名单，银保监会在每季度都会披露退出名单的地方投融资平台。

按照时间顺序，下面对监管机构针对地方投融资平台的监管体系的演进进行了总结。

具体说来，我国对地方投融资平台的监管经历了如下几个阶段：

（1）监管起步时期。2008年12月8日，《国务院办公厅关于当前金融促进经济发展的若干意见》（国办发〔2008〕126号）提出扩大债券发行规模，促进企业使用债券融资；2009年3月，银监会和中国人民银行支持地方政府组建投融资平台。在这个阶段，监管部门对地方投融资平台发债持支持态度。

（2）监管发展时期。2010年6月10日，国发〔2010〕19号文和财预〔2010〕412号文规定银监会自2010年第三季度起开始登记地方投融资平台名单，并按季度更新这份名单。这标志着名单制管理制度的初步确立。这种做法虽然有效遏制了地方投融资平台的债券发行额，但当时恰逢4万亿刺激计划，一些地方政府为了刺激经济，采取了规避监管的做法，所以该制度并没有从根本上遏制地方投融资平台的增长。

（3）制度冲突时期。在这个阶段，发改委和银监会在监管上出现了政策冲突。一方面，2010年6月银监会在地方政府融资平台贷款风险监管工作会议上表示：要管控新增平台贷款，建立名单管理系统，同时不向名单制管理系统以外的投融资平台发放贷款。与此同时，《中国银监会关于切实做好2011年地方政府融资平台贷款风险监管工作的通知》（银监发〔2011〕34号）表示要将地方投融资平台贷款的审批权收归总行；另一方面，发改委却在《国家发展改革委办公厅关于进一步规范地方政府投融资平台公司发行债券行为有关问题的通知》（发改办财金〔2010〕2881号）中提到鼓励符合条件的城市投融资平台公司发行企业债券，虽然该文也对城投公司发行债务做出了一定的限制，但在本质上，它未能有效遏制城投公司的债务融资。

总体来看，在这个时期，城投公司的发债数量呈高速增长。具体说

来，2011—2014 年地方投融资平台的债务规模由不到 3 000 亿元激增到
17 585.4 亿元。

（4）严监管时期。2012 年 12 月 24 日，《关于制止地方政府违法违
规融资行为的通知》（财预［2012］463 号）规定地方政府将土地注入投
融资平台公司必须经过法定的出让或划拨程序，这对地方政府出资设立
地方投融资平台进行了限制；2014 年 8 月，新预算法正式生效，同年 9
月，《国务院关于加强地方政府性债务管理的意见》（国发［2014］43
号）出台，前者打破了政府对投融资平台的软性担保预期，后者则明确
要求剥离投融资平台的政府融资功能。同年 12 月，中国证券登记结算
有限公司发布《关于加强企业债券回购风险管理相关措施的通知》，规
定禁止城投债实现债务质押功能。2015 年 1 月 15 日，证监会正式发布
《公司债券发行与交易管理办法》，明确规定禁止相关名单上的地方投融
资平台进行债务融资。

如前所述，当前对地方投融资平台的融资限制日益增加，目前已经
存在的地方投融资平台将不得不走向转型道路。对此，相关监管部门对
地方投融资平台的转型路径给出了如下的规定和指导意见：

2015 年 12 月 21 日，《关于对地方政府债务实行限额管理的实施意
见》（财预［2015］225 号）发布，该文指出：推动有经营收益和现金流
的融资平台公司的市场化转型改制。具体的做法为推动投融资平台转型
为采用政府和社会资本合作（PPP）模式的平台或将部分投融资平台转
型为承接政府购买服务的公司。

对转型为采用 PPP 模式的投融资平台，监管机构为了避免"假股真
债"现象的发生，明确对地方政府和投融资平台的权利与义务关系加以
界定，并出台了如下的一系列文件：

2017 年 4 月 26 日，《关于进一步规范地方政府举债融资行为的通
知》（财预［2017］50 号）明确指出：在对投融资平台的管理上，地方
政府不得干预投融资平台公司的日常运营和市场化融资；地方政府不得
将公益性资产、储备土地注入投融资平台公司；地方政府不得承诺将储
备土地预期出让收入作为投融资平台公司偿债资金来源；地方政府不得
利用政府性资源干预金融机构的正常经营行为；金融机构为投融资平台

公司提供融资时，不得要求或接受地方政府及其所属部门以担保函、承诺函、安慰函等任何形式提供的担保。

与此同时，该文针对相关 PPP 业务提出：严禁地方政府借助 PPP、政府出资的各类投资基金等方式变相举债，同时不得以借贷资金出资设立各类投资基金。另外，该文禁止了政府以各种形式进行的担保、承诺回购和承诺兜底行为。

2017 年 11 月 10 日，《关于规范政府和社会资本合作（PPP）综合信息平台项目库管理的通知》（财办金［2017］92 号）明确要求 PPP 项目入库，并且规定了 PPP 项目的入库要求。不仅如此，2017 年 11 月 17 日发布的《关于加强中央企业 PPP 业务风险管控的通知》（国资发财管［2017］192 号），也明确对央企参与 PPP 项目做出了相应的限制。

另外，为了防止地方投融资平台通过政府购买服务的形式实现变相融资，2017 年 11 月 17 日发布的《关于加强中央企业 PPP 业务风险管控的通知》（国资发财管［2017］192 号）对政府购买服务做出了明确的限制，防止地方投融资平台以政府购买服务的应收款作抵押向其他金融机构进行再融资。

在上述限制下，未来地方投融资平台将不得不从原有融资工具的模式中转型。具体说来，地方投融资平台的转型方向包括两个方面：一是通过参与"棚户区改造"或"地方政府专项债"的形式继续参与地方建设；二是地方投融资平台通过参与符合规定的 PPP 项目和政府购买服务来参与地方建设。

2.3.2 地方投融资平台的相关文献与理论基础

目前，按照米璨（2011）的观点，地方投融资平台的产生主要有以下四种理论，即公共产品融资理论、地方竞争理论、财政分权理论和官员激励理论。

首先，按照公共产品融资理论，地方投融资平台的融资目的主要是投资于城市基础设施建设。这类基础设施一般符合萨缪尔森（Samuelson，1954）对于公共产品的定义（非排他性和非竞争性），即个人在消费该产品时无法排斥他人使用该产品且新增他人参与消费的边际成本为

0。普鲁德·霍姆（Prud Homme，2001）基于基础设施项目的投资主体融资渠道将基础设施项目分为两类：可收费项目和不可收费项目。前者的投资主体是受控的投融资公司或政府，其融资渠道主要有企业留存收益、借款；后者的投资主体是政府，其融资渠道主要是借款或政府债权。罗伊·巴尔（Roy Bahl，2001）认为基础设施项目的融资渠道选择是由其服务特性决定的。

其次，依据地方竞争理论，在财政分权制度下，地方政府之间的相互竞争可以降低信息成本、提高政府效率。奥茨（Oates，1972）认为，在财政分权制度下，地方政府之间的竞争会增加资本的流动，进而增加地方的收入，从而增加地方政府的税基。因此，地方政府有动机提高公共产品供给水平，从而吸引资本流入。与此同时，由于地方政府更熟悉当地的具体情况，它们有可能寻找到更适合当地的制度安排。此外，其中的制度安排可能通过地方政府间的竞争而扩散出去，从而促进其他地方的制度创新。此外，蒂伯特（Tiebout，1956）通过模型证明了地方政府间的相互竞争使属地居民在不同地区间相互流动，最终达到了资源的最有效配置。

再次，根据财政分权理论，财政分权可以提高地方政府提供公共产品和公共服务时的资源配置效率。奥茨（Oates，1985）将财政分权定义为各级政府在提供公共产品和公共服务时的自主决定权。瓦扬古（Vaillancourt，1998）将财政分权分为分权、授权、委托三种类型。该领域的重要研究问题是在财政分权模式下，地方政府如何提升公共产品的质量和财政资金独立使用的决策能力。因此，地方投融资平台的设立可以看作在财政分权模式下地方政府为提高公共产品的质量和提升自身资金独立使用能力的一种尝试。

最后，依照官员激励理论，地方官员的晋升机制导致了地方政府的投资冲动（周黎安，2004）。此外，地方官员的短期政绩关乎他们的整个职业生涯，因而地方官员有较强的动机突破地方预算约束来过度投资（周雪光，2005）。其中的作用机制在于：第一，现有的官员考核制度使官员过度关注任期内的"政绩工程"；第二，上下级之间的信息不对称，使得下级官员有较强的"帝国构建"（Jensen，1976）动机，通过"形象工程"和"面子工程"向上级领导发出自己政绩的信号；第三，这种机制因同级官员的晋升竞争而被加强和延续。

在这种机制的作用下，地方官员有极强的动机突破计划内预算约束，动员更大的计划外资源。在这种背景下，地方官员将寻找渠道为自己的计划外投资进行融资，因而地方投融资平台恰恰迎合了地方政府的投资动机。

在公共产品融资理论、地方竞争理论、财政分权理论和官员激励理论的共同作用下，地方投融资平台应运而生。上述四种理论为地方投融资平台的设立提供了制度基础。

2.3.3　地方投融资平台的绩效分析

（一）研究设计

下面将针对地方投融资平台历史绩效表现的相关影响因素进行实证分析，以便针对此后地方投融资平台的设立提出更加行之有效的政策建议。

我们构建模型所需的地方投融资平台的财务数据来源于 Wind 金融数据终端，采样范围仅限于发行过城投债券的地方投融资平台的财务数据，在剔除了数据不全的样本后，我们的样本包含了 2011—2016 年发行过城投债券的 1 042 家地方投融资平台的财务数据，以及 237 个城市的地方宏观发展数据。与此同时，考虑到城投债券发行的行政目的，我们在模型中引入了地方投融资平台所在地的宏观数据。这些数据来源于香港环亚经济数据有限公司（CEIC）全球数据库。

在变量的选择上，针对地方经济运行的宏观数据，我们选取了四组变量：一是由第二产业产值（$factory_{it}$）和第三产业产值（$service_{it}$）的地方 GDP 占比构成的经济结构变量；二是由地方税收总收入（tax_{it}）、房地产开发投资（$real\_estate_{it}$）和地方财政总支出[①]（$total\_exp_{it}$）构成的地方财政收支变量；三是由中学在校学生总人数[②]（stu_middle_{it}）、常住人口增长率（$growth\_popu\_total_{it}$）构成的人口及教育水平变量；

---

① 该组变量使用地方 GDP 进行了标准化处理。
② 该组变量采用当地总人口数进行标准化处理。

四是由地方 GDP 总量（lnGDP_zone$_{it}$）、地方 GDP 增长率（growth_GDP_zone$_{it}$）、地方人均 GDP（GDP_percapita$_{it}$）、地方投融资平台公司总数（num$_{it}$）、地方投融资平台规模（size$_{it}$）构成的其他宏观数据。对于微观层面的数据，由于可得财务数据的有限性，我们仅能找到如下两组变量：一是由总资产负债率（Lev$_{it}$）构成的偿债能力变量；二是由是否属于上市公司（listed$_{it}$）构成的公司声誉变量。另外，我们将地方存款占 GDP 的份额（savings$_{it}$）和贷款占 GDP 的份额（loans$_{it}$）作为衡量地方金融发展水平的主要度量指标。

在因变量的选择上，我们主要选择城投公司的总资产收益率（roa$_{it}$）和净资产收益率（roe$_{it}$）作为公司绩效（performance$_{it}$）的度量指标。但是，考虑到利润指标有较大可能性被会计方法操纵，我们选择经营性现金流占总资产的比例（OCF$_{it}$）作为另一个绩效表现的度量指标。为了增强实证结果的稳健性，我们通过对总资产收益率（roa$_{it}$）、净资产收益率（roe$_{it}$）和经营性现金流总资产占比（OCF$_{it}$）进行主成分分析，提取了综合的绩效指标作为因变量来进行相关实证检验。

与此同时，考虑到所有的宏观变量是城市层面的以及所有的微观变量是公司层面的，而我们更关注某个地区所有公司的平均绩效表现，因此我们将所有公司层面的变量在城市层面进行均值处理，从而将所有变量转化为城市层面的相关数据，如下面的计量模型所示。其中，i 代表城市，t 代表年份。

$$
\begin{aligned}
\text{performance}_{it} = {} & \beta_0 + \beta_1\,\text{factory}_{it} + \beta_2\,\text{factory}_{it} + \beta_3\,\text{service}_{it} + \beta_4\,\text{tax}_{it} \\
& + \beta_5\,\text{real\_estate}_{it} + \beta_6\,\text{total\_exp}_{it} + \beta_7\,\text{lnGDP\_zone}_{it} \\
& + \beta_8\,\text{growth\_popu\_total}_{it} + \beta_9\,\text{stu\_middle}_{it} \\
& + \beta_{10}\,\text{num}_{it} + \beta_{11}\,\text{GDP\_percapita}_{it} + \beta_{12}\,\text{growth\_GDP\_zone}_{it} \\
& + \beta_{13}\,\text{size}_{it} + \beta_{14}\,\text{Lev}_{it} + \beta_{15}\,\text{listed}_{it} \\
& + \beta_{16}\,\text{loans}_{it} + \beta_{17}\,\text{savings}_{it} + u_{it}
\end{aligned} \tag{2-5}
$$

因此，我们在后面的模型中，分别将公司的总资产收益率（roa$_{it}$）、净资产收益率（roe$_{it}$）、经营性现金流比例（OCF$_{it}$）和上述三个变量的第一主成分（COMP）作为 performance$_{it}$ 的度量指标进行相应的实证检验。此后，我们按照 2016 年上述四个指标的排名，对样本中的城市投融资平台情况进行报告。

（二）实证结果

首先，我们对模型中用到的全部变量进行描述性统计，采用的数据来源于 2012—2016 年这 5 年间发行过城投债券的地方投融资平台的财务数据以及相应的宏观数据。

与此同时，我们对模型中用到的所有变量在 1% 和 99% 的水平上进行了缩尾处理，以剔除离群值的干扰。具体说来，考虑到所有微观层面的数据是公司层面的以及所有宏观层面的数据是城市层面的，所以我们分别在表 2－10 和表 2－11 中分两个层面列示了所有数据的描述性统计结果。

表 2－10　所有公司层面变量的描述性统计

变量	观测值	平均值	标准差	最小值	最大值
OCF	4 373	−0.004	0.061	−0.220	0.147
roa	4 365	0.025	0.017	0.000	0.092
roe	4 363	0.034	0.026	−0.010	0.151
size	4 382	5.113	0.903	3.192	7.632
Lev	4 365	0.472	0.162	0.101	0.818
listed	4 386	0.004	0.064	0	1

资料来源：Wind 金融数据终端。

表 2－11　所有宏观层面变量的描述性统计

变量	观测值	平均值	标准差	最小值	最大值
factory	1 229	0.498	0.096	0.216	0.736
service	1 229	0.382	0.095	0.197	0.696
num	1 231	0.754	0.874	0.000	3.178
stu_middle	1 016	0.052	0.012	0.027	0.088
growth_popu_total	1 024	0.005	0.006	−0.010	0.031
tax	1 102	0.059	0.027	0.021	0.170
real_estate	1 228	0.114	0.065	0.018	0.338
total_exp	1 228	0.175	0.069	0.076	0.436
GDP_percapita	1 213	3.762	0.544	2.672	5.007
growth_GDP_zone	1 230	0.099	0.067	−0.145	0.248

资料来源：Wind 金融数据终端。

根据以上的描述性统计结果，我们认为所有的变量基本排除了离群值的干扰，不会影响下面的实证结果。

　　下面采用控制年度固定效应的模型对城投公司总资产收益率（ROA）的影响因素进行实证检验，其结果见表 2 - 12。

　　首先，我们发现在城投公司总资产收益率（ROA）的影响因素中，地方的税收收入（tax_{it}）在 10％ 的显著性水平下正向影响城投公司的总资产收益率（ROA）。对此，可能的解释是：目前，绝大多数城投公司的主营业务收入来源于地方财政补贴，因而地方财政的税收收入越高，可能具备越强的能力来补贴城投公司；相应地，城投公司的主营业务收入也就越高。

　　其次，我们发现地方政府的财政总支出（$total\_exp_{it}$）在 1％ 的显著性水平下负向影响城投公司的总资产收益率（ROA）。对此，可能的解释是：一方面，城投公司募集到的资金绝大部分参与了政府财政支出较大的基础设施建设项目，但政府出资的基础设施建设项目通常为回款周期长或者是盈利能力较差的公益性项目。因此，政府的投资支出越大，可能城投公司的总资产收益率（ROA）将会越低；另一方面，这说明城投公司目前为地方政府所筹集资金的投资效率相对较低，大量的地方政府投资项目无法为城投公司带来稳定的投资回报。因此，要想改善城投公司的经营绩效，相关部门必须提升地方政府的投资效率。例如，通过 PPP 模式引入民间资本，让民间资本参与城市基础设施投资项目，通过混合经营真正提高公益性基础设施投资项目的经营效率，这样才能真正提高地方投融资平台的总资产收益率。

　　再次，我们发现城投公司的资产负债率（Lev）在 1％ 的显著性水平下负向影响城投公司的总资产收益率（ROA）。这说明城投公司的资产负债率越高，可能意味着它有越大的经营风险，因而相应的城投公司可能面临越高的融资成本，这会降低城投公司的总资产收益率。

　　最后，我们发现城投公司上市（listed）将在 1％ 的显著性水平下正向影响城投公司的总资产收益率。一方面，这可能是因为城投公司在上市前会努力改善自身的经营绩效、提高城投公司的公司治理水平，进而提高城投公司的总资产收益率；另一方面，城投公司在上市后，将取得较高的社会声誉，从而降低城投公司的直接和间接融资成本，提高城投公司的总资产收益率。不仅如此，城投公司在上市后将形成更强的包括证券监管机构和媒体监督在内的外部控制机制。

表 2-12　城投公司总资产收益率（ROA）的影响因素分析

变量	ROA	ROA	ROA	ROA	ROA
factory	−0.011	−0.025**	−0.024	−0.023	−0.018
	(−1.49)	(−2.40)	(−1.47)	(−1.51)	(−1.11)
service	−0.020**	−0.038***	−0.042**	−0.038**	−0.028
	(−2.46)	(−2.90)	(−2.59)	(−2.17)	(−1.56)
tax		0.029	0.074**	0.067**	0.061*
		(1.14)	(2.40)	(2.08)	(1.93)
real_estate		0.008	0.000	0.007	0.013
		(0.78)	(0.02)	(0.60)	(1.00)
total_exp		−0.022*	−0.046***	−0.038***	−0.035***
		(−1.93)	(−3.47)	(−2.83)	(−2.71)
lnGDP_zone		−0.000	−0.001	−0.000	−0.000
		(−0.48)	(−0.90)	(−0.19)	(−0.24)
growth_popu_total			0.019	0.036	0.067
			(0.19)	(0.37)	(0.70)
stu_middle			−0.016	−0.038	−0.033
			(−0.26)	(−0.61)	(−0.53)
num			0.001	0.001	0.000
			(0.97)	(0.43)	(0.39)
GDP_percapita			−0.004*	−0.003	−0.004
			(−1.93)	(−1.54)	(−1.50)
growth_GDP_zone			0.011	0.013	0.013
			(0.75)	(0.85)	(0.86)
size				−0.000	−0.000
				(−0.13)	(−0.14)
Lev				−0.015**	−0.016***
				(−2.53)	(−2.62)
listed					0.061***
					(8.11)
loans					−0.001
					(−0.29)
savings					−0.001
					(−0.26)
常数	0.037***	0.055***	0.078***	0.075***	0.071***
	(5.92)	(5.16)	(5.62)	(4.72)	(4.28)
年度固定效应	Yes	Yes	Yes	Yes	Yes
观测值	964	907	751	751	748

续表

变量	ROA	ROA	ROA	ROA	ROA
调整后 R^2	0.104	0.106	0.108	0.127	0.150
F 检验	3.039	1.949	2.906	2.895	7.367

资料来源：作者计算。

注：所有结果均采用城市层面的聚类稳健性标准误。

接下来，我们将分析城投公司净资产收益率的影响因素。

类似地，我们依然采用控制年度固定效应的计量模型，经过实证检验的结果见表 2-13。

表 2-13 城投公司净资产收益率（ROE）的影响因素分析

变量	ROE	ROE	ROE	ROE	ROE
factory	−0.016	−0.038**	−0.060**	−0.057**	−0.050**
	(−1.39)	(−2.49)	(−2.55)	(−2.51)	(−2.05)
service	−0.036***	−0.075***	−0.107***	−0.106***	−0.092***
	(−2.83)	(−3.80)	(−4.47)	(−4.07)	(−3.23)
tax		0.068	0.141**	0.149**	0.142**
		(1.37)	(2.21)	(2.48)	(2.33)
real_estate		0.017	0.002	−0.001	0.008
		(1.25)	(0.13)	(−0.08)	(0.46)
lnGDP_zone		0.001	−0.000	−0.000	−0.001
		(0.85)	(−0.01)	(−0.16)	(−0.21)
total_exp		−0.016	−0.040*	−0.044**	−0.041**
		(−0.87)	(−1.94)	(−2.17)	(−2.04)
growth_popu_total			0.206	0.197	0.241
			(1.21)	(1.18)	(1.46)
stu_middle			−0.038	−0.026	−0.019
			(−0.43)	(−0.28)	(−0.21)
num			0.002	0.002	0.002
			(0.85)	(0.89)	(0.89)
GDP_percapita			−0.002	−0.003	−0.003
			(−0.69)	(−0.81)	(−0.80)
growth_GDP_zone			0.028	0.028	0.028
			(1.24)	(1.23)	(1.25)
size				−0.003	−0.003
				(−0.64)	(−0.63)
Lev				0.017*	0.016*
				(1.90)	(1.84)

续表

变量	ROE	ROE	ROE	ROE	ROE
listed					0.087*** (6.23)
loans					−0.002 (−0.37)
savings					−0.001 (−0.21)
常数	0.053*** (5.80)	0.070*** (4.51)	0.107*** (5.24)	0.115*** (5.34)	0.109*** (4.81)
年度固定效应	Yes	Yes	Yes	Yes	Yes
观测值	964	907	751	751	748
调整后 R^2	0.118	0.120	0.139	0.148	0.169
F 检验	4.003	2.498	3.836	4.701	6.388

资料来源：作者计算。

注：所有结果均采用城市层面的聚类稳健性标准误。

我们发现，在城投公司净资产收益率（ROE）的影响因素中，地方政府的税收收入（tax_{it}）、地方政府财政总支出（$total\_exp_{it}$）、上市情况（$listed_{it}$）对净资产收益率（ROE）的影响没有明显变化。尽管总资产负债率对公司净资产收益率的影响方向出现了变化，但系数仅在 10% 的显著性水平下显著，所以我们仍可以得到与此前分析一致的结论。

接下来，由于考虑到城投公司的利润水平可能受到相关会计手段的操纵，因而我们采用公司的经营性现金流（OCF）作为因变量进行相关的实证分析，从而得到了更稳健的实证结果。

以公司的经营性现金流（OCF）作为因变量的实证结果见表 2 - 14。我们发现，地方财政总支出（$total\_exp_{it}$）和城投公司的上市情况（$listed_{it}$）对城投公司经营性现金流的影响没有明显的变化。但是，我们可以看出：

首先，地方初中在校人数（stu_middle_{it}）在 10% 的显著性水平下正向影响城投公司的经营性现金流。对此，我们的解释是：地方初中在校人数（stu_middle_{it}）较多的地区可能积累了较多的人力资本，这将提高社会的全要素生产率，从而提高城投公司的边际产出，进而提高城投公司的经营性现金流入。

表 2 - 14　城投公司经营性现金流（OCF）的影响因素分析

变量	OCF	OCF	OCF	OCF	OCF
factory	0.006	−0.045	−0.026	−0.044	−0.059
	(0.24)	(−1.38)	(−0.46)	(−0.81)	(−1.09)
service	0.017	−0.043	−0.042	−0.080	−0.107*
	(0.74)	(−1.12)	(−0.76)	(−1.49)	(−1.80)
tax		0.097	−0.036	−0.024	−0.026
		(0.90)	(−0.28)	(−0.20)	(−0.22)
real_estate		0.034	0.095***	0.066*	0.058
		(1.09)	(2.72)	(1.97)	(1.62)
lnGDP_zone		−0.003	0.002	−0.004	−0.006
		(−0.89)	(0.45)	(−0.97)	(−1.27)
total_exp		−0.095**	−0.056	−0.098*	−0.114**
		(−2.26)	(−1.15)	(−1.92)	(−2.33)
growth_popu_total2			0.425	0.343	0.387
			(1.03)	(0.84)	(0.97)
stu_middle			0.266	0.374*	0.351*
			(1.27)	(1.88)	(1.75)
num			−0.007**	−0.003	−0.003
			(−2.28)	(−1.08)	(−1.00)
GDP_percapita			0.005	0.001	0.004
			(0.63)	(0.21)	(0.61)
growth_GDP_zone			−0.086	−0.094*	−0.088*
			(−1.65)	(−1.82)	(−1.74)
size				0.013***	0.012***
				(3.57)	(3.06)
Lev				0.038**	0.039**
				(2.17)	(2.29)
listed					0.117***
					(5.42)
loans					−0.011
					(−1.29)
savings					0.014*
					(1.85)
常数	−0.014	0.053	−0.004	−0.014	−0.001
	(−0.78)	(1.58)	(−0.09)	(−0.28)	(−0.03)
观测值	963	906	749	749	746
年度固定效应	Yes	Yes	Yes	Yes	Yes

续表

变量	OCF	OCF	OCF	OCF	OCF
调整后 R^2	0.020	0.026	0.053	0.098	0.110
F 检验	0.282	1.162	2.402	4.342	6.098

资料来源：作者计算。

注：所有结果均采用城市层面的聚类稳健性标准误。

其次，城投公司的规模（$size_{it}$）在 5% 的显著性水平下正向影响城投公司的经营性现金流入。对此，可能的解释是：城投公司的规模越大，越可能产生规模经济，从而增加城投公司的经营性现金流入。

另外，我们发现地方的储蓄余额（$savings_{it}$）在 10% 的显著性水平下正向影响城投公司的经营性现金流（OCF_{it}）。对此，可能的解释是：地方的储蓄存款余额代表了地方的金融发展水平，地方的金融发展水平越高，可能给城投公司带来越多的经营性现金流入。

需要注意的是，我们之前分别采用公司的利润指标（总资产收益率 ROA 和净资产收益率 ROE）以及现金流指标（经营性现金流 OCF）所得到的实证结果存在一定的差异，为了得到一些更稳健的结论，我们采用主成分分析（principle component analysis）法将总资产收益率 ROA、净资产收益率 ROE 和经营性现金流 OCF 这三个指标合成一个综合性的主成分作为因变量，并通过实证结果检验这个综合性的主成分受到哪些经济因素的影响。

表 2-15 是主成分分析的结果，我们发现：前两个主成分已经可以累计解释全部变量的 90% 以上。这说明主成分提取有效。

表 2-15　主成分分析的结果

系数组成	OCF	ROA	ROE	解释比例	累计解释比例
第一主成分	0.147	0.701	0.698	0.613	0.613
第二主成分	0.989	−0.080	−0.129	0.328	0.941
第三主成分	0.035	−0.709	0.705	0.060	1.000

资料来源：作者计算。

此外，我们根据第一主成分的系数构建了一个关于公司绩效的度量指标（comp1）。随后，我们用三个衡量公司绩效的指标构建了下述线性组合：

$$comp1 = 0.147\,4OCF + 0.701\,2ROA + 0.697\,6ROE$$

并将其作为衡量公司绩效的综合指标。

表 2-16 显示了主成分回归的结果，我们发现：地方政府的税收收入（tax$_{it}$）仍在5%的显著性水平下正向影响城投公司的绩效；地方政府总支出（total_exp$_{it}$）在1%的显著性水平下负向影响城投公司的绩效；公司的上市情况（listed$_{it}$）在1%的显著性水平下正向影响城投公司的绩效。这与我们前面用三种不同的公司绩效衡量指标所得的实证结果一致，因而我们认为前述模型的计量结果基本稳健可靠。

表 2-16 主成分回归的结果

变量	comp1	comp1	comp1	comp1	comp1
factory	−0.018	−0.051***	−0.062**	−0.062**	−0.055*
	(−1.32)	(−2.88)	(−2.15)	(−2.21)	(−1.89)
service	−0.037**	−0.086***	−0.111***	−0.112***	−0.099***
	(−2.58)	(−3.91)	(−3.92)	(−3.58)	(−3.08)
tax		0.083	0.148**	0.151**	0.142**
		(1.57)	(2.05)	(2.14)	(2.00)
real_estate		0.022	0.015	0.013	0.023
		(1.40)	(0.77)	(0.69)	(1.05)
lnGDP_zone		0.000	−0.001	−0.001	−0.001
		(0.10)	(−0.25)	(−0.38)	(−0.48)
total_exp		−0.041*	−0.070***	−0.073***	−0.072***
		(−1.89)	(−2.78)	(−2.86)	(−2.84)
growth_popu_total			0.222	0.216	0.275
			(1.11)	(1.07)	(1.41)
stu_middle			−0.004	0.004	0.010
			(−0.04)	(0.04)	(0.09)
num			0.001	0.001	0.001
			(0.37)	(0.45)	(0.44)
GDP_percapita			−0.004	−0.004	−0.004
			(−1.02)	(−1.07)	(−0.97)
growth_GDP_zone			0.021	0.020	0.021
			(0.76)	(0.74)	(0.79)
size				−0.000	−0.000
				(−0.04)	(−0.08)
Lev				0.006	0.006
				(0.60)	(0.55)
listed					0.120***
					(7.65)

续表

变量	comp1	comp1	comp1	comp1	comp1
loans					−0.003
					(−0.60)
savings					0.001
					(0.18)
常数	0.061***	0.095***	0.129***	0.131***	0.125***
	(5.67)	(5.19)	(5.16)	(4.70)	(4.31)
年度固定效应	Yes	Yes	Yes	Yes	Yes
观测值	961	904	748	748	745
调整后 R^2	0.111	0.118	0.130	0.129	0.156
F 检验	3.328	2.773	3.273	3.186	6.550

资料来源：作者计算。

注：所有结果均采用城市层面的聚类稳健性标准误。

为了进一步确认城投公司运营状况较好的区域，为此后的文献提供案例研究的依据，我们分别依据 2016 年这四个公司绩效指标对样本中所有的城市进行了排名，见表 2 - 17 和表 2 - 18。

我们分别按照上述四个指标对所有的公司进行了排名，而后列出了其中排名前 20 的城市。

表 2 - 17　2016 年根据总资产收益率（ROA）和净资产收益率（ROE）进行的城市排名

排名	城市	ROA	排名	城市	ROE
1	襄阳市	0.045	1	厦门市	0.085
2	黄冈市	0.043	2	襄阳市	0.085
3	厦门市	0.041	3	黄冈市	0.047
4	绵阳市	0.028	4	湖州市	0.040
5	鄂尔多斯市	0.024	5	蚌埠市	0.040
6	蚌埠市	0.024	6	苏州市	0.033
7	苏州市	0.023	7	重庆市	0.031
8	天津市	0.022	8	绵阳市	0.029
9	郴州市	0.022	9	宁波市	0.025
10	广州市	0.021	10	长沙市	0.024
11	重庆市	0.018	11	无锡市	0.024
12	永州市	0.017	12	成都市	0.022
13	徐州市	0.017	13	鄂尔多斯市	0.022
14	无锡市	0.017	14	龙岩市	0.022
15	盘锦市	0.016	15	徐州市	0.020
16	长沙市	0.016	16	郴州市	0.019

续表

排名	城市	ROA	排名	城市	ROE
17	宁波市	0.016	17	永州市	0.019
18	龙岩市	0.015	18	武汉市	0.018
19	成都市	0.014	19	盘锦市	0.016
20	上海市	0.014	20	南京市	0.016

资料来源：作者计算。

表 2-18　2016 年根据经营性现金流（OCF）和第一主成分（comp1）进行的城市排名

排名	城市	OCF	排名	城市	comp1
1	北京市	0.147	1	厦门市	0.096
2	鞍山市	0.080	2	襄阳市	0.082
3	厦门市	0.055	3	黄冈市	0.063
4	常州市	0.020	4	蚌埠市	0.044
5	哈尔滨市	0.018	5	湖州市	0.038
6	达州市	0.008	6	苏州市	0.035
7	湖州市	0.008	7	鄂尔多斯市	0.033
8	营口市	0.008	8	无锡市	0.029
9	广州市	0.004	9	绵阳市	0.027
10	上海市	0.004	10	天津市	0.026
11	贵阳市	0.003	11	成都市	0.025
12	无锡市	0.001	12	郴州市	0.025
13	天津市	0.001	13	徐州市	0.025
14	鄂尔多斯市	0.001	14	永州市	0.023
15	大连市	0.000	15	长沙市	0.023
16	黄冈市	−0.001	16	北京市	0.022
17	成都市	−0.004	17	宁波市	0.021
18	抚顺市	−0.004	18	上海市	0.018
19	蚌埠市	−0.005	19	龙岩市	0.018
20	徐州市	−0.005	20	重庆市	0.018

资料来源：作者计算。

　　根据上述结果，结合地方经济的实际情况，我们认为北京市、厦门市的地方投融资平台的经营状况较好，可以作为今后设立地方投融资平台的标准案例参考。

2.3.4　调研结果反馈

　　在地方投融资平台历史绩效分析的基础上，通过调研，我们对代表性地区的地方投融资平台进行了案例研究，补充了前面的研究结论。我们在东部、中部、西部三大区域各选择一个省会城市或大城市进行调研，并得到了相应的反馈结果。

长　沙

对长沙的调研结果是，长沙政府严控地方金融债务，其地方投融资平台的资金渠道缩窄，因而地方投融资平台只能将资金用于保障刚性兑付，致使非金融企业在当地的存款减少。在贷款新规出台后，长沙的表外融资迅速下降，同时当地房价存在一定的泡沫，所以存在泡沫破裂的系统性风险。房地产泡沫破裂风险和地方投融资平台本身融资受限的双重压力导致地方投融资平台运行困难。

长沙针对自身投融资平台发展的"瓶颈"，主要在金融风险预警方面对自身的金融风险防控方式进行了改进。长沙芙蓉区成立了金融风险大数据监测预警和处置平台，主要特色有集成预警和处置两大功能、维护地方金融合规平台、设立大数据舆情监测智眼指数，表明长沙依托科技手段创新了地方监管。其主要系统架构为：①金融风险监测预警系统。该系统整合了工商、司法诉讼、互联网舆情、招聘、投诉举报数据，利用风险指数模型得出量化分数，再根据得分预警。②互联网金融风险防控系统。③金融风险处置系统。该系统在标准化、信息化、流程化上，实现内外数据融合、行业风险预警、数据统计分析和风险处置协作。

此外，该金融预警平台的核心技术主要包括图2-4显示的三个部分。

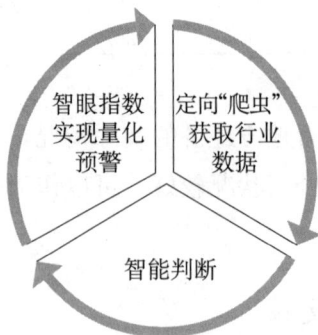

图2-4　长沙芙蓉区金融风险大数据监测预警和处置平台的特色

资料来源：根据公开资料整理。

该平台的信息来源主要包括图 2-5 显示的几个渠道。

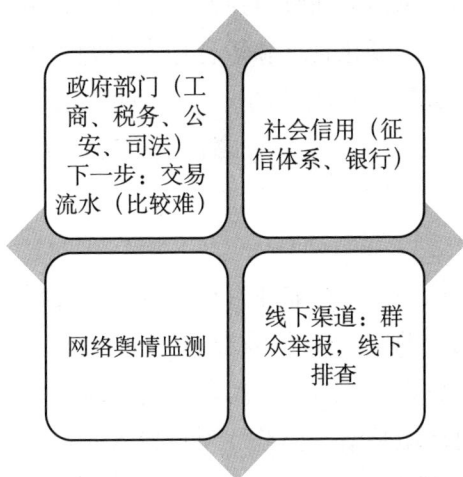

图 2-5　长沙芙蓉区金融风险大数据监测预警和处置平台的信息来源

资料来源：根据公开资料整理。

在金融科技的帮助下，长沙原有的地方投融资平台除了有地方政府的信用担保，还拥有金融风险系统提供的征信信息。在这两方面因素的共同作用下，地方投融资平台的信用质量得到进一步改善，这更有利于降低地方投融资平台的信用风险，并且约束地方投融资平台在投融资运作时进行合规经营。

借鉴长沙的经验，我们给宜宾地方投融资平台的建议是，地方投融资平台的下一步走向是市场化运作，而政府的自身信用可能无法为地方投融资平台做担保。地方投融资平台需要市场化的征信体系为其提供背书。长沙建立的金融风险大数据平台为地方投融资平台的发展模式提供了建议。通过建立自身的金融风险防控体系，各地可以构建自身的征信体系，降低地方投融资平台的债券发行和银行贷款的成本，同时为地方政府和监管部门更好地监管地方投融资平台的经营提供帮助。

深　圳

对深圳的调研结果是，深圳的地方风险管理能力、监管能力不足，不具备监管金融创新的能力。地方投融资平台的运行和管理人员大多是原有的地方发改委、地方政府基建部门的成员，他们缺乏市场化运作地方投融资平台的能力和经验。因此，深圳的调研经验为下一步发展地方投融资平台提供的启示是，在政府控制主要决策人员配置的基础上，公开向全社会招聘具备市场化管理和运行地方投融资平台能力的人员。与此同时，地方投融资平台在项目的运行方面可以适当借助"外脑"（如专业的咨询公司），这样可以进一步提高地方投融资平台的运行效率，精简地方投融资平台的管理人员。

贵　州

对贵州的调研结果是，依靠地方投融资平台完成乡村振兴战略。当前，贵州乡村振兴的现状是：从乡村振兴的主体来看，农民、农业企业、人才队伍的能力不足、意愿不高，因而当地需要大量资金来改善基础设施，加大乡村环境整治等公益性项目投入。也就是说，地方投融资平台需要在盈利的基础上，适度向这些事关乡村振兴的公益性项目倾斜。唯有此，地方投融资平台为政府融资的职能才能得到最完整的体现。

另外，贵州地方政府的债务高，因而地方投融资平台在投资风格上应当适度谨慎，避免杠杆率过高，为地方政府带来过大的隐形债务风险。

有关城投债的近期政策导向：2018 年 7 月 23 日，国务院常务会议明确提出引导金融机构保障融资平台公司的合理融资需求。结合《商业银行理财业务监督管理办法（征求意见稿）》中提出的，理财产品仍可以投资非标准化债权类资产，只是做了规模比例和禁止期限错配的限制，这些都有助于改善城投平台可能违约的预期。另外，2018 年 7 月 31 日中央政治局会议明确指出财政政策要在扩大内需和结构调整上发挥更大作用。这意味着下半年的基建投资将大幅上升。因此，我们认为宜宾投融资平台应当及时把握政策红利，积极进行债权融资，为地方的基础设施建设提供资金支持。

2.3.5　研究结论及政策建议

根据前面的理论和实证分析，我们得出了几点结论：首先，地方投融资平台在运营上受到行政政策的影响较大，无法独立自主地做出平台利益最大化的投融资决策；其次，地方投融资平台的管理人员不具备现代企业的管理能力和管理经验，公司治理水平相对较差；再次，从宏观角度来说，较高的地方税收收入、较高的地方教育水平、较高的地方储蓄将提高地方投融资平台的经营绩效，而较高的地方政府支出将降低地方投融资平台的经营绩效；最后，从微观层面来说，较大的地方投融资平台的规模以及地方投融资平台的上市将提高地方投融资平台的经营绩效，而较高的资产负债率可能削弱地方投融资平台的经营绩效。

根据上述结论，我们将对未来设立的地方投融资平台提出如下几点政策建议。从宏观层面来说，首先，地方政府应当充分认识到地方教育水平对地方投资效率的重要意义，通过提高当地的教育水平、增加高等学府的数量、引进高素质人才、注重人力资本的积累来提高地方投融资平台的投资绩效；其次，在设立地方投融资平台的过程中，地方政府应当减少对地方投融资平台的行政干预并引入 PPP 模式（这里要预防"假股真债"的违规行为），通过引入民间资本进行混合所有制经营来提高地方投融资平台的经营绩效；最后，地方政府应当充分发展当地的金融市场，增加地方投融资平台的投融资渠道，从而改善地方投融资平台的经营绩效。

从微观层面来说，首先，在地方投融资平台的公司治理层面，应当考虑引入专业的经营管理人员参与公司治理，构建包括董事会、监事会和管理层在内的现代公司治理体系，规范地方投融资平台的经营；其次，应当适度加大地方投融资平台的企业规模，充分发挥大平台的规模经济效应，提高地方投融资平台的绩效；最后，在地方投融资平台的运营过程中应注意防控地方投融资平台的财务风险，合理控制地方投融资平台的杠杆率并提高地方投融资平台的偿债能力，预防地方投融资平台的财务风险。

2.4　基于股票停牌制度的分析

2.4.1　股票停牌制度的缘起和对比

在全球证券交易所层面，使用个别股票停牌的做法很普遍，可以确保所有投资者都能平等地获得市场信息，从而保护自己的利益。虽然这种停牌在中国并不少见，但许多投资者批评上市公司过于频繁地发起停牌，交易所过于频繁地停牌。2017 年 7 月，摩根士丹利资本国际（MS-CI）就中国企业长期停牌发出警告，并将停牌超过 50 天的企业从其新兴市场指数中剔除（路透社，2017 - 07 - 30）。

支持者声称，停牌确保了更公平的信息传播和指令执行，因而停牌可以减少可能出现的过度价格波动，并允许金融市场进行有序、公平的交易（Kryzanowski，1979；Greenwald and Stein，1991；Lee et al.，1994；Chen et al.，2003；Chakrabarty et al.，2011）。然而，反对者认为停牌会阻碍交易的机会（Lee et al.，1994；Kim et al.，2008）。

尽管已有大量关于美国、加拿大和欧洲发达市场停牌的文献，但调查新兴市场停牌影响的研究较少（Abad and Pascual，2013）[①]。对于中国这一在全球经济中扮演着越来越重要角色的新兴市场经济体，我们通过分析其停牌的影响来补充文献。

中国的情况非常适合学者研究新兴市场停牌的影响。首先，中国几乎展示了新兴市场国家的所有显著特征，了解中国有助于我们全面了解新兴市场国家停牌的影响。例如，与发达市场不同的是，指定做市商（DMM）提供大量流动性（Clark Joseph et al.，2017；Theissen and Westheide，2017），中国股市采用电子自动交易系统，这是新兴市场的典型特征，使得我们可以在不受决策者干预的情况下调查停牌的影响。个人投资者在中国股市中占据主导地位，这是新兴市场经济体的共同特征（Liu and Wang，2018）。我们研究以个人投资者为主的股票市场，可以补充其他有关股票市场停牌的文献。其次，研究中国等新兴市场国家的停牌提供了发达国家研究所没有的独特视角。中国股市中的上市公司被允许暂停其股票交易。其中，发行人发起的停牌数量众多（自愿），而监管机构发起的停牌（强制）数量很少。事实上，自愿停牌占中国股市全部停牌的 97％以上，因而调查频繁自愿停牌的影响可能会为实行停

---

① Abad and Pascual（2013）表明，大多数关于停牌的研究都参考了美国、加拿大和欧洲的发达金融市场；相比之下，新兴市场的实证研究通常侧重于限价的影响。

牌的效率提供新的见解。

我们调查了中国的股票停牌，并评估了停牌是不是为了避免未来股价下跌。具体说来，我们从价格发现过程、收益波动率变化和交易量变化三个方面来评价停牌的有效性。此外，我们将整个样本分为强制停牌和自愿停牌两个子样本，并探讨了两者存在差异的原因。在现存的文献中，只有少数研究调查了新兴市场停牌的影响。Bacha et al.（2008）调查了马来西亚停牌的效率，发现停牌将导致积极的价格反应、交易量增加和波动。Tan and Yeo（2003）研究了停牌对新加坡证券交易所的影响，他们发现："好消息"组在事件发生日期前后经历了显著的正异常收益，而"坏消息"组则经历了长期的收益下降。Xu et al.（2014）利用上海证券交易所的高频数据评估了停牌对绝对收益率、交易量和买卖价差的影响。我们的分析从几个方面扩展了这篇文献：首先，我们首次尝试了全面调查中国强制停牌和自愿停牌的效率。其次，我们仔细研究了停牌前后股价、波动率和成交量的变化规律，并将其与公司治理、会计变量和停牌期限联系起来。最后，我们探讨了停牌制度对交易结构的重要性。

2.4.2 数据和样本描述

中国有两个证券交易所，即上海证券交易所和深圳证券交易所。我国关于股票停牌的主要规定是在证券交易所上市规则中规定的，并以中国证券监督管理委员会《关于完善上市公司股票停复牌制度的指导意见》为指导。《上海证券交易所股票上市规则》于 1998 年 1 月实施，并于 2000 年 5 月、2001 年 6 月、2002 年 2 月、2004 年 12 月、2006 年 5 月、2008 年 9 月、2012 年 7 月、2013 年 12 月、2014 年 10 月、2018 年 4 月、2018 年 6 月、2018 年 11 月和 2019 年 4 月修订。《深圳证券交易所股票上市规则》于 1998 年实施，并于 2000 年 5 月、2001 年 6 月、2002 年 2 月、2004 年 12 月、2006 年 5 月、2008 年 9 月、2012 年 7 月、2014 年 10 月、2018 年 4 月、2018 年 11 月、2020 年 12 月和 2022 年 1 月修订。[①]

---

① 股票上市规则可在上海证券交易所和深圳证券交易所网站查阅。《关于完善上市公司股票停复牌制度的指导意见》（证监会公告［2018］34 号）可在中国证监会网站查阅。

上海证券交易所和深圳证券交易所的规定在许多方面是相似的。根据规定，停牌一般可分为两大类：第一，上市公司可以向相应交易所请求停牌并说明理由。我们称发行人发起的停牌为自愿停牌，这种停牌往往与价格敏感信息的发布、资产重组、股东大会有关。例如，在下列情况下，两个证券交易所都允许停牌：①上市公司预测在披露前很难对价格敏感信息保密；②上市公司正在进行要约谈判、重大资产重组、兼并或收购；③上市公司召开股东大会期间出现异常情况；④为维护市场秩序需要停牌。证券交易所要求上市公司公告停牌原因和时间，并在证券交易所认为停牌合理时，准许上市公司发起停牌。第二，证券监督管理机构在有合理理由时可以强制股票停牌、复牌。我们称监管机构发起的停牌为强制停牌。中国证监会和证券交易所都有权暂停股票交易。根据规定，强制停牌往往与上市公司的不利消息有关，如不遵守上市规则、操纵价格、违规、欺诈、发布风险警示、手中证券不足等，在大多数情况下的停牌是自证券交易所准许或强制股票停牌之日起至相关事项以披露报告或公告解决之日止。[①]

我们的初始样本涵盖了 2005 年 5 月至 2016 年 9 月中国 A 股市场上 2 964 只股票的所有停牌交易，这些股票来自国泰安 CSMAR 数据库，初始数据的选择与股权分置改革结束时一致（He et al., 2016）。[②]为了比较强制停牌和自愿停牌，我们排除了因退市而停牌的情况，也不包括同一家公司在 30 天内连续停牌两次的情况，最终的样本包括 36 544 次停牌事件，涉及 2 690 只 A 股股票。

图 2-6 描述了样本期间的停牌事件。需要注意的是，自 2012 年以来，上市公司的停牌数量大幅减少。其部分原因是，自 2012 年起，中国证监会继续修订关于完善上市公司股票停复牌制度、缩短停牌期限和

---

① 沪、深两市对停牌的监管略有不同。上市公司未按时披露季报或更正虚假信息的，深圳证券交易所要求该股票当日停牌，上海证券交易所要求该股票在下一个交易日停牌。

② 股权分置改革旨在通过公开市场发行不可转让的法人股。根据股权分置改革方案，这些法人股可以转换为 A 股流通股。因此，2005 年以前上市公司的股票流动性与 2005 年以后上市公司的股票流动性存在差异。

频率的若干规定。[①] 中国证监会明确表示，要降低停牌频率，增强市场流动性。

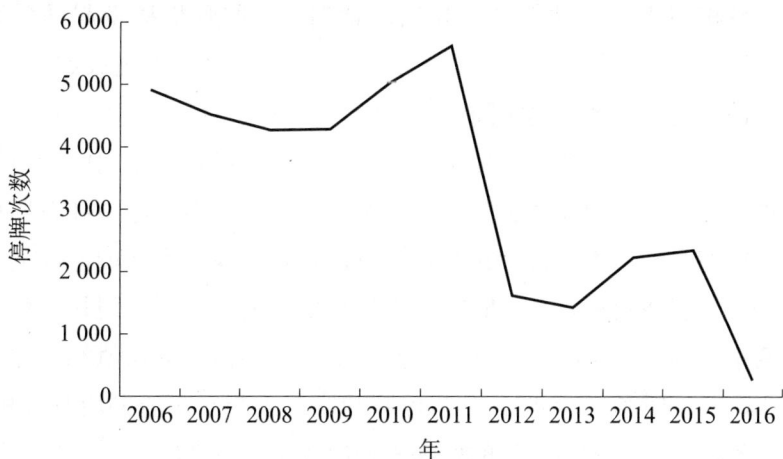

图 2-6　2006—2016 年停牌事件

资料来源：国泰安 CSMAR 数据库。

注：本图为 2006—2016 年的停牌次数。由于我们需要确保至少有 60 个交易日来计算超额收益，所以 2016 年的事件仅计算到 9 月。

我们的强制停牌子样本涵盖 917 个事件（占 2.5%），而自愿停牌子样本涵盖 35 627 个事件（占 97.5%）。整个样本根据华夏证券的停牌原因分为四类：①公告停牌；②特别停牌；③增发计划停牌；④股东大会停牌。强制停牌均属于特别停牌。每日股票价格、交易量、市场回报、停牌时间、会计变量和行业类型均来自国泰安 CSMAR 数据库。[②]

表 2-19 给出了样本的描述性统计数据。研究表明，沪、深两市停牌原因的频度相似。从停牌类型来看，增发计划是最少的一类，而股东大会和特别停牌在我国最为常见。表 2-20 报告了停牌时间的分布。停牌时间从 1 小时到 3 个月以上不等，具体取决于停牌原因。我们用小时

---

① 相关的修订内容包括《关于加强与上市公司重大资产重组相关股票异常交易监管的暂行规定》（中国证券监督管理委员会公告［2012］33 号）、《关于修改〈关于加强与上市公司重大资产重组相关股票异常交易监管的暂行规定〉的决定》（中国证券监督管理委员会公告［2016］16 号）、《关于完善上市公司股票停复牌制度的指导意见》（中国证券监督管理委员会公告［2018］34 号）。

② 需要注意的是，停牌公告的子类别信息不可用，我们不能单独分析由于并购或私募而导致的公告停牌。

作为停牌长度的单位，因为最短停牌时间是 1 小时。由于上海和深圳证券交易所的交易时间是上午 9:30—11:30 和下午 1:30—3:30，因而 4 小时的停牌相当于一天的停牌。我们注意到，与监管机构发起的停牌相比，发行人发起的停牌往往持续时间更长，并且表现出更大的可变性。监管机构发起的停牌平均时间约为 1 天，发行人发起的停牌平均时间约为 6 天。由于统计数据受大量长时间停牌的显著影响，使用中值持续时间能更好地显示平均停牌长度。如表 2-20 所示，强制停牌和自愿停牌的中值停牌时间均为一天。在交易所方面，我们观察到深圳证券交易所的停牌时间往往较长，并在时间上表现出更大的变异性。但从中位数来看，两家交易所的停牌都持续了一天。增发计划停牌的均值和中位数分别为 13.94 小时和 12 小时。公告停牌和股东大会停牌的平均时长相似，将近一天，但股东大会导致的停牌表现出较小的波动性。

表 2-19　描述性统计

组别分类	上海证券交易所		深圳证券交易所	
子样本	强制停牌	自愿停牌	强制停牌	自愿停牌
公告停牌		4 130		3 179
特别停牌	495	2 609	422	7 024
增发计划停牌		17		18
股东大会停牌		8 956		9 694
总体	495	15 712	422	19 915

资料来源：国泰安 CSMAR 数据库。

注：本表为 2005 年 5 月至 2016 年 12 月中国 A 股市场停牌汇总统计数据。强制停牌是指监管机构发起的停牌，而自愿停牌是指发行人发起的停牌。

表 2-20　停牌时间

持续时间	均值	中位数	标准差	25%	50%	75%	99%
根据停牌发起人分类							
强制停牌	4.66	4	10.25	4	4	4	16
自愿停牌	22.24	4	74.91	4	4	4	392
根据交易所分类							
上海证券交易所	12.72	4	48.45	4	4	4	285
深圳证券交易所	29.03	4	88.66	4	4	8	448

续表

持续时间	均值	中位数	标准差	25%	50%	75%	99%
根据停牌原因							
公告停牌	3.57	1	20.34	1	1	1	52
特别停牌	65.97	16	126.32	4	16	56	536
增发计划停牌	13.94	12	2.03	12	12	16	16
股东大会停牌	3.96	4	0.34	4	4	4	12

资料来源：国泰安 CSMAR 数据库。

注：本表按停牌发起人、交易所和原因列报停牌的持续时间。交易时间为上午 9:30—11:30 和下午 1:30—3:30，因此停牌 4 小时等于停牌一天。

2.4.3 实证分析

（一）价值效应

下面将研究停牌的价值效应。如果市场是半强式有效的，我们预计股价在停牌期间会有所调整，因而在停牌前后没有超额收益。

我们使用吴（1998）的方法来衡量停牌股票的表现。使用里特（Ritter，1991）和迈克利等（Michaely et al.，1995）提出的买入和持有策略，计算每只股票停牌前 30 天和停牌后 30 天的日收益。对于每只停牌股票，给定时期的超额收益被定义为股票的几何复合收益减去沪深300 指数相应的几何复合收益。股票的买入和持有回报是

$$R_{i(t,T)} = \Big[\prod_{t=a}^{T} (1+r_{it}) - 1 \Big] \times 100 \tag{2-6}$$

在同一时间段内，r_{it} 是 t 时刻的股票收益率（$R_{i(t,T)}$ 是 t 时刻到 T 时刻所持股票的收益率，$R_{m(i,t)}$ 是 t 时刻到 T 时刻的市场收益率）。从 t 时刻到 T 时刻的股票超额收益可定义为：

$$\mathrm{ER}_{i(t,T)} = R_{i(t,T)} - R_{m(t,T)} \tag{2-7}$$

从 t 时刻到 T 时刻的持有期平均超额收益为：

$$\overline{\mathrm{ER}}_{(t,T)} = \frac{1}{N} \sum_{i=1}^{N} \mathrm{ER}_{i(t,T)} \tag{2-8}$$

式中，N 为该期间停牌股票的数量。

然后，我们以每次停牌的实际停牌天数为持有期，计算停牌期间的名

义收益，再减去同期的市场收益，得到股票在停牌期间的超额收益为：

$$\text{ER}_{i0} = \left(\frac{p_{i,T+1}}{p_{i,1}}\right)^{\frac{1}{T+1}} - \left(\frac{p_{m,T+1}}{p_{m,1}}\right)^{\frac{1}{T+1}} \tag{2-9}$$

式中，ER_{i0} 为股票 i 在停牌期间的超额收益；$p_{i,1}$ 和 $p_{i,T+1}$ 分别为股票 i 在停牌前最后一个交易日和停牌后第一个交易日的价格；$p_{m,1}$ 和 $p_{m,T+1}$ 分别为停牌前最后一个交易日和停牌后第一个交易日的沪深 300 指数；T 为停牌持续天数。

由于停牌事件可能是横截面相关且非正态分布的，而用普通事件研究检验可能会导致对平均超额收益方差的低估，因而有必要进行非参数检验。参考 Wu（1998）的研究，我们给出了一个非参数秩统计量 Wilcoxon 符号秩检验。在假设未知分布的情况下，该测试使用中位数来避免由于横截面异常收益和非正态分布的不对称而导致的错配。由于实证结果对估计周期和样本量的变化非常敏感，我们还对结果进行了各种敏感性检验。

表 2 - 21 列出了停牌期间超额收益的估计值，A 组显示强制停牌和自愿停牌子样本都有显著的价格变化。在停牌前期，强制停牌和自愿停牌都显示出负超额收益。与自愿停牌相比（-0.082%，从 -10 至 -1），强制停牌的跌幅更大（-0.42%，从 -10 到 -1）。停牌后的强制停牌与自愿停牌类似。强制停牌和自愿停牌的停牌后总体影响都是负面的（对应于事件窗口 [1，30]）。有趣的是，在停牌日（第 0 天）前后的显著性比其他任何一天都要小。符号秩检验表明，在系数的符号和显著性上，检验结果是相似的。图 2 - 7 显示了停牌日前后两种停牌类型超额收益的分布情况。

我们根据第 0 天的超额收益将自愿停牌分为利好消息停牌和利空消息停牌。如果第 0 天的超额收益率为正，那么这是一个利好消息停牌，否则就是利空消息停牌。对于利好消息停牌子样本，股价在恢复交易前 10 天开始上涨（0.28%，[-10，-1]），直到恢复交易后 10 天（0.065%，[1，10]）。与利好消息停牌子样本的估值效应相比，利空消息停牌子样本显示出不同的

表 2 - 21　停牌前后的超额收益

A 组：全样本

时间窗口	[-30, -1]	[-10, -1]	[-5, -1]	0	[1, 5]	[1, 10]	[1, 30]
强制停牌							
均值	-2.84***	-0.42***	-0.10	-0.002*	-0.46***	-0.97***	-1.54***
标准差	0.08	0.07	0.067	0.001	0.06	0.07	0.08
t 检验统计量	-33.91	-6.021	-1.53	-1.62	-6.71	-14.00	-20.28
Wilcoxon 符号秩检验统计量	-29.65***	-5.52***	-1.69*	-1.97*	-6.13***	-8.68***	-14.77***
自愿停牌							
均值	-1.62***	-0.082***	0.071 2***	-0.000 4**	-0.28***	-0.44***	-1.15***
标准差	0.013	0.012	0.011	0.000 2	0.016	0.017	0.012
t 检验统计量	-120.13	-7.49	6.23	-2.04	-27.24	-40.98	-92.24
Wilcoxon 符号秩检验统计量	-94.01***	-27.12***	6.89***	-12.69***	-29.22***	-35.56***	-50.04***

B 组：自愿停牌

时间窗口	[-30, -1]	[-10, -1]	[-5, -1]	0	[1, 5]	[1, 10]	[1, 30]
利好消息							
均值	-0.94***	0.28***	0.26***	0.06***	-0.015	0.065***	-0.14***
标准差	0.018	0.018	0.017	0.00	0.015	0.015	0.017
t 检验统计量	-49.85	15.78	15.07	130.32	-1.02	4.27	-8.11
Wilcoxon 符号秩检验统计量	-94.01***	27.12***	6.89***	13.53***	-1.21*	35.56***	-50.04***
利空消息							
均值	-2.25***	-0.43***	-0.99***	-0.02***	-0.28***	-0.77***	-1.83***
标准差	0.018	0.015	0.015	0.02	0.015	0.015	0.17
t 检验统计量	-120.12	-27.49	-6.45	-150.43	-27.25	-40.98	-110.23
Wilcoxon 符号秩检验统计量	-91.17***	-35.27***	-9.18***	-1.98*	-31.27***	-45.27***	-62.19***

资料来源：作者计算。

注：本表列出了停牌期间超额收益的估计值。

A组 强制停牌

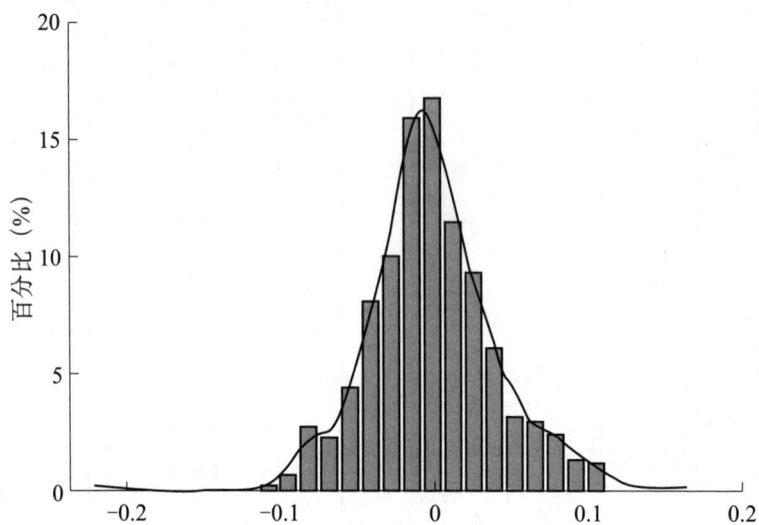

B组 自愿停牌

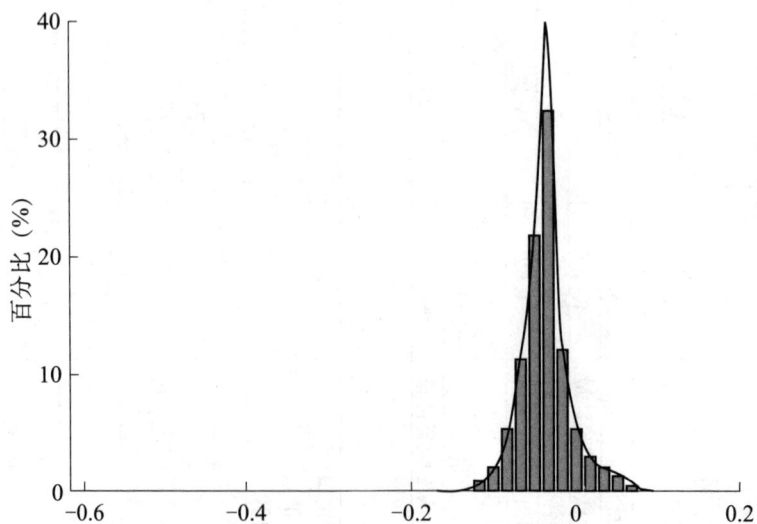

图 2 - 7　强制停牌和自愿停牌的超额收益分布

资料来源：作者计算绘制。

模式，股价在前一个月开始下跌（-2.25%，[-30，-1]）。一方面，这可能表明信息泄露；另一方面，由于这是发行人发起的停牌，上市公司可能会暂停发行股票，以减缓股价下跌。最大的股价跌幅出现在该股复牌后一天，且下跌趋势在停牌后延续，与停牌前相比可能更为激烈（比如 [1，10] 为 -0.77%，[-10，-1] 为 -0.43%）。这可以用利空消息停牌的不完全市场反应来解释：停牌减少了停牌期间的流动性，在复牌后，人们试图以较低的价格卖出股票，以改变仓位。

（二）收益波动性

我们使用停牌前的波动率作为参考，比较停牌后的波动率（Greenwald and Stein，1991；Frino et al.，2011）。首先，我们分别估计停牌股票在停牌前和停牌后的日收益率方差。然后，我们用股票日收益率方差作为衡量股票价格波动性的指标，并计算方差比率。其定义为：

$$\text{VARTIAO} = \frac{\sigma_{\text{post}}^2}{\sigma_{\text{pre}}^2} - 1 \tag{2-10}$$

式中，σ_{pre}^2 和 σ_{post}^2 分别为停牌前和停牌后的方差。

表 2-22 的 A 组汇总了整个样本的波动率变化结果，我们发现：停牌后的收益波动率明显较高。强制停牌和自愿停牌样本在 [-15，+15] 的 VARTIAO 分别为 0.25 和 0.67，t 值分别为 17.42 和 27.53，表明自愿停牌的波动率高于强制停牌的波动率。强制停牌和自愿停牌子样本之间的差异具有统计学意义（t 值：-2.78）。然而，波动率的变化也受到估计周期和样本量的影响。对于强制停牌，在短事件窗口（如 30 天）中测量的 VARTIAO 高于在长事件窗口（如 120 天）中测量的 VARTIAO，反之亦然。B 组总结了四种特定自愿停牌类型的波动率变化结果。但是，对于股东大会和增发计划导致的停牌，波动率变化的重要性降低。这些现象都表明，停牌后的高波动性可能不是暂时的。

表2-22　自愿停牌和强制停牌的差异率

A组：全样本

时间窗口	[-15, +15]		[-30, +30]		[-60, +60]	
	强制停牌	自愿停牌	强制停牌	自愿停牌	强制停牌	自愿停牌
均值	0.25***	0.67***	0.17***	0.73***	0.11***	1.35***
标准差	0.014	0.024	0.011	0.037	0.005 1	0.038
t检验统计量	17.42	27.53	15.14	19.79	24.21	33.63
差异率（强制停牌-自愿停牌）	-0.42***		-0.56***		-1.19***	
	-2.78		-2.43		-4.95	
Wilcoxon符号秩检验统计量	-2.14**		-2.33**		-5.17***	

B组：自愿停牌的类型

时间窗口	[-15, +15]				[-30, +30]				[-60, +60]			
	1	2	3	4	1	2	3	4	1	2	3	4
均值	0.70***	0.76***	-0.60*	0.61***	1.99***	0.60***	-0.28*	0.30***	4.94***	0.72***	-0.24**	0.16***
标准差	0.042	0.034	0.031	0.043	0.17	0.016	0.019	0.017	0.19	0.011	0.017	0.018
t检验统计量	16.23	22.19	-1.82	15.51	11.32	36.90	-1.55	30.79	26.75	70.00	-2.49	52.48

资料来源：作者计算。

注：方差比定义为$\frac{\sigma^2_{post}}{\sigma^2_{pre}}-1$。其中，$\sigma^2_{pre}$，$\sigma^2_{post}$是指在每个事件窗口（后）在事件停牌前（后）在事件窗口（如15天、30天和60天）内计算的停牌前（后）方差，然后在所有样本事件中取均值。另外，1、2、3、4是指自愿停牌的不同类型：1为公告停牌；2为特别停牌；3为增发计划停牌；4为股东大会停牌。

（三）成交量

根据 Wu（1998）和 Engelen and Kabir（2006）的研究，停牌后的高收益波动反映出停牌后的交易量也相应较高。我们在事件发生前后 30 天内测量每只股票的交易量，以检查停牌前后的换手率。遵循 Michaely et al.（1995），我们首先计算每只股票的正常交易额，其定义为从停牌前第 60 天到停牌前第 31 天的每日交易额与正常交易额的比率：

$$TO_{it} = \frac{TRDVOL_{it}}{TS_i} \qquad i=1,2,\cdots,N \quad t=-60,-59,\cdots,-31$$

(2-11)

式中，$TRDVOL_{it}$ 是 t 时刻股票 i 的交易股数；TS_i 是 t 时刻股票 i 的已发行股份数，则公司的日平均成交量为：

$$TO_t = \frac{1}{N} \sum_{i=1}^{N} TO_{it}$$

(2-12)

式中，N 为样本中停牌公司的数量。

下面计算所有样本的日平均交易量：

$$\overline{TO} = \frac{1}{T} \sum_{t=-60}^{-31} TO_t$$

(2-13)

式中，T 为估计窗口中的天数。

异常交易额（AV_t）和标准差（SD_t）的定义分别为：

$$AV_t = \frac{TO_t}{\overline{TO}} - 1 \qquad t=-30,\cdots,30$$

(2-14)

$$SD_t = \frac{1}{T-1} \sum_{t=-60}^{-31} (AV_t - \overline{AV})^2$$

(2-15)

$$\overline{AV} = \frac{1}{T} \sum_{t=-60}^{-31} AV_t$$

(2-16)

表 2-23 中的 A 组展示了整个样本的交易量变化，其结果表明：无论是强制停牌还是自愿停牌，平均每日的异常换手率都是正的，这与我们的假设是一致的。这两个比率在停牌后都显示出大幅上升，但强制停牌与自愿停牌没有显著差异。

图 2-8 说明了这两种停牌交易量异常的模式。四类自愿停牌的异常交易量见表 2-23 中的 B 组。检验结果表明，从停牌前的第 30 天到停

牌后的第 30 天，异常交易量显著为正。然而，四类自愿停牌子样本的变化幅度并不相同。公告停牌和特别停牌引发的成交量增幅远大于其他两类。

表 2 - 23　停牌前后的异常交易额

A 组：全样本

相对于事件日的天数	强制停牌		自愿停牌	
	均值（%）	t 检验统计量	均值（%）	t 检验统计量
−30	1.04***	18.24	1.03***	91.69
−20	0.99***	15.69	0.99***	91.52
−10	0.93***	16.92	0.97***	92.73
−5	0.98***	16.48	0.97***	90.98
−1	1.44***	17.08	1.46***	93.34
0	1.66***	17.96	1.62***	99.54
1	1.92***	21.38	1.58***	95.54
5	1.21***	17.13	1.32***	92.72
10	1.16***	14.97	1.17***	89.11
20	0.97***	14.62	1.03***	88.03
30	0.78***	13.98	0.97***	83.54

B 组：自愿停牌的类型

相对于事件日的天数	公告停牌	特别停牌	增发计划停牌	股东大会停牌
	均值（%）	均值（%）	均值（%）	均值（%）
−30	1.02**	1.26**	0.21**	1.02**
−20	0.96**	1.30**	0.13**	0.29**
−10	1.00**	1.12***	0.08**	0.87**
−5	1.02***	1.23***	0.46**	0.79**
−1	2.04***	1.45***	1.26***	0.75***
0	2.82***	1.74***	1.41***	0.77***
1	2.72***	1.94***	1.21***	1.00***
5	1.83***	2.18***	0.64**	0.77**
10	1.61**	1.73**	0.52**	0.76**
20	1.37**	1.45**	0.23**	0.75*
30	1.07**	1.29**	0.005*	0.68*

　　资料来源：作者计算。

　　注：正常换手率是指从停牌日前第 60 天至停牌日前第 31 天的平均日营业额。以百分比表示的异常换手率是指用日换手率减去估计期内的日均换手率。

A组　强制停牌　　　　　　　　　　　——强制停牌

B组　自愿停牌　　　　　　　　　　　——自愿停牌

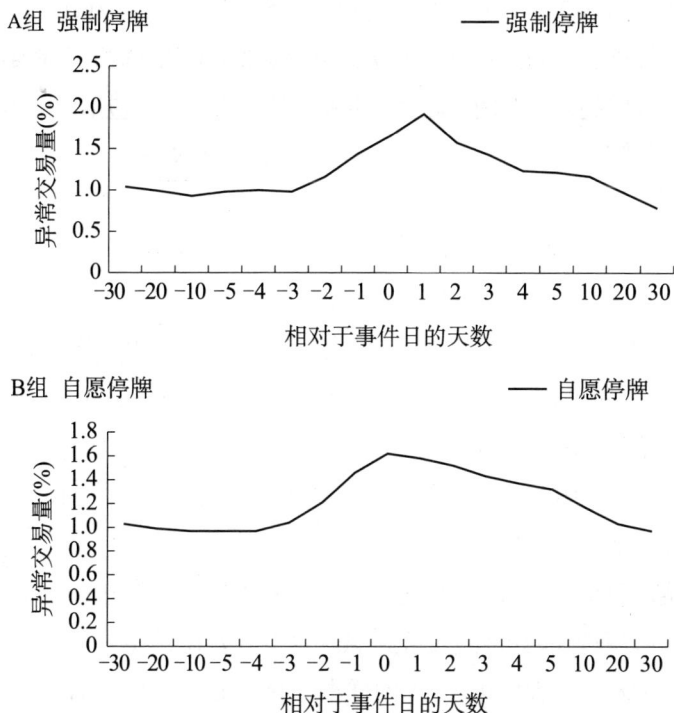

图 2 - 8　强制停牌和自愿停牌的异常交易量

资料来源：作者计算。

(四) 回归分析

下面通过估计一个回归模型来解释停牌的影响，涉及的变量主要分为三大类，即公司治理、会计变量和停牌期限。

由于停牌的目的是确保所有投资者都能平等地获得市场信息，因此，研究影响信息透明度的因素能否在停牌中发挥作用，这一点很有意思。许多研究表明，更好的公司治理提高了信息披露的准确性（Bailey et al.，2006；Fidrmuc，2015）。中国也不例外。赫和芮（He and Rui，2016）研究了股权结构对内幕交易信息传递的影响，发现公司治理可以作为提高我国上市公司信息透明度的替代机制。因此，我们期望公司治理结构（如股权结构）对停牌效率有显著影响，具体包括股权质押率和股权集中度。此外，学者对个股异常效应的现有研究发现，会计变量是重要的决定因素。班茨（Banz，1981）指出，企业规模和所属行业对经风险调整后的收益有显著影响。许多研究表明，公司的收益与股票收益率有着密切的关系（Liu et al.，2000；Jiao，2011）。因此，我们在回归中控制 ROE、资产金额的对数和行业虚拟变量。Ackert et al.（2001）表明，临时停牌和强制停牌对股票收益的影响是不同的，因而有必要在我们的分析中纳入停牌的持续时间。此外，在我们的分析中还应包括一个年度固定效应，以测试停牌效应是否跨年稳定。相关的回归模型如下：

$$Y = \alpha + \beta_1 \text{PledgeProp} + \beta_2 \text{ShareCon} + \beta_3 \text{ROE} + \beta_4 \text{Log}_{\text{Asset}}$$
$$+ \beta_5 \text{Timeperd} + \gamma \text{Industry} + \delta \text{Year} \qquad (2-17)$$

式中，Y 为因变量；PledgeProp 为股权质押率；ShareCon 为股权集中度，以第一大股东的持股比例计量；ROE 为净资产收益率；Log_Asset 为资产金额的对数形式；Timeperd 为停牌期限；Industry 为行业虚拟变量；Year 为年度虚拟变量。

（2-17）式中的所有自变量数据均来自国泰安 CSMAR 数据库，表2-24 显示了回归结果。

对于超额收益的结果，股权集中度对两类停牌都有正向显著影响，停牌期限对两类停牌都有负向显著影响。对于方差比的结果，我们只报告从停牌前第 15 天到停牌后第 15 天的样本结果。股权质押率有正向影响，股权集中度有负向影响。停牌期限对流动性有积极影响，因为停牌时间长就会减少流动性。对于交易换手率异常的结果，除停牌期限外，其他变量对强制停牌没有显著影响。股权质押率和股权集中度对自愿停牌有显著的正向影响，资产金额的对数对自愿停牌有负向影响，见表2-24。

表 2-24　回归分析

	超额收益率		方差比		换手率	
	自愿停牌	强制停牌	自愿停牌	强制停牌	自愿停牌	强制停牌
PledgeProp	0.12 (1.31)	−0.18 (0.85)	0.003*** (5.24)	0.009*** (5.36)	0.007*** (2.18)	0.054 (1.50)
ShareCon	0.003*** (3.11)	0.042*** (6.19)	−0.005*** (−5.94)	−0.002 (−1.37)	0.016*** (2.18)	−0.018 (−0.72)
ROE	0.021 (0.88)	1.15*** (5.87)	0.006*** (6.71)	−3.54*** (−9.65)	0.005* (1.75)	−1.82 (−0.21)
Log_Asset	0.10*** (11.31)	−0.53*** (−8.06)	−0.002 (0.012)	0.16*** (5.13)	−0.40*** (−9.25)	−0.56 (−1.44)
Timeperd	−0.12*** (−47.26)	−0.07*** (−10.18)	0.002*** (18.61)	0.007 (0.55)	0.012*** (2.76)	0.40** (2.14)

续表

	超额收益率		方差比		换手率	
	自愿停牌	强制停牌	自愿停牌	强制停牌	自愿停牌	强制停牌
Year	1.11*** (20.35)	0.87*** (23.27)	−0.58*** (−53.15)	0.12* (1.75)	0.15** (2.03)	0.92 (1.09)
Cons	−2.22*** (−20.42)	−1.74*** (−23.25)	2.06*** (53.31)	−0.37*** (−4.36)	−2.72*** (−29.79)	2.56*** (−12.25)

资料来源：作者计算。

注：回归方程为：

$$Y = \alpha + \beta_1 \text{PledgeProp} + \beta_2 \text{ShareCon} + \beta_3 \text{ROE} + \beta_4 \text{Log\_Asset} + \beta_5 \text{Timeperd} + \gamma \text{Industry} + \delta \text{Year}$$

式中，Industry 是一个虚拟变量。

2.4.4　结论

我们比较了中国股票市场对强制停牌和自愿停牌的反应，并发现：停牌前存在信息泄漏，股价在停牌期间对新信息的调整不完全，因此停牌前的趋势在停牌后继续。随后，我们将自愿停牌样本分为利好消息停牌子样本和利空消息停牌子样本，并发现在两个停牌子样本中，价格发现过程在停牌前就开始了。在利空消息停牌子样本中，这种现象可以用信息泄露或公司为防止股价进一步下跌而要求停牌的情况来解释。在停牌后，无论是利好消息停牌子样本还是利空消息停牌子样本都存在价格漂移现象。利好消息停牌子样本在传播信息方面比利空消息停牌子样本更有效。

我们的研究结果显示，在停牌后，交易波动率会增加，而自愿停牌的波动率相对高于强制停牌的波动率。强制停牌样本的交易波动性随事件窗口的扩大而下降，而自愿停牌显示波动性增加。我们还发现，这两类停牌在停牌后的交投量都有显著的上升，并且自愿停牌的复牌首日和复牌第二天的异常成交量最大。

最后，我们的研究结果表明，停牌并不能有效地应对异常的市场活动，而股权结构和停牌期限有助于解释停牌的无效性。

2.5　基于汇率形成机制的分析

2.5.1　中国汇率形成机制改革和逆周期因子

2017 年 5 月 26 日，中国外汇交易中心确认在人民币兑美元中间价报价机制中引入逆周期因子，旨在对冲市场情绪的顺周期波动，缓解投资者的非理性行为。新的定价机制为"中间价＝收盘价＋一篮子货币汇率变化＋逆周期因子"。一石激起千层浪，伴随着逆周期因子的引入，离岸人民币市场大涨 1 000 个基点。在逆周期因子引入后的几个月，人民币兑美元累计升值近 5％，一改持续一年的贬值趋势，人民币汇率的走势趋于相对稳定。然而，逆周期因子的引入也引发了部分海外媒体和机构的质疑，认为该因子加强了央行对外汇市场定价的干预力度，弱化了人民币汇率的市场形成机制，推动了人民币升值。

回顾近年来外汇市场的改革，逆周期因子的引入事实上是我国人民币汇率形成机制改革的重要一环。自 2015 年"8·11"汇改以来，中国人民银行完善了人民币兑美元汇率中间价的定价机制，明确了参考一篮子货币的基期权重，让市场供求在人民币定价机制中发挥更大的作用。中国人民银行在《2016 年第二季度中国货币政策执行报告》中肯定了"收盘价＋一篮子货币汇率变化"的中间价形成机制更具规则性、透明度和市场化水平，有助于发挥市场在汇率形成中的决定性作用，保持人民币汇率在合理均衡水平上的基本稳定。然而，任何一种汇率制度都存在其自身的问题，这种中间价形成机制存在明显的顺周期性：在引入货币篮子调整的时点，境内外汇市场并没有出清，这会导致在第二天开盘时延续前一天的走势，增加了投资者的非理性行为，以及市场情绪对汇率走势的决定作用。2016 年，中国经济企稳、美元指数下滑，然而人民币兑美元汇率持续贬值，年贬值幅度达 6％，其走势与基本面严重背离，凸显了现行汇率定价机制的内在矛盾。中国人民银行提及下一轮汇率市场化改革的目标是引入宏观经济数据对汇率发挥作用的机制，并强调"不会让投机力量主导市场情绪"。在这一背景下，中国人民银行在 2017 年 5 月修改了中间价报价模型，引入了逆周期因子，强化了汇率定价对宏观经济走势的反映程度。中国人民银行在《2017 年第二季度中国货币政策执行报告》中进一步声明，逆周期因子的引入不会改变外汇供求的趋势和方向，只是适当对冲了外汇供求中的非理性因素，在尊重市场的前提下促使市场行为更加理性，但市场始终存在一些质疑的声音。

事实上，人们质疑的焦点在于，逆周期因子是否决定了人民币汇率走势？是否合理引导了投资者的市场预期？这对理解当前人民币汇率形成机制以及未来人民币汇率制度的改革至关重要。

我们利用自 2017 年 5 月 26 日以来的人民币兑美元、一篮子货币的交易数据，通过新的人民币汇率中间价定价机制，测算了逆周期因子的数值。在此基础上，我们通过构建 VAR 模型和 EGARCH 模型研究了逆周期因子对人民币汇率走势和人民币汇率波动的影响。研究结果表明，逆周期因子修正了投资者对汇率变动顺周期性的非理性反应，在引入逆周期因子后，汇率对宏观经济变量的反映更加充分；其次，逆周期因子并不是汇率变动的格兰杰原因，而汇率变动是逆周期因子的格兰杰原因。此外，逆周期因子的引入降低了汇率变动的波动率，有利于人民币在双向浮动的过程中表现得更加稳定。

由此可见，人民币汇率仍主要反映市场供求的状态，逆周期因子的引入是为了过滤非理性因素，使得汇率变动能够反映经济基本面的情况。在我国人民币汇率形成机制的改革中，由于市场尚不健全，面临市场透明度和政策公信力的挑战。投资者容易受到市场情绪的影响，使得汇率的走势与经济的基本面出现背离。作为央行预期管理的一种政策工具，逆周期因子修正了市场的非理性行为，增加了政府政策的公信力，进一步完善了人民币汇率的市场形成机制。

2.5.2　文献回顾和评析

众所周知，在没有实行完全浮动汇率制度的国家，都会或多或少的存在外汇干预行为。事实上，很多国家官方宣布本币实行浮动汇率制度，但还是频繁进行外汇市场干预来维持汇率的稳定，即现实汇率制度和官方宣称的汇率制度存在明显的差异（Calvo and Reinhart，2002）。例如，菲律宾在 1988 年便宣布实行了浮动汇率制度，但在现实中仍为固定汇率制度，并在 1997 年的金融危机中受到了冲击（Reinhart and Rogoff，2004）。貌似很多国家，特别是发展中国家，都患有一种"浮动汇率恐惧症"，频繁干预外汇市场以维持本国货币对外价格的稳定。虽然以往的众多研究发现，外汇市场的稳定可以带来进出口贸易的提升、风险溢价的降低、失业率的降低和经济增长（Bacchetta and van

Wincoop，2000；Aghion et al.，2009），但一味地维持汇率市场的稳定并不是"有百利而无一害"，外汇干预失效可能带来政府公信力的快速下降，从而导致汇率水平迅速走偏。一种是汇率大幅升值带来本国的资产泡沫和过度外汇积累（如 20 世纪 80 年代末的日本），另一种是汇率大幅贬值带来货币危机使经济陷入衰退（如 20 世纪 90 年代末的东南亚）。那么，各国是不是应该摒弃外汇市场干预措施，实行完全浮动汇率制度，放任外汇市场自由发展呢？

答案一定是否定的。Frankel and Froot（1990）发现：1981—1994 年美国的汇率走势与基本面因素完全背离，利差、经济增长、经常账户差额等宏观变量完全无法解释汇率的波动。这是因为，汇率超调的存在使得无论多么发达的外汇市场都会存在汇率水平严重偏离均衡汇率的情况，需要中央银行的外汇市场干预来稳定外汇市场。此外，从以往的历史经验来看，外汇市场干预在大部分情况下是有效的（Sarno and Taylor，2001），戈什等人（Ghosh et al.，2016）总结了金融危机后的经验，他们认为将外汇干预作为利率政策工具的有效补充，可以在满足通货膨胀目标的同时维持外汇市场稳定，提高本国的福利水平。这说明了外汇干预作为一项货币政策工具在现实世界中存在的必要性。对比发达国家和发展中国家的外汇市场干预，因为发展中国家的债券市场规模较小、普遍存在严格的资本管制措施、外汇市场存在学习溢出效应（learning spilovers），所以发展中国家的干预效果更为明显（Menkhoff，2013；Guzman et al.，2017；Chamon et al.，2017）。

即使发展中国家的外汇干预更有效，也不应过度依赖外汇干预。与实行自由浮动汇率的发达国家不同，发展中国家的外汇干预更加频繁和有规律。毫无疑问，中央银行有巨额的外汇储备优势、信息优势和其他用于资本管制的政策手段，可以非常容易地影响汇率的水平和波动率。然而，这种"常态化"汇率干预的核心是要确保外汇干预的可信性，不应与经济基本面走势和政策底线相违背（Menkhoff，2013）；否则，很容易陷入政府的信任危机，导致第二代货币危机模型的重现。在这种情况下，如何判断何时进行干预至关重要。但是，对干预时点的判断非常困难，特别是在短期。Cheung and Chinn（2001）指出，自 20 世纪 90

年代开始，外汇市场的短期变化已经与经济基本面严重脱钩，主要反映了投机性交易（机构投资者和对冲基金的交易行为）。在金融危机后，随着人们将更多的算法模型应用到外汇市场中，外汇市场上的套利空间被迅速捕捉，致使短期外汇市场的波动更加剧烈（Chabound et al.，2014）。从理论上说，如果外汇市场上的高频交易或者投机性、非理性投资者的交易使得外汇市场上的汇率水平与经济基本面所表示的水平产生严重背离，此时即使个人投资者了解到当前的汇率水平已经偏离了均衡水平，也很难促成外汇市场回归均衡状态，必须依靠中央银行进行外汇干预（Sarno and Taylor，2001）。为了避免不合时宜的调控而损失政府公信力，实行自由浮动制度的发达国家并不会经常进行外汇市场干预（Eichengreen，2008）。

那么，如何权衡汇率波动导致的货币危机和外汇市场干预？Ghosh et al.（2016）认为，要确保央行政策的公信力，类似于通货膨胀目标，需要事先告知公众外汇市场干预是央行的一种货币政策工具，以及央行在何时会动用这种工具，这样会提高而不是削减政策的公信力。Magud et al.（2014）认为，宏观审慎措施作为汇率政策灵活性的有效补充，凸显了其在外汇市场干预中的作用，需要设定多重宏观审慎指标来应对资本流动和信贷扩张。Benigno et al.（2016）认为，在汇率政策的成本十分高昂的情况下，在平时实行宏观审慎的资本管制和在危机时实行有限制的汇率贬值的政策组合，可以在最大程度上防止金融危机的出现。由此可见，这种权衡的关键是保持政策的公信力和实行宏观审慎措施。

对于中国的汇率制度改革，众多学者肯定了中国的汇率市场化改革措施。在汇率改革前，学者普遍指出中国汇率机制存在问题。例如，王芳（2013）指出央行承担了过多的"汇率责任"，使得其在面临两难和多难选择的时候必然会损失公信力。2015 年的"8·11"汇改等一系列改革措施，使得汇率形成机制更加公开透明，在减轻央行"汇率责任"的同时，提高了央行的政策公信力（何青等，2018；余永定和肖立晟，2017；管涛，2017）。对于中国的外汇市场干预，学者都一致给出了肯定的评价。陆志明和程实（2009）利用 1994—2007 年的数据验证了央行实行的外汇市场干预具有正收益，在降低就业与经济增长波动性上具有积极作用。陈华（2013）的研究发现，在 2005 年汇改以来的大部分时期里，央行在外汇市场上的干预有利于推动人民币汇率回归均衡水平。中国的外汇市场干预也有其特殊性，王爱俭和邓黎桥（2016）发现：央行在进行外汇市场干预时，基于规则的干预方式更加有效、成本更小，其效果明显优于无规则的外汇市场干预。干杏娣等（2007）发现：央行进行外汇干预的效应具有明显的非对称性，支持人民币坚挺升值的外汇市场干预效果要强于阻止人民币升值的外汇市场干预效果。

2.5.3 逆周期因子的测算

自改革开放以来，人民币汇率形成机制改革经历了汇率双轨制、钉住美元汇率与参考一篮子货币进行调节、有管理的浮动汇率制度。人民币汇率形成机制自 2005 年 7 月汇改开始，实行“以市场供求为基础，参考一篮子货币进行调节、有管理的浮动汇率制度”，人民币的汇率弹性逐渐提升。

从 2015 年 8 月 11 日开始，中国人民银行完善人民币兑美元汇率中间价报价机制，做市商在每日银行间外汇市场开盘前，参考上日银行间外汇市场收盘汇率，综合考虑外汇供求情况以及国际主要货币汇率变化向中国外汇交易中心提供中间价报价。这一举措强调了中间价报价要参考前一日的收盘价格，增强了人民币兑美元汇率中间价的市场化程度和基准性。2015 年 12 月 11 日，中国外汇交易中心发布人民币汇率指数，加大了参考一篮子货币的力度，以更好地保持人民币兑一篮子货币汇率的基本稳定，初步形成了“收盘价＋一篮子货币汇率变化”的人民币兑美元汇率中间价形成机制。2017 年 5 月 26 日，中国人民银行表示在汇率形成机制中引入逆周期因子，将中间价报价模型由原来的“收盘价＋一篮子货币汇率变化”调整为“收盘价＋一篮子货币汇率变化＋逆周期因子”。由此，我们可以得到人民币兑美元汇率中间价的公式为：

中间价＝上日收盘价＋一篮子货币汇率变化＋逆周期因子

在央行的货币政策报告中，关于逆周期因子计算公式的表述为：在计算逆周期因子时，可先从上一日收盘价较中间价的波幅中剔除篮子货币变动的影响，由此得到主要反映市场供求的汇率变化，再通过逆周期系数调整得到"逆周期因子"。根据货币政策执行报告，央行对逆周期因子的计算方法没有给出比较明确的公式，而且有关剔除货币变动、逆周期系数调整的计算过程的表述都较为模糊，逆周期系数调整的方法由各报价银行确定，因而它们仍有一定的自由决定权，无法采用直接法计算逆周期因子。因此，我们拟采用间接法，先计算货币汇率变化，再根据中间价和收盘价倒算逆周期因子，具体步骤如下：

第一步，计算人民币兑美元的夜盘变动率。汇率用 $\dfrac{货币1简称}{货币2简称}$ 表示，其中分母的货币 2 为基础货币，即 $\dfrac{\text{USD}}{\text{CNY}}$ 表示每一单位人民币可兑换多少单位美元。由于自 2017 年 2 月开始，外汇市场自律机制将中间价对一篮子货币的参考时段由报价前 24 小时调整为前一日收盘后到报价前的 15 小时，用以避免美元汇率日间变化在次日中间价中重复反映，因而我们需要参考的一篮子货币变动率采用了中间价公布前 7:30 到前一日 16:30 的夜盘汇率变动率。人民币兑美元的夜盘汇率变动率为：

$$\frac{\text{USD}}{\text{CNY}}\times gr_t=\frac{\text{USD}}{\text{CNY}}_{mt}\bigg/\frac{\text{USD}}{\text{CNY}}_{nt-1} \tag{2-18}$$

式中，$\dfrac{\text{USD}}{\text{CNY}}\times gr_t$ 为夜盘汇率变动率；下标 m 为 7:30 中间价公布前的外盘汇率报价；下标 n 为 16:30 的收盘汇率。

第二步，以一篮子货币的夜盘变动率表示人民币相对一篮子货币的整体变动。此处，我们采用 CFETS 指数作为央行制定中间价参考的一篮子汇率指数。该指数采用几何加权方法，以指数上升代表人民币升值。因此，我们根据 CFETS 篮子权重与各篮子货币的变动率可以计算出夜盘人民币相对于一篮子货币 CFETS 的变动率，即

$$\text{CFETS}\times gr_t=\frac{\text{USD}}{\text{CNY}}\times gr_t^{a_1}\times\frac{\text{EUR}}{\text{CNY}}\times gr_t^{a_2}\times\frac{\text{JPY}}{\text{CNY}}\times gr_t^{a_3}\times\cdots$$

$$\tag{2-19}$$

式中，$\text{CFETS}\times gr_t$ 为夜盘人民币相对一篮子货币 CFETS 的变动率；α_1，α_2，α_3，$\cdots$，α_n 为各货币对应的指数权重。

第三步，利用美元与其他货币的外盘汇率跳价，转换开盘前人民币

兑其他货币的变动率。由于在 7:30 时，人民币外汇交易处于休市阶段，没有人民币兑其他货币的跳价，因而需要使用美元与其他货币的外盘汇率跳价进行套算，下面以 $\dfrac{\text{EUR}}{\text{CNY}}$ 为例加以介绍。

根据套算汇率的计算方法，可知：

$$\frac{\text{EUR}}{\text{CNY}} = \frac{\text{EUR}}{\text{USD}} \times \frac{\text{USD}}{\text{CNY}}$$

故有

$$\begin{aligned}
\frac{\text{EUR}}{\text{CNY}} \times \text{gr}_t &= \frac{\text{EUR}}{\text{CNY}_{mt}} \Big/ \frac{\text{EUR}}{\text{CNY}_{nt-1}} \\
&= \frac{\text{EUR}}{\text{USD}_{mt}} \times \frac{\text{USD}}{\text{CNY}_{mt}} \Big/ \left(\frac{\text{EUR}}{\text{USD}_{nt-1}} \times \frac{\text{USD}}{\text{CNY}_{nt-1}} \right) \\
&= \frac{\text{EUR}}{\text{USD}} \times \text{gr}_t \times \frac{\text{USD}}{\text{CNY}} \times \text{gr}_t \quad\quad (2-20)
\end{aligned}$$

因此，将（2-19）式和（2-20）式结合，可得：

$$\begin{aligned}
\text{CFETS} \times \text{gr}_t = \frac{\text{USD}}{\text{CNY}} \times \text{gr}_t^{\alpha_1} \times \left(\frac{\text{EUR}}{\text{USD}} \times \text{gr}_t \times \frac{\text{USD}}{\text{CNY}} \times \text{gr}_t \right)^{\alpha_2} \\
\times \left(\frac{\text{JPY}}{\text{USD}} \times \text{gr}_t \times \frac{\text{USD}}{\text{CNY}} \times \text{gr}_t \right)^{\alpha_3} \times \cdots \quad\quad (2-21)
\end{aligned}$$

整理可得：

$$\text{CFETS} \times \text{gr}_t = \frac{\text{USD}}{\text{CNY}} \times \text{gr}_t^1 \times \left(\frac{\text{EUR}}{\text{USD}} \times \text{gr}_t \right)_2^{\alpha} \times \left(\frac{\text{JPY}}{\text{USD}} \times \text{gr}_t \right)_3^{\alpha} \times \cdots$$

$$(2-22)$$

第四步，利用人民币兑一篮子货币汇率的基本稳定，倒算出人民币兑美元双边汇率的调整幅度。央行货币政策执行报告中明确指出："一篮子货币汇率变化"是指为保持人民币兑一篮子货币汇率的基本稳定所要求的人民币兑美元双边汇率的调整幅度，主要是为了保持当日人民币汇率指数与前一日人民币汇率指数相对稳定。因此，在计算人民币兑美元的汇率变动率时，需要人民币兑一篮子货币稳定，令 $\text{CFETS} \times \text{gr}_t = 1$，可求出：

$$\begin{aligned}
\frac{\text{USD}}{\text{CNY}} \times \text{gr}_t &= \frac{1}{\left(\dfrac{\text{EUR}}{\text{USD}} \times \text{gr}_t \right)^{\alpha_2} \times \left(\dfrac{\text{JPY}}{\text{USD}} \times \text{gr}_t \right)^{\alpha_3} \times \cdots} \\
&= \left(\frac{\text{USD}}{\text{EUR}} \times \text{gr}_t \right)^{\alpha_2} \times \left(\frac{\text{USD}}{\text{JPY}} \times \text{gr}_t \right)^{\alpha_3} \times \cdots \quad\quad (2-23)
\end{aligned}$$

由此可以计算出人民币相对于美元的变动率。由于在中间价报价机制中是以美元为基准进行报价的，即需要计算 $\dfrac{\text{CNY}}{\text{USD}}$，因而需要进一步转换成以美元为基准的汇率报价变动基点。

$$\text{bp}_t = \frac{\text{CNY}}{\text{USD}_{t-1}} \times \left[\frac{1}{\dfrac{\text{USD}}{\text{CNY}} \times \text{gr}} - 1 \right] \qquad (2-24)$$

式中，$\dfrac{\text{CNY}}{\text{USD}} \times \text{bp}_t$ 为 t 期人民币兑美元变动率换算成 $\dfrac{\text{CNY}}{\text{USD}}$ 的价差变动。

第五步，利用收盘价和中间价倒算出逆周期因子。

$$\text{CVFAC}_t = \frac{\text{CNY}}{\text{USD}_{ct}} - \frac{\text{CNY}}{\text{USD}_{nt-1}} - \frac{\text{CNY}}{\text{USD}} \times \text{bp}_t \qquad (2-25)$$

式中，CVFAC_t 为 t 期的逆周期因子；下标 c 为人民币兑美元汇率中间价；下标 n 为 16:30 的汇率报价，即收盘价。

我们以 CFETS 货币篮子计算的逆周期因子为主，并通过计算 SDR 逆周期因子进行了稳健性检验。表 2-25 为逆周期因子描述统计。我们可以看到，从 2017 年 5 月 26 日引入逆周期因子至 2017 年 10 月 31 日，逆周期因子总体表现出均值为负和右偏特征，即从平均值看，逆周期因子推动汇率中间价往升值方向变动了 47 个基点。

表 2-25　逆周期因子的描述统计

变量	观测值	均值	标准差	最小值	最大值	偏度	峰度
逆周期因子-CFETS	105	−0.004 8	0.011 0	−0.033 5	0.034 9	0.157 1	4.223 2
逆周期因子-SDR	105	−0.004 5	0.012 3	−0.036 1	0.035 2	0.180 5	3.925 4

资料来源：Bloomberg 终端。

图 2-9 为逆周期因子与汇率增长率的变动关系。我们可以看到，逆周期因子表现出较强的波动聚集性，单从图像上无法观察到逆周期因子与汇率增长率的具体关系。因此，下面将分别使用 VAR 模型与 GARCH 模型确定逆周期因子与汇率增长率的关系。

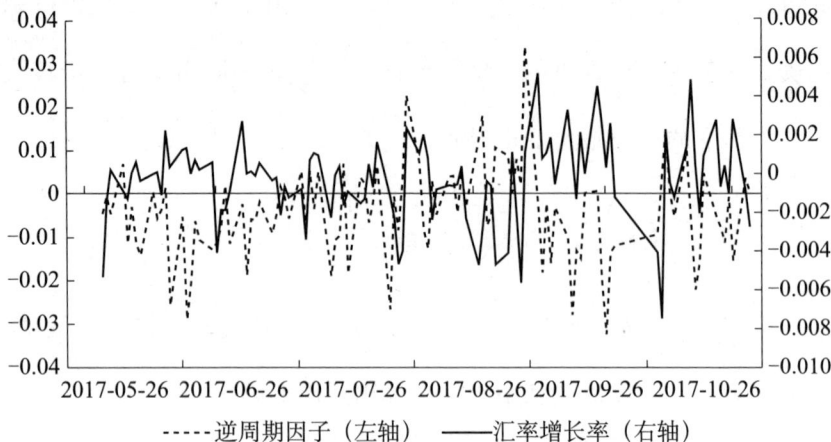

图 2 - 9　逆周期因子的变化图

资料来源：Bloomberg 终端。

2.5.4　实证分析

（一）逆周期因子与汇率增长率

下面将运用向量自回归 VAR 模型分析逆周期因子与汇率增长率的影响关系。在分析上述关系时，需要在模型中考虑一系列汇率增长率的控制变量。首先，需要美元指数的增长率。由于此处的汇率增长率是以人民币相对于美元汇率来计算的，所以美元本身的价值变化自然会影响汇率的变动情况。

其次，需要控制人民币与美元基础利率水平的利差。根据利率非抛补平价原理，利率差异可能引导资金出于套利需求而在国内外流动。无论是外币投资本地市场还是人民币流出投资境外市场，都涉及人民币的兑换，因而可能影响人民币汇率。Alvarez et al.（2002）运用 Baumol-Tobin 模型研究汇率、利率、货币的关系，得到利率差异与汇率变动之间存在显著的负向关系。因此，我们使用国内 SHIBOR 隔夜利率与美国 LIBOR 隔夜利率的利差作为中美利差变量，反映利率差异带来的资金流动需求。

再次，在资本市场层面，中美资本市场收益率的差也可能驱动套利行为，进而产生人民币换汇需求。Tian and Ma（2010）发现汇率与资本市场收益率差存在协整关系。汇率可以影响资金进入资本市场，从而影响股票价格，同时资本市场收益率差也会推动资金的流动，进而影响汇率水平。因此，我们使用上证指数收益率与 SP 500 指数收益率之差代表中美资本市场收益率差值的影响因素。

另外，由于国际金融市场对人民币与美元的冲击力度不同，因而国际金融市场投资者风险态度的变化将会对人民币汇率增长率产生影响，我们使用芝加哥期权交易所的 VIX 指数代表全球投资者的风险态度。VIX 指数是基于期权定价推测的投资者对市场波动性的判断，该指数越高，投资者认为市场的波动性越大、风险越高。全球资本市场风险的上升可能对人民币汇率产生贬值的影响。目前，美元仍是全球投资者的主要避险资产，当全球资本市场的风险上升时，投资者会把投资从人民币资产转向安全性更好的美元资产，因而人民币会贬值。

最后，离岸人民币与在岸人民币的价差可以作为资金在离岸市场与在岸市场流动的代理变量。当离岸人民币 CNH 小于在岸人民币 CNY，即在岸人民币汇率被低估时，资金会从离岸市场向在岸市场移动，推动 CNY 升值。离岸市场与在岸市场人民币汇率的价差会引导人民币汇率变动。王芳等（2016）在研究人民币离岸-在岸市场价差与汇率变动时发现，离岸-在岸市场价差会导致汇率变动并影响汇率水平。

虽然以上多个变量对汇率增长率的作用机制都会受到资本管制水平、汇率弹性、套利成本等监管因素的影响，但在 2017 年 5 月 26 日至 2017 年 10 月 31 日这一样本区间内，可以认为监管因素是相对稳定的，因而在构建日度 VAR 模型中无须加入监管层面的相关变量。此外，宏观经济变量也相似，中国经济产出水平、通货膨胀等宏观因素对长期汇率均衡水平有决定性作用，但宏观经济变量对汇率增长率的影响有滞后性，因而在短期 VAR 模型中也不考虑宏观经济变量。

因此，在构建 VAR 模型时，需要将逆周期因子、美元指数、利差、资本市场收益率差、VIX 变动率与离岸-在岸市场价差这六个变量作为解释变量加入模型。表 2-26 和表 2-27 为模型中使用的变量及说明。表 2-28 是汇率增长率与逆周期因子的格兰杰检验。

表 2-26　模型变量表

变量符号	变量	描述
CHANGE	汇率增长率	汇率增长率使用人民币兑美元汇率的对数变动率计算
CVFAC	逆周期因子	我们倒算出的逆周期因子，使用价差基点表示
USINDEXGR	美元指数变动率	美元指数的对数变动率
INTEREST_D	利差	SHIBOR 隔夜利率－美国 LIBOR 隔夜利率
SHARE_D	资本市场收益率差	上证指数收益率－SP500 指数收益率
VIXGR	全球风险偏好	VIX 收益率反映全球投资者眼中市场风险的变化
GAP	离岸-在岸价差	在岸人民币汇率收盘价－离岸人民币汇率收盘价

资料来源：作者整理。

注：汇率增长率、美元指数变动率、资本市场收益率差、VIX 收益率均采用对数变动率的计算方法。

表 2-27　解释变量的描述统计

变量	均值	标准差	最小值	最大值	JB 统计量
CHANGE	−0.000 3	0.002 3	−0.007 7	0.005 4	0.374 9
CVFAC	−0.004 8	0.011 0	−0.033 5	0.034 9	0.463 8
USINDEXGR	−0.000 3	0.003 8	−0.010 7	0.009 9	0.025 3*
INTEREST_D	0.015 9	0.001 4	0.013 6	0.019 1	0.000 0**
SHARE_D	0.000 2	0.006 1	−0.017 7	0.022 3	0.475 4
VIXGR	0.000 4	0.073 8	−0.229 0	0.367 0	0.000 0**
GAP	0.002 1	0.013 8	−0.021 4	0.071 6	0.499 1

资料来源：作者计算。

注：本表运用 ADF 方法对变量进行单位根检验。除利差外，其余序列均是平稳的。

表 2-28　汇率增长率与逆周期因子的格兰杰检验

变量	待检验格兰杰原因	Chi2 统计量	P 值	结论
汇率增长率	逆周期因子	8.256 9	0.083	接受
	美元指数变动率	14.335	0.006	拒绝
	利差	4.168 9	0.384	接受
	资本市场收益率差	2.398 0	0.663	接受
	全球风险偏好	15.000	0.005	拒绝
	离岸-在岸市场价差	9.925 5	0.042	拒绝
逆周期因子	汇率增长率	98.051	0.000	拒绝
	美元指数变动率	38.580	0.000	拒绝
	利差	13.587	0.009	拒绝
	资本市场收益率差	4.196 6	0.380	接受
	全球风险偏好	4.454 2	0.348	接受
	离岸-在岸市场价差	3.472 1	0.482	接受

资料来源：作者计算。

对变量进行格兰杰因果检验，美元指数变动率、全球风险偏好、离岸-在岸市场价差 3 个变量是汇率增长率的格兰杰原因，汇率增长率、美元指数变动率、利差是逆周期因子的格兰杰原因，但变量之间的因果联系、响应方向仍无法从简单的格兰杰因果检验中得到。为了进一步分析汇率增长率与逆周期因子的关系，需要构建 VAR 模型，进行脉冲响应与方差分解分析。

下面构建包含汇率增长率、逆周期因子、美元指数变动率、利差、资本市场收益率差、全球风险偏好与离岸-在岸市场价差 7 个变量的 VAR 模型，根据 AIC 信息准则（Akaike information criterion）确定的滞后阶数为 1 阶。由于 VAR 模型的特性，此处不分析系数的显著性水平，而将分析重点放在脉冲响应和方差分解上。

根据图 2-10 的结果，从汇率增长率的脉冲响应图可见，汇率增长率对汇率增长率冲击的响应最显著、持续时间最长。首先，本期给予汇率增长率一单位正冲击，其对汇率增长率自身的正向冲击效果显著，汇率增长率在 3 期内持续，表现出汇率波动的惯性。其次，利差冲击也会对汇率增长率造成显著的正向影响。美元指数冲击的一单位正向利差也会对汇率增长率有显著影响。一单位美元指数的正冲击（即美元升值）也会导致汇率增长率在短期内（2 期）出现正向的显著变化，使人民币汇率贬值。汇率增长率对逆周期因子的冲击有正向的响应，但响应幅度小，较不显著。给予逆周期因子一单位正冲击，汇率增长率的脉冲响应在 1 期内最显著，但区间估计覆盖 0 值，也就是影响并不显著，说明央行逆周期因子的引入并不会决定汇率的走势。加入的两个国际环境变量 VIX 指数增长率、离岸-在岸市场价差对汇率增长率无显著影响。因此，汇率增长率主要受到自身冲击、利差冲击与美元指数冲击的影响。

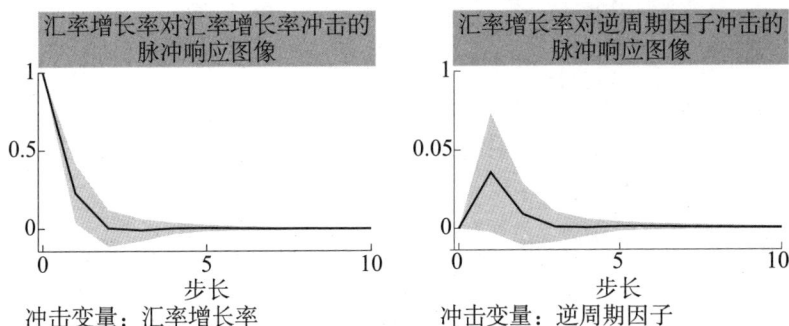

图 2-10　汇率增长率对各冲击变量的脉冲响应图

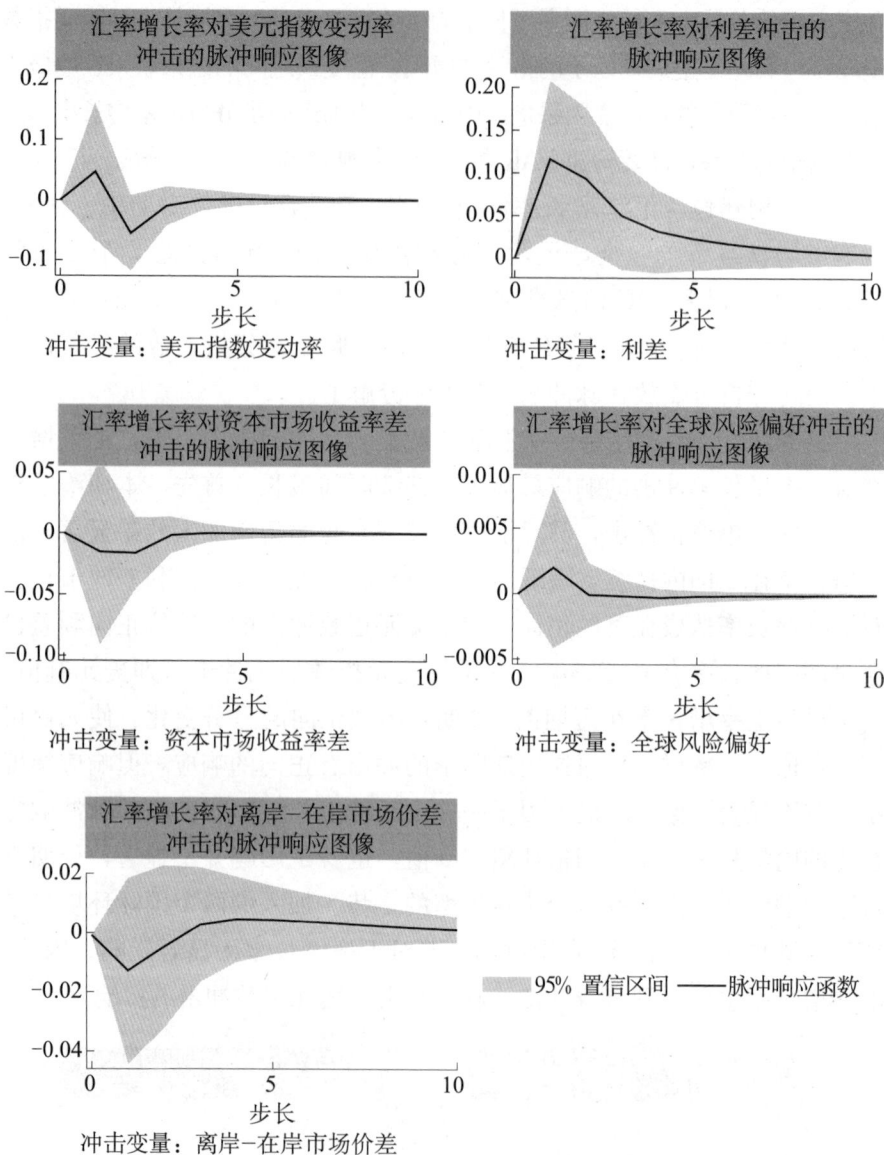

汇率增长率对美元指数变动率冲击的脉冲响应图像

冲击变量：美元指数变动率

汇率增长率对利差冲击的脉冲响应图像

冲击变量：利差

汇率增长率对资本市场收益率差冲击的脉冲响应图像

冲击变量：资本市场收益率差

汇率增长率对全球风险偏好冲击的脉冲响应图像

冲击变量：全球风险偏好

汇率增长率对离岸-在岸市场价差冲击的脉冲响应图像

冲击变量：离岸-在岸市场价差

95% 置信区间 ——脉冲响应函数

图 2－10　汇率增长率对各冲击变量的脉冲响应图（续）

资料来源：作者计算绘制。

　　从逆周期因子的脉冲响应图可见，逆周期因子显著受到逆周期因子自身、汇率增长率、利差、美元指数变动率的影响，见图 2－11。一单位汇率增长率的正冲击，将在未来 5 期内持续对逆周期因子有负向的影响，在第 2 期达到峰值。这说明逆周期因子会随着汇率增长率的变动而调整，当汇率增长率上升时，逆周期因子会逆汇率走势给予调整。若当期逆周期因子有一单位正向冲击，将会在 3 期内持续对逆周期因子有正向的影响，并逐渐减弱为 0，表现出逆周期因子调节的惯性。逆周期因子对汇率增长率的响应显著为负。与此同时，利差冲击对逆周期因子有显著的负向影响，当国内利率水平大于美国利率水平时，逆周期因子会在较长时期（10 期）内缓慢地推动逆周期因子负向变化。美元指数变动率对逆周期因子也有较显著的影响，在 2 期内先是出现显著的负向影响，而在 3 期后则有显著的正向影响。国际环境变量对逆周期因子无直接影响。然而，随着模型加入以上两个环境变量，美元指数变动率对逆周期因子的冲击效应更显著，同时影响方向由先负后正变为单一方向的负向影响。这说明国际环境变量不会直接影响汇率增长率

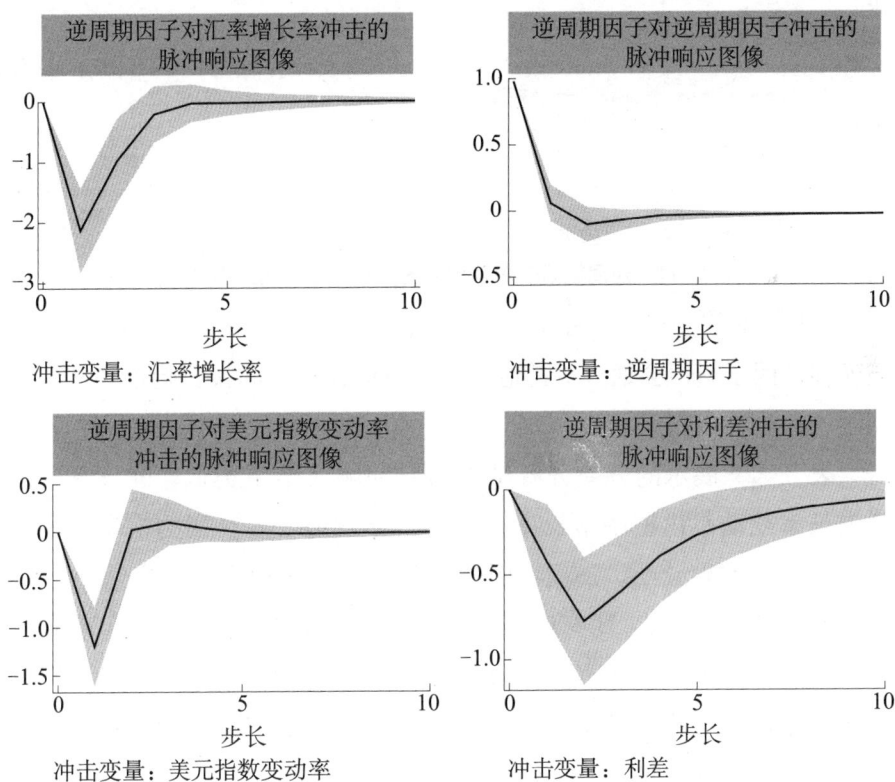

图 2-11　逆周期因子对各种冲击变量的脉冲响应图

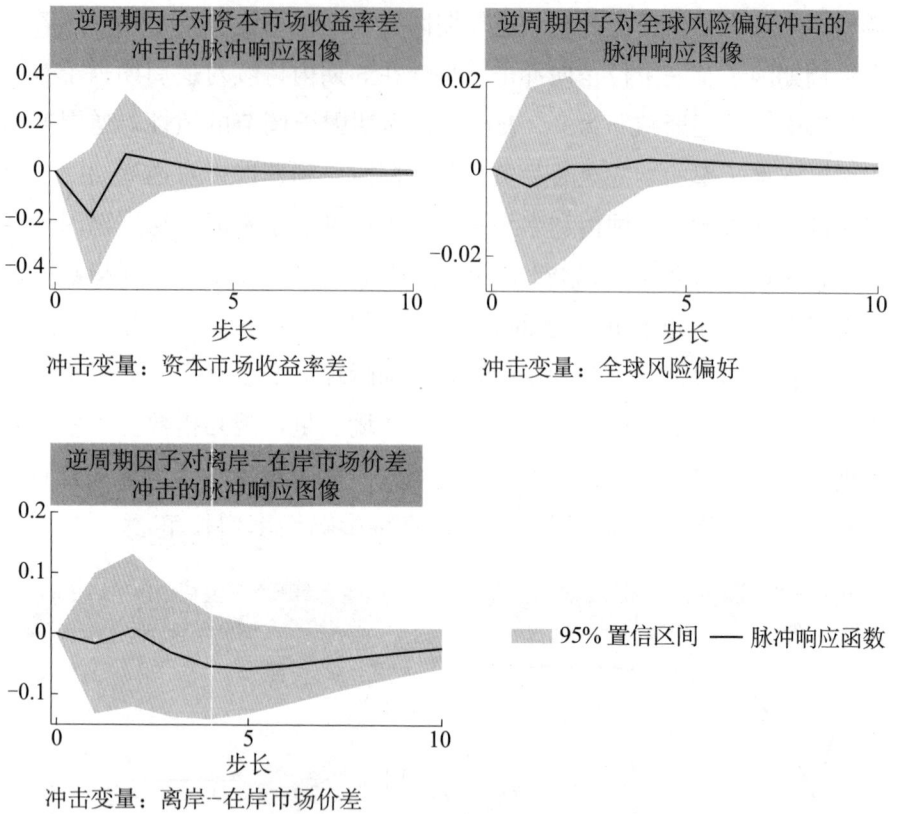

逆周期因子对资本市场收益率差
冲击的脉冲响应图像

冲击变量：资本市场收益率差

逆周期因子对全球风险偏好冲击的
脉冲响应图像

冲击变量：全球风险偏好

逆周期因子对离岸-在岸市场价差
冲击的脉冲响应图像

冲击变量：离岸-在岸市场价差

95% 置信区间 —— 脉冲响应函数

图 2-11　逆周期因子对各种冲击变量的脉冲响应图（续）

资料来源：作者计算绘制。

与逆周期因子，但会通过对其他市场变量的作用，间接影响汇率和逆周期因子的调节机制。

　　表 2-29 展示的方差分解结果与脉冲响应结果类似，92.8％的汇率增长率变动是由汇率增长率自身冲击导致的，4.16％的汇率增长率变动是由利差导致的，逆周期因子与美元指数变动率的影响约为 1％，即汇率增长率的波动具有极强的自相关性。逆周期因子的变动除有54.8％是前期逆周期因子冲击造成的影响外，另有 24.03％的逆周期因子变动可由汇率增长率冲击解释，而美元指数变动率的变动也可解释 11.51％的逆周期因子变动。

表 2 - 29　VAR 模型方差的分解结果　　　　　　单位:%

方差分解		冲击变量						
		汇率增长率	逆周期因子	美元指数变动率	利差	资本市场收益率差	全球风险偏好	离岸-在岸市场价差
响应变量	汇率增长率	92.80	1.26	1.12	4.16	0.15	0.32	0.19
	逆周期因子	24.03	54.80	11.51	8.08	1.26	0.08	0.25
	美元指数变动率	7.21	0.18	89.81	2.38	0.29	0.05	0.08
	利差	1.95	1.14	3.24	87.95	0.81	1	3.89
	资本市场收益率差	3.91	0.56	1.56	0.43	89.48	3.67	0.39
	全球风险偏好	4.85	2.72	1.85	0.15	19.09	71.32	0.01
	离岸-在岸市场价差	2.91	0.87	7.45	2.66	2.24	2.08	81.80

资料来源:作者计算。

(二) 逆周期因子与汇率波动性

由于汇率增长率具有偏度和波动集聚性,使用 VAR 模型只能分析变量间水平值的相互影响,而 EGARCH 模型 (exponential generalized autoregressive conditional heteroseedasticity model) 还考虑到变量对汇率增长率波动性的影响,能够更好地模拟汇率的变动。我们使用 EGARCH (1,1) 模型进行分析。

条件均值模型:

$$CHANGE_t = \alpha_1 CHANGE_{t-1} + \beta_1 CVFAC_{t-1}$$
$$+ \sum_{l=i}^{k} \gamma_i X_{i,t-1} + c + u_t \tag{2-26}$$

条件方差模型:

$$H_t = \delta_1 H_{t-1} + \delta_2 H_{t-1} D_{t-1} + \beta_2 CVFAC_{t-1} + \delta_3 u_{t-1}^2$$
$$+ \sum_{l=i}^{k} \vartheta_i X_{i,t-1} + c + \varepsilon_t \tag{2-27}$$

式中,H_t 为汇率增长率的波动方差;D_{t-1} 为汇率波动方向的指示变量。

根据自相关与偏自相关系数检验 (见表 2 - 30),汇率增长率、逆周期因子、利差与离岸-在岸市场价差序列存在显著自相关性。在建立 EGARCH 模型前,需要对序列进行 ARCH 效应检验,检验序列是否存在异方差性。利用 ARCH-LM 方法检验汇率增长率,可以发现存在 ARCH 效应。

表 2 - 30　自相关与偏自相关检验

变量	AC 值	PAC 值	Q 统计量	P 值
汇率增长率	0.247 7	0.250 3	6.628 1	0.010 0**
逆周期因子	0.199 3	0.199 7	4.290 6	0.038 3*

续表

变量	AC 值	PAC 值	Q 统计量	P 值
美元指数变动率	−0.111 6	−0.111 6	1.346 6	0.245 9
利差	0.730 1	0.731 8	58.113 0	0.000 0**
资本市场收益率差	−0.066 3	−0.066 3	0.475 3	0.490 6
全球风险偏好	−0.153 9	−0.154 2	2.559 5	0.109 6
离岸-在岸市场价差	0.696 7	0.698 3	52.919 0	0.000 0**

资料来源：作者计算。

根据表 2-31 中 EGARCH 模型的回归结果，在只考虑汇率增长率与逆周期因子的模型中，逆周期因子不影响汇率增长率的水平值，但对汇率的波动性有显著影响。正的逆周期因子（即推动人民币贬值的逆周期因子）会显著加大汇率的波动幅度。由此可见，自央行引入逆周期因子以来，整体逆周期因子为升值方向，能够较好地平抑外汇市场的剧烈波动，减少汇率变动方差。与此同时，在方差方程中，方差波动的系数在 5% 的显著性水平下显著，说明汇率增长率的波动具有 ARCH 效应。

在（2）EGARCH 模型（见表 2-31）中加入美元指数增长率、利差、资本市场收益率差作为解释变量。在均值方程中，汇率增长率的滞后项、美元指数变动率对汇率变动率有显著影响。美元指数变动率的系数为 0.097 1，在 10% 的显著性水平下显著，即美元指数上升 1%，美元实际价值升值，人民币汇率增长率会有 0.09% 的变动，也就是人民币相对美元贬值 0.09%。这表明人民币汇率仍与美元有较强的联系。汇率增长率滞后项的系数为 0.152，在 5% 的显著性水平下显著，说明人民币汇率变动有较强的追涨杀跌特性，即汇率的增长变动表现出惯性。在方差方程中，逆周期因子、方差变动非对称项均表现出显著影响。这与（1）EGARCH 模型的结果类似，升值方向的逆周期因子能够减小人民币汇率波动幅度。H_{t-1} 的显著说明汇率增长率方差具有波动集聚性。与此同时，在此模型中，还表现出方差波动的非对称性。$H_{t-1}D_{t-1}$ 的系数显著为正，说明当汇率增长率为正时，汇率的波动方差更大，也就是在人民币贬值期间，汇率的波动幅度要大于升值期间的波动幅度。

我们在（3）EGARCH 模型中还加入了全球风险偏好、离岸-在岸市场价差两个反映国际市场风险与离岸市场资金流动的环境变量，从均值方程中可以看到，人民币汇率水平主要受到汇率增长率滞后项、美元指数变动率、全球风险偏好的影响。其中，若 VIX 指数增大，也就是全球市场风险上升，则人民币汇率增长率显著增大，即人民币有贬值压力。在全球市场风险增大时，主要的避险货币仍是美元，将会有大量资金出于避险需求由人民币转换成美元。在方差方程中，逆周期因子、H_{t-1} 的影响与前两个模型相似。离岸-在岸市场价差对汇率波动也有显著影响。当离岸-在岸市场价差增大，即在岸人民币汇率高于离岸人民币汇率时，资金会从离岸市场流向在岸市场，而资金的流入导致汇率波动性降低。当资金流出时，汇率波动幅度大，而资金流入期间的汇率波动较为平缓。

表 2-31　EGARCH 模型回归结果

变量	(1) EGARCH		(2) EGARCH		(3) EGARCH	
	CHANGE	HET	CHANGE	HET	CHANGE	HET
L. CVFAC	0.013 8	39.44***	−0.006 31	27.50*	0.006 7	33.67*
	(0.023 9)	(15.19)	(0.022 4)	(12.90)	(0.018 3)	(17.43)
L. USINDEXGR			0.097 1*	61.21	0.163***	13.64
			(0.046 8)	(42.11)	(0.053 0)	(45.90)
L. INTEREST _D			0.002 9	−220.4	0.046 3	0.129
			(0.202)	(162.3)	(0.037 6)	(0.642)
L. SHARE _D			−0.028 8	−20.75	−0.033 9	−50.08
			(0.037 1)	(26.82)	(0.033 2)	(32.10)
L. VIXGR					0.005 0*	1.105
					(0.002 6)	(2.970)
L. GAP					−0.008 1	−65.46***
					(0.006 7)	(19.87)
L. CHANGE	0.193**		0.152**		0.839**	
	(0.096 2)		(0.069)		(0.362)	
L. ma	−0.091 9		−0.072 3		−0.791**	
	(0.130)		(0.142)		(0.390)	
H_{t-1}		0.465**		0.428**		0.349**
		(0.220)		(0.195)		(0.159)
$H_{t-1}D_{t-1}$		−0.050 0		0.324**		0.643***
		(0.296)		(0.171)		(0.232)
u_{t-1}^2		−0.346		−0.312		−0.420**
		(0.213)		(0.208)		(0.190)
常数	−0.000 3	−16.63***	−0.000 3	−8.770***	−0.001 6	−18.26***
	(0.000 4)	(2.636)	(0.003 2)	(2.591)	(0.001 2)	(2.918)

资料来源：作者计算。

注：其中 L. 表示变量滞后一期。为避免变量之间出现内生性影响估计准确性，故使用滞后一期的数据作为解释变量。括号内为标准误。***、** 和 * 分别表示在 1%、5% 和 10% 的显著性水平下显著。

利用 SDR 货币篮子构建出的逆周期因子进行稳健性检验，可以得到类似结论，说明整体结果是稳健可靠的。

2.5.5　结论与政策建议

一个完善的汇率制度并不仅仅影响货币、汇率政策目标，更重要的是影响外汇市场参与主体的构成（Jeanne and Rose，2002），即减少投机性交易者，培育更顺应经济基本面的专业基金经理和外汇市场从业人员（Gehrig and Lukas，2005）。央行在人民币定价机制中引入逆周期因子，不仅有利于克服原有汇率形成机制的顺周期性，而且能培养顺应经济基本面进行交易的理性市场主体。根据实证结果，我们可以得出结论：逆周期因子不直接影响汇率增长率，而是起到稳定预期、平滑汇率波动性的作用。央行通过引入逆周期因子来调节市场顺周期情绪，加强外汇市场参与者的预期管理。对理性外汇市场参与主体的培育才是未来人民币汇率市场化改革成功与否的关键。

改革后的汇率形成机制由三层因素决定：第一层是市场供求情况，也就是在"8·11"汇改后，做市商需要在中间价报价中考虑前一日的收盘价，并通过前一日收盘价，反映外汇市场的供求变动情况。第二层是一篮子货币变动情况，以维持人民币钉住一篮子货币相对稳定为目标，引导汇率的合理走向。第三层是加入逆周期因子的宏观审慎调控。当汇率变动背离经济周期基本面、外汇市场出现非理性顺周期性风险时，进行宏观审慎调节，也就是利用逆周期因子的手段进行有效管理，稳定市场预期，过滤汇率的短期波动。以上三个层次的汇率形成机制共同构成了"以市场供求为基础，参考一篮子货币进行调节、有管理的浮动汇率制度"。

第 3 章 金融科技

3.1 中小企业金融服务困境及其根源分析

对中小企业金融服务困境的根源进行分析将为解决中小企业金融服务问题提供保证。本章将从信息不对称问题、金融服务提供方问题、中小企业自身问题、金融市场问题、外部支撑环境问题中选择前三个角度分析中小企业金融服务困境的根源。

3.1.1 信息不对称问题

大型正规金融机构内部的信息传递成本高，在"软信息"的收集上劣势较大，而中小企业的财务不规范使得中小企业的"硬信息"难以收集。信息收集难度大导致金融机构与中小企业间存在严重的信息不对称问题，正规金融机构无法有效判断中小企业的实际经营状况，无法有效约束企业主的行为，从而降低了融资市场对于中小企业资金的有效供给。与此同时，由于中小企业的"硬信息"不足，正规金融机构即使发放贷款，也会要求中小企业采取抵押、担保等方式进行增信，从而推高了中小企业的借贷成本。非正规金融部门在获取"软信息"方面具有优势，对于提高中小企业融资可得性具有重要的作用，但也推高了中小企业的融资成本。

（一）信息不对称降低了中小企业的融资可得性

信息不对称问题的存在，导致正规金融机构无法有效判断中小企业的实际经营状况，无法有效约束企业主的行为，从而产生信贷配给。首先，中小企业经营记录、财务数据等"硬信息"缺乏或失真，带来了较大的逆向选择问题。正规金融机构的贷款审核，往往需要考察借款人的经营记录、财务数据等反映企业获取收益、偿还贷款能力的"硬信息"。一方面，中小企业由于内控制度不完善，经营记录、财务数据等信息常常存在记录不完善、标准不符合规范、可用性或可读性差等问题；另一方面，一些中小企业出于避税等目的，使用"两套账本"，使逆向选择问题由此而生。其次，中小企业的公司治理结构不完善，由此带来了较大的道德风险问题。中小企业的企业主往往对企业有较大的控制权，即所有权与经营权不分离，缺乏职业经理人对大股东行为的约束，更容易发生大股东掏空企业，进而损害债权人利益的行为。这也是银行对中小企业实行信贷配给的重要原因之一。

信息不对称问题的存在，导致资本市场上的投资者无法有效获知企业的经营情况，因而往往对上市企业的资产规模和盈利能力提出更高的要求，从而降低了直接融资市场对于中小企业资金的有效供给。对于资本市场上的投资者而言，对于名称不熟悉、产品市占率低、成立时间不长、信誉不高的中小企业不了解也不信任，因此他们在中小企业上市时通常将资产规模、营业收入水平等财务指标作为企业资信水平的代理变量，从而推高了中小企业进入资本市场进行直接融资的门槛。

(二) 信息不对称推高了中小企业的融资成本

由于中小企业的"硬信息"不足，正规金融机构即使发放贷款，也往往要求中小企业采取抵押、担保等方式进行增信，从而推高了中小企业的借贷成本。表3-1显示了不同贷款方式的综合成本。其中，信用贷款的综合成本最低，为7.07%，而质押贷款、抵押贷款和担保贷款在利息成本之外，银行还要收取额外的抵押担保费用和其他收费，导致了较高的贷款综合成本，三者的综合成本分别为7.17%、7.81%和9.95%。质押贷款和抵押贷款对于信用贷款的溢价并不大，而担保贷款对于信用贷款的溢价却高达2.88%。由于中小企业的"硬信息"不足，它们从金融机构获得信用贷款的可能性很低，再加上大量中小企业的规模较小，缺乏合格的质押品或抵押品，因而只能通过担保贷款获得融资，而担保贷款的综合成本和成本溢价极高，大大加重了中小企业的负担。

小型商业银行和非正规金融部门在获取"软信息"方面具有优势，对于补充中小企业融资渠道、缩小中小企业融资缺口具有重要作用，但也推高了中小企业的融资成本。它们擅长依靠人缘、地缘和其他商业信息获取借款人的信息，从而在向信息不透明的中小企业提供融资服务上更具优势。但是，一方面，进入小型商业银行和非正规金融部门的资金必然要求比进入大型商业银行的资金更高的回报；另一方面，由于非正规金融部门的资金投向风险程度更高的企业，因而它们必然要求更高的风险溢价，两者的合力共同推高了非正规金融部门的融资成本。

表 3-1　不同贷款方式的综合成本　　　　　　　　　单位：%

贷款方式	贷款综合成本	利息成本	抵押担保费用	其他收费
信用	7.07	7.04	0.00	0.03
质押	7.17	6.90	0.23	0.04
抵押	7.81	7.44	0.27	0.10
担保	9.95	8.41	1.48	0.06

资料来源：韩飚等（2014）。

3.1.2　金融服务提供方问题

一方面，传统银行的借贷流程复杂、审批环节多、时间长，再加上审批环节对人工处理的依赖性较高，导致效率低下、主观性强；另一方面，大型商业银行由于过度扩张、层级结构复杂和行业垄断，造成了内部规模不经济，而银行业挤压其他金融服务行业，造成了外部规模不经济。此外，非传统和非正规金融机构的风险控制能力不足，也提高了中小企业的融资门槛。

（一）传统融资业务流程复杂问题

我国中小企业最主要的融资方式为银行贷款。传统的银行信贷流程一般包括企业申请、银行受理、信息调查、贷款审批、贷款发放、贷后管理六个步骤。在传统的贷款流程中，申请贷款的业务流程复杂、环节众多，而且贷款审批过程一般需要很长的时间。对于中小企业来说，银行贷款的流程复杂对它们非常不利。首先，流程过于烦琐、复杂，使得这种贷款流程对于一些文化水平较低的中小企业（特别是小微企业）的管理者来说操作性较低。其次，中小企业的资金需求有着额度小、频率高、周期短、时效性强等特点。但是，申请银行贷款的流程复杂、审批期限长，这与中小企业小额、快速、短期的贷款需求并不匹配。对于中小企业来说，它们的经营规模小，不少中小企业的业务存在很强的时效性。这使得不少中小企业转而寻求其他更为快捷的融资方式。此外，不少中小企业的内部管理制度不规范、企业财务信息不完备，再加上中小企业的规模较小、抵御风险能力差，有可能在经历了漫长的贷款申请和审批后却没能得到贷款。这也会降低中小企业申请银行贷款的倾向。

从贷款流程来看，贷款信息依赖企业提供，不仅数据缺失严重，而且难以保证真实性和客观性。由于贷款的审批、数据录入和企业信息调查都由人工进行，因此效率低下，而且主观性强，对基层人员的知识和技能要求较高。在贷后管理的过程中，银行很难对企业的数据进行实时监控，从而影响了银行的风险控制能力。

除了银行贷款外，从非正规金融部门融资也是中小企业获得资金的一大途径。小额贷款公司的业务流程一般包括企业申请、信息审核、发放贷款、贷后管理四个步骤。一般来说，由于小额贷款公司放贷主要通过社会关系网络营销，公司股东和管理人员对当地的企业状况颇为熟悉，在很短的时间内就可以了解到客户的信用状况，因而小额贷款公司的贷款存在"短、小、快"的特点——贷款期限短、额度小、办理速度快。此外，小额贷款公司一般都拥有大量的基层业务员，可以在短时间内通过一对一的服务为企业快速完成各项流程。但是，小额贷款公司在实际发放贷款时的违规操作较多，因而它在放款速度快的同时，风险也更高。

（二）我国银行体系的规模不经济问题

（1）我国大型商业银行内部规模不经济问题。在我国，国有商业银行存在规模不经济问题。国有商业银行的规模不经济会造成企业，特别是中小企业获取金融服务的成本上升。由于大企业的资金需求和供给规模较大，它们在与银行的谈判中有一定的优势，因而这种规模不经济带来的成本更多地转嫁到中小企业身上。

由于存在一定程度的垄断问题，导致银行市场缺乏竞争效率，这就使得五大商业银行忧患意识不强，在产品创新、业务创新方面投入不足，同时存在产品同质化问题以及管理效率有待提高，无法满足客户的多样化需求。由于银行缺乏外部竞争激励，同时内部的激励约束机制存在问题，因而银行在放贷时更多地求稳，形成了针对不良贷款严格的问责和追究制度，导致了"惜贷""恐贷"，这对中小企业的影响尤甚，极大地降低了中小企业获得金融服务的概率。

需要注意的是，规模不经济不是绝对的概念，而是相对的概念。我国商业银行的规模过大，主要是相对于现在的技术水平和管理水平而言过大。我国商业银行的信息化建设尚不够完善，社会信用体系（特别是征信体系）建设还需要继续推进。要想解决商业银行的规模不经济问题，需要银行提高科学技术水平，更多地引入新技术，改革管理机制和治理结构，利用新兴技术对各项业务进行改善，提高业务经营效率和管理效率。

（2）我国银行体系的外部规模不经济问题。从我国的整个金融体系来看，我国的金融机构还存在外部规模不经济问题，主要体现为国有商业银行占有的金融资源过多，在一定程度上挤占了其他金融服务机构的资源。诚然，过去我国一直在金融机构中以行政命令代替市场决定，而银行的信贷审批制度更是其中的重要一环。在改革开放中，我国银行业担负了重要任务，为改革开放事业和中国经济的快速发展做出了诸多贡献。但是，在经济、金融发展兴旺的今天，国有商业银行在金融市场中所占份额过大的话，不利于我国金融机构和金融业务的多样化发展，无法满足层出不穷的金融服务需求。目前，银行已成为融资和投资的主要金融载体，而企业的融资手段相对单一化，这就提高了企业获取金融服务的成本。只有让出市场份额给其他的金融服务机构，才能更好地解决中小企业获取金融服务存在困难的问题。

（三）金融机构风险控制能力问题

金融风险控制能力对于中小企业获取金融服务至关重要。一方面，如果风险识别能力不足，就会导致金融机构难以分辨中小企业中相对优质的企业和"僵尸"企业，使得优质中小企业的金融服务可得性受到影响；另一方面，如果金融风险控制能力有限，就会导致金融机构难以正确地依据风险进行金融服务的供给和定价，这不仅会影响中小企业金融服务的合理配置，而且会扩大金融机构的风险，对整个金融体系乃至经济体系的运行产生不利影响。

虽然银行在为中小企业提供贷款时流程复杂、层层把关，但从实际情况来看，中小企业的不良贷款率仍然较高，这说明我国银行对于中小企业贷款的风险控制还有不足之处。部分信贷人员的观念尚未转变，他们通过不放贷、少放贷来降低风险，而基层人员的流动性加强使得信贷人员与借贷方的信息不对称程度增加。我国商业银行对于贷款申请是根据财务指标按标准进行逐项打分和信用评级，缺乏对于借贷方的行业、企业的全面分析，这种标准化的方式并不适用于灵活多变的中小企业，因而在实际操作中会带来较大的风险。我国商业银行还缺乏完善的信贷风险预警机制，对信贷风险的超前分析能力不足。

作为正规金融的重要补充，非正规金融在中小企业金融服务体系中占据了重要的地位。但是，不规范的非正规金融在风险控制上存在很多问题。

小额贷款公司只贷不存的经营模式使得小额贷款公司面临严重的流动性风险。作为地方性金融机构，小额贷款公司的业务单一、地域同质化严重，无法像大型商业银行那样分散风险，而且受市场波动的影响大。

民间借贷总是伴随着高利率和高风险。高利率加重了借款企业的经济负担，使大量资金流出银行体系，加剧了"影子银行"现象。民间借贷的组织管理能力低下，对借款方的审查不足，所以违约率较高，而且民间借贷采用的借条方式容易引起经济纠纷。民间借贷游离于金融监管之外，它的资金投向趋利而且非理性，因而过桥贷款易演变为长期负债，并使企业运营艰难。

3.1.3 中小企业自身问题

由于中小企业的内部控制程序较松散、外部监管不到位等原因，它们的经营记录、财务数据往往存在不同程度的缺失或失真。与此同时，中小企业的基础资产较少，缺乏合格抵押品，这就使中小企业的信用评估不足，难以获得金融服务。此外，中小企业自身风险控制意识的缺失和风险控制体制的不足进一步降低了中小企业获取金融服务的可能性。

（一）信用不足

信用不足分为两个层次，即信用能力不足和信用意识不足。

信用能力不足是指中小企业的经营状况不稳定，盈利能力较差，缺乏稳定的未来收益和未来现金流作为及时还款的保证。一方面，由于自身的实力较弱，中小企业的生产经营状况很容易受到外部环境的影响而遭受损失。一旦行业形势或经济形势有所恶化，中小企业就极易发生经营问题，它们的经营损失将给金融机构带来不良资产或直接造成损失。另一方面，中小企业的起步时间短、市场占有率低，在竞争中处于劣势地位，它们面临的市场风险更严重。因此，即使财务指标和信用评级较好的中小企业，它们抵御市场风险的能力也不足，这使得提供服务的金融机构面临严重的系统性风险。

表 3-2 显示了 2016 年规模以上大、中、小型工业企业的主要盈利指标，中、小型企业的平均营业收入分别为 5.44 亿元和 1.38 亿元，平均利润总额分别为 3 700 万元和 800 万元，亏损面分别为 12.8％和 11.7％。由此可见，中小企业普遍盈利能力较差，甚至有超过一成的企业处于亏损状态，而中小企业的信用能力不足，是融资难、融资贵的重要原因。

表 3-2　2016 年规模以上大、中、小型工业企业的主要盈利指标

	平均营业收入（亿元）	平均利润总额（亿元）	亏损面（％）
大型企业	45.32	2.78	—
中型企业	5.44	0.37	12.8
小型企业	1.38	0.08	11.7
中小型企业	1.96	0.12	11.9

资料来源：《中国统计年鉴（2017）》和《2016 年中国中小企业运行报告》。

信用意识不足是指中小企业缺乏诚实守信、按时还款的意愿和主动积累信用记录的行为。中小企业的失信行为不仅与企业主诚信意识淡薄有关，而且可能是中小企业基于自身实际情况的理性选择。赵驰等（2012）[1] 利用长三角地区 1 420 家企业 2006—2011 年的面板数据，实证

---

① 赵驰，周勤，汪建. 信用倾向、融资约束与中小企业成长——基于长三角工业企业的实证. 中国工业经济，2012（9）.

分析了中小企业的还款意愿与企业成长性之间的关系。研究结果表明，信用缺失是中小企业追求高成长性的一个理性选择，而这一选择又反过来强化了中小企业的融资困境，降低了中小企业的成长性。另外，中小企业或企业主个人缺乏主动积累信用记录的行为，与银行等金融机构的交易次数、交易记录空白或有限，金融机构无法获取足够信息对借款人的信用状况进行评估。这也会大大降低中小企业获得贷款的可能性，金融机构通常要求中小企业采取抵押、担保等增信方式，从而提高了中小企业的信贷成本。

（二）业务记录、财务数据缺失或失真

一方面，大量中小企业的内控制度不完善，它们的经营记录、财务数据等信息通常存在记录不完善、标准不符合规范、可用性及可读性差等问题；另一方面，许多中小企业出于避税等目的，普遍使用"两套账本"，也就是存在财务造假现象。然而，业务记录、财务数据是银行在审核中小企业资信状况时所依据的重要材料，业务记录、财务数据的缺失或失真，是导致中小企业融资可得性较低、资金成本较高的重要原因。

（三）缺乏合格抵押品

大量中小企业具有资产规模较小的特征，因而在贷款时普遍面临抵押不足的问题。然而，中小企业的资产状况是金融机构的重点考察对象，因为它不仅影响着企业的未来资金流和盈利能力，而且能在中小企业出现违约时发挥补偿损失的功能，因此固定资产的变现能力也是金融机构的重点考察对象。中小企业的土地大多存在"土地使用证"和"房屋所有权证"两证不全的问题，而其厂房大多是租来的，因而无法像一般的企业那样将土地和厂房作为抵押。表 3-3 显示，2016 年中、小型工业企业的平均资产规模分别为 4.92 亿元和 1.01 亿元，中小型企业的平均资产规模为 1.57 亿元，即中小企业的资产规模较小。在抵押不足的情形下，商业银行出于谨慎原则，不愿向中小企业发放贷款。

表 3-3　2016 年规模以上大、中、小型工业企业平均资产规模

	大型企业	中型企业	小型企业	中小型企业
平均资产（亿元）	52.75	4.92	1.01	1.57

资料来源：《中国统计年鉴（2017）》和《2016 年中国中小企业运行报告》。

（四）缺少风险控制意识

从客观上看，中小企业的实力较弱、市场份额小、资产很少，其风险抵御能力和风险补偿能力不足。从主观上看，中小企业管理者的素质参差不齐，企业的财务制度不完善，其风险控制意识和风险控制内部机制不足。

中小企业管理者的素质参差不齐，缺乏风险控制意识。中小企业的经营管理受管理者的影响非常大，管理者往往决定着一个企业的兴衰成败。大多数中小企业的管理者在能力和知识水平上都有所欠缺，缺乏必要的风险控制意识，而风险控制意识的不足是中小企业承担风险暴露的一大根源。

中小企业的财务制度很不完善，而且风险控制内部机制不足。很多中小企业（特别是小微企业）缺乏独立的财务人员，无法给出完整的财务报表，而且一些中小企业存在偷税漏税现象。在这种情况下，它们提供的财务报表可信度不高，由此导致的信息不对称使得金融机构难以分辨中小企业的优劣，从而提高了金融机构的风险。

3.2　中小企业金融服务变革的路径分析

对于当前我国中小企业获取金融服务中存在的相关问题，我们可以从以下几个方面进行考虑：通过让大型金融机构的治理结构扁平化，并加快社会征信体制建设，鼓励采用以中心企业为核心的产业链融资方式来缓解中小企业金融服务中的信息不对称问题；通过降低信息获取成本、创新金融产品和提供综合性金融服务的方式来降低中小企业获取金融服务的成本；通过提高中小企业的管理水平，增强中小企业的财务透明化意识，完善信用担保机制，以及构建我国的信用保险保证制度来降低为企业提供金融服务的风险；对于大型金融机构、中小金融机构和非正规金融机构，分别采取相应的措施，提高中小企业获取金融服务的可能性。

3.2.1　缓解信息不对称问题

对中小企业金融服务的变革需要缓解信息不对称问题，通过人工智能技术缩短决策链，缓解委托-代理问题；推进社会信用体系的建立，特别是利用银行内部信贷数据库的建立，完善对中小企业的信用评估；利用区块链技术，改良现有的供应链金融，提高信息水平。

（一）缩短金融机构决策链

我国大型商业银行采取的经营模式是总行-分行-支行模式，该模式的决策权集中，但"软信息"的传递成本高，而对于大型金融机构而言，分散的决策权又容易造成委托-代理问题。

解决该问题的关键在于缩短决策链。一种可行的方法是从制度上进行改革，在决策权的下放和上移之间寻找一个平衡点，寻找一个最适合的银行治理结构。然而，制度性改革的风险较大，而且需要长时间的筹划和过渡。另一种可行的方法是利用金融科技进行改革。通过引入人工智能和云计算技术来缩短决策时间，先利用大数据平台收集企业的"软信息"，再利用自动化的计算机系统对收集的数据进行整合和处理。一方面，该方法可以降低人员的参与程度，有效缓解委托-代理问题；另一方面，计算机的快速高效可以实现对于中小企业金融服务业务的快速筛选和自动审批，从而缩短决策链。

（二）推进社会信用体系的建立

建立完善的信用体系有利于金融机构获取中小企业的信息，减少两者之间的信息不对称。一方面，我们应当建立完善的社会信用体系，全面开展对于个人和企业的征信业务，通过立法完善和规范征信业务，实现征信工作的标准化，协调不同征信机构，促进不同部门的信息共享，提高征信业务的效率。另一方面，我们应当积极发展资信评级机构，通过实现对企业的信息审查和信用评级的专业化来降低信息成本，提高金融机构对于中小企业信息掌握的准确度，提高中小企业获取金融服务的可能性。

银行可以建立起新型银行信贷信用数据库，通过互联网、第三方数据平台、合作机构的数据库对目标企业和企业主的信息进行收集，缓解以往大型银行在获取中小企业"软信息"上的劣势，从而缓解银企双方的信息不对称问题。

（三）建立新型商业信用机制

目前，我国的供应链金融是商业银行以产业链中的核心企业为中心，在核心企业的担保下对其上下游企业进行授信。由于主干企业与上下游企业的关系并非一直存在，在缺乏长期合作的情况下，核心企业对上下游企业的信息掌握情况并非总比银行好。

应当发展、完善我国的供应链金融：一种方式是仿照国外的模式，鼓励核心企业通过交易构建自己的信息网络，为上下游企业直接提供商业信用，从而降低中小企业的融资成本。但是，这种商业信用会导致风险的传导，再加上我国的商业信用体系很不完善，大部分企业还缺乏建立商业信用数据库的经验。另一种方式是引进新技术，对现有的供应链金融模式进行改良。由于供应链金融当前存在的最主要问题就是各信息主体间信息传导的准确性和高效性难以保证，因此可以通过引入区块链技术解决信息不对称问题。区块链技术的数据贮存方式可以避免信息被篡改，从而保证了信息的准确性；与此同时，通过将整个供应链上的企业纳入产业网络，就可以在确保信息真实、有效的情况下提高效率，降低信息不对称程度。与建立新型的商业信用体系相比，现在的区块链技术已经日益成熟，通过技术对现有的供应链金融模式进行改良具有更高的可行性。

3.2.2　降低中小企业金融服务的成本

对中小企业金融服务的变革需要降低金融服务成本，包括：采用大数据征信，降低信息获取成本；增加人工智能系统的使用，减少服务的人力成本；推出信贷资产证券化产品等新产品，减少流动性成本；提供综合性金融服务，形成规模效应，降低单位成本，并使用金融科技提高综合性金融服务的效率。

（一）采用大数据征信

降低信息获取成本最根本的手段就是建立完备的银行征信体系。通过建立企业信息数据库，对与企业相关的信息进行广泛采集。对于企业信息，不应局限于传统的信贷数据采集，而是通过信贷、互联网等多个渠道对于企业和企业主的信息进行全面的数据收集与整理，从而实现真正意义上的大数据征信。通过对企业相关大数据的分析，甚至可以得到比传统金融服务中派遣专员调查更详细的数据。

除了高技术带来的数据收集广度和处理速度上的优势，我们还可以通过不同机构数据库间的对接，增加数据的来源渠道，降低数据的收集成本，减少各机构的重复劳动。与此同时，通过智能系统对企业信息进行实时监控，在提高企业信息更新速度的同时，也减少贷后管理的成本。

通过大数据征信，银行等金融机构可以更高效地大规模收集众多的小微企业信息，从而实现规模效应，消除传统金融机构在收集企业"软信息"方面具有比较劣势的问题，有效地降低因中小企业数据收集难而带来的额外成本。

（二）增加人工智能系统的使用

人工放贷花费的时间长、效率低，而且容易产生违规操作和技术失误，极大地提高了为中小企业提供贷款的成本。然而，逐渐成熟的人工智能技术和大数据技术可以较好地解决这个问题。在传统的信贷业务中，需要企业提交相关信息后由信贷员进行核查，数据类型单一且费时费力。通过大数据技术，银行等金融机构可以在短时间内通过各种渠道收集到目标企业的大量相关数据，或从以往收集的数据库中直接调用，既方便快捷，又完整可靠，减少了银企双方的信息不对称程度。此外，人工智能技术可以通过编程和学习，自动完成贷款的筛选，对企业进行综合评价并完成审批。与人工审批相比，人工智能技术的失误率低，可以避免传统贷款流程中烦琐且重复的审批过程，能在短时间内完成大量贷款业务。此外，人工智能技术还可以进行远程的合同签订和贷款审查。随着人工智能和生物识别技术的发展，甚至可以进一步减少人员的使用，产生无人柜台，进一步降低银行的成本。

通过新型金融科技的应用，可以大大减少金融服务中所需的人工劳动，在降低人力成本的同时大大提高金融服务的效率。

（三）推出信贷资产证券化产品等新产品

我国的信贷资产证券化始于 2005 年，迄今为止经历了三轮信贷资产证券化，但仍然存在很多问题。第一，在信贷资产证券化的过程中涉及众多辅助机构，因而费用庞大，需要达到足够的规模才能实现规模经济，但我国信贷资产支持证券的规模不足。第二，我国的中小企业贷款主要集中于中小金融机构中，而我国的中小金融机构的专业能力和市场地位难以支持它们进行资产证券化。第三，我国信贷资产证券化市场的主要投资者为商业银行，参与者不足，无法实现市场的有效竞争。第四，我国支持信贷资产证券化的基础设施建设不足，社会信用体系建设还需完善，对中小企业贷款评级的难度大，影响产品的流动性和风险水平。

目前，应当扩大我国信贷资产证券化的市场规模，鼓励更多的非银行投资者进入市场，避免信贷风险仍在银行体系内部转移的情况。通过多个中小银行联合发行的形式，增大信贷资产资金池的规模和范围。继续推进信贷资产支持证券的市场化交易，盘活信贷资产证券化交易市场，强化竞争机制，增强市场的流动性。简化证券发行的审批机制，通过强化备案、弱化审批的方式，提高证券化效率，增加市场和投资者的作用，同时加强对于信贷资产证券化市场的监管，控制资产证券化带来的市场风险。

（四）提供综合性金融服务

提供综合性金融服务，可以减少重复的审查和信息收集工作，降低金融机构的服务成本，使金融机构更全面地掌握中小企业的情况，帮助企业长期稳定发展。

第一，推进金融机构混业经营。金融机构的混业经营具有范围经济和规模效应两个优势。从范围经济上看，金融机构通过混业经营，同时经营银行、保险、信托等多种金融服务，可以有效地减少重复的信息收集过程和信用审查工作。原本的多个单一部门合成一个部门，通过固定成本的分摊，可以有效地降低提供金融服务的成本。与此同时，原本需要多个部门进行协调的活动可以通过内部协调实现，也就是内部指令会降低各部门间的协调成本。从规模效应上看，混业经营通过扩大金融机构的规模，既有利于提高金融机构的影响力和公众的信心，又可以降低单位资金的成本，有利于金融机构实现规模效应。

第二，金融机构扩展多边业务。通过将业务由过去的单一业务转向多边业务，可以有效地降低成本。当前，我国的支付宝、微信支付等第三方支付平台发展迅速，它们经过多年的业务发展，通过大量交易数据，积累了大量的个人和商家的用户信息，可以利用自己的数据信息平台，对用户实施全方位的服务。例如，以支付宝为基础诞生的蚂蚁金服，其业务从最初的第三方支付扩展到投资理财、个人信用、微贷等多个领域，并将在未来进一步拓展业务范围。

第三，提升综合性服务的便捷程度。虽然提供综合性金融服务更容易实现规模效应，但也使得业务流程更为复杂、操作难度更大。随着金融科技的发展，利用新技术对整个综合性服务流程进行优化成为可能。比如平安壹账通的壹企业平台，先利用大数据快速收集企业信息，再利用人工智能进行快速审批，通过自动化的系统实现信息收集、信用和资产评级、贷款审批、即时贷及贷后风险管理的一条龙服务，既提高了中小企业贷款服务的体验，又提高了贷款的效率，可以节约大量的金钱和时间成本。

3.2.3 降低中小企业金融服务的风险

通过完善企业的治理结构、强化企业的财务管理、提高企业主的综合素质来提高中小企业的财务管理水平，从根本上降低风险。通过增强担保机构的专业能力和偿付能力、改进融资信用担保业务的风险分担机制和构建严格的融资信用担保监管机制、建立完善的中小企业征信机制、继续推行联贷联保制度来完善融资信用担保体系。通过发展信用保证保险制度提高债务人的信用等级，减轻中小企业的信用风险，降低银行承担的信贷风险。

（一）提高中小企业的治理水平

对于私营中小企业来说，需要完善法人治理结构、改变过去的家族式经营模式、构建内部的激励约束机制、提高企业的管理效率和经营效率、降低企业的管理风险和运营风险。对于国有中小企业来说，需要明确企业的法人结构，实现所有权和经营权的分离，推进企业的市场化改革。

企业的财务管理不规范导致金融机构收集信息的高成本和不准确，

增加了金融机构提供金融服务的风险，因而必须加强中小企业的财务管理。中小企业应当树立正确的财务管理意识，努力学习财务管理知识，提高自身的财务管理水平，聘请专业的财务人员，保证企业财务的准确和完整，避免偷税漏税和做假账的行为。中小企业应引入高新技术，提高财务管理技术，比如通过使用新型的企业管理工具对企业的订单、采购、财务、库存等进行管理，以及使用 ERP（enterprise resource planning，企业资源规划）系统对企业信息进行整合和统一的管理、分析等。通过引入新技术，可以有效地整合企业的财务信息，显著提高企业的财务管理水平，降低企业的财务风险。

企业主的能力是企业软实力的重要体现，也是企业"软信息"的重要组成部分。我们应当提高企业主的专业水平和管理能力，实现企业治理结构的优化，降低企业违规操作所导致的内部风险；应当提高企业主的金融知识水平，鼓励和支持专业的信贷金融服务机构为企业主提供培训，让企业主掌握更多的金融学基础知识、金融业政策以及市场现状，从而主动寻找适合自己的金融服务，改变中小企业被动接受金融服务的状况，降低因金融资源错配而带来的风险，提高中小企业在市场中的竞争力和生存能力。

（二）完善融资信用担保体系

融资信用担保对于增加中小企业金融服务的可得性、降低中小企业金融服务的风险具有很大的作用。

增强担保机构对于企业的监督能力，特别是担保机构对于企业的信息收集和处理能力，推动实现省级再担保机构的全覆盖，增强担保机构的风险抵御能力。与此同时，对于符合条件的担保机构，应当鼓励它们利用多层次的资本市场获取资金，扩大自身的资本规模，增强担保能力和偿付能力。

改变信用担保业务的风险完全由信用担保机构承担的现状，改为融资担保机构按比例分担损失，避免银行在贷款获得信用担保后对于企业状况不闻不问，提高信用担保机构和银行对企业的联合监管效率。

应当增强对于担保机构的监督，严格控制担保机构的担保额度，防止担保机构的超额担保和非法吸存现象的发生。推行中小企业联贷联保，充分利用企业私人信息，发挥其相互甄别的作用。建立中小企业信用数据库，推进中小企业资信评级制度的建立，减少信用担保机构与中小企业间的信息不对称。

（三）发展信用保证保险制度

信用保证保险制度作为一种财产保险业务，是在中小企业发生无法偿还贷款的风险时由保险公司进行代偿的一种特殊保险。信用保证保险可以提高债务人的信用等级，降低银行承担的信贷风险。然而，我国的信用保证保险制度发展滞后。一方面，信用保证保险的保费较高，使得中小企业的投保积极性不高；另一方面，信用保证保险要求保险公司详细审查中小企业的情况，从而提高了保险公司的成本。

要发展信用保证保险制度，首先，应当完善与信用保证保险业务相关的法律法规，以及发展完善征信体系等信用体系基础设施建设。其次，要统一对风险的定价标准，确立正确的风险定价机制，防止扭曲的价格机制影响保险机构的盈利能力和风险控制能力。再次，要加强对于保险机构的内部风险控制，防止保险企业为了扩大规模、抢占市场而导致运营风险过度增加。最后，保险基层从业人员的专业素养也有待加强。这是因为，保险从业人员特别是基层从业人员的水平有限将会增大保险公司业务事件的发生概率，影响保险公司的声誉，增大保险公司正常业务的风险。

3.2.4 提高中小企业金融服务的可得性

对于大型金融机构来说，除了改变信贷观念和改善已有的信贷技术，还应引进高新技术来促进新型信贷技术的使用。对于中小金融机构来说，应当拓宽融资渠道，推出适合中小金融机构的监管政策，并更多地利用互联网平台实现合作，以弥补资金和人员上的不足。与此同时，我们也应将非正规金融机构纳入监管体系，作为对正规金融机构的补充。

（一）鼓励大型金融机构改进信贷技术

对于大型金融机构广泛使用的基于财务报表的信贷技术，在对中小企业使用时要进行改进。一方面，要对中小企业按规模进行细分，从而有利于金融机构针对不同规模的中小企业采取不同的优惠政策和管理手段；另一方面，应当在使用财务信息对中小企业进行信贷审批时，对评判指标和标准进行调整，从而更适于中小企业信贷。

美国在中小企业信贷中普遍使用信用评分技术，而在地方性中小型金融机构中广泛使用关系型信贷技术，这两种信贷技术依赖于完备的征信体系和企业信息数据库。因此，我们可以通过采取大数据技术，构建银行等金融机构能够使用的企业信息数据库。例如，壹账通的"壹企银平台"对中小企业按照行业进行分类，通过对低风险行业进行深入的信息收集，实现了规模化的信息生产，同时降低了信息收集成本，它通过云计算得到企业的信用评分后，再智能推送给金融机构。通过人工智能技术和大数据分析技术的使用，银行可以实现对于企业信息的全面收集、整理、分析，从而实现信息在银行内部的高效传递，消除银行在收集"软信息"方面的劣势，使得银行更容易筛选出优质的中小企业，并与其建立长期的合作关系，从而使得关系型信贷技术的使用成为可能。

（二）支持中小金融机构为中小企业提供金融服务

中小金融机构在为中小企业提供服务时具有比较优势，应当允许符合条件的中小金融机构通过上市、发债等方式进行融资，拓宽资金来源，实现中小金融机构多层次的融资结构。与此同时，政府也应扩大对中小金融机构的税收减免和贷款补贴力度。对于中小金融机构的监管指标（如存贷比、不良贷款率、存款准备金率等）可以适当放松，避免过于严格的监管政策约束中小金融机构的发展。

通过建立中小金融机构的线上合作平台，充分利用互联网金融的优势，实现中小金融机构的跨区域合作。通过合作，实现中小金融机构间的信息共享，使中小金融机构在区域和人脉优势的基础上，弥补资金、技术方面的不足，提高中小金融机构的竞争力和服务质量。此外，应充分利用线上平台的优势，可以开展线上宣传和线上营销，并引入第三方机构帮助中小金融机构实现与互联网金融相对应的大数据技术、人工智能技术、生物识别技术等方面的技术升级。

（三）推动非正规金融机构纳入监管范围

作为对正规金融的补充，非正规金融对于提高中小企业金融服务的可得性具有重要作用。林毅夫等（2005）[①] 的研究表明，非正规金融并不是因为金融压抑才出现的，在金融自由化的发达国家中小企业贷款中，非正规金融的占比也相当高。

非正规金融提供金融服务的手段灵活、形式多样，可以匹配中小企业多样化的资金需求。非正规金融由于地缘和人缘方面的特点，往往会与接受金融服务的对象达成长期、稳定的合作关系。因此，我们应当为非正规金融发展营造良好的政策环境。首先，从立法的角度应将非正规金融正式纳入我国的金融体系，鼓励符合条件的非正规金融机构注册登记，转变为正规金融机构。其次，应当鼓励非正规金融提升专业水平，利用新兴技术增强金融服务的能力，同时提高金融服务的灵活性。最后，应当加强对非正规金融的监管，特别是对互联网上"以金融之名、行诈骗之实"的非正规金融要进行重点整治，防止风险通过互联网扩散，威胁金融体系和国民经济的稳定。

3.2.5　改善外部支撑环境

在金融体系方面，要建设多层次的金融市场和多类型的金融机构，减少政府对国有大型企业的隐性担保。在政府扶持方面，除了要增加对中小企业和中小企业金融服务的支持外，还应增加对金融科技的支持力度。在信用体系建设方面，要完善法律法规，促进征信系统的信息共享，并使用金融科技实现大数据、多维度征信，提升征信的质量和效率。

（一）改革金融体系的结构

我国金融体系层次缺乏，中小企业只能将国有商业银行作为主要的融资来源，造成规模歧视和所有权歧视[②]，使得中小企业难以获取金融服务。因此，我国应当调整现有的金融结构，使之能满足国民经济各层次的需求。

---

① 林毅夫，孙希芳. 信息、非正规金融与中小企业融资. 经济研究，2005（7）.
② 张捷，王霄. 中小企业金融成长周期与融资结构变化，世界经济，2002（9）.

政府为国有大中型企业提供破产援助承诺，并为国有企业提供债转股和破产制度上的优惠政策，从而降低了国有企业的风险，在一定程度上强化了大型国有企业和中小企业在金融市场上的地位不平等。减少政府对于金融市场的干预，有利于让市场在金融资源的配置中发挥决定性作用，有利于实现金融资源更有效率的配置。

我国应增大中小金融机构和非正规金融机构在金融体系中的比重，支持中小金融机构的发展，并将非正规金融机构纳入监管体系；削弱大型国有商业银行在金融体系中的垄断地位，推进中小企业股权、债券市场和风险投资的发展；努力发展我国的资本市场，拓宽中小企业多种融资渠道，推广完善注册制发行，进一步降低科创板、创业板的上市门槛；完善中小企业债券市场，扩大债券融资在中小企业融资中所占的比例。

（二）加大政府扶持力度

从国外的经验来看，发达国家的政府都会对中小企业金融服务体系进行扶持。比如美国，一方面通过《谢尔曼法》《小企业法》等多部法律从立法角度为中小企业融资创造了公平市场条件，另一方面成立了小企业管理局为中小企业融资提供担保。日本除制定了多部法律来促进中小企业发展外，还由政府出资设立了专门面对中小企业的融资、担保、保险体系。因此，我国也应加大政府对中小企业的扶持力度，促进中小企业的健康发展。

我国应鼓励中小企业进行技术创新，为中小企业提供技术支持，从而提高中小企业的核心竞争力。与此同时，我国应加大对中小企业的税收减免和政策补贴，提高中小企业的生存能力和风险抵御能力。此外，我国对于中小企业金融服务的部分监管指标可以适当放松，对于金融机构为中小企业提供的金融服务应当给予一定的优惠政策，继续鼓励支持大型国有商业银行提高对于中小微企业的贷款数量和额度，继续坚持实行"小微企业贷款增速不低于各项贷款平均增速，小微企业贷款户数不低于上年同期户数，小微企业申贷获得率不低于上年同期水平"的三个不低于政策。我国应继续加强对于小额贷款公司的支持力度，提高小额贷款公司的融资上限，拓宽小额贷款公司的融资渠道，鼓励小额贷款公司利用多层次的资本市场获取资金，允许符合条件的小额贷款公司通过上市或资产证券化的方式进行融资，以解决只贷不存的经营模式带来的资金匮乏。我国应推广借鉴温州模式，由政府设立民间借贷服务中心，以规范民间借贷市场。

金融科技的应用对于推进金融机构数字化转型、解决中小企业获取金融服务难问题具有重要意义，所以我国应鼓励金融科技的底层技术研发，增大对于金融科技底层技术研发的支持，并给予更多的政策优惠和资金。我国应加大金融科技方面的人才培养力度，鼓励金融科技公司、高校以及各研究机构间的技术合作，增强主体间的信息共享，避免各主体间的重复劳动。此外，我国还应建立起相应的监管机制，在维持金融科技发展势头的情况下避免产生大的金融风险。

（三）推进信用体系建设

当前，我国的信用体系发展还很不完善，我国的征信体系建设依然任重道远。

一方面，我国要完善征信行业的法律法规，对各种征信机构的征信业务、标准、范围等进行规范，在确保数据收集的高效和完整的前提下保护好个人和企业的隐私；另一方面，我国应当推进针对中小企业的征信立法，促进中小企业征信体系的建设以及不同征信系统间的信息共享，特别是应当将关于个人征信的信息和关于企业征信的信息综合起来作为企业的评级标准。随着百行征信的出现，我国的个人征信业务将逐渐统一，而其他征信类型的统一也指日可待。

大数据征信已成为未来征信的发展趋势，可以对企业和企业主的历史信用状况做出更准确的判断，并能对企业未来维持信用的主观意愿和客观条件做出预测。

3.3 金融科技在中小企业金融服务中的应用场景

鉴于传统金融机构在中小企业金融服务中面临的诸多弊端，中小企业金融服务亟须变革，以缓解信息不对称问题、降低金融服务成本、提高金融服务效率。金融科技在中小企业金融服务方面存在天然的优势。基于科学技术的应用，传统金融机构的诸多问题可以得到有效解决。我们将前瞻性地分析金融科技在中小企业服务中的应用场景，为产品创新、金融服务变革提供支撑。

3.3.1　金融科技的发展趋势与前沿领域

金融和科技的融合历经了"金融电子化""互联网金融""金融科技"三个阶段，目前基本形成了以人工智能、大数据、区块链、云计算和生物识别五大技术为支撑的局面。

（一）金融和科技融合的三个阶段

近年来，随着以比特币为代表的区块链技术和以大数据征信为代表的大数据技术在金融领域的广泛应用，金融和科技的融合又一次点燃了学术界与业界的热情。纵观我国现代金融行业的发展历程，金融和科技有过三次深入融合阶段，即金融电子化阶段、互联网金融阶段、金融科技阶段。

金融电子化阶段兴起于 20 世纪下半叶，是随着电子信息技术的发展而兴盛起来的，主要是指金融业基础设施、办公和业务的电子化及自动化，代表性产品包括支付清算系统、信贷系统、证券交易系统等。

互联网金融阶段开始于 2013 年。随着新一代智能手机的普及，移动端网民数量剧增，"互联网＋"成为新的风口，互联网金融也应运而生。金融机构搭建在线平台，通过 PC 端和移动端获取大量客户，部分互联网企业也通过线上渠道进入金融领域。这一阶段本质上是金融的互联网化，是对传统金融业获客和服务渠道的变革，代表性产品包括第三方支付、互联网保险等。

金融科技（financial technology，fintech）一词最先于 2011 年在美国硅谷和英国伦敦被正式提出，主要是指当地的高新技术公司利用人工智能、大数据、区块链等新兴技术对传统金融服务进行优化和创新。在国内，京东金融于 2015 年 10 月最早提出金融科技公司的定位。此后，随着以 E 租宝为代表的互联网金融企业相继发生恶性事件，互联网金融的概念一时间成了过街老鼠。与之相对，金融科技受到了公众和资本的热捧，大量金融科技企业如雨后春笋般冒出，标志着新一轮浪潮的到来。

（二）金融科技的定义

自 2011 年金融科技一词被正式提出 7 年后，学术界和机构对金融科技进行了不同角度的阐释和定义。在维基百科上，金融科技被定义为"一群企业运用科技手段使得金融服务变得更有效率，因而形成的一种经济产业。这些金融科技公司通常在创立时的目标就是要瓦解眼前那些不够科技化的大型金融企业和体系"。类似地，毕马威将金融科技定位为"非传统企业以科技为尖刀切入金融领域，用更高效率的科技手段抢占市场，提升金融服务效率及更好地管理风险"。这些定义都在一定程度上把金融科技企业与传统金融机构对立起来，但就实际情况来看，部分传统金融机构通过自行研发技术或是与金融科技公司合作进入金融科技领域，两者呈现出优势互补、相互渗透的趋势。就传统金融机构和金融科技企业对金融科技的认知而言，并没有表现出这种对立的倾向，中国银行认为金融科技是"互联网公司或者高科技公司利用云计算、大数据、移动互联等新兴技术开展的低门槛金融服务"，京东金融认为金融科技应是"遵从金融本质，以数据为基础，以技术为手段，为金融行业服务，帮助金融行业提升效率、降低成本"。在国际组织和监管机构的眼中，金融科技更多地呈现为一个宏观概念。金融稳定理事会（FSB）把金融科技理解为"金融和科技相互融合，创造新的业务模式、应用、流程和产品，从而对金融市场提供的金融服务和模式造成重大影响"，见表3-4。

表3-4 各方对金融科技的定义

分类	机构名称	定义
国际组织	金融稳定理事会（FSB）	金融和科技相互融合，创造新的业务模式、应用、流程和产品，从而对金融市场提供的金融服务和模式造成重大影响
	国际证监会组织（IOSCO）	可能改变金融服务行业的各种创新商业模式和新兴技术
监管机构	美国国家经济委员会（NEC）	涵盖了不同种类的各种技术创新，影响着金融服务领域的各种金融活动，包括支付、投资管理、融资、存贷款、保险、监管合规以及其他金融活动
	英国金融行为监管局（FCA）	创新公司利用现有技术对现有金融服务公司进行去中介化
	新加坡金融管理局（MAS）	通过使用新兴技术来创新金融服务和产品
	香港金融管理局（HKMA）	随着各种不同的创新资讯及通信科技的诞生，以及金融服务使用者对服务要求的提升，多种金融科技服务应运而生

续表

分类	机构名称	定义
金融科技公司	京东金融	遵从金融本质，以数据为基础，以技术为手段，为金融行业服务，帮助金融行业提升效率、降低成本
	蚂蚁金服	基于移动互联网、云计算和大数据等技术，实现金融服务和产品的发展创新及效率提升
金融机构	高盛	以技术为基础，并且专注于金融产品与服务价值链上的一部分或多部分，主要包括支付、科技支持型借贷、保险科技、市场结构、资产管理科技和资金筹集
	瑞银集团	旨在应对金融领域产生的问题，为那些热衷于寻求以替代方法解决金融问题的人提供具有创新力的数字工具
	中国银行	互联网公司或者高科技公司利用云计算、大数据、移动互联等新兴技术开展的低门槛金融服务。这些服务和银行提供的金融产品及服务，不是颠覆的关系，而是互为补充的关系
第三方机构	维基百科	一群企业运用科技手段使得金融服务变得更有效率，因而形成的一种经济产业。这些金融科技公司通常在创立时的目标就是要瓦解眼前那些不够科技化的大型金融企业和体系
	毕马威	非传统企业以科技为尖刀切入金融领域，用更高效率的科技手段抢占市场，提升金融服务效率及更好地管理风险

资料来源：根据公开资料整理。

虽然各方对金融科技的看法不尽相同，但在不同的定义中通常都包含四个关键要素：金融、科技、融合和创新。金融是金融科技的基石所在，是金融科技最本质的内容，它约束着金融科技发展的边界。科技是金融科技的核心推动力，正是云计算、大数据、人工智能、区块链和生物识别等新兴技术的发展与成熟，才推动了金融和科技新一轮的融合过程。融合是金融科技的核心所在，金融与科技的碰撞不是水火不容，而是相互渗透和融合，孕育出新的金融服务和产品。创新是金融科技不同于金融电子化和互联网金融的关键点，金融科技不是金融体系内部简单的"电子化"和"互联网化"，而是由外部科技公司对传统金融产品和服务进行创新，带来了智能投顾、大数据征信、数字货币等全新的金融产品和服务，影响了传统金融服务的边界，甚至有可能颠覆传统金融体系的底层机制。

（三）金融科技的发展趋势和现状

1. 公众反应

2011 年，Fintech 一词在美国硅谷和英国伦敦被正式提出，这也标志着以人工智能、大数据、区块链、云计算和生物识别等新兴技术为基础的金融科技时代的到来。Fintech 的 Google 趋势显示：在 2011—2015 年期间，Fintech 并没有引起足够的重视，在全球范围内的搜索热度也有限。2015 年是 Fintech 在全球范围内引起广泛关注的一年，它抓住了公众视野，引发了一波关注热潮，见图 3 - 1。

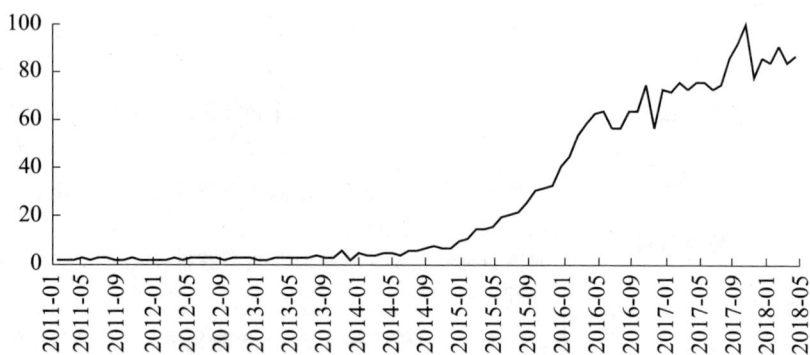

图 3 - 1   Fintech 的 Google 趋势图

资料来源：通过 Google 搜索。

在国内，Fintech 开始广泛引起公众关注是在 2016 年初，这也是中国的"Fintech/金融科技元年"。此后，其搜索热度逐步提升，并在 2017 年达到顶峰，见图 3 - 2。另一搜索关键词"金融科技"的搜索热度趋势变化与 Fintech 相同，但搜索指数值都低于 Fintech。

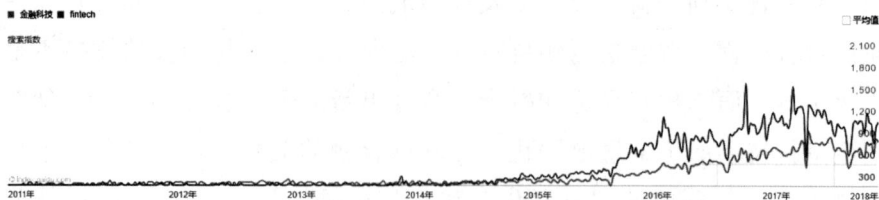

图 3 - 2   Fintech 的百度搜索指数

资料来源：通过百度搜索。

2. 市场反应

金融科技的快速发展引起了资本市场的关注。在资本的强力支持下，许多金融科技企业快速发展，使金融与科技融合的步伐加快。据零壹数据的不完全统计，2016 年全球金融科技的投融资共计 504 笔，涉及融资金额约 1 135 亿元人民币，见图 3-3。其中，国内的金融科技投融资为 281 笔，融资总金额为 875 亿元。2017 年全球金融科技的投融资共计 649 笔，涉及融资金额 1 397 亿元，同比涨幅分别为 28.8% 和 23.1%。其中，国内的金融科技投融资为 328 笔（见图 3-4），融资总金额为 796 亿元，融资笔数同比上涨了 16.7%，融资金额同比下降了 9%。

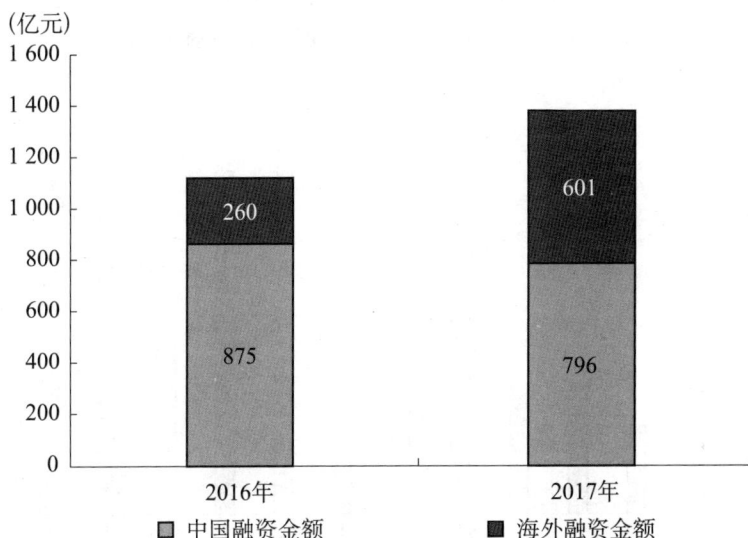

图 3-3　2016—2017 年全球金融科技的投融资金额

资料来源：零壹数据。

就 2017 年的情况而言，在全球范围内，金融科技行业每月的投融资笔数都在 60 笔左右，在 12 月到达了峰值 64 笔，见图 3-5。在投融资金额方面，2017 年下半年的情况明显优于上半年，11 月全球投融资金额达到最高值，超过了 200 亿元。这在很大程度上得益于下半年中国大批金融科技企业的上市，从而推动了全球范围内金融科技行业融资额的上涨。

3. 发展现状及展望

无论是在金融科技快速发展的中国，还是在作为金融科技起源的美

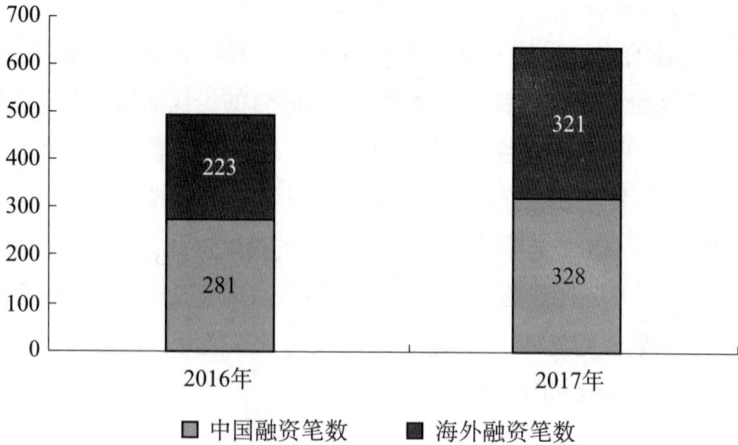

图 3-4　2016—2017 年全球金融科技的投融资笔数

资料来源：零壹数据。

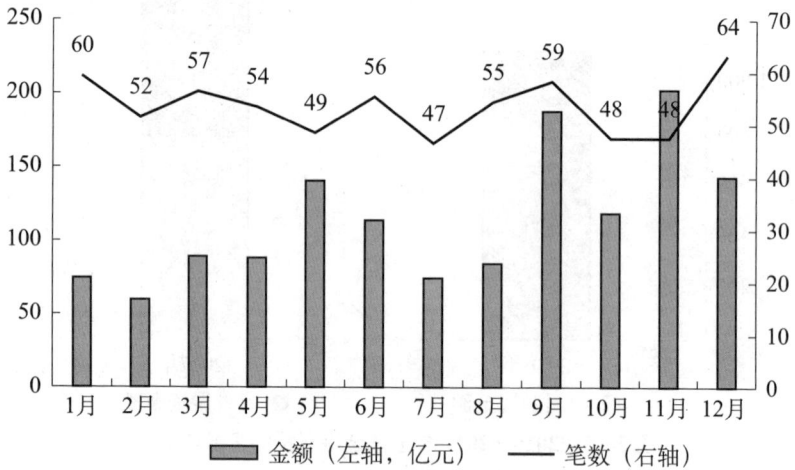

图 3-5　2017 年全球金融科技的投融资走势

资料来源：零壹数据。

国，这种金融服务的演变都处于早期阶段，未来还可能有更多新兴技术进入这一领域，应用于更多方面。目前，基本形成了以人工智能、大数据、区块链、云计算和生物识别五大技术为支撑的局面。

人工智能是研究与开发用于模拟、延伸和扩展人的智能的理论、方法、技术及应用系统的一门新技术科学，主要分为运算智能、感知智能、认知智能三个层次。目前，在金融科技的具体运用中，运算智能主要体现在与大数据的结合运用中，重点挖掘数据表现出的深层次信息，目前已广泛用于金融科技行业的方方面面，是未来金融行业深度发展的技术基石。感知智能主要用在智能客服、反金融欺诈等领域，目前的运用也比较广泛，但在技术准确性和安全性上仍有很多可以提升的地方，相信未来随着技术的不断发展，其在金融领域的运用也会更深入和更多元。目前，认知智能主要用在信用评级、企业财务和智能投顾等场景中，这是人工智能在金融行业应用中最前沿、最引人注目，也是技术难度最大的领域。目前，这些领域的产品仍处于发展的初级阶段，离真正的"智能化"还有一定距离。我们可以预见，随着认知智能基础技术的发展与革新，其在金融领域的应用必将引领新一波的发展潮流，也将是未来金融科技发展的重要方向。

大数据技术在金融行业中的发展较早，目前的应用也比较成熟和普遍。金融机构在自身积淀的大规模金融数据的基础上，结合获取到的通信、电商、医疗、交通等行业的规模化数据，通过运用大数据处理技术，开发出了大数据征信、大数据风控和风险定价等运用模式，不仅提高了金融机构原有金融服务的准确性和安全性，而且催生出了许多基于其他行业具体应用场景的金融产品。目前，在金融大数据发展中的一个关键问题是数据隐私、数据的安全性和数据的规范性如何得到保证，唯有解决了这个问题，才能保障金融大数据进一步深度发展和多元化发展。

在数字货币的浪潮下，区块链作为比特币等数字货币的底层技术，在初期并没有引起广泛关注。近年来，区块链因其去中心化、去信任、难以篡改等特性，表现出了更多的金融级应用可能。目前，区块链应用尚处于第一阶段末期，即可编程货币阶段。数字货币市场日趋庞大，交易品种齐全，已经形成了全球化的产业格局。个别主权国家已经或计划发行法定数字货币。区块链运用的第二阶段是可编程金融，而且区块链的应用将改变传统第三方信用支持模式，有效地解决传统金融效率和可靠难以两全的困境。区块链将在第二阶段广泛用于企业投融资、有价证券交易、征信等方面。区块链运用的第三阶段是可编程社会。在未来，基于区块链的万物互联将极大地提高社会的运转效率。

云计算技术是金融科技众多应用的基石，目前其发展也趋于成熟。相关数据表明，已有过半数的金融机构使用云计算技术，将自身的渠道类系统、辅助类系统和核心业务系统迁移到云计算架构平台，实现方式包括私有云、公有云和混合云三种。随着更多的金融机构将自身的业务系统迁移到云计算架构平台，云计算应用中的安全性和稳定性也将成为金融机构重点关注的方面。

生物识别技术能够在身份验证方面提供支持。当前，以指纹识别、面部识别为代表的生物识别技术已经实现了个人生物特征认证的金融级应用。以移动支付为主导的行业已经将低层次生物识别技术融合到支付认证系统中，多家大型银行也试运行了基于面部识别的移动客户端和生物识别自助取款机，用于客户的小额转账、支付、取现服务。随着生物识别技术的发展，如静脉识别等更高层次的识别技术将大幅提高认知精确度和便携度，我们可以预见：生物识别技术将会实现更多的金融级应用。

3.3.2 人工智能

人工智能（artificial intelligence，AI）可应用人工智能技术对中小企业进行信用风险分析，帮助金融机构快速有效地识别中小企业的信用风险，提高中小企业的融资效率，增加中小企业的融资可得性。RPA（robotic process automation，机器人流程自动化）技术可为中小企业解决财务管理相关问题提供低价、高效的解决方案。基于马科维茨的投资组合理论和机器学习算法技术，可以根据中小企业的风险偏好、财务状况、投资目标和行业背景，找出针对该中小企业的最优投资组合，并且根据市场变化进行动态调整。智能客服通过生物认证、语音识别、自然语言识别等人工智能技术，分析客户的语言和行为，提取客户需求，并利用知识图谱和数据库内容构建客服机器人的回答体系，为中小企业提供了更为人性化的服务，同时提高了服务水平。

（一）人工智能介绍

人工智能是研究与开发用于模拟、延伸和扩展人的智能的理论、方法、技术及应用系统的一门新技术科学，通常可以按照技术架构分为基础层、技术层和应用层三个层级。基础层由软件平台、硬件设施和数据资源构成，具体包括神经网络芯片、传感器、智能硬件、云计算、大数据、通用数据和行业数据等要素。技术层依托于基础层的资源支持，在机器学习基础框架下，通过深度学习、迁移学习、增强学习、对抗学习等核心算法建立模型，开发出面向不同领域的 AI 技术。应用层在基础层的资源支持下，将技术层输出的各类技术与传统产业相结合，开发出适用于不同场景的智能化服务和产品，智能金融就是其中的一个应用场景。

人工智能在中小企业金融服务中的应用可以提升金融机构对数据的处理能力，利用中小企业的大量数据，开发出适用于中小企业现状的金融产品；可以推动金融服务模式智能化、个性化，针对特定的中小企业，提供个性化的金融服务，降低金融服务的成本。

（二）人工智能在中小企业金融服务中的应用场景

目前，人工智能在中小企业金融服务中主要运用了机器学习、自然语言处理、知识图谱和语音技术等技术，应用场景包括智能信用评估、智能企业财务、智能投顾和智能客服等。

1. 智能信用评估

无论是在发达国家还是在发展中国家，中小企业都是国民经济体系的重要组成部分，其提供的就业岗位占全球正规就业岗位的半数以上；在我国，这一数据更是高达 80％。除此之外，中小企业每年贡献 50％的税收和 60％的国内生产总值。然而，在高市场占有率、高税收贡献率和高 GDP 贡献率的背后，中小企业却一直面临着融资难、融资贵的问题。一直以来，银行在我国金融体系中占据着主导地位，这决定了我国企业的融资方式以银行信贷融资为主。与大型企业相比，中小企业进行股权融资的难度更大，对于银行信贷融资的依赖性更强。由于一些中小企业内部结构混乱、信用较低、财务制度不健全、资产负债率高等原因，再加上信用风险和信息不对称的存在，商业银行难以在短时间内了解它们的真实情况，因而不倾向提供无担保、无抵押的信用贷款，而是要求它们提供充足的抵押担保物，并会提高贷款利率作为信用风险补偿。过高的贷款利率、苛刻的抵押条件、复杂的贷款流程和较长的贷款到位时间都阻碍了中小企业正常的融资活动，而人工智能在中小企业融资中的一个主要应用便是从信用评级角度出发，帮助金融机构快速有效地识别中小企业的信用风险，快速有效地找到优质的中小企业，提高中小企业的融资效率，增加中小企业的融资可得性。

传统的中小企业信用信息来源包括银行等金融机构、政府部门、工商企业等，而随着互联网的快速发展，中小企业也积累了大量的行为数据，其中的一部分数据也可用于信用评级领域。在大数据的背景下，人工智能可以对数据中的非结构化部分进行标准化处理，通过应用更准确的信用模型，对中小企业进行信用风险分析。

数据的标准化过程是对中小企业进行信用评级的基础。在原有的信用评级体系中，社交、电商、搜索和原有数据来源中的非结构化数据往往是被银行等金融机构忽视的，而人工智能的应用可以对这部分数据的来源、特征、作用等进行标准化处理，并纳入信用评级的数据库中，为优化信用模型提供数据基础。

人工智能对于信用模型的优化是智能信用评估的核心所在。这种优化可以体现在两个方面：一是可以更精确地确定现有信用评价模型中的关键参数。例如，在大公的信用评级体系中，将影响中小企业信用水平的多个因素归为偏离度，并根据中小企业的特征制定了多个影响偏离度的指标，而后通过对偏离度的衡量来分析和预测中小企业的信用风险。通过运用人工智能中的深度学习等技术，可以更准确地确定评级方法中的一些关键参数，比如确定影响偏离度的各因素的权重、预测偏离度的变化等。二是可以对传统的评级模型进行系统优化，并利用非结构化数据构建新的评级模型。在大数据的前提下，对欺诈模型、身份验证模型、还款能力模型、还款意愿模型、稳定性模型等信用评价模型进行多角度学习、集成学习可以优化原有的信用评价模型，并构建新的信用评级模型架构，使之能够适应经标准化处理的非结构化数据，提高信用数据的使用效率和信用模型评价结果的准确度。

金融壹账通推出的小微企业金融服务方案——壹企银，针对目前小微企业和中小银行面对的痛点，结合人工智能技术提供以风险管控服务为核心的"端对端"平台化支持。人工智能可以有效地在中小企业贷款周期内大幅缩减非必要时间，提升中小企业的风险管控能力，降低运营成本。以壹企银智能进件系统为例，这种高度智能化的系统能够自动识别，从而减少人工录入，同时结合多维数据，可以有效识别借款人的身份信息，并自动生成客户报告。在车贷、车辆财产评估业务中，基于人工智能的图像识别技术通过简单拍照就能全面评估车辆状况，见图 3-6。贷款审批流程运用并行计算、机器学习、Hadoop、自然语言处理和深度学习等技术对数据进行结构化处理，通过逻辑回归、决策树、神经网络等方式构建信用评分模型以辅助决策。

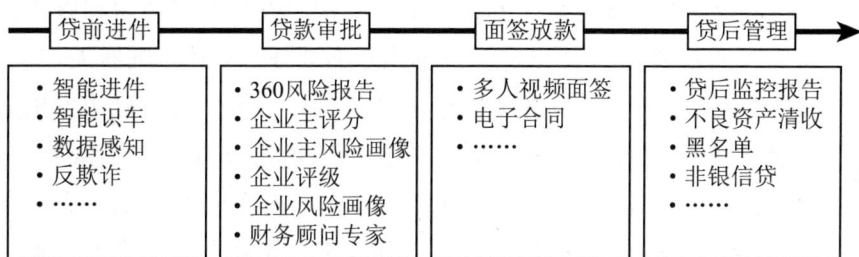

图 3-6　壹企银小微企业金融服务方案

资料来源：金融壹账通。

2. 智能企业财务

我国的中小企业普遍存在融资难、融资贵的问题，这导致了我国中小企业的平均寿命极短，仅有 2.5 年，远低于日本、欧美等国家或地区内中小企业的平均寿命。这主要是因为我国相当一部分中小企业的财务制度不健全、财务人员素质不高、在财务管理中存在诸多不合理之处，从而影响了企业正常的经营和投融资活动。人工智能为中小企业解决财务管理的相关问题提供了一个低价、高效的解决方案。

人工智能在企业财务中的运用主要是基于 RPA（机器人流程自动化）技术实现的，即在企业原有 IT 系统和应用程序的基础上构建智能机器人，通过输入业务逻辑和财务制度，教会机器人基本的财务操作，并按照预定的规则完成那些繁杂的手工财务操作；此举在降低了企业成本的同时，也提升了中小企业的财务管理水平。

目前，四大会计师事务所都开始在财务工作中运用财务机器人及相关的业务解决方案。安永推出了 RPA 机器人，可用于税务等领域，帮助企业完成发票检验、表单填写和调整、数据导入、工作底稿检验和申报表生成及自动申报等工作。普华永道将 RPA 机器人运用在企业财务关系的方方面面，包括从订单到收款、从采购到收款、从记录到报告等过程。德勤在 2016 年 3 月 10 日与 Kira Systems 联手，正式将人工智能技术运用到财务工作中，用以替代财务流程中的手工操作，并可以管理和监督自动化财务的全流程。毕马威将 IBM 的 Waston 认知计算应用到审计服务中，全面地分析财务数据，从而为客户提供更准确的审计服务。

此外，以兴业数金为代表的传统金融机构金融科技子公司和以棠棣信息为代表的新兴金融科技公司也推出了各类 RPA 财务机器人产品，它们都是将人工智能技术应用于企业财务管理中。虽然各家机构推出的 RPA 机器人产品的特点不尽相同，并且应用场景也有一些细微差异，但在财务领域的应用相较于传统的人工服务都表现出了 7×24 小时待命、可被监控和记录、降低财务成本、提高财务工作质量、高度可拓展性和流程自动化的优势。

3. 智能投顾

投资行为作为中小企业利用现有资金获取利润的行为，对中小企业有着至关重要的影响。目前，我国中小企业在投资中常常面临着投资对象不明确、投资工具不灵活、风险管控意识薄弱、盲目追求短期利益等问题，这些问题阻碍了中小企业的进一步发展，甚至破坏了中小企业正常的生产经营活动。利用人工智能技术帮助中小企业优化投资和投资管理行为，可以有效促进中小企业的发展。

传统的人工投资顾问服务往往是基于投资顾问的个人经验和投资能力，他们帮助投资者选择符合其风险特征、适合投资者的资金需求并符合该阶段市场表现的投资组合。智能投顾可以根据中小企业的风险偏好、财务状况、投资目标和行业背景，基于马科维茨的投资组合理论和机器学习算法，在市场数据足够详尽的情况下，可以找出针对该中小企业的最优投资组合，并会根据市场的动态变化做出相应的调整。与传统的人工投资顾问相比，智能投顾将投资顾问服务标准化、自动化，从而降低了服务成本，也降低了投资门槛，扩大了投资顾问服务的受众。与此同时，智能投顾作为计算机，严格遵循预设程序，可以最大限度地避免人工投资顾问服务中的非理性建议。

需要注意的是，中小企业的投资行为可简单地分为项目投资和财务型投资两大类。项目投资是指中小企业直接将资金投放到生产经营活动和企业扩张性活动中，维持企业正常的生产经营活动和实现企业的发展壮大。财务型投资是指中小企业将拥有的部分闲置资金投入金融市场中获取收益。目前，智能投顾的投资标的主要是证券市场、货币市场、大宗商品市场中标准化的金融产品，对于中小企业的财务型投资有较大帮助，而对中小企业的项目投资助力较小。当然，如何运用人工智能技术帮助中小企业进行项目投资，也是智能投顾未来的一个潜在发展方向。

4. 智能客服

智能客服通过生物认证、语音识别、自然语言识别等人工智能技术，分析客户的语言和行为，提取客户的需求，并利用知识图谱和数据库内容构建客服机器人的回答体系，为中小企业提供更为人性化的服务，并且提升了中小企业接受金融服务的效率。与此同时，智能客服降低了金融机构的人工服务和运营成本，也就进一步减少了转嫁到中小企业的金融服务成本。

3.3.3　大数据

把大数据技术运用到传统的征信服务中，通过大规模的数据采集、存储、计算和分析，能够更准确地分析中小企业的信用状况。大数据风控可以更早地发现违约风险和欺诈风险，及时避免损失的发生，从而提高了金融机构的风险管控能力，降低了金融机构的风险成本。

风险定价是中小企业金融服务中的关键一环。大数据技术可以让金融机构充分利用中小企业数据库，通过大规模数据分析，为中小企业提供个性化的风险定价模式。

大数据技术还可以帮助银行以核心企业为切入点，建立涵盖整个供应链的企业关系图谱，持续性观测供应链上各企业多维度的数据，为供应链上的各企业（特别是中小企业）提供更优质的金融服务。

（一）大数据介绍

大数据是指涉及的数据量规模巨大到无法通过人工在合理时间内实现截取、管理、处理，并整理成人类所能解读的信息，但在新处理模式下可以成为具有更强的决策力、洞察发现力和流程优化能力的海量、高增长率和多样化的信息资产。与传统的抽样调查样本数据相比，大数据是对所有数据进行分析处理，具有 4V 的特点，即 volume（容量）、velocity（速度）、variety（多样）、value（价值）。volume 是指数据的大小直接决定了所研究数据的潜在信息和价值。velocity 是指在互联网高速发展的背景下，数据的获取速度越来越快。variety 是指数据来源的多样性，除了传统的数据来源外，互联网作为新兴数据来源，提供了大量的非结构化数据。value 是指对大数据的合理利用，能够使人们以较低的成本获得更多的价值。

从纵向结构上看，大数据技术可以分为数据接入、数据存储、数据计算和数据分析四层。数据接入层主要包括数据采集、数据传输和数据搜索过程。数据采集的来源包括传统的金融机构、公共服务机构、电商、社交平台等，采集的数据主要是关于个人和企业的结构化、半结构化和非结构化数据，而且非结构化数据所占的比重越来越大。研究显示：目前企业数据中的 80% 为非结构化数据，这也对后续的数据计算、数据分析过程提出了更高的要求。数据存储层主要是对采集的大量数据进行存储的过程，由于采集的数据量级通常为 TB、PB 或者更高，传统的数据存储方式已无法满足要求，必须依托于云计算的分布式处理、分布式数据库、云存储和虚拟化等技术，才能安全有效地对数据进行存储，为数据的计算和分析提供底层技术支持。数据计算层同样采用分布式架构，并基于规范化的编程框架，利用批处理、流计算、图计算等方法在多台计算机上进行数据分析处理，解决了单台计算机计算能力不足的问题，从而使大规模数据计算成为可能。数据分析层结合具体的业务场景，把大规模数据转化为有价值的信息并用于实际场景，实现业务的升级与创新。在这一阶段应用的技术除了传统的统计分析、数据可视化技术外，还包括机器学习、深度学习等新兴的人工智能技术。

大数据在中小企业金融服务中的应用可以增强金融机构的风险管控

能力，帮助金融机构利用巨量数据分析中小企业的可疑信息和违规操作，带来更加高效的风险管控，从而反作用于融资过程，提升中小企业的融资可得性，降低融资成本；可以提供精准的金融服务，在巨量数据的支持下，金融机构可以更好地识别中小企业的需求，为其提供进行精准风险定价的金融产品。

（二）大数据在中小企业金融服务中的应用场景

在众多的金融科技中，大数据技术在中小企业金融服务中的应用较早、发展较快，目前大数据技术的应用也比较成熟与普遍。大数据征信、大数据风控就是其中比较火热的应用领域。此外，大数据供应链、大数据风险定价也是大数据技术在中小企业金融服务中重要的应用领域。

1. 大数据征信

通常说来，征信是指专业化的机构依法采集、整理、存储和加工个人或企业的信用信息，并向合法使用者提供信用信息的服务。在我国传统的中小企业征信体系中，全国企业征信系统和各类征信服务机构发挥着重要作用。全国企业征信系统最初是由央行于 20 世纪 90 年代组织建立的，经过一系列的升级改造后，于 2006 年形成了全国统一的企业征信系统。近年来，该系统的覆盖范围不断扩展，截至 2015 年底，该系统共收录了全国超过 2 100 万户企业及其他组织的信用信息。2016 年底我国基本建成了国家企业信用信息公示系统，进一步完善了企业信用信息的收录与公示过程。国内征信服务机构可以分为以政府牵头的信用信息服务机构、社会征信机构和信用评级公司三类。这类传统征信在方便企业信贷、辅助金融机构授信决策、防范信用风险和提升金融服务获得性等方面发挥着重要作用，但在中小企业金融服务中仍有很多的局限性。首先，全国企业征信系统的覆盖面有限，仍有大量的小微企业未被覆盖。其次，传统的征信服务都是基于过往的基本信息、信贷数据和交易数据等静态数据，对中小企业的潜在发展性缺乏关注。

针对传统征信体系在中小企业金融服务中的不足，大数据技术提供了一个可行的低成本解决方案。征信服务主要是依赖于信息的收集、整理和分析，这恰好也是大数据技术的关键点。大数据征信就是把大数据技术运用到传统的征信服务中，通过大规模数据的采集、存储、计算和分析，更准确地给出中小企业的信用状况。具体说来，相较于传统的征信服务，大数据征信具有以下四个优势：

（1）覆盖范围更广。中小企业的传统征信主要是采集信贷数据，并通过数据整合分析得出征信报告，不能覆盖大量未与银行发生过信贷关系的小微企业，而大数据征信通过大数据技术捕获传统征信体系没有覆盖的小微企业，利用互联网留痕协助信用的判断，满足金融机构对中小企业信用评估、融资授信、风险管控、反欺诈等方面的征信要求。

（2）信息维度更多元。在大数据征信体系下，信息来源更广泛，信息种类更多样。大数据征信的数据不仅包括金融机构、政府部门和工商企业提供的企业基本信息、信贷数据、交易数据和违约数据等，而且包括上下游关联企业信息、合作伙伴信息、竞争对手信息以及来自互联网的半结构化数据，有利于多角度地评估中小企业的信用风险。

（3）数据成本更低。当大数据征信体系构建完成后，单一中小企业的信息采集就变得非常容易。对于提供大数据征信服务的金融机构来说，其成本主要是前期的硬件、知识产权和构建系统的投入，相比于传统征信体系大规模的人员需求，其征信服务的成本（特别是边际成本）大幅降低。对此，中小企业最直观的感受就是征信服务的费用降低且服务效率更高。

（4）信息时效性更强。在传统征信下，中小企业的信贷数据、交易数据上传到央行征信系统或是在征信服务机构内传递都需要一定的时间，这就造成征信报告所表现的信用信息滞后，而大数据征信更多地采用可以实时更新的网络数据，能够更及时地记录和分析中小企业的信用信息，从而有效地展示中小企业最新的信用情况。

2. 大数据风控

通常说来，中小企业贷款的不良率与违约率均高于市场平常水平。在宏观经济下行的压力下，传统行业的需求增长缓慢甚至出现了下降趋势，使得传统行业的竞争更激烈，中小企业的生存和发展压力变大，信贷违约率不断攀升，这又进一步反馈于融资过程，加剧了中小企业融资的难度。相较于人工风控，大数据风控可以更早地发现违约风险和欺诈风险，及时避免损失的发生，提高了金融机构的风险管控能力，降低了金融机构的风险成本。这同样可以反作用于中小企业的融资过程，因为金融机构风险管控能力的提高有助于提升中小企业贷款的可得性，降低中小企业贷款的成本。

就实现方式来看，大数据风控可分为数据接入、数据存储、数据计算和数据分析四个纵向层级。其中，数据分析是核心层级，是指信贷机构运用大数据构架评估和决策模型对借款企业进行风险识别及风险控制。

在现阶段的实践过程中，大数据风控与大数据征信常常被混为一谈。一方面，这是由于两者都被用于金融信贷服务过程中；另一方面，这是由于两者都基于同类数据源。实际上，两者存在着本质区别：征信服务主要是由第三方机构提供的信息服务，由征信机构对收集来的信息进行加工分析，最后输出信用报告和评分，其业务应秉承客观公正的原则，在整个信贷服务过程中属于基础性过程；风险管控是指金融机构自身基于技术分析的商业决策过程，也是基于征信服务的决策过程，与金融机构的信贷产品和信贷服务对象息息相关，该业务具有隐蔽性和个性化的特征。我们相信，随着征信监管政策的出台和第三方征信机构的发展壮大，大数据征信和大数据风控的界限将会越来越清晰，两者作为信贷服务中的不同阶段，将共同致力于中小企业的融资过程。

同盾科技是国内专业的第三方大数据风控服务公司，它提供的服务包括反欺诈服务、信贷风控服务和核心风控工具等，主要为银行、保险、汽车金融、小微企业、电商、基金理财、非银行类信贷等多领域提供风控解决方案。在小微行业风控服务中，同盾科技的解决方案体现为以海量数据和完善的风控模型为基础，结合第三方认证数据，为小微企业及关联人提供贷前、贷中、贷后、逾期催收等全生命周期服务，同时构建整体风控解决方案，减少潜在的资金和信用损失，主要用于中小微企业贷、供应链金融、经营租赁和商业保理等场景。

3. 风险定价

风险定价是中小企业金融服务中的关键一环。对于金融机构来说，风险定价关系金融服务的预期收益及覆盖面；对于中小企业来说，风险定价意味着对该金融产品的接受度。以保险产品的风险定价为例，在我国，社保是国内企业员工最基本的保障，商业保险是企业和员工健康及权益的有力补充。但一直以来，商业保险的运营重点都在大型企业、外资企业等，过高的风险定价将资金并不充裕的中小企业拒之门外。实际上，中小企业对商业保险的需求量极大，特别是团队意外险、雇主责任险等特殊险种。在企业的实际经营过程中，一旦员工在工作中出现严重工伤意外，一方面，很多中小企业无力赔偿，可能面临法律风险甚至是倒闭风险；另一方面，员工利益也得不到保障。大数据技术可以让保险公司为中小企业这个庞大的群体提供服务，通过大规模数据的整理与分析，为中小企业提供个性化的风险定价模式，提高商业保险在中小企业中的普及程度。

众安保险作为国内首家互联网保险公司，在保险产品中积极地运用金融科技中的新兴技术，提升了产品的科技属性。它通过大数据实时洞察风险，并做风险量化评估，进而对产品进行精准定价。以众安保险旗下产品步步保为例，众安保险基于可穿戴设备的运动大数据，在健康险产品中引用运动数据，实现了保费与运动步数相抵的动态定价。在中小企业金融服务方面，基于中小企业大量数据的整合分析，众安保险提供了低门槛、低价格的雇主责任险，不仅帮助中小企业转移了风险，而且为中小企业员工提供了个性化定制的商业保险，提高其对抗风险的能力。

4. 供应链金融

供应链金融是银行运用供应链管理的理念和方法，为同一条供应链内部的各企业提供金融服务的活动。供应链金融的主要业务模式是围绕供应链上的核心企业，以核心企业和供应链上下游的相关企业为服务对象，以真实的交易为前提，在采购、生产、销售的各环节提供金融服务。这改变了传统金融服务中单纯关注企业和业务本身的模式，把单个企业的不可控风险转变为整个供应链的可控风险，为中小企业融资提供了新渠道。

大数据技术可以帮助银行以核心企业为切入点，建立涵盖整个供应链的企业关系图谱，持续观测供应链上各企业的多维度数据，为供应链上的各企业（特别是中小企业）提供更优质的金融服务。它的主要影响体现在三方面：

（1）提供更精准的金融服务。无论是上游原材料供货商还是终端消费者，任何一个环节的变动都会影响到整个供应链，大数据可以帮助银行捕捉到供应链上各节点的信息变动，并分析其对供应链上其他企业的影响，及时调整自身的金融服务模式。

（2）帮助评估上下游企业资信。利用大数据技术对供应链上的各企业的信贷数据、财务数据、生产数据、工资水平、订单数量、现金流量、资产负债、投资偏好、技术水平、研发投入、产品周期、安全库存、销售分配等各类数据进行交叉分析，进而评估上下游企业的信用水平和整个供应链的健康程度，进而提高授信准确度和放贷速度。

（3）帮助进行风险预警和控制。利用大数据技术对上下游企业的信息和目标企业的信息做交叉分析，从而及时预警目标企业可能出现的违约行为；此外，通过整合分析供应链上各企业的数据，及时预警行业风险，使得银行能够在早期做出反应，避免系统性风险带来的巨大冲击。

（三）数据智能感知

大数据技术的关键是数据，因而其在中小企业金融服务中的应用关键在于如何有效获取真实反映中小企业的数据。数据智能感知为获取中小企业的真实数据提供了一个全新的思路。数据智能感知主要依托于物联网技术，通过智能感知、识别技术与普适计算等通信感知技术，把物品作为用户端接入互联网，从而为大数据技术的应用提供数据支持。

在中小企业金融服务中，数据智能感知主要体现在金融抵押物监控、企业生产情况监控等方面。金融抵押物监控主要体现为利用物联网技术对抵押物进行实时检查，掌握其完好程度和位置变化，确保贷款中小企业的资产抵押物没有被挪用、价值没有剧烈变化。企业生产情况监控主要体现为实时审查仓库及客流状况和水、电、气的用量信息，了解企业的生产经营状况，从根本上掌握其偿债能力。

3.3.4　区块链

在中小企业金融服务的范畴中，区块链（blockchain）的应用场景较为广泛，在企业融资、支付结算、保险、资产交易平台、征信和供应链金融方面都有广泛的应用前景。依靠区块链提供的底层技术支持，在中小企业金融服务革命性变化、去中心化和去信任的前提下，中小企业能够更高效地获得金融服务。

（一）区块链介绍

中本聪在 2009 年的论文中描绘了一种"点对点"（peer to peer，P2P）的电子现金系统，比特币（bitcoin）是一种历史信息完全公开、无须可信第三方介入的交易结算货币，中本聪设想的是一个从主体信用中剥离的数字货币体系。截至 2018 年初，比特币、莱特币、ETH 等代表性数字货币已形成了超过 7 000 亿美元的全球化产业。诚然，数字货币的发展与成熟已经且必将会在未来对传统金融产生巨大冲击，但更值得我们关注的是其去中心化、去信任、高透明、高可靠的区块链关键底层技术。

区块链在本质上是一种以时间戳为标记，将记录历史信息的数据区块以链式方式连接的数据结构。因其特殊的去中心化共识模式和时间戳服务器，以区块链构建的数据库具有信息难以篡改的高度可靠性特点。区块链数据库的每个节点将其记录的数据上传至网络，通过共识机制后的数据区块在整个网络范围内广播并更新各节点的数据库，同时参与整个区块链维护的节点都将获得完整信息的备份。由于区块链采用单向哈希（one-way Hash）算法，要想篡改某次历史数据，需要对应变动该区块的 Hash 值，并以其为起点重新计算后续的所有区块，同时还需要通过全网节点共识机制。以工作量证明（proof of work，PoW）为例，需要在延长链长上超越区块链的其他所有节点，这被认为是无法完成的任务。另外，密码学应用赋予了区块链信息可验证的特性，信息传递各方可通过公（私）钥确定完整性，并能验证任意历史信息的准确性。因为区块信息的线性时间戳机制是不可逆的，任何尝试篡改的行为都很容易追溯，导致其他节点的不承认而无法在全网络范围内更新。结合以上分析，以区块链为技术基础的数据库保证了数据难以被篡改且公开可验证的特性。

区块链具有去信任的特点。信任是金融行业的根基，金融经济行为都离不开信任的支持。假设两个陌生的交易主体需要完成一笔交易，他们在很多情况下都依托于传统金融业中的第三方信任主体，比如银行、交易清算所、托管机构等。第三方主体对于维护信任不可或缺，它们以权威性和公正性保证交易的安全及可靠，但高安全性并不是无成本的。由于第三方介入，无论是有形的人力、物力成本，还是无形的交易成本，都意味着效率的缺失。区块链通过算法的自我约束，使得任何存在欺骗或误导的行为都会遭受其他节点的排斥，而且这个过程是公开透明的，因此区块链技术无须中央权威机构提供第三方信用保证，作为替代的是全网络节点的信任，这只要求参与者对技术的信任，而这种信任一方面来源于技术的高度安全和透明，另一方面来源于作为节点参与者的主观意愿。去信任的技术特征意味着原本需要依靠第三方中介保障、人工处理的成本较高的传统交易机制将转变为基于计算机技术的高效率、稳定、可靠的交易机制。

区块链的应用将对现在的金融行业和金融基础设施产生革命性的影响。作为底层技术，类似于 TCP/IP 之于互联网，区块链底层协议一旦完成架构，其对传统商业模式的颠覆就是可以预见的。

就宏观层面看，金融行业面对两大问题，即对单个机构风险和系统性风险的控制，目前是由机构内部、外部审计层层把关和监管机构严格监控完成的。这无疑带来了巨大的监管成本，同时操作风险也难以避免。区块链技术通过高透明和不可篡改的方式，保证了审计工作的高效性和可靠性，使得整个金融体系能够有效控制风险和降低成本。另外，传统金融机构在进行支付和结算时都需要借助具有中央清算功能的中心化机构来完成，这样的支付清算体系带来的是巨大的交易成本，特别是在涉及跨境交易时，无论是费用还是时间成本都导致了效率的低下。区块链能够将全球金融体系建成去中心化的实时结算和清算体系，这将极大地提高全球金融效率。

从微观角度出发，区块链技术将给单个金融机构和公司的行为带来根本性变革。金融机构为各交易主体提供数字身份证明，任何经过区块链的交易都将对交易方和金融机构进行验证才能加以记录，并保证交易的可追溯。在这种模式下，各金融机构都能随时在整个区块链上确认各笔交易的真实信息，在交易上做到客户挖掘和风险识别并存，确保单次交易的合规性和金融交易网链的稳定性。在公司行为上，由于目前广泛使用的股东代理投票机制高度中介化且程序繁杂，难以对投票溯源和确认，甚至还面临缺失和误解的问题。区块链提供的标准化公司行为决策解决方案能够明显改善上述情况。

中本聪用比特币开创了区块链 1.0，其内涵是可编程货币，是实现数字化货币转账、支付的交易基础应用。目前，数字货币是区块链技术最广泛、最成熟的应用。2015 年，厄瓜多尔成为世界上首个发行法定数字货币的国家。与此同时，许多国家正在探讨发行数字货币的可能性，瑞典、俄罗斯、澳大利亚等国正在研究发行数字货币的计划。我国央行也在进行数字货币可行性的研究，总体对其保持开放和稳健的态度，央行前行长周小川认为数字货币有发展的必然性，并指出需要经过充分测试，在确保安全可靠后才能进一步推广。与传统纸币相比，数字货币能够有效降低交易成本，衍生出的交易体系透明度高、安全性强，不仅能减少洗钱、逃税等违法行为，而且对央行货币政策的有效性也有巨大帮助。区块链 2.0 是区块链技术在经济、金融、市场等领域的应用，被称作可编程金融。除了建立数字货币体系，将智能合约加入区块链体系在股票、债券、期货、抵押等方面都有众多的应用。智能合约将更加公开、透明、真实地使交易各方参与其中。区块链 3.0 被定义为可编程社会，其愿景描述的是将区块链应用于任何有需求的领域，包括审计、医疗、投票、物流等方面，最终推向全社会，形成价值互联网体系。

我们将就区块链在中小企业金融服务方面的前景做具体展开，从当前中小企业面临的问题入手，分析区块链技术的应用场景。

区块链在中小企业金融服务中的应用可以带来高效、低成本的金融产品，区块链可以实现任意两个节点的"点对点"交易，而无须第三方介入，它提高了信息传输效率，降低了信息传输成本，从而降低了中小企业金融服务的成本。

（二）区块链在中小企业金融服务中的应用场景

1. 企业融资

截至 2017 年，我国中小企业超过 4 000 万家。作为我国经济发展的中坚力量，中小企业对 GDP 的贡献程度超过 60%，提供了 80% 的城镇就业岗位。① 然而，我国中小企业的发展仍受到很多困难的约束，其中最关键的一点是融资问题。截至 2017 年中，上市中小板企业为 800 余家，累计实现融资近 2 万亿元。但相对于庞大的基数，加之条件相对严苛的股权融资，中小企业更多地选择向银行体系寻求支持。

事实上，银行也难以满足中小企业的融资需求。一方面，中小企业自身偿债能力有限、财务管理能力不高、风险控制程度较低，很难从银行获得贷款；另一方面，由于信息不对称和欺诈风险的存在，单据抵押、应收账款、票据贴现等融资方式的应用有限。这就导致了中小企业"融资难、融资贵"的尴尬现状。如何从根本上解决中小企业融资难问题，进一步激发企业活力，区块链技术将提供革命性的解决方案。以基于区块链的票据贴现交易系统为例，区块链的应用将为中小企业融资带来巨大的变革和便利。

相比公有链，联盟链是一种多中心化的区块链组织形式，采用PBFT（practical byzantine fault tolerance）共识算法，由中心节点审核认定记账节点的资质，并加入不参与共识的联盟节点，从而形成多中心的区块链。未来以央行为中心节点，以商业银行及交易所为记账节点，核心企业及中小企业参与的票据贴现交易系统将大幅提高企业融资、银行信贷的效率和安全性，增强中小企业融资的可得性和便利性。在完成网络层物理部署和全网区块链协议构架后，中心节点可以认定记账节点的资质，完成联盟链搭建。中小企业的票据贴现交易需求将在智能合约协议下由计算机网络自动撮合，并在交易完成后将信息广播至全网，由记账节点共识确认后同步到各节点数据库，区块链在确保高效的同时，可以完全避免重复贴现、票据造假的发生。

2016 年，以农业银行北京分行、中信银行兰州分行、天津银行上海分行为首的多家银行集中爆发票据风险。票据风险主要发生在开票和贴现环节，常见于虚假贸易环节开票和假票贴现等行为。以当前情况来看，无论是仍处于主流地位的纸质票据还是更为可靠的电子票据，由于交易中存在较多中介，因而管理漏洞和违规交易的操作风险难以杜绝。

---

① 摘自《2017—2022 年中国企业经营项目行业市场深度调研及投资战略研究分析报告》。

特别是纸质票据，涉及的人工操作更多，银行面对较高的业务成本。区块链构架的供应链金融将供应商、银行、进货商串联在一个系统中，能够安全、高效、"点对点"地完成供应链金融业务。去中介的电子程序化的金融服务模式将极大地削减人力成本和控制操作风险。

2. 支付结算

随着我国"一带一路"倡议等开放政策的进一步深入，中小企业的跨境电商出口需求也将日益提高。结合中小企业低成本的经营理念，获取跨境支付、信用证、福费廷等进出口相关金融服务带来的费用及时间成本给企业发展带来的副作用会随着交易额度和频率的增大而越来越大。以在中小企业中占比较大的民营企业为例，民营企业的进出口贸易频繁，占我国进出口贸易总额的比例近40%，并有上升趋势。我们可以预见，跨境贸易必然带来跨境支付结算问题。

区块链打造的跨国银行支付清算体系将传统中介机构剔除，以跨账本协议实现银行到银行的"点对点"低成本支付。与此同时，区块链安全、透明、风险低的特点保障了资金的可靠性。程序化交易极大地提高了结算和清算速度，减少了在途资金占用的隐形成本。这将形成全天候交易、实时到账、安全可靠的国际清算网络，有利于降低中小企业在国际商务中的风险，为中小企业的跨境商务提供便利。

美国比特币初创公司 Veem 在 2017 年第一季度完成了 2 400 万美元 B 轮融资，达成共计 4 000 万美元融资。该公司致力于为中小企业提供便捷的跨境支付方案，其解决方案为兑换方将兑换货币转入公司账户，由 Veem 转换成比特币，再由交易所以目标货币卖出，但它们仍面临比特币波动巨大、数字货币接受程度有限的问题，更完善可行的方案由 Ripple 和 R3 提出。

目前，Ripple 协议作为一个跨国分布式支付协议，支持美元、欧元、人民币、日元等多种货币。截至 2017 年 3 月，全球已有 47 家银行完成 Ripple 分布式账本技术测试，部分银行计划投入商用。未来，如果该协议成为标准，全球互联网中的任意方都可以实现实时、无须跨行跨境支付费用的转账。西班牙桑坦德（Santander）银行于 2018 年 4 月 13 日宣布正式推出基于 Ripple 区块链的国际跨境汇款服务，目前用于西班牙、英国、巴西和波兰的零售客户，并计划未来在更多国家实现。

纽约区块链公司 R3CEV 发起的区块链联盟 R3 包括富国银行、美国银行、花旗银行、汇丰银行、摩根士丹利、法国兴业银行、中国平安等 200 余家银行、金融机构、监管机构和贸易组织，其项目 Corda 被称作"受区块链技术启发的分布式账本"。Corda 借鉴了智能合约并以 UTXO（unspent transaction output）架构，面向银行间或银行与其商业客户间的交互场景。例如，日本金融巨头瑞穗集团计划将其信用证和提单发票等业务加入 Corda 分布式账本，它们认为这可以有效防止欺诈行为，提高交易透明度。

3. 智能合约与保险

基于区块链的智能合约是一个包括事务处理和保存的完备状态机。由于区块链数据有难以篡改的性质，智能合约凭借其精确执行的特点，可以避免恶意行为的干扰，保证整个合约执行过程的透明、可跟踪。区块链共识机制创造出的状态机使智能合约高效运行，交易各方共同制定合约，向全网络进行广播并通过共识机制存入区块链。当合约事件发生时，资源结果更新并触发合约自动执行，没有第三方人为干扰，保证了合约的安全有效。

在中小企业参与产业链或者投融资交易时，由于信息不对称以及自身风险控制能力有限，确保安全的交易模式至关重要。基于第三方信用支撑的合约虽然风险较低，但个性化程度同样有限；场外非标准合约能满足企业的更多需求，但会带来更多的风险。基于区块链的智能合约系统为中小企业提供的个性化交易方案，同时做到了低风险、低成本、高效率。

另外，未来的智能合约能够广泛用于保险行业。基于区块链的智能合约使保险公司能够提供针对特定风险场景、特定用户的高度定制化保险服务，为中小企业提供更多主动风险管理方案。与此同时，区块链智能合约可以使承保和理赔步骤基于预定规则及可靠的数据来源自动执行，从而降低了保险公司的处理成本以及被保险人的保险费用支出。

4. 资产确权与交易

基于联盟链的地方交易所间金融资产流转系统可以由运营机构审核金融机构的人力、技术、合规等多方面资质，认定其作为记账节点的资格并参与系统共识。有投融资需求的中小企业作为联盟节点在系统中进行登记、挂牌、摘牌、注销等操作，资质机构记账节点通过 PBFT 共识机制记录操作过程，当三分之一以内的记账节点出现欺诈行为时，区块链系统仍能保证信息的一致性。在安全方面，区块链共识算法实现去信任，数据难以篡改，可以有效防止欺诈行为，同时用户端数据存储在数据区块并由私钥加密，可以防止窃取。在效率方面，中小企业参与投融资活动的门槛下降，任何有需求的企业都能在系统中登记交易，结合智能合约，交易撮合更加高效，这为中小企业获取金融服务的可得性和便利性提供了极佳的解决方案。

包括纳斯达克在内的多家公司将区块链用于数字资产确权、证券登记发行、转让交易、清算交割、资产证券化等多种资产确权交易模式当中。美国区块链电商 OverStock 认为，基于区块链的证券交易系统将变得更加公平、透明，方便更多市场参与者的参与。早在 2016 年初，纳斯达克就宣布使用旗下区块链技术项目 Linq 完成了第一笔私募股权交易。

5. 征信与反欺诈

区块链具有去中心、去信任、时间戳、非对称加密、智能合约等特征，能在有效保护数据隐私的基础上实现有限度、可管控的信用数据共享和验证的解决方案。未来的各产业可以形成自身联盟链，搭建征信数据共享交易平台，最小化各方的风险和成本。记载于区块链中的交易主体信息与交易记录有助于信息平台识别交易风险，不仅如此，信用数据作为区块链的数字资产，有效遏制了数据造假行为，可以保障数据的真实性。

参与区块链征信平台的中小企业能够确立自身的信用数据主权。在这个基础上，该征信平台可继续拓展连接到各企业和公共部门，实现信用数据互通，打破信息孤岛。一方面，对于银行体系，客户的识别成本将降低，企业的融资需求将得到更加便捷、有效的满足；另一方面，数据共享平台有助于征信机构在获取数据的环节上公开透明、降低成本，同时程序化、规模化地解决数据有效性问题，还可去除不必要的中介环节，提升整个产业的运营效率。

6. 供应链金融与产业互联网

在贸易全球化和分工专业化的宏观背景下，随着供应链的环节越来越多、横向及纵向的不断发展，生产所依托的供应链也变得日趋复杂。供应链的演进虽然极大地推动了上下游企业的全球化交易，但同时带来了时间成本、信用缺失、效率低下等诸多问题。这些问题使处于供应链底端的中小企业陷入困境：一是高度复杂的供应链环节使企业的管理成本不断高企，而且每个环节对资金流动和融资都会提出更高的要求；二是企业资金的收入和支出往往存在时间差，由此产生的资金缺口需要连续的融资填补。例如，上游企业订购和收货、下游企业与原料供应商、经销商与最终消费者等供应链环节中存在诸多程度不一的缺口，而现金转换周期的不一致给下游中小企业带来了资金压力。

供应链金融为以上问题提供了解决方案。银行和非银行金融机构、核心大型企业、中小企业、物流等支持技术提供方共同架构成供应链金融网络，实现信息、信用和资金的有效流动。尽管我国供应链金融得到了高速发展，但需求缺口仍然巨大。以应收账款为例，我国规模以上工业企业的应收账款余额从 2008 年 5 月的 4.03 万亿元增长到 2018 年 1 月的 13.5 万亿元，10 年间增长了 2.3 倍。在 2017 年前，我国规模以上工业企业应收账款的同比增速高于主营业务收入的同比增速（见图 3-7）。应收账款作为供应链金融最重要的融资模式之一，仍然存在"三角债""回款慢""回款难"等问题。

大数据的供应链金融体系从生产经营、物流、信用等多方面的海量数据中分析企业行为，为出资方识别企业的借贷行为提供信息基础。与此同时，在系统中进一步引入下游中小企业的订单、仓储、物流、销售数据等经营性第三方信息，联合核心企业提供的交易数据，整个供应链流程变得更加透明可行。但是，由于第三方主体和信息不对称的原因，信用传递缺失、支付结算和清算复杂等问题仍难以避免，而区块链技术将在未来为供应链金融带来技术性变革。

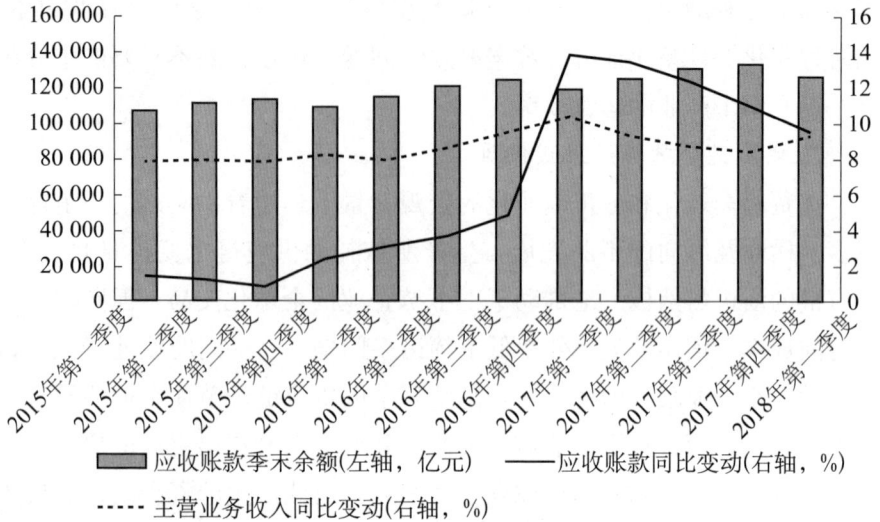

图 3-7　规模以上工业企业的应收账款与主营业务收入

资料来源：国家统计局。

区块链搭建的可追溯、透明、去中心化、强信任的分布式系统能够有效解决信息共享和真实性的问题，包括银行、非银行金融机构、核心企业、中小企业、第三方物流、仓储、工商、税收等在内的所有供应链参与方都可以作为节点加入供应链金融区块链。例如，资金使用情况、贷款提款信息、订单发货信息、仓库存货信息、工商登记和税务信息均可在全网共识认定后更新并通知各方。区块链的去中心化、难以篡改、可编程的特性从根本上解决了信用风险和效率问题。供应链金融区块链将高层次地实现信息共享、信用互认，在构建产业互联网的目标上起到革命性的支持作用。

布比区块链于 2017 年 11 月完成 1 亿元人民币 A 轮融资，其致力于打造企业级区块链产品并提供解决方案，见图 3-8。目前，布比区块链已打造出布萌数字资产网络和壹诺供应链金融两种产品。布比区块链已应用于数字资产、贸易金融、股权债券、供应链溯源、联合征信等诸多领域，其目标是以多中心化信任为核心，打造新一代价值流通网络，让数字资产都自由流动起来。

3.3.5　云计算

通常说来，云计算不直接作用于服务过程或是应用于金融产品，而

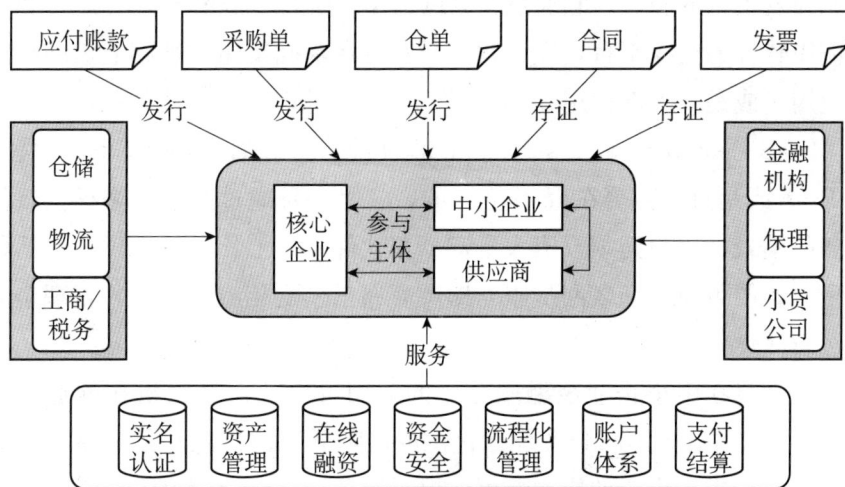

图 3-8　布比区块链解决方案

资料来源：布比区块链。

是通过对金融机构经营管理类系统、渠道类系统和核心业务系统等 IT 系统的云化，为大数据技术和人工智能技术应用提供基础设施支持，使得金融机构能够及时、快速对接中小企业客户，提升中小企业金融服务的可得性，降低中小企业获取金融服务的成本。

（一）云计算概述

云计算（cloud computing）通常被认为是一种基于互联网的计算方式，通过这种方式，共享的软硬件资源和信息可以按需求提供给计算机的各种终端和其他设备，即使只投入少量的管理工作或与服务供应商进行少量交互，使用者也能快速获取这些资源和信息。

通常说来，云计算架构可以分为基础设施层、平台层和软件服务层三个层次，这也对应了 IaaS、PaaS、SaaS 三种不同的服务模式。

IaaS（infrastructure as a service），基础设施即服务。IaaS 层主要包括计算机服务器、通信设备、存储设备、负载平衡设备等基础硬件设施等，可以通过互联网为用户提供计算能力、网路通信和数据存储等基础类型服务。

PaaS（platform as a service），平台即服务。PaaS 通常是构建在 IaaS 之上，也可以直接构建在物理资源之上。PaaS 提供类似于操作系统和开发工具的服务，它通过互联网为用户提供一整套开发、运行和运营应用软件的支撑平台，允许软件开发者在基础架构的基础上扩展已有的应用，或是开发新应用。

SaaS（software as a service），软件即服务。通常说来，SaaS 是基于 PaaS 或是直接部署在 IaaS 之上的，它是一种通过互联网来提供软件服务的模式，用户无须投资大量资金在软件开发上，而是提供一定的租赁费用，便可通过互联网从服务提供商那里享受相应的服务，管理企业的经营活动。

云计算在中小企业金融服务中的应用可以降低金融机构的运营成本，通过将金融机构 IT 系统云化，可以降低单位信息化的成本，从而减少转嫁给中小企业的成本；可以提升服务的自动化程度，全天候地为中小企业提供金融服务；可以支持大数据和人工智能等金融科技的应用，使得为中小企业提供多样化的金融服务成为可能。

（二）云计算在中小企业金融服务中的应用场景

在金融科技的五大新兴技术中，云计算技术属于基础性技术，是其他金融科技应用的基石，它的发展已经趋于成熟。中国信息通信研究院的调研数据表明，已有过半数的金融机构使用云计算技术。在中小企业金融服务的实际应用场景中，云计算技术并不是直接表现为某一种创新的金融产品或金融服务，而是通过对金融机构经营管理类系统、渠道类系统和核心业务系统等 IT 系统的云化，为大数据技术和人工智能技术应用提供基础设施支持，使得金融机构能够及时、快速地对接中小企业客户，提升中小企业获得金融服务的可能性，降低中小企业获取金融服务的成本。

金融机构 IT 系统的云化过程发展潜力较大，目前仍处于初级阶段。金融机构对辅助类系统、非核心业务系统和互联网金融业务系统尝试使用云计算服务。在部署模式的选择上，不同金融机构的选择各不相同。中大型金融企业的技术能力和经济实力较强，通常选择将核心业务系统部署到私有云上，而将经营管理类系统、渠道类系统部署在公有云上。小型金融机构（如小型银行、城商行等）的技术实力薄弱、经济实力较差，通常选择把所有业务系统都部署在公有云上，通过金融机构间基础设施的合作和共享，在行业内部形成公共基础设施，并衍生出一系列公共服务产品，既可用于金融机构内部的信息资源共享，又可用于对金融行业外部客户的全方位金融服务，这被称为"金融行业云"。

平安集团旗下的金融壹账通基于平安金融云平台搭建出的"智能银行云"平台，就是一个典型的"金融行业云"。该平台旨在为中小银行输出全方位、一站式的金融科技服务，主要包括 F2C、F2B 和 F2F 三个服务模块，每个模块下又细分为销售、产品、服务、风控和运营五方面的解决方案。其中，F2C 为互联网零售银行服务平台，可协助银行搭建直销银行的定制化金融 App，并提供从系统、产品到运营的全流程服务。F2B 为中小企业金融服务平台，它通过海量、多维度的中小企业相关数据，可以全面分析及挖掘客户，并精准引流，而后通过覆盖中小企业信贷全生命周期的智能量化风控工具及流程，为 F 端的中小银行提供贷前 360 度客户数据报告、贷中、贷后的智能量化评估决策，以及预警监测服务等与中小企业信贷相关的金融服务，还可为 B 端的中小企业提供包括信贷产品申请、企业信用管理及增信、进销存管理及支付、行业动态及投资理财等综合金融服务。F2F 为同业资产交易平台，主要依托于金融机构一账通平台，为广大中小银行等金融机构提供开放的一站式金融资产交易服务和智能资产负债管理服务，实现机构间金融资产的高效、安全流转和资金的便捷融通。

3.3.6　生物识别

生物识别主要从支付方式和交易方式方面为中小企业金融服务提供技术支持。在支付结算方面，基于生物识别的移动支付在中小企业扩展客源、拓宽业务市场和维持资金稳定方面具有战略性意义。在交易方面，生物识别可以帮助中小企业便利、安全地实现远程开户和交易转账，进一步降低中小企业的成本。

（一）生物识别概述

生物识别是指通过计算机与光学、声学、生物传感器和生物统计学原理等一系列高科技精密技术的紧密结合，利用指纹、面部、基因等人体固有的生理特征和声音、步态、字迹等行为特征来进行个人身份识别与鉴定的一种技术方法，见图3-9。因为一些人类生物特征具有普遍性、唯一性、稳定性和可操作性等特性，所以生物识别在可行性和可靠性上得到了保障。

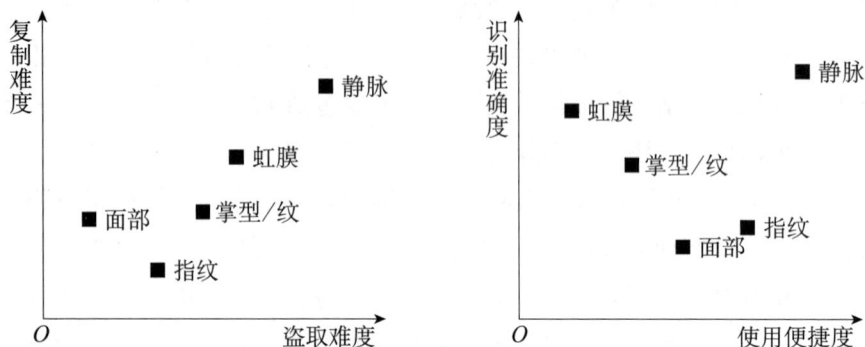

图3-9 五类主流生物识别技术比较

资料来源：日立（中国）有限公司官网。

　　生物识别流程基本集中于登记和认证两个模块。在登记模块中，实体终端通过对登记目标进行生物特征取样，借助单个或多重取样获得目标唯一的生物信息，并将其用计算机技术转变为数字代码，该数字代码将组成该个体的特征模板存入生物特征数据库。未来，生物识别将普遍用于各个领域，任何个体都会有唯一的特征模板并传至云端。在进行生物识别时，认证模块通过其获取的信息与数据库中的模板进行比对，得出认证者与登记目标是否匹配的结论。

　　根据识别特征的不同，生物识别常被分为人体生理特征和行为特征两大类。当前的主流识别方式有五大类，从复制盗取难度、准确度、便携度方面对当前方法进行排序，可分为基础层次的指纹、掌型/纹、面部和高层次的虹膜、静脉，因而生物识别的发展速度可期。目前，人脸识别的准确率（如平安科技）可以达到99.8％±0.16％[①]；较高层级的静脉识别技术可以达到0.000 1％的认假率和0.01％的拒真率[②]。在未来基因技术实现突破的条件下，生物识别将达到更精准的水平。

　　目前，生物识别主要用于部分商业项目、公共社会安全、大众消费

---

① 该数据来自平安科技（深圳）有限公司官网。

② 该数据来自日立（中国）有限公司官网。

和司法领域。各国政府出于国家安全的考虑开始在护照、身份证上采用生物识别技术，这大大推动了生物识别的研发和创新。另外，国际生物识别协会和各产业联盟制定的技术标准及开放的应用程序接口也为生物识别产业的发展提供了支持。

传统身份识别模式（如 IC/ID/RFID 卡证件、个人识别码等）在快速发展的信息化时代逐渐暴露出不足：一是安全性难以达到要求。随着信息技术的发展，密码等私人信息的盗取和破解屡见不鲜，特别是当涉及个人身份信息的资料被他人恶意使用时，传统身份识别模式难以辨别用户。二是效率难以提高。未来，随着各领域的互联网化，身份认定的使用频率将大幅提高，而传统识别技术面对的密码烦琐、远程识别困难等问题将极大地影响效率。

生物识别依托于人类生物特征。在安全性上，生物特征的盗取难度远高于密码等数字信息的盗取难度；在效率上，由于生物特征与用户绑定，可以随时取用，而且在跨时空的可信任度上也远高于传统方式，所以生物识别技术将是未来实现高效、可靠验证"我是谁""我是我"问题的解决方案。

下面将说明生物技术在中小企业金融服务方面的应用场景，以及如何通过生物识别技术实现中小企业在市场开拓和获取金融服务便利方面的目标。

生物识别在中小企业金融服务中的应用可以帮助金融机构确认信息的有效性和安全性，使得金融机构可以提供远程金融服务，从而降低了金融机构的人力成本和中小企业获取金融服务的成本，并使金融机构的规模化、自动化金融服务成为可能，同时提升了中小企业获取金融服务的便捷性。

（二）生物识别在中小企业金融服务中的应用场景

1. 移动支付

移动支付是指用户通过手机等移动终端对消费的产品或服务进行支付的一种金融服务方式。在当今社会，大到大型商场，小到水果摊贩，移动支付涉及每个人每一天的生活。根据中国人民银行的数据，2017 年我国非现金支付电子移动支付业务有 375.52 亿笔，业务金额共计人民币 202.9 万亿元，见图 3 - 10。从增速来看，尽管经过 2015 年"井喷式"的迅速发展，2017 年非现金支付电子移动支付的业务金额仍保持 30% 左右的增长，市场前景广阔。

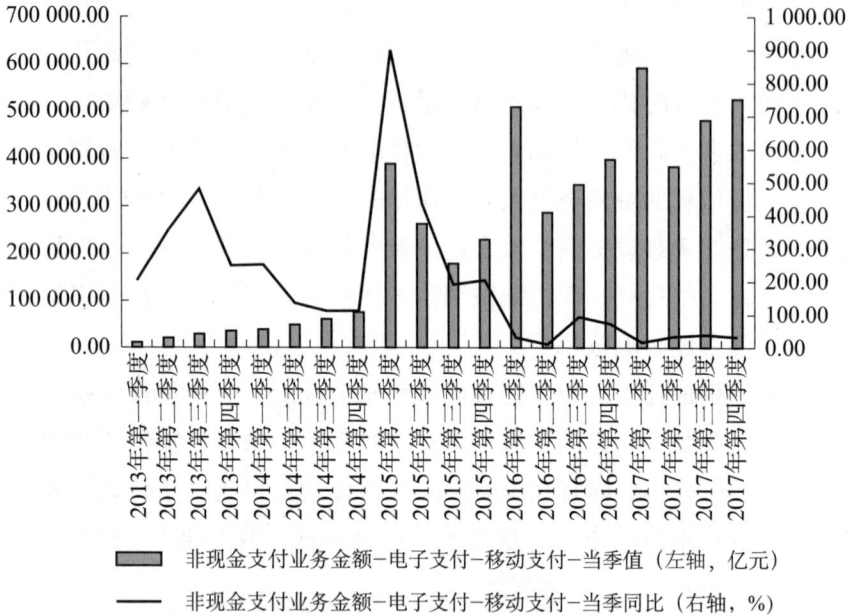

图 3 - 10　移动支付市场规模

资料来源：中国人民银行支付结算司。

除了改变人们的生活方式，移动支付给中小企业带来了诸多改变与机遇。客户通过移动支付与中小企业交易，一方面降低了企业的运营成本，提高了经营效率，另一方面增加了用户黏性，拓展了企业的收入来源。在生产端面对融资困难、资金链风险等诸多问题时，移动支付从客户端为中小企业提供了解决方案。

生物识别在未来将进一步支持移动支付的发展。目前，生物识别的发展尚处于初级阶段，仅作为移动支付中身份检验环节的一种手段，但生物识别对用户使用体验和效率的提升是其充分融入并取代密码移动支付方式的前提。蚂蚁金服旗下可信身份平台 ZOLOZ 致力于提供金融及生物识别技术，并在商业、政务和生活场景中得到了广泛运用。对中小企业来说，生物识别技术平台的发展战略意义重大，对于其拓宽业务市场、维持资金稳定具有重要作用。

2. 远程开户

生物识别技术在身份鉴定的过程中能够很好地打破时空壁垒。以银行开户为例，传统做法往往要求开户者到现场办理，并将此作为本人身份认定的必要环节，但在贸易交易网日益复杂的今天，中小企业面对的异地开户问题愈发突出。异地开户不仅带来了效率损失和成本增加，而且安全性也相对有限。

基于生物识别技术的远程开户系统能够在可信终端上完成对账户所有者的生物特征信息采集，并通过与云端数据库比对来确认人物信息。该系统的所有流程均由计算机系统完成，排除人为干扰，在识别精度极高的未来，系统将协助银行等金融机构完成远程开户的办理。该系统的应用将大大减少中小企业交易活动的成本，助力企业高效运转。

英国的 Atom 银行成为全球首家应用人脸识别技术验证客户身份、为客户开户的银行。韩国的新韩银行实现了在无人网点使用静脉识别辅助开户的应用。国内的浦发银行、汇丰银行、华泰证券、长城证券等多家金融机构已推出人脸识别开户业务。金融壹账通在贷款审核阶段推出的多人视频面审平台，基于客户的微表情识别技术做到高效防欺诈。

3. 转账取款

银行大额转账业务操作也能借由生物识别技术实现从现场到线上的转移。生物识别技术能对验证"我是我"提供更好的解决方案。相比传统的"本人"办理，在生物识别高精度的前提下，生物特征甚至更有说服力。

招商银行已在其 App 上应用人脸识别实现了线上大额转账业务，中小企业或居民个人无须再到柜台办理。在取款方面，招商银行、中信银行先后推出了远程视频柜员机（VTM），并实现"刷脸取款"。攀枝花商业银行引入掌静脉识别技术办理存取款业务。

4. 支付结算

生物识别可以改写账户与持有者的关系。与传统模式相比，生物识别将账户与个人生物特性相关联，而不需要银行卡、手机、现金等物理介质。在支付结算的过程中，身份认证终端将指令发出者的信息与开户信息比对，在确认身份后完成操作。相比传统的支付结算方式，生物识别的应用更加安全高效。

日本信用卡公司 JCB 推出静脉识别支付功能，用户在支付时只需提供手掌静脉信息，即可实现"无卡支付"。万事达 MasterCard 也在其南非市场尝试推出生物识别银行卡，持卡者可以通过指纹实现付款。

对于中小企业来说，生物识别技术对支付结算功能的支持将是未来的发展方向之一。这是移动支付的更高层次，可以为企业与上下游交易提供安全保障，对拓宽客户市场、增加用户群体黏着度有战略意义。

5. 核保核赔

随着中小企业业务的发展，它们在保险领域的需求也愈发旺盛。中小企业希望借助保险转移风险、降低经营成本，但大型保险公司往往由于效率较低、核保核赔等方面的问题难以消化这些业务。一方面是日益增长的需求，另一方面是技术难以满足，而生物识别技术将带来提效增速的解决方案。

客户可以通过系统自动识别索赔凭证，用生物识别验证身份和索赔人的信用记录，借以快速识别保险索赔，减少人为干预并降低保险公司的人力成本。宏康人寿首次推出面部识别技术，实现了安全服务智能化。许多保险公司（如平安保险、泰康在线、中国人寿）都将人脸识别技术用于它们的保险业务。

生物识别技术给保险行业带来的效率提升将间接引导保险公司对中小企业开展业务，帮助中小企业实现风险转移、降低经营成本。

3.3.7 综合应用

前面分别介绍了人工智能、大数据、区块链、云计算和生物识别等金融科技在中小企业金融服务中的应用场景。然而，就实际情况来说，这五类金融科技并不是单独的，而是共同应用在中小企业金融服务中。在通常情况下，云计算作为基础技术，可使金融机构 IT 系统云化，并为其他技术的应用提供硬件支持。生物识别保证了数据的准确性和安全性，为金融远程服务提供了可能性。区块链保证了数据的透明性和可靠性，同时提高了金融信息的交互效率。这两者为大数据提供了更广泛且更可靠的数据。大数据的数据处理能力和人工智能的智能化使得这些数据可以得到更高效的应用，并能为中小企业提供个性化的优质金融服务。

以平安银行的 KYB（know your business，中小企业征信数据贷）平台为例，其综合大数据、云计算、人工智能、生物识别等技术。一方面，该平台与美国麻省理工学院（MIT）深入合作，开展生物识别、语音图像处理等人工智能新技术领域的研究；另一方面，该平台依托平安银行丰富的中小企业融资实践经验的积累，结合大数据、互联网、云计算等技术，借助平安集团的大数据资源和征信能力，搭建起中小微企业数据融资服务体系，实现科技与金融的深度融合。该平台的突出特点是全流程自动化、线上化、便捷化，客户无须到银行网点递交纸质材料，而是通过线上远程操作即可，并且放款速度也非常快，最快 15 分钟签批。与此同时，广大中小企业主作为小企业经营性贷款的申请主体，还可以在 KYB 平台上享受到理财、保险等各类金融服务。该平台的两种主打产品是"发票贷"和"税金贷"。"发票贷"的操作流程是客户通过在平安银行官网下载的软件自行上传发票凭证，平安银行通过发票了解企业的真实经营状况，对符合条件的中小企业发放贷款。"税金贷"是平安银行武汉分行与湖北省税务部门合作，通过在税务部门网页上征求客户授权来获取客户的税务数据，然后借助税务数据判断客户的经营状况，再进行贷款发放决策。

3.4 金融科技对中小企业金融服务的变革性影响

随着科技与金融服务的不断结合，金融科技在融资借贷、支付结算、财务咨询、投资管理、保险等方面发挥了诸多传统金融不具备的优势，从不同环节为中小企业获得金融服务提供便利。

我们针对不同金融服务类型出现的新形式及金融科技对它们的影响，分析中小企业在新时代如何受惠于技术革命的成果，并重点探讨了金融科技对融资服务的影响。在此基础上，金融科技的快速发展也给现有监管体系造成了冲击，对金融监管框架、政策法规、信用体系构建分别产生了不同的影响。

（一）金融科技扩大了中小企业金融服务的范围

首先，随着科学技术与金融服务结合程度的不断深化，金融科技更好地解决了信息不对称问题，简化了传统的金融服务流程，提升了金融机构的风险管控能力。其次，金融科技在融资借贷、支付结算、财务咨询、投资管理、保险五方面提供了新型金融服务方式，使得中小企业能够获得更多的金融支持。金融科技在中小企业金融服务的提供过程中发挥了丰富信息采集来源、优化复杂的风险定价模型、简化投资决策过程、成为信用服务中介等重要作用，扩大了中小企业金融服务的范围和可得性。

（二）金融科技改善了中小企业融资服务的困境

随着金融科技的快速发展，互联网众筹和供应链金融等融资新形式纷纷出现并迅速发展，为中小企业创造了更多低门槛的融资途径。金融科技对中小企业融资服务的影响，主要表现在银企关系缓和、融资成本下降、信贷风险明晰和融资可得性提高四个方面。

（三）金融科技改善了中小企业其他金融服务的困境

在支付结算方面，金融科技使得支付结算的可得性提高、价格成本降低。通过运用先进的信息技术处理金融业务，支付结算涵盖了中小企业的常见支付场景，提高了偏远地区及经济不发达地区的金融服务覆盖度。在投资管理方面，金融科技的发展给中小企业的投资管理业务带来了冲击和融合，主要衍生了智能投顾和智慧合同两种新业务形式，并且改进了投资管理业务的流程，提升了业务效率。在财务咨询方面，自动化财务解决方案和薪酬管理平台等的应用，提升了中小企业日常财务管理的效率，降低了财务管理的成本。在保险业务方面，中小企业可以从保险科技类公司获得企业员工团险、互联网保险经纪、中小企业保险定制等服务，金融科技的发展为中小企业投保及后续理赔提供了关注与渠道，革新了中小企业的保险商业模式，优化了中小企业的保险服务体验。

（四）金融科技推动了外部支撑环境的变革

金融科技催生了许多新型金融形式，对现有的金融监管体系形成了冲击，为金融市场带来了新的风险，促进了监管框架的变革。对于金融科技的发展态势，有关部门做出了一系列政策法规指示，用于促进互联网金融风险防范、完善知识产权体制和机制发展、提升中小企业的信息化水平以及建立健全国家金融数据库。金融科技扩展了原信用体系下的信息来源，丰富了信用产品服务，优化了征信技术模型，帮助构建了一个覆盖面更广、信用评价更全面的信用体系。

3.4.1　金融科技对中小企业金融服务范围的影响

（一）科技与金融服务的结合

进入 21 世纪后，科技与金融的结合为新兴的互联网技术提供了更多的应用场景，进一步推动了第三次科技革命的实现。截至目前，金融科技的发展主要经历了三个阶段：一是以 ATM、POS 机、网上银行为代表的金融 IT 阶段，在这个阶段，电子化产品的应用大大提升了金融业务的办公效率；二是以互联网保险、移动支付等业务为核心的互联网金融阶段，在这个阶段，主要是利用低成本、易传播的互联网渠道对接金融的资产端、交易端以及资金端；三是以大数据征信、智能投顾、区块链技术为代表的金融科技阶段，在这个阶段，主要是使科技与金融业务更深入地结合。

综观金融科技的发展历程，我们可以发现：科技在不断深入金融渠道、业务、产品的过程中，已逐渐成为金融中介的重要组成部分，为金融市场履行融资媒介、价格发现、风险分散、提高流动性、降低交易成本等基本功能注入了新的动力。

米什金（1999）认为，交易成本和信息不对称是金融结构演变的根本驱动力。一方面，科技的进步极大丰富了各种信息的获取来源，提高了数据分析能力，有效改善了投融资双方间的信息不对称，使得金融中介能从更广阔的渠道获取更多投资人的闲置资金，在分散风险的同时，也大大提升了金融市场的流动性；另一方面，技术进步大幅降低了交易成本，简化了交易流程，使得金融服务创新不断涌现，并不断扩展市场容量。

科技能够在两大根本驱动力上大大加快金融演变的速度，因而新兴的金融科技已成为一种对金融行业的革命，同时技术的进步对金融服务也产生了变革性影响。金融科技在扩大金融服务覆盖范围的同时，也提高了金融服务的可得性，表现出高效率、低成本、轻资产的特点。

（二）金融科技为中小企业提供的金融服务类型

由于信息不对称和服务成本等因素的影响，一直以来，中小企业总是面临着"融资难、融资贵"的问题，它们能够享受的金融服务类型十分有限。如今，随着大数据、云计算、区块链、人工智能等一系列技术的飞速发展，金融科技在融资借贷、支付结算、财务咨询、投资管理、保险等方面已经展现出卓越的优势，为中小企业提供了愈加多元的金融服务类型。在 TOP 50 金融科技公司的行业分布情况中，融资借贷行业有 18 家，财富管理行业有 9 家，保险行业有 6 家，支付行业有 5 家，这也体现了金融科技公司提供服务的多元化，见图 3-11。

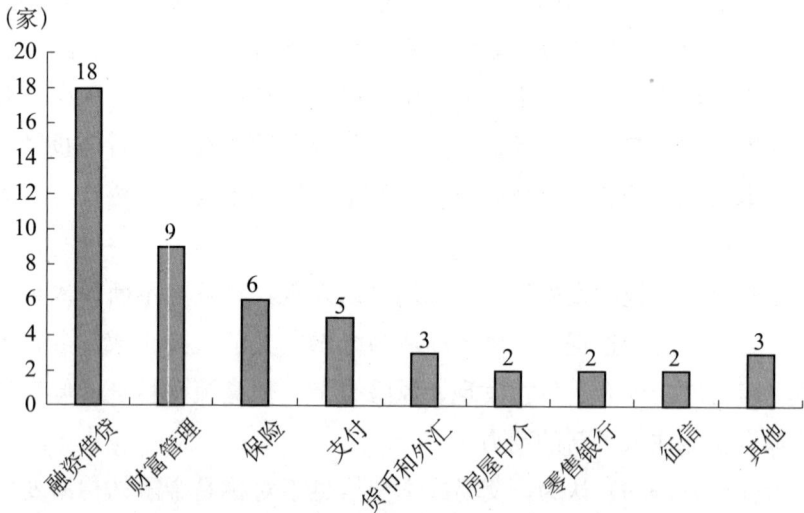

图 3-11　全球 TOP 50 金融科技公司的行业分布

资料来源：H2 Ventures。

1. 融资借贷

中小企业的融资渠道窄，它们有 95％的融资来源于向金融机构借款。中小企业的贷款业务与 C 端的消费金融不同，前者因为经营需要，经常要申请大额资金，而且满足它们所需的贷款产品各异，加上中小企业需要的贷款金额太大，所以单靠一种贷款产品无法满足需要。传统金融机构的产品复杂、办理门槛高、办理流程繁复，借款人对金融产品不了解、面对众多的贷款产品无从选择，这些都为贷款中介创造了机会。

近年来，大量新兴的金融创新产品（如众筹、消费金融、供应链金融等）不断涌现，为中小企业融资提供了新的渠道。在引进第三方征信数据、政府数据库、网络公开信息等不同渠道的数据后，大数据风控为金融机构提供了基层的信用数据和分析，并通过自身算法将不同类型的融资者与各类资金端对接，实现了投融资需求的合理匹配，有效降低了中小企业信息不透明所带来的投资风险和交易成本。

2013—2016 年中国网络借贷未偿还贷款余额扩大逾 36 倍，年均复合增长率达 230％。不过，将其与中国庞大的金融体系相比，这一数字仍相对较低，目前仅占中国社会融资总额的 0.79％（2013 年的占比为 0.03％），因而金融科技融资产品在中国的中小企业市场上还有很大的发展空间。

2. 支付结算

如今，随着支付宝、微信钱包的扩张，高效、低成本的网络支付已经大举迈进了人们的日常生活。2016 年，非银行支付机构累计发生网络支付业务 1 639.02 亿笔，金额为 99.27 亿元，同比分别增长了 99.53％和 100.65％。与此同时，证券（不局限于股票）的登记结算与交易将会成为互联网支付结算的重要发展方向。此外，各种金融资产的场外交易结算也亟须金融科技的先进支付手段为其提供更加便利的解决方案。

随着基于区块链的分布式账簿的出现，金融科技逐渐由国内的零售支付转向跨境支付，并已出现商业原型。由于区块链技术具有去中心化、安全性高、交易简单的优点，在中小企业跨境业务的支付结算中可以在很大程度上保证交易数据的私密性，并且降低支付结算的成本。

3. 财务咨询

一般来说，由于规模小、利润少，中小企业一般无法负担专业机构的财务咨询服务，但大多数处于初创期或成长期的中小企业往往内部财务体系和管理体系较为混乱，又需要专业的财务或管理咨询机构的指导建议。

从国内的会计服务行业来看，小到记账公司，大到会计师事务所，从业机构的资质参差不齐，中小企业在庞大的会计服务市场中更是难以选择。优质财务咨询服务的缺乏让中小企业会计数据的价值大大降低，有可能使企业付出更高的税务费用。

金融科技通过互联网化的平台可以将企业的会计数据与金融机构的系统衔接，优化投后、贷后管理的效率，从而帮助中小企业获得金融支持。目前，国内已经出现了像易后台、用友一类的企业财务服务提供商，通过线上软件与线下服务的结合，降低了中小企业的税收负担，也使企业的会计数据价值能够更好地被投资人发现。

4. 投资管理

金融科技在投资管理业务方面的创新主要基于人工智能技术的使用，它能够使用软件自动化创建客户档案、进行资产配置、选择合适的标的资产并择时进行交易。此外，金融科技可以在投资管理环节提供包括私人财务在内的一系列服务。对于中小企业客户而言，金融科技的优点是成本低、流程简单、算法先进，可以避免人工投资的非理性因素，对于大多数中小企业小额、暂时性的营运现金流投资具有不可比拟的优势。目前，市场上金融科技的代表性投资管理公司包括 Betterment（美国）和京东金融（中国），部分传统金融机构和其他细分行业的金融科技公司也开始试水智能投顾业务。

5. 保险

传统的保险机构依靠大数定律和中心极限定理进行计算，它们广泛吸纳小额、分散的资金，并进行大额保险赔付，因而传统的保险机构在营销渠道上往往要进行大量的投入，这也造成了保险行业的粗放式发展。

在经济发展进入新常态后，金融科技手段将成为传统保险机构转型发展的核心竞争力。大数据是保险分析的核心资源，金融科技将大数据分析应用于保险产品设计、自动化出单、精准营销和风险管理等业务环节，针对不同群体定制个性化的保险产品，可以更好地满足不同客户的保险需求，缩短以往复杂保险条约的设计流程。通过搭建互联网销售平台，传统的保险机构可以降低人力成本和运营成本，向客户收取更优惠的保费。

金融科技不仅在保险产品的营销推广方面有着以往人工推销不可企及的效率优势，而且可以大大简化投保和理赔流程，提供一站式保险服务，在运营模式上提升客户体验。从投保、缴费、实时承保、电子保单出单到自助理赔，金融科技可以帮助实现一站式保险服务，带领消费者迈进真正的"保险科技"时代。

（三）金融科技在中小企业金融服务的不同环节发挥的作用

金融科技在为中小企业提供金融服务的过程中，发挥了丰富信息采集来源、优化复杂的风险定价模型、简化投资决策过程、成为信用服务中介等重要作用，金融科技在不同的服务环节加强了企业金融服务的效率，进一步提高了中小企业金融服务的可得性。

1. 信息采集

金融行业由于服务客户众多、业务类型复杂、信息化程度较高，天然具有"海量用户和大数据"的特点。人工智能与大数据的融合，为金融风控带来了革命性的变革。在大数据技术的帮助下，金融机构能从线上和线下多种渠道搜集中小企业用户的海量数据，极大地丰富了信息来源。更加广泛的信息有助于信用评级机构生成明晰的用户画像，从而对中小企业的信用风险做出更加精准的判断。

对于中小企业来说，小额、分散的特点十分明显，这就使金融机构不可能对每一个借贷人都进行上门核实，否则其业务成本将会大幅增加；除非借贷金额较大，这样的实地考察才有意义。与线下考察这种方式相比，大数据的应用更为便捷，它通过对全面数据、强相关数据、时效性数据进行整合分析，从广度、深度、新鲜度三方面提升信用风险管理水平。

在大数据挖掘技术为金融机构搜集了足够多的底层参考数据后，如何从海量的信息中找出准确且具有价值的信息就成了金融科技需要解决的关键问题。在选择高质量信息、排除噪音信息的阶段，金融搜索引擎技术发挥了重要作用。金融搜索引擎一般用于解决信息获取和信息碎片问题，而将复杂的查询和逻辑判断交给用户来完成。在这一技术上，金融科技实现了人与机器的分工，大大提高了信息处理效率，在为中小企业客户提供流程便利性的同时，也提高了中小企业经营信息、财务信息的透明度，为中小企业获得金融服务打下了良好的信息基础。

2. 风险定价

金融资产定价的核心是分析风险与收益的关系，风险越高，资产的溢价越高，反之亦然。中小企业的融资业务对金融机构提出了更高的风险定价要求，进一步推动了智能风险定价技术的落地。

随着金融科技的迅猛发展，大数据、云计算等前沿科技与金融不断融合，利用金融科技识别、评估客户风险并进行风险定价已呈现出明显的智能化趋势。传统的金融产品定价模型往往较为复杂，需要耗费大量的时间和精力进行计算，而在金融科技的变革性影响下，金融机构对中小企业的风险评估难度不断下降，对中小企业贷款的定价也趋于合理。如今，越来越多的金融机构在尽职调查的基础上，相应地引入了第三方征信企业的信息，它们在完善自身数据库的同时，加强了对中小企业资信状况的核查，并开始着手研发智能风控系统和金融产品的自动化风险定价，从而大大节约了审核和定价环节的人力成本，同时扩大了自身的业务对象范围。

3. 投资决策

传统的投资顾问需要站在投资者的角度，帮助投资者规划符合其投资风险偏好、符合某一时期资金需求和适应某一阶段市场表现的投资组合。传统的人工投顾服务需要顾问在大量的工作经验中提高预判能力和投资水平，因而高质量的投顾服务也带来了昂贵的人工费用，在无形中提高了投资顾问服务对象的门槛。

智能投顾的目的是提供自动化的资产管理服务，为投资者提供符合其风险偏好的投资建议。近年来，随着人工智能技术的发展，机器学习技术崛起。通过对不同计算模型的完善，将人工智能与量化交易技术相结合，帮助客户进行投资决策已成为越来越多资产管理机构的策略选择。通过智能投顾平台，投资机构可以即时了解和分析当前的市场交易状况，并即时做出合适的量化交易策略；借助人工智能和机器学习技术的分析方法，金融科技企业可以对海量小额客户进行问卷调查，了解其风险偏好，再基于马科维茨的资产组合理论，为客户提供量身定制的资产投资组合建议。

相比于传统的人工投顾，智能投顾拥有以下几点突出优势：一是费用低，通过大数据分析和机器学习技术，智能投顾显著缩短了单一客户的服务时间，节省了高昂的人力成本；二是受众范围广，智能投顾涉猎的基础资产范围广，服务费率低，降低了资产管理服务的门槛，满足了中产阶层和小额投资者的需求；三是理性，由于计算机在做出投资决策的过程中不受投资者心理或市场情绪的影响，可以很好地避免非理性因素的影响，做出更加科学的分析和判断，因而智能投顾非常适合为缺乏专业投顾团队指导的中小企业提供服务，并能很好地降低中小企业的投资成本。

4. 信用中介

金融科技机构的商业模式一般有两种：一种是经营信息中介的业务，它们在平台上接受和发布不同的投融资需求信息，并撮合借贷双方的交易；另一种是经营信用中介的业务，金融科技机构的智能投顾平台在获得上市融资或向其他金融机构拆借资金后，选择平台上的融资需求方进行放贷，以赚取贷款利息或者净息差。

信息中介与信用中介两种商业模式的最大区别在于托管资金的决定权是在借款人手中还是在平台方。成为信息中介需要具有审查客户信用资质、进行风险定价和交易撮合的职能，而金融科技机构在大数据挖掘与分析方面的优势可以大大提高中小企业财务与经营信息的透明度，从而降低中小企业的金融服务门槛。在此基础上，金融科技机构的智能投顾平台又能对平台资金进行合理的投资分析，做出是否发放贷款的决定，并以信用中介的角色参与交易，从而简化了信用评估流程、压缩了评估环节的人力费用，有利于降低中小企业的融资成本。

3.4.2　金融科技对中小企业融资服务的影响

2016 年，全国工商登记的中小企业超过 2 000 万家，占全国企业总数的四分之三以上，若将个体工商户纳入统计，中小企业的占比已超九成。据统计，中小企业所创造的价值占 GDP 的 60% 以上，承担了国家约 50% 以上的税收，为 70% 的城镇人口提供了就业机会。

但是，对中小企业的金融支持力度仍然较低，而且经济增速放缓加剧了中小企业融资的困难程度，有相当多的中小企业无法获得贷款。截至 2016 年 12 月 19 日，中国的新三板企业数量达到 10 163 家，约占中小企业总数的 0.03%，这表明中小企业通过直接融资方式获取的资金支持依然有限。2016 年 12 月末，国内中小企业的人民币贷款余额达20.84 万亿元，占全部企业贷款余额的 32.1%，虽然这一数据相比 2015年有所提高，但相对于中小企业的工业总产值和提供的就业岗位在全国的占比，仍然偏低。

近年来，金融科技的快速发展为中小企业融资提供了新思路。利用大数据、区块链、机器学习等技术构建中小企业的征信和风控基础，开辟了众筹、供应链金融等全新的融资渠道，提高了中小企业的融资可得性，为解决"融资难、融资贵"问题注入了强劲的动力。

（一）中小企业融资新形式

1. 金融壹账通的互联网融资模式

上海壹账通金融科技有限公司（以下简称"金融壹账通"）成立于2015 年，前身为深圳平安金融科技咨询有限公司，专注于为金融机构提供"一站式"金融科技解决方案。

该公司依托平安近 30 年的金融科技积累，拥有全球顶尖的金融科技专业团队，具有业内丰富的金融科技实践经验。基于人工智能、大数据、区块链、云平台以及金融应用五大核心科技，结合平安深耕多年并经实践验证的专业经营技能，金融壹账通打造了智能销售方案、智能风控方案、智能产品方案、智能服务方案和智能运营方案五大利器，帮助金融机构解决获客难、风险高、产品少、服务差、运营贵五大痛点，实现经营管理水平与收入的快速升级。截至目前，金融壹账通已经服务了400 家银行、2 000 家非银行金融机构、1 500 家准金融机构，贡献了超过 7 亿次的 C 端使用量、超过 5 万亿元的交易量，并在业界屡获殊荣。

针对目前中小企业"融资难、融资贵"的问题，金融壹账通公司推出了壹企银金融科技平台（以下简称"壹企银"）。在商业模式上，一方面，壹企银与大量中小企业签订合作协议，构建了线上企业客户的基础；另一方面，壹企银与金融机构合作，引入了丰富的信贷信息入口。在此基础上，壹企银运用人工智能、客户精准画像和风险评级模型等智能工具，实现了客户与银行等金融机构信贷产品的线上智能匹配，以及客户端和银行端的无缝连接。

壹企银独创了针对垂直行业的获客模式，通过对汽车、医疗等行业的深入研究，一方面研发出符合行业特性的风险评价模型及金融产品，另一方面又通过与行业内有影响力的平台合作，积累了大量的目标客户。

在风险管控方面，壹企银使用智能认证、反欺诈、客户画像、黑灰名单及区块链等最新的风险识别和防控技术搭建，涵盖了贷前进件、贷款审批、面签放款、贷后管理的全信贷业务流程，搭建了科学、全面的定性和定量评估模型，并可提供实时的动态监控和风险预警，然后用完整的业务链条支持金融机构提升风控能力和流程效率，以降低运营成本。

2. 互联网众筹

（1）发展现状。互联网众筹模式起源于 2001 年在美国成立的 Artist Share 公司，随后便呈现出爆发式增长趋势。中国电子商务研究中心的检测数据显示，2025 年全球众筹市场的规模将达到 3 000 亿美元左右。

目前，互联网众筹行业主要分为公益众筹、奖励众筹、非公开股权众筹三种商业模式。公益众筹主要是指受捐者通过互联网众筹平台发布信息，吸引捐赠者无偿对融资项目进行捐赠。奖励众筹是指投资者通过互联网众筹平台选择融资项目进行投资，并获得一定的实物或服务型报酬，在实践中主要表现为产品众筹。非公开股权众筹主要针对初创或中小企业，其在互联网众筹平台上发布消息，通过出让一定比例的股权进行公开筹资。

对于中小企业来说，互联网众筹具有低门槛、低成本、高效率和风险自担的特点。作为一种全新的融资方式和融资渠道，互联网众筹几乎对企业规模、项目盈利没有任何要求，只要是有创意和前景的好项目，都可以进入众筹平台，由广大的投资者自主选择是否投资，并自行承担众筹投资的风险，大大提升了没有抵押物和经营业绩的初创企业获得融资的可能性。

从互联网众筹的本质看，它打破了委托-代理机制，是真正去中介化的创新金融模式。众筹平台只是融资项目发布的信息集散地，并不承担任何投资风险，投资者的决策基础只是融资企业或项目的最终目的、实施途径、可操作性和预期完成度，符合中小企业的融资需要。

据不完全统计，2017 年底中国的互联网众筹平台数量达 209 家（见

图 3-12），较 2016 年同比下降 51.05％，众筹行业的成功筹资金额为 220.25 亿元，与 2016 年基本持平。从 2013—2017 年众筹行业的发展规模来看，2017 年在监管趋严的大背景下，互联网众筹行业也经历了全面"洗牌"的过程，平台数量被压缩至 2016 年的一半，但成功筹资金额并未受到太大影响，这表明经历了监管整治的互联网众筹行业正在向规范发展的方向迈进，同时互联网众筹企业的整体效率不断提高。

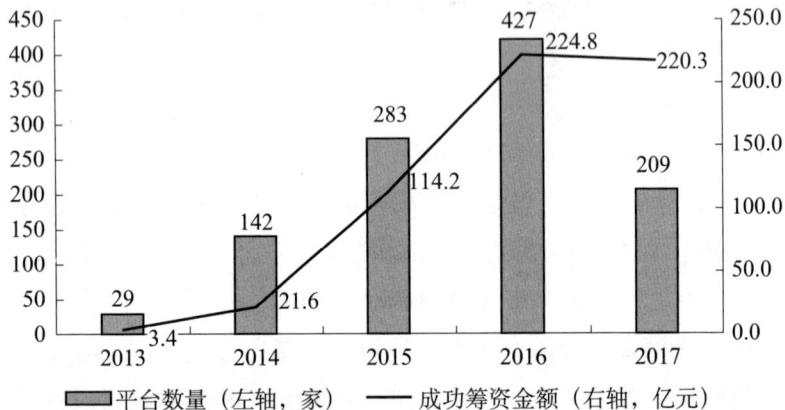

图 3-12　2013—2017 年中国众筹行业的平台数量和成功筹资金额统计

资料来源：盈灿咨询。

2017 年，全国新增众筹项目数达 54 487 个。其中，奖励众筹项目最多，占比达 67.25％；紧随其后的是公益众筹项目，占比为 31.89％；非公开股权众筹项目的数量最少。

从 2016—2017 年的众筹行业发展趋势来看，除公益众筹外，其余两种众筹模式的新增项目数均出现了一定程度的下滑。其中，非公开股权众筹项目的数量由 4 087 个缩水至 472 个，这主要是受到 2017 年金融监管冲击的影响，见图 3-13。

从成功筹资金额来看，2017 年全国众筹行业成功筹资 220.25 亿元。首先，奖励众筹模式的成功筹资金额仍然最高，为 195.30 亿元（见图 3-14），占全行业成功筹资金额的比重为 88.67％；其次，非公开股权众筹在 2017 年的成功筹资金额达 21.44 亿元，占比为 9.73％；最后，公益众筹在 2017 年的成功筹资金额达 3.51 亿元，占比为 1.59％。从单个项目的筹资金额看，非公开股权众筹项目的成功筹资金额较高。

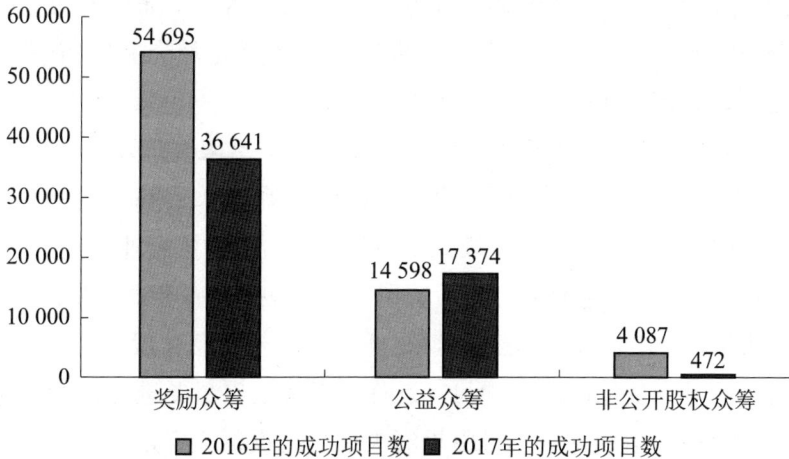

图 3 - 13　2016—2017 年不同众筹模式的成功项目数

资料来源：盈灿咨询。

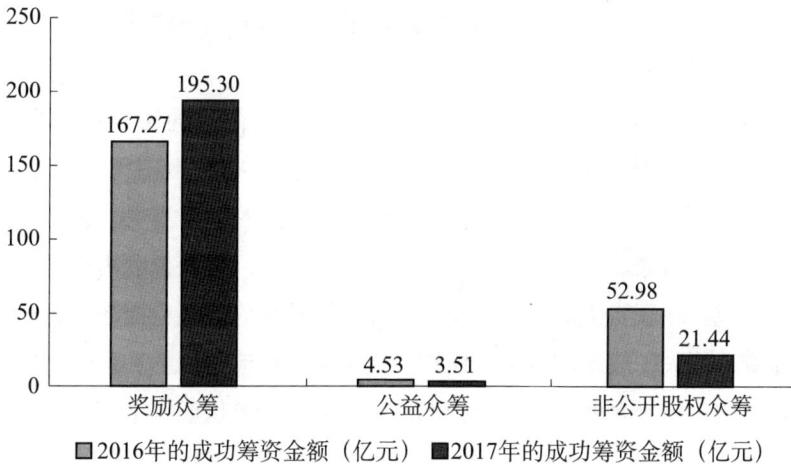

图 3 - 14　2016—2017 年不同众筹模式的成功筹资金额

资料来源：盈灿咨询。

从 2016—2017 年的发展趋势来看，除奖励众筹外，其余两种众筹模式的成功筹资金额均呈现下降趋势。非公开股权众筹项目的缩水程度较为严重，但成功筹资金额仅下降了 59.53%，所以 2017 年中小企业非公开股权众筹单个项目的成功筹资金额反而出现了大幅上涨。

（2）迷你投众筹平台的运营模式。迷你投原为 36 氪旗下的股权投资平台，2016 年 9 月从集团独立，2017 年 7 月进行产品业务升级。升级后的迷你投主要向有资产配置需求的合格投资者提供非公开股权投资信息服务。截至目前，迷你投已聚集近 8 万名投资人，在 58 个成功融资项目中，共筹资超过 5.43 亿元。

在行业内，迷你投首创 LP（limited partner，有限合伙人）份额转让、视频路演等制度和机制，受到社会各界的广泛关注。在融资服务模式上，迷你投采用了"领投＋跟投"模式，由领投人负责融资企业的前期调查、价值评估及后续的信息披露和投后管理工作，跟投人基于领投人的分析做出投资决策，并出资成立单独的有限合伙企业进行间接持股。

为了筛选出优质的融资项目，迷你投对待投项目要进行详细的尽职调查，在风控小组确认后方可由投资决策小组投票决定是否上线融资项目。在投后管理方面，迷你投持续跟踪融资项目的运行情况，监督投资协议的执行，并为融资的中小企业提供一系列增值服务，帮助处于快速成长期的中小企业在行业内站稳脚跟，最大限度地保护投资者的利益。

3. 供应链金融

（1）发展现状。随着社会分工的精细化，各行业的供应链环节逐渐拉长，处在供应链节点上的企业逐渐增多。在供应链不同位置上的企业会产生不同的应收账款、预付账款，衍生出不同的融资需求。企业对供应链上游企业预付账款的沉淀以及对下游企业应收账款的缺位都占用了自身的自由现金流，在现实生活中，中小企业往往因缺少议价能力而在预付账款和应收账款上流失了较多的资金。所以，如果能利用应收账款和预付账款进行融资，将会给中小企业带来更充裕的流动性，这便是供应链金融的目的。

传统的供应链金融主要以商业银行为主导，由银行对核心企业进行风险把控，通过对上下游企业的资金融通，实现供应链整体资金运用效率的提升。但是，由于银行对各行业信息的掌握不足，无法准确地判断各行业企业的风险水平和中小企业的业务状况，所以供应链金融资金端的供给严重不足。

在大数据、云计算、区块链、移动互联网等技术手段的帮助下，供应链的上下游企业、金融服务商、物流仓储提供商能够通过丰富的交易数据对核心企业进行科学的授信评级，加之打通了第三方支付和网贷平台服务商的资金流，使中小企业在供应链金融上遇到的问题得以解决。

按照不同的资产抵押物，供应链金融可分为应收账款融资模式、预付账款融资模式和存货融资模式。目前，以中小企业为主要融资主体的应收账款融资实现了快速增长，中小企业融资的便利度和可获得性得到了大幅提高。中国人民银行征信中心的数据显示，自 2013 年底应收账款融资服务平台上线试运行以来，截至 2017 年 11 月 1 日，累计促成小微企业应收账款融资 5.77 万亿元，比当年 3 月末的 1.6 万亿元增加了 4.17 万亿元。

近年来，随着我国经济的蓬勃发展，不仅工业企业的生产规模不断扩大，而且工业企业的应收账款净额也持续攀升。2017 年，全国工业企业的应收账款净额高达 13.5 万亿元，较 2016 年增长了 7.14%，这体现出我国的供应链金融行业仍有很大的市场，见图 3-15。

图 3-15　2013—2017 年全国工业企业的应收账款净额及增长率变化

资料来源：国家统计局。

在供应链金融服务主体的类型分布上，目前供应链金融公司或外贸综合服务平台的占比达 27%（见图 3-16），B2B 电商平台的占比达 18%，金融科技公司的占比为 16%，金融信息服务平台的占比为 9%，由此可见诸如京东金融、蚂蚁金服等金融科技和信息服务公司对供应链金融业务发展的重要程度。

从供应链金融服务企业的信贷规模来看，不同企业之间的业务规模差异较大，小到不足 1 亿元、大到超过 500 亿元的业务均存在。在现阶段，供应链金融服务企业的业务规模大多不超过 100 亿元；其中，1 亿

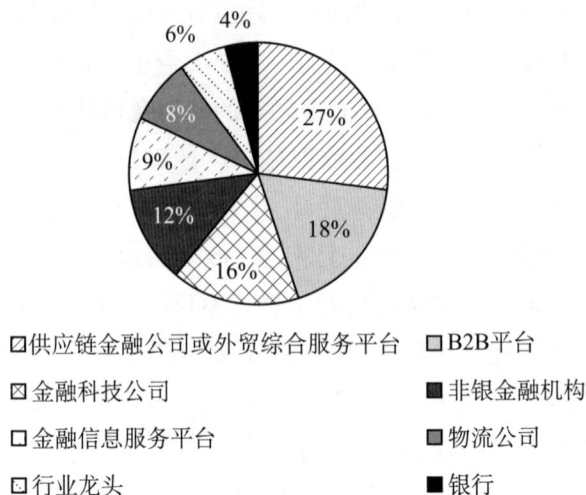

图 3 - 16 供应链金融服务主体类型分布

资料来源：万联供应链金融研究院。

元以下的项目占比为 21％（见图 3 - 17），1 亿～10 亿元的项目占比为 39％，10 亿～100 亿元的项目占比为 26％。总体而言，目前还是以 1 亿～10 亿元的轻量级信贷规模为主。因此，目前供应链金融服务的规模与中小企业的融资层级还是比较适应的。

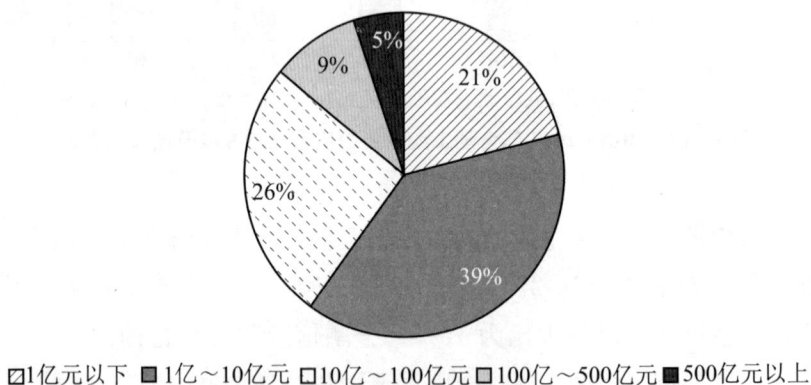

图 3 - 17 供应链金融服务企业的规模分布

资料来源：万联供应链金融研究院。

考虑到供应链金融服务主体常常跨行业、跨地区分布，而且它们的业务模式差异大，因而在缺乏标准化、可流转、附有安全签章的电子票据的情况下，中小企业的业务流程管理难度上升，其获得供应链融资的难度也随之加大。在目前金融科技的发展下，越来越多的公司希望运用区块链的记账技术对中小企业的电子票据进行管理，将融资方与资金方的交易放在去中心化且极具公信力的区块链上完成，通过智能合约记录票据的参与方信息和交易数据，并实行安全加密防止篡改，从而轻松解决传统票据交易存在的信用缺失问题。所以，利用区块链实现分布式记账、资金管理以及智能合约，同时借助物联网技术做到资金和资产的一一对应，是当前在金融科技的基础上供应链金融能实现的最优解。

（2）京东供应链金融产品"京保贝"。2013 年，京东开始推出针对供应链金融的互联网保理产品"京保贝"。该产品基于京东供应商在长期采购、销售业务中形成的交易数据，以及与此前京东银行合作获取的应收账款融资数据，通过大数据分析技术，对有融资需求的供应商进行线上风险评估，并授予相应的信贷额度。在供应商提出贷款申请后，京东平台根据自有数据库的评估结果，最快 3 分钟内即可调动自有资金发放贷款。与京东合作 3 个月以上，内部信用评级在 C 级以上的供应商客户，无须抵押和担保即可通过"京保贝"申请到贷款。供应商的融资成本约为 10%，最长融资期限是 90 天。因此，对于中小企业来说，诸如"京保贝"一类的供应链金融服务商的确是一个提供小额、临时周转资金的不错选择。

（二）金融科技影响中小企业融资服务的因素

金融科技对中小企业融资服务的影响，主要表现在银企关系缓和、融资成本下降、信贷风险明晰和融资可得性提高四个方面。

1. 银企关系缓和

由于中小企业具有信息不透明、管理不规范的弱势经济特征，银行在对其进行信贷审核的过程中还时常会发现财务数据造假、违约记录等不良档案，无法对其进行准确的信用风险分析。此外，中小企业在行业中的竞争能力不足，当受到市场行情、外部环境冲击时，业绩的波动程度较高，在行业低迷时容易出现资金链断裂的情况，常常出现欠债不还的违约记录，导致银行对中小企业贷款的坏账率较高、信用风险很大。

此外，中小企业的资产规模小，在资产的组成中固定资产的占比较低，中小企业的资产价值主要以无形资产和商誉为主，因而中小企业在融资时缺少一定的抵押物，同时银行对中小企业价值的评估也具有很强的主观性和不确定性。因此，银行在对中小企业的贷款需求进行审核时，往往要花费更多的时间和精力去调查中小企业呈报数据的真实性，无形中提高了银行的管理成本。然而，中小企业的单笔贷款金额一般较小，所以银行对中小企业进行信贷审核的付出-回报比不高。

综合上述原因，银行对中小企业的金融支持是十分有限的，在实际的业务操作中，商业银行基本执行"二八原则"的资金配给政策，即将80%的信贷资源提供给占企业总数20%的大中型企业。

另外，因为中小企业的信誉度不高，所以其能够获得的银行贷款利率较高、信贷额度偏低、贷款审查的流程复杂且耗时耗力，这不仅提高了企业间接融资的成本，而且满足不了企业发展生产的需要。在市场流动性偏紧或经济下行之时，商业银行往往对中小企业采取"收贷"或"断贷"措施，这对中小企业的正常经营造成了很大的打击。

因此，银行的信贷渠道对中小企业来说并不是一个很好的选择。在这样的市场环境下，银行与中小企业的关系并不融洽，商业银行无法很好地支持中小企业和普惠金融事业的发展。

在金融科技发展的趋势下，以阿里小贷为代表的互联网金融机构为中小企业提供了更多的融资途径，在一定程度上减轻了银行的贷款压力。依托大数据和云计算的金融科技，将中小企业的交易信息、业务数据、融资行为等信息转化成对中小企业进行信用风险评估的可用指标，摆脱了传统贷款审核模式对中小企业的财务业绩报表、抵押资产证明等文件的依赖，使银行更有可能为中小企业提供平等、无差异的普惠金融服务，最终使银企关系得到缓和。

2. 融资成本下降

在传统的融资模式下，中小企业往往要因为自身信贷风险不明晰、违约概率高而向商业银行付出更多的融资风险溢价。在烦琐的贷款审批流程中，中小企业也不得不花费更多的时间和精力准备一系列资产证明、银行流水和财务报表等文件。

在金融科技提供支持的新型融资模式下，大数据风控使得金融机构合理评估中小企业的信贷风险成为可能，有助于优质的中小企业在智能风险定价下获得更低的贷款利率。在计算机强大的计算能力面前，对海量企业数据的分析能够形成规模经济，导致信息处理的效率大大提高。标准的电子化流程也使中小企业无须花费过多的时间成本来应付"车轮战"式的贷款审核，并且降低了各环节的人力费用。此外，互联网众筹、供应链金融等服务平台为交易双方提供了直接磋商的机会，节约了借贷双方搜寻、交流、协商的成本。

因此，金融科技在降低中小企业融资成本方面具有不可比拟的优势。

3. 信贷风险明晰

信息透明是提升中小企业金融服务水平的核心，信息公开可以帮助金融市场进行更准确的风险定价。与传统的金融机构相比，丰富的数据积累与先进的大数据分析技术的结合是互联网金融的核心竞争力之一。

互联网征信平台依托来自电商平台的交易和评价数据、社交网络数据和支付平台的支付结算数据，再结合来自银行、税务、工商等的外部数据，通过运用大数据和云计算技术进行数据处理，构建了新型的企业征信体系，可以将更多的中小企业纳入征信服务范围，甄别出中小企业的资信状况，进行信用风险评估。

这一信息优势是金融科技深挖中小企业市场的关键，也是金融科技克服中小企业信贷风险不明问题的基础。在目前的大数据风控体系下，金融科技还可以对中小企业进行反欺诈与信用风险分析，通过一些非征信体系搜集到的信息，更加全面、客观地判断企业的信用风险、还款意愿，实现对信贷风险的精准管理。

以阿里小贷为例，通过大数据技术，金融科技公司可以全面记录中小企业在各种电子商务平台产生的产品发布、销售、物流供应链、订单、售后服务等相关数据，建立完善的中小企业信用评价模型和风险评估系统，针对中小企业的融资需求进行精确的产品和服务定制，在解决借贷双方信息不对称问题的同时，也提高了资金配置效率。

4. 融资可得性提高

除信贷风险明晰这一影响因素外，金融科技可以为中小企业提供多样化的资金获取渠道和融资形式，也大大提高了中小企业的融资可得性。

互联网众筹平台降低了中小企业的融资门槛，允许中小企业通过非公开股权众筹或项目产品众筹的方式，利用企业或项目的优势吸引广大网络投资者的资金，为中小企业提供了直接融资的新形式。供应链金融使得原本缺少抵押物、没有抢眼业绩支持的中小企业能够依托自身的应收账款、预付账款和存货资产，向金融服务机构进行融资，盘活了在供应链上下游企业的沉淀资金，扩充了自身的营运现金流。

这些新型的互联网融资形式使中小企业获得了更广阔的资金来源，规避了仅靠传统商业银行融资的缺陷，压缩了资金缺口，使得中小企业获得融资的概率进一步提高。

3.4.3　金融科技对中小企业其他金融服务的影响

（一）金融科技对中小企业支付结算业务的影响

1. 中小企业支付结算发展现状

中国支付清算协会发布的《中国支付清算行业运行报告（2018）》指出，我国支付服务规模不断扩大，以中国人民银行为核心、银行业金融机构为基础、特许清算机构和非银行支付机构为补充的多元化支付服务组织不断丰富。目前，国内的支付结算体系仍以银行金融机构为主力，在数量和规模上引导支付网络发展，保障支付业务的创新快速发展。该报告的数据显示，截至 2017 年底，全国共有 4 500 余家银行业金融机构、243 家非银行支付机构，互联网支付业务已经覆盖全国所有地级市，在从业人员数量和营收上初具规模。

非现金支付业务金额增长的放缓程度较大，笔数增长的放缓程度较小，呈现高频小额化特征，交易金额的年均复合增长率低于交易笔数，即每笔交易金额呈逐年下降趋势。非现金支付业务包括票据、银行卡及其他结算业务。其中，其他结算业务包括贷记转账、直接借记、托收承付及国内信用证业务。图 3-18 显示，2017 年全国共办理非现金支付业务逾 1 600 亿笔，金额逾 3 750 万亿元，同比分别增长 28.59% 和1.97%。2010—2017 年非现金支付业务的交易金额自 905.18 万亿元增至 3 759.94 万亿元，交易笔数自 277.04 亿笔增至 1 608.78 亿笔（见图3-19），平均每笔交易金额自 3.27 万元降至 2.34 万元。

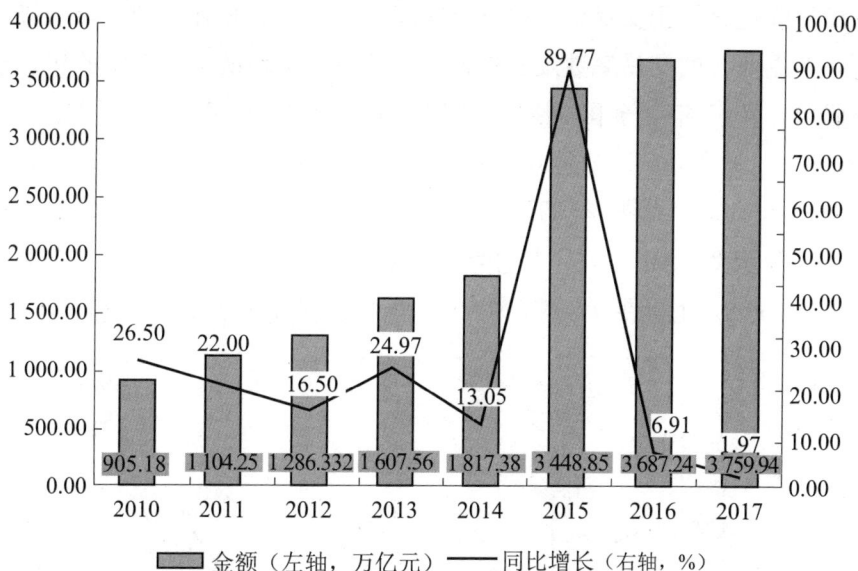

图 3 - 18　2010—2017 年非现金支付的交易金额

资料来源：中国支付清算协会。

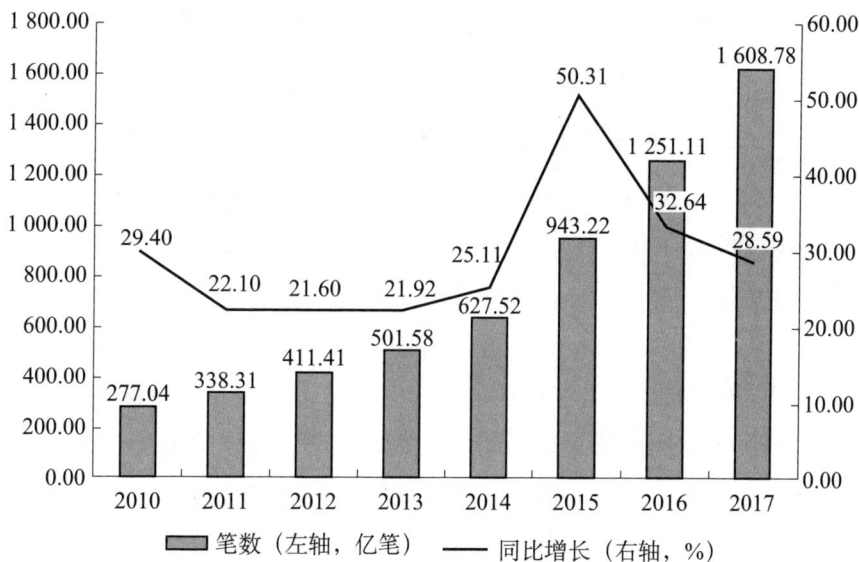

图 3 - 19　2010—2017 年非现金支付的交易笔数

资料来源：中国支付清算协会。

票据业务的交易规模呈现下降趋势，但下降趋势逐渐缓和。近年来，票据业务在交易笔数和交易金额上均呈现出下降趋势，其中交易笔数的下降速度快于交易金额的下降速度。2017 年票据业务的下降趋势放缓，票据业务的交易笔数及交易金额的下降速度均低于近五年的年复合下降率。2017 年，全国票据业务的交易笔数为 2.56 亿笔，同比下降 12.79%，见图 3-20；全国票据业务的交易金额为 172.37 万亿元，同比下降 8.21%，见图 3-21。2013—2017 年票据业务的交易笔数由 6.93 亿笔下降至 2.56 亿笔，年复合增长率达到 −18.06%；票据交易金额由 287.70 万亿元下降至 172.37 万亿元，年复合增长率达到 −9.74%。

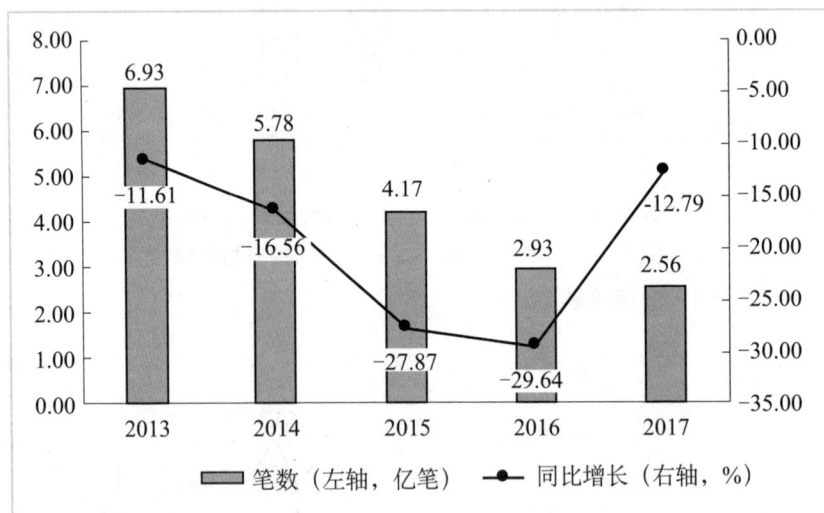

图 3-20　2013—2017 年票据业务的交易笔数

资料来源：中国支付清算协会。

电子商业汇票业务快速兴起，中国人民银行于 2009 年 10 月建成电子商业汇票系统（electronic commercial draft system，ECDS）并投入使用，于 2016 年启动了基于区块链技术的电子票据交易平台的研发工作，电子票据代表着国内票据市场的未来发展方向，我国的电子票据业务在金融科技的影响下进入了新的快速发展时代。随着上海票据交易所与电子商业汇票系统的信息交互和系统对接工作逐步深入，纸变电票据与电子票据在贴现完成后可以实现合二为一。随着金融科技在上海票据交易所应用的展开，国内票据市场的发展能级将进一步提高，我国金融领域的数据科技时代也将加速到来。表 3-5 显示了 2017 年国内电子商业汇票系统各业务的交易笔数及交易金额。电子商业汇票系统的出票笔数、承

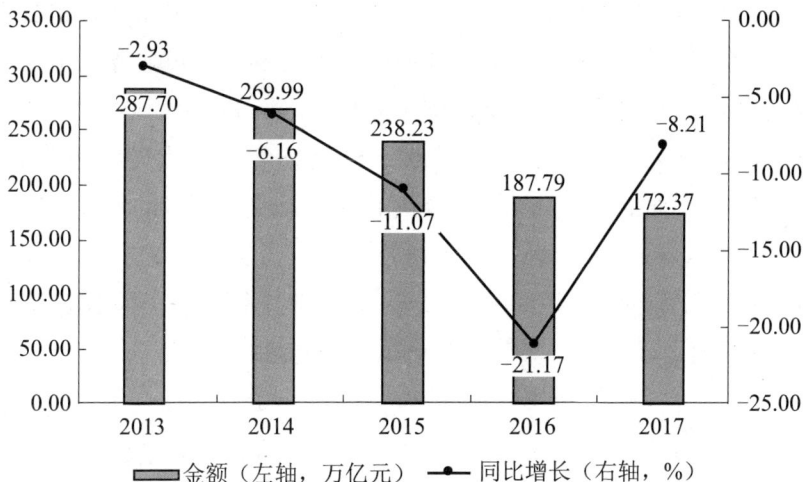

图 3 - 21 2013—2017 年票据业务的交易金额

资料来源：中国支付清算协会。

兑笔数、贴现笔数、质押式回购笔数的同比增幅均超过了 100％，电子
商业汇票系统的出票交易金额、承兑交易金额、质押式回购交易金额的
同比增幅均超过了 50％。

表 3 - 5 2017 年电子商业汇票系统各业务量统计表

业务种类	交易笔数（万笔）	交易金额（万亿元）
出票	655.42	12.68
承兑	678.00	13.02
贴现	179.23	6.95
转贴现	503.48	44.48
质押式回购	44.00	6.92

资料来源：中国支付清算协会。

互联网支付业务的规模增速放缓或出现下降，移动支付业务保持快
速增长态势，对互联网支付业务产生了替代效应。2017 年，我国商业银
行共处理网上支付业务超过 485 亿笔、金额超过 2 070 万亿元，笔数同
比增长 5.20％，金额同比下降 0.47％；银行机构共处理移动支付业务
375.52 亿笔，金额为 202.93 万亿元，同比分别增长 46.06％ 和
28.80％。非银行支付机构共处理互联网支付业务超过 483 亿笔、金额
超过 38 万亿元，同比分别下降 27.14％ 和 28.61％。第三方支付机构共
处理移动支付业务 2 392.62 亿笔（见图 3 - 22），金额为 105.11 万亿元

（见图 3-23），同比分别增长 146.53％和 106.06％。2017 年非银行支付机构互联网支付业务和移动支付业务的金额占网络支付业务总金额的比重分别为 26.9％和 73.1％，与 2016 年的 51.6％和 48.4％相比，移动支付业务的比重大幅提升，对互联网支付业务产生了明显的替代效应。2014—2017 年商业银行和第三方支付机构移动支付笔数的年复合增长率分别为 69.74％和 98.76％；商业银行和第三方支付机构交易金额的年复合增长率分别为 73.14％和 88.99％。商业银行的业务增长速度普遍（2015 年除外）低于第三方支付机构的增长速度。

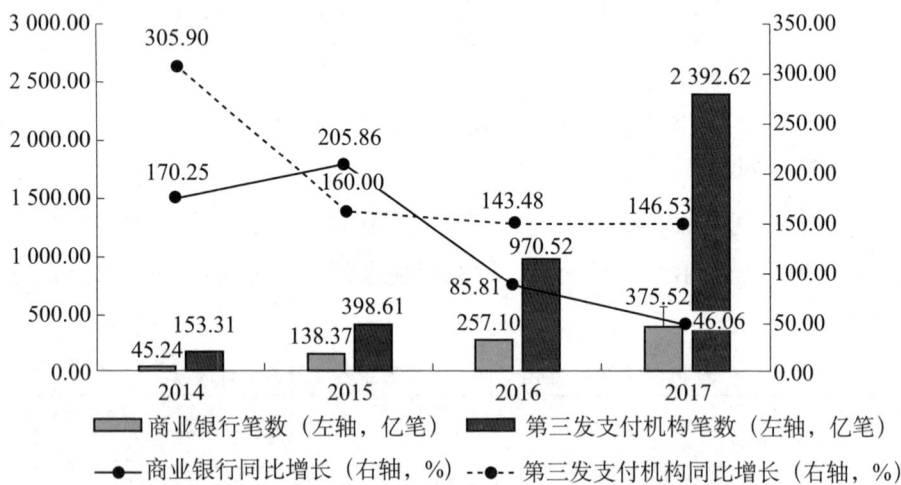

图 3-22　2014—2017 年商业银行与第三发支付机构移动支付笔数

资料来源：中国支付清算协会。

2. 金融科技对中小企业支付结算业务的改善

金融科技对中小企业支付结算业务的影响，主要体现在支付结算可得性提高及成本降低两个方面。

（1）支付结算可得性提高。金融科技运用先进的信息技术来处理传统的金融业务，目前对电子支付的应用不仅包括在线支付、跨行转账、信用卡还款等经典应用场景，而且覆盖了中小企业的常见支付场景。移动支付使得金融服务更加便捷化，并凭借方便、高效的特点使其成为用户最常用的支付方式。

金融服务借助金融科技的渠道得以深入人们的日常生活，覆盖了更

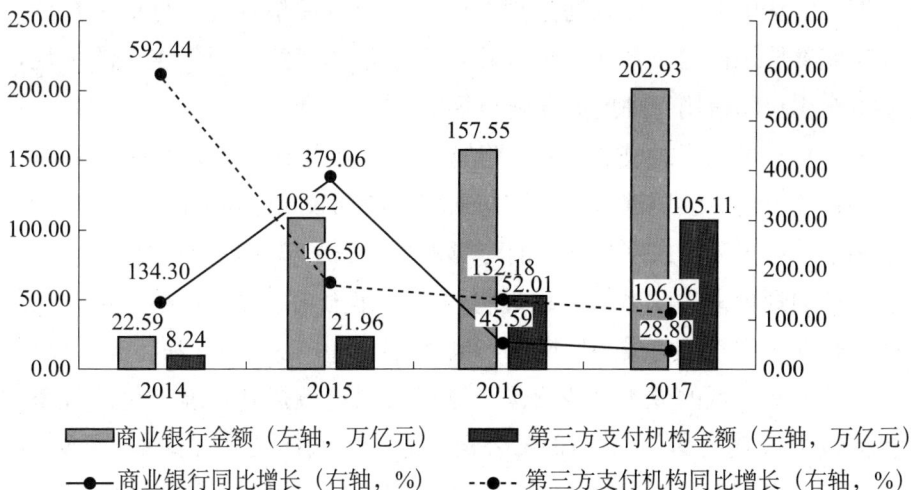

图 3 - 23　2014—2017 年商业银行与第三方支付机构移动支付金额

资料来源：中国支付清算协会。

多的日常交易场景，比如在中小企业平时的支付结算中嵌入金融服务，可以对金融体系的服务功能进行补充，推动了现有金融体系效率的有效提高。

　　发展移动支付对于偏远地区及经济不发达地区的金融服务覆盖及渗透有重要意义。随着农村及偏远地区移动支付基础设施的进一步完善，金融机构、移动通信运营商和第三方支付机构的资源与渠道的整合，使手机支付、网上支付等创新型支付工具得以在这些地区落地发展，其应用场景也更加多元，填补了金融服务在这些地区发展的空白与不足，提升了金融服务的可得性。中小企业借助电子支付在偏远地区及经济不发达地区的渗透发展，可以通过互联网营销等手段将目标客户群体下沉到这些以前未能成功覆盖的地区，即使没有传统线下门店也可以实现业务的拓展。电子支付为中小企业在这些地区的业务发展及最终的实际业务结算提供了行之有效的支付手段。

　　移动支付业务是汇聚流量与积累数据的重要手段。大数据分析的发展是以丰富、大量的数据源作为基础的，用户通过互联网进行移动支付所留下的数据痕迹详细地记录了用户的消费习惯、信用水平、消费水平等信息，积累不同维度的大量相关数据有助于合理刻画用户画像，当用户发出借贷申请时，可以通过现有的信用分析模型对其进行信用打分，补充完善传统征信体系在个人及小微企业信用信息方面覆盖面的不足，使得对用户的信用管理更加准确与客观。

（2）支付结算的成本降低。跨境支付的应用场景逐步增多，然而目前的跨境支付手续费较为高昂，并且转账周期较长。在金融科技的发展浪潮下，基于分布式网络技术的跨境支付省去了以往集中资金清算与信息存储的烦琐中心化系统，通过将比特币作为货币媒介，在"点对点"的支付系统中直接完成支付操作，也就是在去中心化的交易特征下以更快的速度和更低的成本完成交易，这样可以有效提升跨境支付的效率。目前较为成熟的案例为 ABRA 公司，通过区块链技术和共享 ATM 网络，用户可以汇款至世界各地的 ABRA 账户，随时随地完成存取款及汇款等交易。

随着区块链技术的快速发展，支付结算的效率升级在国际范围内展开，助力中小企业进行跨境快速支付。瑞银于 2016 年牵头全球四大银行共同开发数字货币系统，试图运用区块链技术帮助金融市场进行快速支付结算。多功能结算币（utility settlement coin，USC）是美元、欧元等重要货币的数字现金等价物，可以进行相应币种的银行存款等值兑换，与比特币等虚拟货币有所区别。USC 的结算不再通过传统的清算中介，资产所有者将直接获得抵押代币。金融机构在交易中可以直接使用数字货币，实现跨境、跨币种的快捷结算和清算，使传统交易结算和清算业务的效率实现质的提升。

英国巴克莱银行已经完成了全球第一笔用区块链技术进行结算的贸易，该贸易的金额为 10 万美元，于巴克莱银行下属的 Wave 公司所开发的区块链平台操作完成。这笔贸易用区块链技术结算方式取代了以往的银行信用证结算方式，将以往 7～10 天才能完成的结算周期缩短到了 4 小时，大大提高了结算效率。传统的银行信用证结算体系旨在以第三方认证的方式保证交易双方的利益，需要以邮寄的方式在进出口双方银行和客户之间传递出口单据，因而存在运输丢失、贸易单据造假、处理周期长等不足。若利用区块链技术替代以往的结算方式，可以通过加密电子传递的方式解决以往模式中的痛点，逐步替代金融系统中的人工信用证处理，同时省去了第三方认证的烦琐流程和相关成本，使得贸易结算更为快捷、安全、高效。

国内跨境支付系统的发展也趋于成熟，并为中小企业的跨境结算提供了支持。为了适应国内跨境贸易的发展需要，中国人民银行分期推进人民币跨境支付系统（cross-border interbank payment system，CIPS）的建设。2015 年 10 月 8 日，CIPS（一期）顺利投入使用，采用全额结算模式（real time gross settlement，RTGS），支持客户汇款等支付业务；2018 年 5 月，中国人民银行表态将加快 CIPS（二期）的建设工作，在一期实行 RTGS 模式的基础上，引入定时净额结算（deferred net settlement，DNS）模式，以实现混合结算功能，从而进一步提高人民币跨境资金的结算与清算效率。中小企业也将获得更为便捷、高效的结算和清算服务，有效降低跨境支付结算和清算业务的交易成本。

（二）金融科技对中小企业投资管理业务的影响

1. 中小企业投资管理业务的新形式

中国的资产管理行业发展迅速，中小企业逐渐成为投资管理业务中不可忽视的力量。截至 2017 年上半年，中国（不含港、澳、台地区）的资产管理行业规模约为 120 万亿元（含通道），金融科技的发展给中小企业投资管理业务带来了冲击和融合，主要衍生出智能投顾和智慧合同两种新业务形式。

（1）智能投顾。智能投顾以少量人工干预方式帮助投资人进行资产配置及管理，它通过多渠道对接信息源，收集投资人的历史投资行为数据，深入分析投资人的风险偏好及投资习惯等问题，再根据已识别金融产品的风险程度，利用算法进行识别匹配，从而推荐符合投资人偏好的投资组合。基于底层的算法特征，智能投顾提供的产品建议具备风险分散、收益较稳定和周期较长的特点，即投资标的大多分散在基金、股票、债券等一系列投资组合中。智能投顾大多采用被动型投资，对于市场指数投资组合的跟踪投资决策较为出色。目前，国内智能投顾市场的发展情况与国外的发展情况存在差异，因而在算法模型进入国内后仍需进一步开发。

36 氪金融科技行业研究报告的数据显示，截至 2017 年，国内超过

78％的智能投顾企业获得的投融资轮次还处在 A 轮以前，也就是智能投顾行业仍存在巨大的发展空间。图 3-24 显示了 2010—2016 年国内智能投顾企业的成立数目。由图可见，2015 年设立的智能投顾公司的数目最多，随后仍保持较高的增长速度。智能投顾在国内具有广阔的发展前景。BCG 测算，到 2020 年底，我国可投资资产的总规模将达到 200 万亿元，假设智能投顾的渗透率达到 4％，则 2020 年国内智能投顾的资管规模为 8 万亿元；按照 0.2％的管理费率估算，行业空间超过 160 亿元。

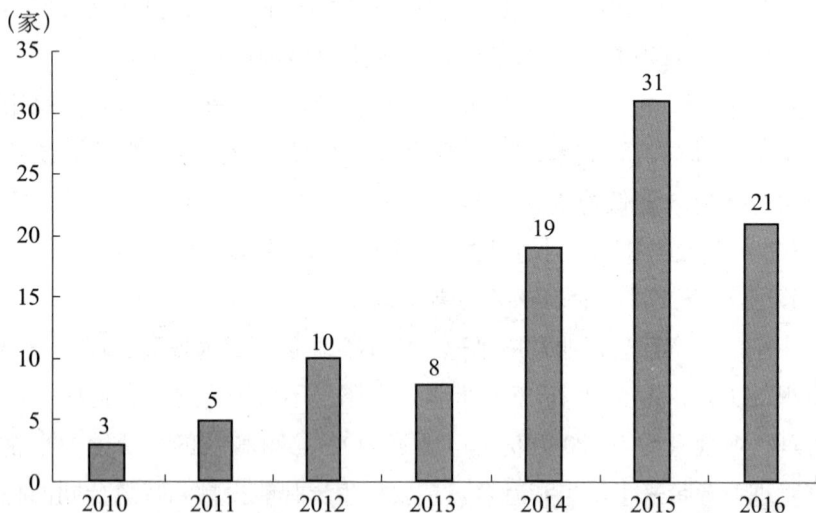

图 3-24　2010—2016 年中国智能投顾企业的成立数目

资料来源：鲸准（原 36 氪创投助手）。

国内外的智能投顾业务模式不尽相同，在服务范围和投资对象等方面有所区别。Betterment 是国外智能投顾行业中的代表型企业，成立于 2008 年，于 2016 年 2 月完成了 E 轮 1 亿美元的投资。其主要的业务模式为[①]：根据用户初始设定的投资目标和投资期限等要素，为不同的客户推荐不同的分散化投资组合，通过投资于不同类别的 ETF 实现投资组合的资产配置目标。Betterment 设定的管理费率为 0.15％～0.35％，随着用户投资金额的提升，收取的管理费率逐渐降低。截至 2016 年，其管理的资产规模已超 40 亿美元。

---

① 陈智. 下一个风口：智能投顾模式简析，2016-09-21.

国内智能投顾的业务模式主要分为三类：第一类提供投资建议，不能提供直接的投资管理，代表企业为理财魔方；第二类在提供投资建议的同时，还提供投资管理业务，但投资目标设置、投资组合推荐的科学性有待提高，代表企业为钱景；第三类可以提供全球性的 ETF 资产组合配置选择，但目前仍受个人外汇管制等条件限制，代表企业为弥财。除了少部分提供国际化 ETF 投资选项的企业，大部分从事智能投顾业务的企业提供的投资对象是国内的主动管理型基金，两者相较而言，后者的管理费用水平更高、信息透明度更弱。此外，国内智能投顾软件的主要目标群体是拥有闲散资金的个人客户，中小企业的流动资金较为紧张，对于日常经营活动中的流动性需求较高，开展针对中小企业特点的智能投顾业务是以后的发展方向之一。

2018 年 4 月 27 日，《中国人民银行、中国银行保险监督管理委员会、中国证券监督管理委员会、国家外汇管理局关于规范金融机构资产管理业务的指导意见》（以下简称"资管新规"）对于智能投顾下达了较为详细的指导意见。资管新规强调了对于开展智能投顾业务的投资顾问的资质要求，非金融机构不得借助智能投顾业务超范围经营或者变相开展资产管理业务。金融机构应当向金融监督管理部门报备人工智能模型的主要参数以及资产配置的主要逻辑，不得借助人工智能业务夸大宣传资产管理产品或者误导投资者。金融机构应当根据不同产品的投资策略研发对应的人工智能算法或者程序化交易，避免算法同质化，进而加剧投资行为的顺周期性，并针对由此可能引发的市场波动风险制定应对预案。

（2）智慧合同。西班牙对外银行将智能合同定义为任何可以满足第三方介入需要，并自动执行的法律协定。与传统纸面协定不同的是，智能合同本质上是一系列代码脚本，可以智能检测合同是否具备生效的条件，一旦满足事先设定的相关程序条件，即可基于合同执行过程中的新数据输入单方面严格实施合同的条文规定及处理相关后果，在自动付息、自动分红等方面具备较高的可操作性与发展前景。智慧合同在投资管理业务中的应用主要有条件契约等，即建立条件契约账户管理交易主体间的交换行为，双方签订的合同采用及时跟进外部服务的方式，保证一旦所有权转移，账款将自动支付。智慧合同在智能债券发布、私有证券市场管理领域也进行了新的尝试，助力中小企业快速、便捷、高效、安全地进行投资管理。

2. 金融科技对中小企业投资管理业务的改善

（1）改进投资管理业务流程。智能合同改变了传统交易业务的执行方式，在区块链技术的支撑下，可以单方面严格执行合同条约及处理相关后果，并且保证系统内的交易方可以看到相同的内容，弥补了中小企业在征信数据上的不足，使得金融机构可以消除对中小企业金融融资、投资管理等相关服务的诚信违约问题的担忧。具体说来，智慧合同可以实现中小企业的贷款信息和担保品的所有权信息同时在区块链中进行存储，如果中小企业借款人违约，则金融机构可以通过智能合同自动废除客户的数字密钥，使其失去担保品的所有权，方便金融机构进行中小企业客户的身份管理。

（2）提升投资管理业务效率。智能合同将有效提升投资管理业务的自动化程度。它可以让一些计算程序、支付程序等需要履行的合同程序进行自动化操作，由于省去人工操作，可以用代码实现数据驱动，智能合同可以有效提高合同执行速度，并减少出错风险，显著提升中小企业在日常投资管理以及其他业务中的合同管理效率。智能投顾以自动化方式进行资产配置和财富管理，改变了国内传统的资产管理环境。智能投顾具有降低人工成本、决策过程客观、服务对象广泛等优点，对其运用得当将显著降低金融机构的人工咨询成本，提升财富管理覆盖水平及收益水平。在大数据技术的支持下，智能投顾通过使用不断优化的模型工具和广泛的数据来源，在制定个性化投资策略的同时，可以更准确地识别和量化风险，从而加强了投资决策支持。

（三）金融科技对中小企业财务咨询业务的影响

1. 中小企业财务咨询业务的新形式

当前，国内为中小企业提供财务咨询服务的机构主要有专业咨询公司、小型会计师事务所、小型证券公司等，它们提供的主要服务不尽相同，表 3-6 详细列出了不同机构所提供的财务咨询服务项目、服务特点和服务优缺点。在金融科技迅速发展的背景下，国内外市场上衍生了一批帮助中小企业在税收、工资发放、发票和会计账务等方面协助管理的财务金融工具，提升了中小企业日常财务管理的效率，降低了财务管理的成本。

表 3-6　提供中小企业财务咨询业务的机构的分类对比

机构类别	主要服务项目	服务特点	优缺点
咨询公司	战略咨询、管理咨询、人力资源咨询、信息咨询、财务咨询等	目前，国内咨询公司主要提供管理咨询和人力资源咨询；提供的财务咨询主要体现在财务内控制度和流程设计上	有丰富的咨询客户基础；专门提供财务咨询的咨询公司较少；在提供咨询服务后，对企业执行情况的指导、监督力度较小
小型会计师事务所	审计、代理记账、内控制度设计、财税政策咨询等	以提供审计、代理记账等业务为主	专业的会计咨询能力，投融资及综合服务能力较弱
小型证券公司	财务顾问业务（需要经证监会备案后方可经营）	主要提供与上市公司或拟上市公司相关的财务顾问业务。近年来，部分中小证券公司开始开展中小企业财务顾问服务业务，主要为中小企业提供私募债发行	目前仍主要服务于大中型企业，尚未涉及微型企业和个体工商户的业务

资料来源：张宇飞. 关于中小企业财务咨询行业的分析报告. 中证网，2015-12-18.

（1）自动化财务解决方案。将自动化和人工智能引入财务工作，将有效提升工作效率，显著提高经济效益。随着高效率、低成本的金融科技的发展，目前已经初步具备签署自动化财务项目的基础，中小企业的财务职能将在很大程度上被重塑。对图 3-25 进行分析后可知，42% 的财务活动通过采用成熟的技术可实现全自动化，还有 19% 的财务活动可实现高度自动化。

Sway Finance 公司很好地诠释了中小企业自动化财务解决方案的核心发展内涵。该公司成立于 2016 年，致力于彻底实现 SaaS 的财务自动化目标，主要提供"全方位"的整套财务解决方案。该公司将现有的财务系统进行了连接，比如会计软件、支付处理、工资发放等，主要依托两种技术：一是"机器学习"；二是"在线支付处理整合技术"。通过这两种技术，该公司在财务费用自动化分类方面能做到 90% 的准确度，实

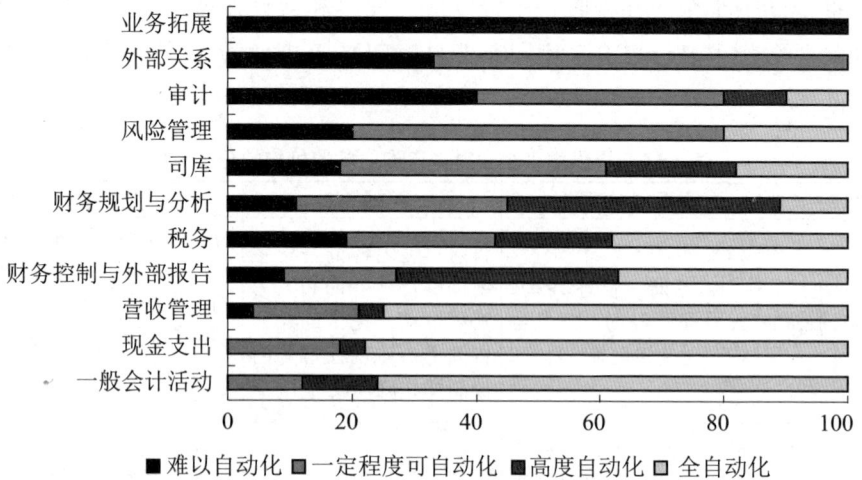

图 3-25　可自动化的财务活动程度

资料来源：麦肯锡全球研究院。

现实时管理账本。Sway Finance 公司向客户收取的月费是 99 美元，并且随着使用时间的增加，用户数据也会不断累积，使得算法更加智能化，软件的识别准确度更加优秀。

（2）薪酬管理平台。国内外涌现了一批针对中小企业薪酬管理服务的平台，这类平台一经推出便受到中小企业的欢迎。依赖高效的系统与成熟的技术，新型薪酬管理平台相较传统的薪资管理系统收取的服务费用更低廉，可以降低中小企业的财务管理成本；接受服务的中小企业将员工信息、薪酬信息等数据接入位于云端的系统，在提前设定的时间节点完成工资发放等指令，省去了大量低效、重复的人力工作，提升了企业的自动化水平，增强了中小企业的财务管理效率。

Gusto 是一家主要面向中小企业的 SaaS 薪资管理平台，截至 2016 年底共完成 1.55 亿美元的融资金额。Gusto 的收费较低廉，每家企业只需支付 25 美元/月、每位员工只需支付 4 美元/月的费用。该公司的所有产品数据都位于云端，省去了烦琐的盖章、签字等纸面重复工作，并且可以方便地接入中小企业系统。

薪人薪事为 Gusto 在国内的对标企业，于 2015 年获得阿尔法公社的天使轮融资，A 轮获得红杉 5 300 万元投资。薪人薪事为 HR 提供了一套人力资源管理 SaaS 服务，该系统能够接入统计和计算企业员工的考勤、请假等薪酬信息，自动生成工资条，直接对接银行发放。HR 也能利用系统将银行、五险一金、个税、人力成本等工资表导出。对于部分企业，薪人薪事还能起到帮助员工系统进行系统化的作用。

2. 金融科技对中小企业财务咨询业务的改善

（1）财务咨询的可得性提高。金融科技的发展延伸了中小企业财务咨询业务的发展边际，拓展了中小企业的财务咨询业务范围。与此同时，金融科技使得财务咨询等金融服务提供者的内部技术含量提升，省去了以往烦琐重复的工作内容，以更简洁、高效、便捷的形式出现在市场上。中小企业可以更方便地接触到大量的新型财务咨询业务，升级内部财务结构，提升效率。

自动报告生成过程利用自然语言处理及光学字符识别（OCR）技术，可以方便、快捷地生成中小企业日常业务中的研究报告等固定格式文档，省去低效率、重复性、机械性工作部分，可以提升常规工作效率。以投资和证券研究工作为代表的金融机构在日常研究工作中涉及大量固定格式、机械重复的报告及交易文件等文档工作，通过合理运用自然语言处理技术和 OCR 技术，并经过处理数据、分析数据、文章生成三个步骤，可以方便、快捷地完成上述重复性工作，提高金融机构的内部工作效率，进而提高外部用户对金融服务的可得性。

金融科技提升了中小企业对财务咨询等金融服务的可得性，使得中小企业的发展更加稳健。2018 年第一季度的中国中小企业发展指数（SME-DI）为 93.2，继续小幅上行，延续了自 2016 年第二季度以来的增长态势。2017 年，在规模以上服务行业中，互联网信息服务行业的营业收入同比增长 42.9%，信息技术咨询服务行业的营业收入同比增长 35.4%，数据处理和存储服务行业的营业收入同比增长 39.1%；移动互联网接入流量高达 246.0 亿 GB，同比增长 162.7%。

（2）获得成本降低。自动化财务解决方案等财务管理新发展使得中小企业对于财务咨询等金融服务的获得成本降低。具体说来，财务系统的自动化升级使得人工操作成本降低，省去了以往重复性高、较为烦琐的工作内容。金融搜索引擎利用人工智能技术快速、准确地定位价值信息，提升数据处理与信息分析能力，从而降低研究工作的成本，提高研究工作的效率。

图 3-26 显示了 2012—2016 年规模以上中小型工业企业的主营业务成本变化情况。2016 年，中小企业的主营业务成本为 62.0 万亿元，占工业企业主营业务成本的 63.3%，同比增长 6.1%，增速比 2015 年提高 2.7 个百分点，比同期工业企业增速（4.8%）高 1.3 个百分点。其中，中型工业企业的主营业务成本为 24.3 万亿元，同比增长 5.4%；小型工业企业的主营业务成本为 37.7 万亿元，同比增长 6.6%。中小企业主营业务成本的提高主要是因为社保基数随最低工资上调而水涨船高，进而导致用工成本的持续上升。

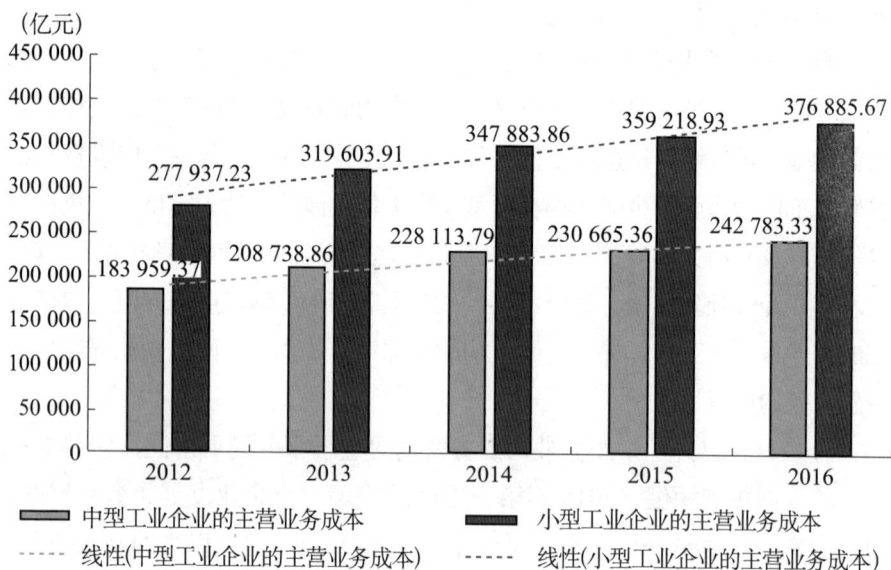

图 3-26 2012—2016 年规模以上中小型工业企业的主营业务成本变化情况

资料来源：国家统计局。

注：2012—2016 年规模以上工业企业是指全部国有及年主营业务收入达到 500 万元及以上的非国有工业法人企业。从 2007 年开始，按照国家统计局的规定，规模以上工业企业的统计范围为年主营业务收入达到 500 万元及以上的工业法人企业；2011 年经国务院批准，纳入规模以上工业企业统计范围的工业企业标准从年主营业务收入 500 万元提高到 2 000 万元。

图 3-27 显示了 2012—2016 年中小企业每百元主营业务收入中的成

本变化情况——每百元主营业务收入中的成本逐渐升高，但成本增长的
幅度趋缓。2016 年中小企业每百元主营业务收入的成本为 86.4 元，与
2015 年基本持平，微增 0.1 元。其中，中型企业每百元主营业务收入的
成本为 85.4 元，小型企业每百元主营业务收入的成本为 87.1 元。

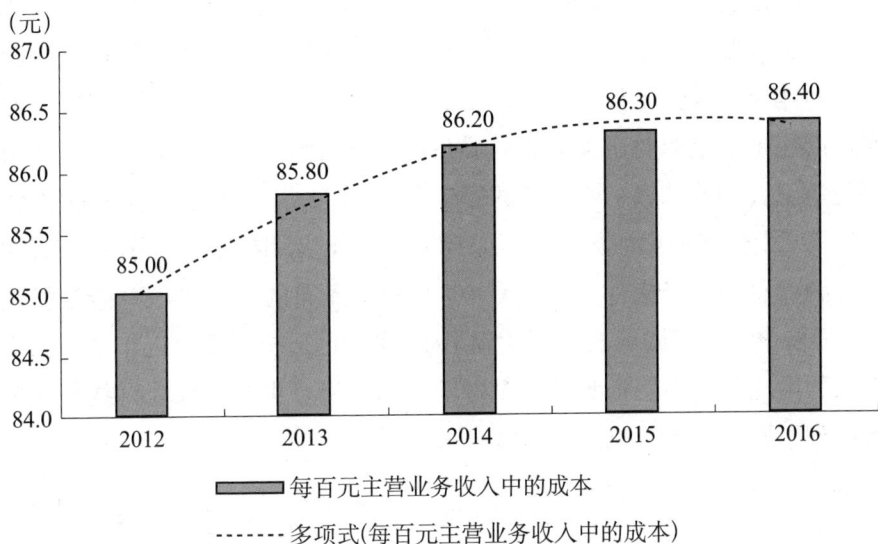

图 3 - 27　2012—2016 年中小企业每百元主营业务收入中的成本

资料来源：工信部中小企业司. 2016 年中国中小企业运行报告，2017 - 05 - 24.

（四）金融科技对中小企业保险服务的影响

1. 中小企业投资保险业务的新形式

目前，国内的金融科技在保险行业的主要应用模式有两类：第一类
可以概括为"保险＋科技"，即传统保险机构紧密围绕保险主业的需求，
以金融科技为改良手段提升其运营效率、改善客户服务、提高风控水平
等；第二类可以概括为"科技＋保险"，即传统保险机构或行业之外的
科技企业发起设立全新的保险科技创新平台（如人保金服、国寿电商、
平安科技、泰康在线、众安保险等），作为独立主体开展科技探索应用。
此外，一些行业外的科技公司以新技术为切入点，通过提供保单承保、
产品定价、定损理赔等服务变革现有的保险业务模式。以平安集团旗下
的智能保险平台为例，其针对 100 家中小保险公司、20 万家保险专业中
介及兼业代理提供智能平台服务，利用 2A 平台、2C 平台、渠道服务

云、2B平台对这些相关保险机构的核心业务系统进行强化，变革了其现有的保险业务模式，使这些中小保险机构在服务中小企业时更有竞争力。

根据《2015中国保险市场年报》的统计，企业保险的保费约为2 031亿元，投保与续保成为企业发展中的刚需之一。通常说来，中小企业的保险服务需求，除了为员工购买社会保险，还可以选择性地购买员工团体保险等员工福利保险，以及企业财产保险等企业保障保险。然而，以往中小企业对于保险的需求并未被有效覆盖与满足，全国455家保险经纪公司在2016年承接的财产保险业务收入仅占总保费收入的2.5%。据波士顿咨询公司统计，2017年初全球保险科技公司已达1 700家，融资总额已经接近350亿美元；毕马威发布的《2016全球金融科技100强榜单》中保险科技公司达到了12家，创历史新高。近年来，保险科技的内涵与潜力逐渐吸引了投资机构的关注，更多的保险科技公司项目得到了资本支持，见图3-28。

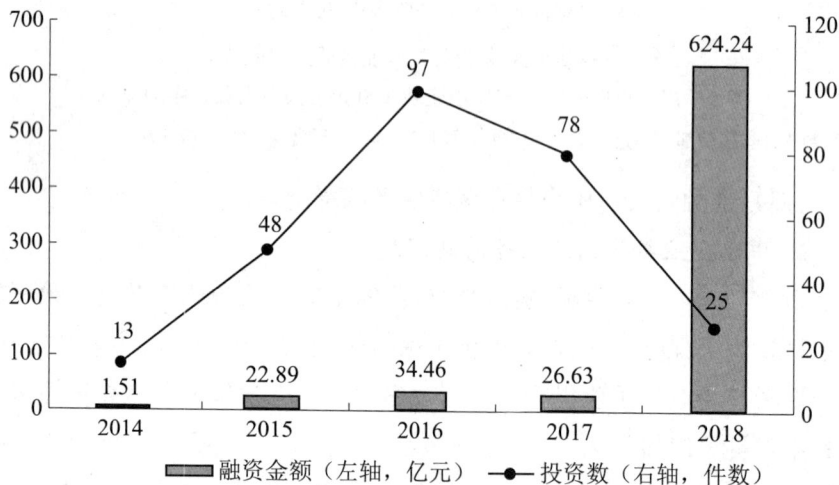

图3-28　2014—2018年中国保险行业的投融资趋势

资料来源：IT桔子。

金融科技与保险行业的结合较好地解决了中小企业在保险业务方面的痛点。目前，中小企业在保险业务方面面临着商业保险产品数量匮乏、传统保险公司理赔周期长且难度大、企业团险操作流程烦琐等问题。中小企业可以在保险科技类公司获得企业员工团险、互联网保险经纪、中小企业保险定制等服务，表 3 - 7 统计对比了目前国内发展较有特色的三家保险科技公司的各项指标。可以看出，金融科技的发展为中小企业投保及后续理赔给予了关注并提供了渠道。银保监会的数据显示，互联网保险创新业务的签单件数达 46.66 亿件，同比增长 123.55%。

表 3 - 7　国内不同类型保险科技公司的指标对比

公司	保险极客	企保科技	保准牛
公司定位	企业员工保险平台	为企业提供互联网保险经纪解决方案	为中小企业提供保险定制服务的公司
成立时间	2014 年 10 月	2016 年 4 月	2015 年 8 月
融资轮次	A＋轮	天使轮	B 轮
总融资额	8 300 万元	5 300 万元	1.3 亿元
特色产品	极客保；极客＋	企保招招	保准牛
公司特色	员工团险投保便捷 缴费周期灵活 云团险缩短理赔周期	企业保险险种全覆盖 保险流程自动化 对接投保企业与保险企业，B2B 比价＋SaaS 管理平台	提供企业场景定制保险 打造企业刚需型保障产品，实现风险转嫁、资产保障

资料来源：IT 桔子，并经作者整理。

2. 金融科技对中小企业保险业务的改善

（1）革新中小企业保险商业模式。金融科技被越来越多地应用在丰富保险业务应用场景等方面，定制保险模式的出现冲击了以往由传统保险公司垄断保险市场的局面，有效满足了中小企业的个性化需求。不同行业与不同规模的企业往往有不同的保险需求，传统的标准化保险产品并不能有效满足中小企业在保险业务（特别是团险业务）上的需求。保险科技企业推出了定制保险模式，有效地解决了这一问题。例如，保险科技企业"保准牛"可以针对不同行业的风险场景提供精准定价的保险产品；截至 2017 年 8 月，它服务的企业客户超过 3 500 家。另一家保险科技企业"保险极客"则依靠保险精算技术与大数据技术，收集企业的个性化需求并与多家保险公司合作定制企业员工团险解决方案。

（2）优化中小企业保险服务体验。金融科技的发展使得中小企业的保险需求获得了更多的关注，提升了中小企业特定保险服务的可得性，在保险服务的投保、保单维护、理赔、续保等环节获得了更加优质的保险服务体验。在投保环节，"企保招招"这类企业提供了 B2B 比价服务，方便中小企业快捷获得产品、费率、服务等信息，提高了信息透明度，可以帮助中小企业获得性价比最高的保险服务；在理赔环节，保险科技公司有效利用 AI 技术提升理赔效率，用户可以通过移动端方便快捷地提出理赔服务请求。"保险极客"可以实现全国范围内医疗费用最长 5 个工作日内结案付款、最短 1 个工作日内完成，解决了以往中小企业理赔周期长的问题。金融科技在不同的环节都对中小企业的保险业务服务体验进行了优化升级。

3.4.4 金融科技对金融服务外部支撑环境的影响

（一）金融科技对金融监管框架的影响

金融科技催生了许多新型金融形式，在进一步提升金融市场效率、优化资源配置的同时，也对现有的金融监管体系造成了冲击。大量金融科技机构的出现需要我们构建更加完善的金融监管框架，合理引导科技成为传统金融机构转型升级的助力，推动我国金融行业的健康发展。

1. 金融科技催生的新形式

金融科技在国际金融市场上掀起了一场新的技术革命。金融稳定理事会（FSB）称之为"技术引发的金融创新"（technologically enabled financial innovations），是指对金融市场、金融机构以及金融服务供给产生重大影响的新业务模式、新技术应用、新产品服务等，既包括前端产业，又包含后台技术。在大数据、云计算、区块链等技术的支持下，金融科技在支付结算、融资借贷、投资管理、保险理财等领域创造了新型业务模式，移动支付、电子货币、股权众筹、智能投顾、互联网保险等全新的金融科技产品相继问世并不断扩大市场份额，对传统金融服务产生了颠覆性的影响。

在金融科技的初始发展阶段，虽然金融电子化与互联网金融的出现大大提升了金融服务的效率和流动性，但并没有改变金融的本质。然而，在金融科技 3.0 阶段，随着科技在金融业务中的地位越来越突出，一些创新产品的设计已经逐渐脱离传统金融的思维，一方面为金融市场转型创造了机遇，另一方面也对现有的金融风险监管框架提出了挑战。

2. 金融科技对金融市场的影响

（1）金融科技对金融市场的积极影响。金融科技对金融市场最直接的影响就是用电子化流程大大提高了金融服务的效率，降低了信息流通的成本。各类金融科技平台发挥着互联网的信息集散优势，大大降低了信息的搜寻成本，使得资金端和需求端能够有效对接，缓解了传统金融服务中的信息不对称问题，有助于金融市场进行跨行业、跨区域的资源配置，提高了资本的边际效率，扩大了金融市场的规模。由于信息透明度的提升，金融市场的有效性得以不断提高，从这个意义上说，科技手段有助于金融产品进行合理且公允的定价，可以维护市场的公平、公正。

随着服务成本的不断降低，金融服务的门槛也发生了变化。近年来，智能投顾、互联网保险等业务的出现，使得理财产品的个性化定制成为可能，越来越多的中小企业和个人客户能够进入金融科技的用户群体，改变了金融经济不平等的格局，使得金融生态系统不断扩张。在金融服务对象更为多元化的同时，大量小额、跨区域的资产配置也分散了金融机构的风险，提高了金融系统的安全性。金融科技带来的去中心化和分散化优势在一定情况下可以减少单个违约事件对整个金融系统的冲击，使得金融系统在面对危机时更加强韧。

（2）金融科技对金融市场的消极影响。但是，金融科技的兴起也可能为金融市场带来新的风险和挑战。

首先，从微观金融风险上看，金融科技在提高金融服务可得性、降低融资门槛的同时，也为金融体系引入了一些资质欠佳的客户，有可能提高金融机构的风险。此外，受到"劣币驱逐良币"效应的影响，金融市场的融资成本可能回升，同时抗风险能力下降。

其次，由于金融科技对网络技术及数据信息的依赖性强，因而第三方数据和信息服务机构的支持在金融科技企业的运营过程中就显得至关重要。随着金融服务与科技的联系愈发紧密，黑客攻击、信息泄密、数据丢失等突发事件对金融机构的影响就可能是致命的，而操作风险的负面影响很可能在短时间内引爆整个金融系统。

此外，截至目前，新生的金融科技尚未经过经济周期的检验，缺乏历史数据的分析系统很可能无法准确评估风险水平，导致风险资产的错误定价。金融机构在运用智能投顾系统为客户提供资产管理建议时，很容易受到量化交易策略技术指标的影响而出现"买涨不买跌"的现象，并加剧市场的波动和共振。

从宏观金融风险上看，金融科技在去中心化、提高服务效率的背后，也隐藏着放大外部风险的定时炸弹，一旦出现负面事件，有可能迅速波及大批金融机构，加快风险在不同机构、不同行业间的传染，导致系统性金融风险的出现。金融科技增强了机构间的关联性和金融系统的复杂性。

另外，负面信息的高效传递在市场中可能引起过度反应，从而加剧金融系统的顺周期性，对监管机构的反应灵敏度、措施有效性提出了更高的要求。目前，许多金融创新产品还处在金融监管的盲区，由于缺乏有效的监督和管理，一些"野蛮生长"的金融科技企业也对市场投资者造成了很大危害。

3. 国际金融科技监管实践

在金融科技的发展浪潮下，各种风险和挑战随之而来。因此，各国的金融监管部门以及国际经济组织也在不断思考如何对金融科技企业进行合理的监管，确保技术的创新不会威胁金融市场的稳定。

（1）FSB：金融科技分析框架。为了建立国际统一的金融科技监管标准，2016年3月FSB发布了题为《Fintech：情景描述和分析报告》的研究报告，将对金融科技企业的监管分为三个步骤：一是监管当局需要判断金融科技领域内的各种业务是否为真正的创新业务，并对其创新程度、经营模式及主要特征进行评估；二是通过分析创新业务运营的驱动因素，判断金融科技产品的推出是为了降低成本、优化风险管理、由市场自然衍生的"真创新"，还是为了规避监管、进行非法套利、逃脱法律制裁的"伪创新"；三是从微观和宏观两个层面评估金融创新业务或产品对金融稳定的影响，在微观方面主要考虑传统金融机构的商业模式、市场主体行为方式及市场整体购买行为三方面因素，在宏观方面主要考虑金融科技产品对市场的外部性效应。

2017年6月，FSB再次发布关于金融科技对金融稳定性影响的报告，提出了在金融科技快速发展的阶段，监管机构应该对其潜在风险加以重视并采取应对措施。该报告在此前金融科技监管分析框架的基础上，点明了金融科技的几大业务范围，分析了金融科技带来的分散性与多样化、效率、透明度、获取便利性等好处，从宏、微观两个角度分析了其可能给金融稳定带来的风险。

在 FSB 的影响下，巴塞尔银行监管委员会（BCBS）、国际证监会组织（IOSCO）、国际保险监督官协会（IAIS）等国际机构纷纷成立金融科技工作小组，颁布对金融科技企业进行监督和管理的报告及准则。各国金融监管机构也在 FSB 报告的基础上形成了一个较为明确的监管指引，为今后金融科技行业的国际监管奠定了良好的合作基础。

（2）英国"监管沙箱"机制的实践。为了对金融科技企业进行有效监管，2016 年 5 月英国金融行为监管局（FCA）提出了"监管沙箱"项目，企图为金融科技企业提供一个安全的测试环境，在促进金融创新的同时又将其带来的风险控制在一定范围之内。

"沙箱"的概念来自计算机领域，即用于测试可疑软件而建立的按照安全策略限制实验程序行为的模拟运行环境。在 FCA 的引领下，"监管沙箱"成为金融科技企业进行创新产品压力测试的监管环境。"监管沙箱"的大致流程为：金融科技企业在申请加入"监管沙箱"测试并获得 FCA 批准后，即可对创新产品或服务进行测试，FCA 对测试进行全程跟踪监控，并在测试期结束后决定是否将创新业务推广至"监管沙箱"之外。

根据 FCA 的规定，"监管沙箱"并不限制申请企业的性质和规模，只要符合条件的企业均可加入测试。企业需要满足的条件如下：一是企业拟开展的业务创新必须接受 FCA 监管；二是测试的产品或服务必须是真实的突破性创新或者与现有产品或服务相比有显著改善；三是测试的产品或服务能增加消费者利益；四是产品或服务确需经过"监管沙箱"测试来验证，无法通过其他途径测试；五是申请产品或服务测试的企业对测试应有充分准备，理解"沙箱"的适用法规并能采取措施降低测试风险。①

---

① 叶文辉. 英国"监管沙箱"的运作机制及对我国互联网金融监管的启示. 华北金融，2016 (12).

对于监管机构来说，"监管沙箱"的测试制度能够在小范围内试验和监测创新产品在市场上的运行情况，在不扼杀金融创新的同时，能够最大限度地控制新型产品和服务可能带来的金融风险以及给消费者造成的损失，维护宏观金融市场的稳定；对于金融科技企业来说，"监管沙箱"提供了一个可以进行金融产品创新的"试验田"，通过在"沙箱"内的短期运营，产品的研发人员可以更清晰地掌握创新业务的市场特征，减少企业面对监管的不确定性，降低企业可能面临的监管成本；经过"监管沙箱"的测试后，获得审批的创新产品或服务也可以更快地被消费者接受并推广上市，这也能提高投资者对创新产品的信心，从而帮助金融科技企业以更高的估值进行融资。

4. 金融科技对未来我国金融监管框架的影响

（1）对金融科技实行穿透式监管。穿透式监管是指按照"实质重于形式"的原则，透过金融科技创新产品或服务的表面形态，立足于业务功能甄别其真实性质，并对其进行监管。它的判断原则是只要金融科技企业经营的业务一致，就应受到相同标准的监管约束，体现了监管的公平性，可以有效防止不同细分行业间的监管套利。

在目前的市场环境下，消费者对复杂、嵌套的各种新型金融产品往往缺乏判断力，对金融科技产品缺少审慎投资态度和辨别能力，因而无法进行理性投资。因此，穿透式监管能够帮助监管机构准确识别复杂金融科技业务的风险，约束金融科技企业的经营行为，厘清不同监管机构的职责范围，更有效地保护金融产品消费者的权益，防止系统性金融风险的发生。

（2）改革金融监管组织结构。金融科技的发展表明了金融企业与科技企业在未来的跨界合作将会越来越频繁，因而我们需要更加统一的金融监管架构，以应对综合经营趋势的深化。2017年5月，中国人民银行宣布成立金融科技委员会，旨在加强金融科技工作的研究规划和统筹协调，深入研究金融科技发展对货币政策、金融市场、金融稳定、支付清算等领域的影响，切实做好我国金融科技发展战略规划与政策指引。随着金融科技的发展，未来的金融科技委员会将承担更重要的职责，面对更艰深的挑战，因而需要我们改革金融监管的组织结构，对层出不穷的创新产品及服务进行监督和管理。

（3）鼓励监管科技发展。监管科技是指监管机构利用科技成果来帮助自己高效、低成本地进行监管操作。目前，由于金融科技的发展越来越快，传统的监管技术已经难以跟上金融科技的更新速度，金融监管机构需要招募更多的专业人才、提高技术能力，才能对日新月异的金融科技产品进行管理。监管科技借鉴了金融科技的想法，运用大数据、云计算和生物识别等技术，让机器取代人工自动追踪和监控企业的经营行为，识别和确定责任主体的职责、义务和权利，智能化管理金融科技企业的风险。

（二）金融科技对政策法规的影响

鉴于金融科技在近年的迅猛发展态势，有关部门对于如何应对金融科技的发展、如何有效转化金融科技的发展成果以及最终促进中小企业健康发展做出了一系列政策法规指示，表 3-8 梳理了 2016—2018 年有关金融科技与中小企业发展的政策法规，表明了金融科技的快速发展对现行与金融服务相关的政策法规体系的冲击，以及我国政策法规体系对于金融科技发展的应对之举。通过梳理相关政策资料，我们可以将金融科技的发展对政策法规的影响概括为四点。

1. 促进互联网金融风险防范

互联网金融在国内经历了由快速增长到问题频出，再到理性发展的历程。2015 年国内 P2P 网络借贷平台问题频出，为了整顿行业乱象，同年 7 月中国人民银行等十部门联合印发了《关于促进互联网金融健康发展的指导意见》，有关部门及时打击和处置了一批违法经营金额大、涉及面广、社会危害大的互联网金融风险案件。为了鼓励和保护真正有价值的互联网金融创新、建立监管长效机制、促进互联网金融规范有序发展，2016 年 4 月国务院发文制定互联网金融风险专项整治工作实施方案。

2. 完善知识产权体制和机制发展

知识产权保护是科技成果的有效转化以及科技与金融行业有效结合的前提和基础。为了贯彻落实国家实施创新驱动发展战略和知识产权战略的部署，加快形成适应经济发展新常态的知识产权体制、机制和发展方式，提高中小企业知识产权创造、运用、保护和管理能力，2016 年 12 月国家知识产权局与工业和信息化部联合制定《关于全面组织实施中小企业知识产权战略推进工程的指导意见》，用以推动中小企业创新机制和平台建设，致力于优化中小企业的知识产权管理体系，在组织领导、人才培育、财税支持等方面进行保障。

3. 有效提升中小企业的信息化水平

金融科技的发展为完善中小企业信息化服务、降低中小企业信息化应用成本提供了支持，有利于培育中小企业新兴业态、提高中小企业的信息化水平、推动中小企业的创新发展。为了进一步提升中小企业的信息技术应用水平、增强创业创新活力、形成经济发展新动能，2016年12月工业和信息化部发布《关于进一步推进中小企业信息化的指导意见》。该指导意见鼓励中小企业以信息技术提升经营管理能力，充分利用云计算、大数据、移动互联网等信息技术，逐步向商业智能转变，并全面优化业务流程、推动关键环节的整合与创新、提高经营效率和管理水平、培育新兴业态、打造新的增长点、推动中小企业的创新发展。

4. 建立健全国家金融数据库

金融科技的发展在带来金融服务发展机遇的同时，也带来了新的风险。我国的金融领域仍处于风险易发、高发期，更多基础金融数据的综合收集与统计有利于全面分析金融服务发展水平，科学研判系统性金融风险。2018年4月，国务院办公厅发布了《关于全面推进金融业综合统计工作的意见》，对统筹推进金融业综合统计工作做出了指示。该意见要求制定和完善金融业综合统计标准，形成协调统一、兼容可比的统计基础；建立国家金融基础数据库，强化大国金融数据治理手段；建立交叉性金融产品、系统重要性金融机构、金融控股公司等金融集团统计，完善货币信贷、金融市场统计。

表 3-8　2016—2018 年支持金融科技发展的政策法规

时间	发文部门	文件	主要内容
2016 年 4 月 12 日	国务院办公厅	《关于印发互联网金融风险专项整治工作实施方案的通知》	规范各类互联网金融业态，扭转互联网金融某些业态偏离正确创新方向的局面，遏制互联网金融风险案件高发、频发势头。重点整治 P2P 网络借贷和股权众筹业务、通过互联网开展资产管理及跨界从事金融业务、第三方支付业务、互联网金融领域广告等

续表

时间	发文部门	文件	主要内容
2016 年 12 月 5 日	工业和信息化部、国家发展和改革委员会、财政部、国土资源部、国家税务总局	《关于推动小型微型企业创业创新基地发展的指导意见》	提升信息技术应用能力，推动小微企业双创基地智慧化发展，加强小微企业双创基地与"互联网＋"融合；推动产业有机联动，实现小微企业双创基地生态化发展；集成内外部服务资源，实现服务平台化
2016 年 12 月 22 日	知识产权局、工业和信息化部	《关于全面组织实施中小企业知识产权战略推进工程的指导意见》	实施专利导航，支持中小企业创新发展；坚持多措并举，提升中小企业知识产权运营能力；建立激励机制，激发中小企业知识产权创造活力；夯实工作基础，加强中小企业知识产权保护力度
2016 年 12 月 30 日	工业和信息化部	《关于进一步推进中小企业信息化的指导意见》	探索互联网金融缓解中小企业融资难的问题，推动互联网金融应用，发挥网络借贷和股权众筹高效便捷、对象广泛的优势，满足小微企业小额、快速融资需求
2017 年 3 月 28 日	中国人民银行、工业和信息化部、银监会、证监会、保监会	《关于金融支持制造强国建设的指导意见》	创新发展符合制造业特点的信贷管理体制和金融产品体系，优化信贷管理体制，大力发展产业链金融产品和服务，推动投贷联动金融服务模式创新，完善制造业兼并重组的融资服务，切实择优助强，有效防控风险
2017 年 7 月 21 日	国务院	《关于强化实施创新驱动发展战略进一步推进大众创业万众创新深入发展的意见》	加快科技成果转化，促进知识产权、基金、证券、保险等新型服务模式创新发展；拓展企业融资渠道；促进实体经济转型升级，深入实施"互联网＋"、新一代人工智能等重大举措，着力加强创新创业平台建设，培育新兴业态，发展分享经济，以新技术、新业态、新模式改造传统产业，实现新兴产业与传统产业协同发展
2017 年 8 月 2 日	国务院	《融资担保公司监督管理条例》	政府支持的融资担保公司应当增强运用大数据等现代信息技术手段的能力，为小微企业和农业、农村、农民的融资需求服务

续表

时间	发文部门	文件	主要内容
2017 年 8 月 13 日	国务院	《关于进一步扩大和升级信息消费持续释放内需潜力的指导意见》	重点发展新型信息产品消费。升级智能化、高端化、融合化信息产品，重点发展面向消费升级的中高端移动通信终端、可穿戴设备等新型信息产品以及虚拟现实、增强现实、智能网联汽车、智能服务机器人等前沿信息产品；扩大信息消费覆盖面；扩大电子商务服务领域；优化信息消费发展环境
2017 年 9 月 7 日	国务院办公厅	《关于推广支持创新相关改革举措的通知》	推广科技金融创新方面 3 项改革举措：以关联企业从产业链核心龙头企业获得的应收账款为质押的融资服务，面向中小企业的一站式投融资信息服务，贷款、保险、财政风险补偿捆绑的专利权质押融资服务
2017 年 10 月 5 日	国务院办公厅	《关于积极推进供应链创新与应用的指导意见》	积极稳妥发展供应链金融，推动供应链金融服务实体经济，有效防范供应链金融风险。完善保障措施，营造良好的供应链创新与应用政策环境，加强供应链信用和监管服务体系建设
2018 年 4 月 9 日	国务院办公厅	《关于全面推进金融业综合统计工作的意见》	建立国家金融基础数据库，强化大国金融数据治理手段；以金融基础设施为依托完善金融市场统计，为金融市场风险评估提供支撑

资料来源：公开资料整理。

（三）金融科技对征信体系构建的影响

我国征信体系采取"政府主导"模式，以中国人民银行征信中心所设立的全国统一的企业和个人征信系统为核心，社会第三方征信机构为公共征信中心的补充部分。央行征信系统主要收集金融机构获得的银行信贷信息以及基本信息、非金融负债信息、政府部门公共信息等反映信用状况的信息。截至 2015 年底，个人征信系统已经收录 8.8 亿自然人的信息，其中 3.8 亿人有信贷记录，全年日均查询 173 万次；企业征信系统收录企业及其他组织 2 120 万户的信息，其中 577 万户有信贷记录，全年日均查询 24 万次。金融科技的发展对我国现有征信体系的完善与升级具有重要的意义，大数据等金融科技工具使得征信体系接入的基础数据更加丰富；国内征信体系的覆盖面更加广泛，对中小企业和个人等以往存在的"征信空白"区域进行有效覆盖；征信产品也向多元化发展，在更多的场景里实现了应用。概括而言，金融科技扩展了原有征信体系下的信息来源，丰富了信用产品服务，优化了征信技术模型，帮助构建了一个覆盖面更广、信用评价更为全面的征信体系。

1. 补充信用信息完整度

囿于征信技术等条件的限制，中小企业和个人的信用信息并未被完全纳入传统的征信系统数据库，并且企业的信用信息数据来源较为单一，仍有待进一步补充。互联网大数据的接入将有效解决这一问题。截至 2016 年底，国内网民规模达 7.31 亿人，网民的覆盖面十分广泛，并且鉴于其线上活跃度较高，这些线上活动将形成有关该主体的结构化与非结构化数据以及动态与静态数据，通过对这些网络行为记录进行深度分析，能够挖掘出隐匿其中的信用情况，从而更准确地刻画出信用主体的信用画像，为进一步的信用决策做好支持工作。概括而言，金融科技的发展在信用主体的覆盖面和信息来源的渠道多样性两个维度对信用信息的完整度做出了补充。

金融科技的发展使得信用主体的覆盖面更加完整，降低了融资市场上金融机构与信用主体之间的信息不对称，弥补了传统征信体系下未能完整覆盖的中小企业和个人主体的信用数据。芝麻信用管理公司作为个人征信行业的领跑者，依托阿里巴巴电商平台积淀的海量交易数据，可以运用大数据等分析技术客观地对个人的信用情况做出报告，并以"芝麻信用分"直观衡量个人的信用水平，该信用分已在多个场景中实现了应用。专业的中小企业信用评级体系的建立将有效推进信用评级成本的降低、信用评级效率的提升以及信用评级结果的深度与全面性，最终促进中小企业的健康发展。可以预见，随着中小企业信用信息的可得性与透明度逐渐提高，欺诈等违规行为的成本将大大提高，这有利于培育中小企业养成良好的信用习惯，也将促使中小企业加强信用管理意识。

互联网大数据等金融科技手段有效补充了现有征信体系中数据的丰富度和完整度。金融科技特别是大数据技术的发展使得企业征信的数据来源更加丰富，在金融机构数据、政府部门公开数据、工商企业公示信息等传统信息来源以外补充了社交数据、电商数据、搜索数据等不同维度的信息来源，使得信息使用者可以更全面、立体地掌握信用主体的真实信用情况。以"芝麻信用"为例，其数据主要来自蚂蚁金服等外部接入的金融数据、用户自主填写的基本信息、不同种类的电商数据、公共机构和合作伙伴等公共信息四类。这些不同维度的信用信息数据的海量累积有效提升了企业征信的准确度，降低了以往对于单一信息来源的依赖程度，可以从不同的角度完整地刻画企业或个人主体的信用画像。此外，鉴于互联网数据具备较强的时效性，我们可以根据不断更新的数据对分析得出的信用结果进行检验，并做出动态调整，这是传统的静态信用分析报告所不具备的。

2. 创新企业征信产品服务

传统的企业征信行业格局主要由中国人民银行征信中心和传统的征信公司组成，在金融科技的发展浪潮下，市场上出现了新兴的互联网大数据征信公司，在行业格局面临重新洗牌的同时，征信产品的服务类型逐渐丰富，对企业的信用考察更加全面与快捷，针对中小企业的相关信用信息更加完善，方便查询主体做出合理的决策。针对不同征信机构的基础产品类型与增值产品类型进行具体分析，我们可以清楚、直观地发现金融科技对于创新征信产品业务种类的作用。

中国人民银行征信中心拥有目前国内最大的信用信息基础数据库，它接入的相关机构较为全面，近年来逐渐与小额信贷公司、保险公司等机构合作并接入数据。中国人民银行征信中心对企业信息的采集范围主要分为基本信息、信贷信息和其他信息三类。基本信息主要来源于企业在银行等金融机构办理业务时提交的相关材料；信贷信息主要来源于各接入机构以报文或互联网方式报送的信息；其他信息主要来源于与政府部门、数据来源单位进行合作或是征信分中心的报送。中国人民银行征信系统的基础征信产品是企业信用报告，可以提供企业的基本信息、信贷信息、公共信息和声明信息，基本覆盖了企业的信用状况，但也存在信息时效性弱、覆盖面窄、具有一定的门槛和基础信息源单一等不足。中国人民银行征信系统的增值产品体系主要包括关联企业查询、历史违约率、企业征信汇总数据、对公业务重要信息提示、征信系统信贷资产结构分析等内容。

以"鹏元"和"中诚信"为代表的传统征信公司是传统企业征信行业的重要补充与支撑。下面以中诚信为例，具体分析传统征信公司的信息渠道和主要的企业征信产品类型。中诚信拥有国际化的企业征信与市场调研网络、独立的征信信息数据库，能为政府、金融机构、企业等主体提供不同维度的企业信用报告。中诚信的基础产品主要包括标准信用报告和财务信用报告，企业增值征信产品主要包括客户信用监测报告、客户群体信用风险分析报告、定制信用报告、海外征信报告、风险管理解决方案等。互联网大数据公司的兴起使得企业征信服务的可得性增强，用户可以随时在手机端、PC 端进行在线查询，并且凭借大量中小企业信用数据的接入，提升了中小企业信用评估的全面性与分析深度。中诚信针对企业的基本征信产品是企业信用报告。此外，中诚信还提供企业族谱，董、监、高对外投资及任职报告，企业监控，企业关联关系挖掘，企业增值报告等增值信息的查询，为用户的经营、投资、融资提供建议，旨在提高信息透明度。

3. 升级征信技术和方法

中小企业的用户画像在传统的征信系统中是不完整的，而中国人民银行的征信系统中有数以亿计的中小企业和个人存在着信用记录的空白，加之部分中小企业存在欺诈行为，导致商业银行等传统金融机构对中小企业的融资需求保持谨慎的态度，不能完全满足中小企业的融资需求。然而，人工智能技术的发展升级了传统的征信技术和方法，使得中小企业获得合理的信用评级有了可行性。通过进行标准化的数据处理，海量线上数据获得了科学分类，为进一步的信用分析打下了良好的基础。人工智能在对传统征信模型进行优化升级的同时，还可以对数据进行更为高效、准确的分析处理。

数据的大量累积为判断中小企业的信用状况提供了信息来源，但对这些数据的标准化处理也提出了要求，而有效信息的提取是进行进一步数据分析的基础。人工智能可以对线上信用信息数据的出处、特性、位置、用途进行标准化处理，这些经过处理的信用信息将进一步由专门的审计机构进行核实审计，最后纳入现有信用信息数据库。标准化的数据处理实现了对海量数据的有效分类，在提升数据处理效率的同时，为中小企业的后续信用评级提供了规范的数据支持。通过使用大数据技术对获得的大量数据进行深度分析，可以核实信用主体的信用情况，分析企业的历史经营信息，有效甄别并预警欺诈行为，全流程监控中小企业的信用行为，最终做出科学合理的信用信息决策。

传统的信用模型基于传统的统计学方法对复杂非线性分类信息的拟合处理能力较差，信用模型的预测结果准确性也有待提高。金融科技的发展为这种不足提供了解决办法，人工智能的引入可以使信用评估模型中分类器的分类精度和稳定性有效提高，并有效提升信用评估模型的预测准确性。大公信用评级将影响债务人信用级别的不同因素归类为偏离度，并根据债务主体的行为特征规定了多个影响偏离度的指标，然后通过对偏离度的分析进一步判断风险。人工智能的算法可以有效改进传统评级方法中的关键评级技术，可以对偏离度的各项指标权重、信用评估模型产生的预测结果进行情景分析，使得信用评估模型的分析结果更加准确并符合客观情况。此外，自然语言生成技术可以自动对评级报告进行优化操作，提升信用评级工作的效率。

第4章 金融风险

4.1 中国系统性金融风险的度量

4.1.1 定义和相关的讨论

（一）系统性风险的定义和范畴

系统性风险（systemic risk）在国际上还没有统一明确的界定。在2008 年国际金融危机爆发前，学界对系统性风险已有一定的认知，只是对它的定义还停留在较为笼统的阶段（Minsky，1987；Brenda Gonzalez-Hermosill，1996；Kaufman，1999；Kaufman，2000；Borio，2003）。2008 年爆发的国际金融危机给国际金融体系带来了前所未有的巨大冲击，但在很大程度上也促进了对系统性风险的研究。目前，对系统性风险有代表性的定义主要分为以下三类：一是根据危害范围定义，Bernanke（2009）将系统性风险定义为威胁整个金融体系以及宏观经济的事件。欧洲中央银行认为，系统性风险是导致金融体系极度脆弱、金融不稳定大范围发生的风险，它严重损害了金融体系的运行能力，进而影响经济增长和社会福利。Billio，Getmansky and Lo（2010）将系统性风险定义为"威胁金融系统稳定或摧毁公众对金融系统信心的一切情形"。二是从风险传染的角度，Steven L. Schwarcz（2008）和 Hart and Zingales（2009）都认为，系统性风险是指由于金融系统中机构或市场存在内在相关性或联动性，而使金融体系中单一或部分的机构倒闭及市场崩溃这种尾端事件在机构间传染、在市场间蔓延，导致损失在金融体系中不断扩散，最终使整个系统崩盘，甚至有对实体经济造成冲击的可能性。三是从影响实体经济的角度出发，G20 财长和央行行长报告（2010）认为，系统性风险是"可能对实体经济造成严重负面影响的金融服务流程受损或中断的风险"。作为全球金融监管机构，金融稳定委员会（FSB）对系统性风险的诱发因素做了更具体的阐述，认为它是"由经济周期、国家宏观经济政策的变动、外部金融因素冲击等因素引发一国金融体系激烈动荡的可能性，而且这种风险对国际金融体系和全球实体经济都会产生巨大的负外部性"。2011 年，国际货币基金组织（IMF）、国际清算银行（BIS）和金融稳定委员会将系统性风险定义为金融体系部分或全部受损时引发的大范围金融服务失效，并可能对实体经济产生严重冲击的风险。

从上述定义可以看出，虽然人们对系统性风险这个概念并没有统一的解释，但从不同角度出发所下的定义具有共性：首先，系统性风险关注的对象不局限于单一的机构或市场，而是聚焦于整个金融体系的全部或重要组成部分；其次，系统性风险具有传染性，个体的损失会引发整个金融体系的连锁反应，风险由金融体系内所有参与者共同承担；最后，所有的定义都考虑到了系统性风险对实体经济的溢出效应。

（二）系统性风险的测度和识别

随着对系统性风险研究的不断深入，越来越多的实证方法被用来量化系统性金融风险。根据前人的研究，相关的研究方法大致可分为三类。

1. 预警指标体系法

顾名思义，这类方法通过分析发生过金融危机国家的历史数据，找出可以影响和预测系统性风险的指标，再经过统计方法的处理，构建一套可以反映金融体系综合风险情况的预警指标体系。比较有代表性的早期危机预警模型主要有三类：KLR 模型（Kaminsky et al.，1998）根据超出阈值的预警指标数量判断发生金融危机的可能性；FR 模型（Frankel and Rose，1996）是一个多元 Probit 模型，根据历史数据分析金融危机的引发因素；STV 模型（Sachs et al.，1996）以横截面数据为基础，通过线性回归对预警指标进行筛选和分析。国际货币基金组织

（IMF，2003）开发的金融稳健指标是利用财务指标进行预警的典型代表；Illing and Liu（2006）构建的金融压力指数（FSI）运用更高频的市场数据来预测金融危机。Borio and Lowe（2002）引入信贷和资产价格来构造指标，以预测金融系统的脆弱性。研究结果表明，这些指标可以在更长的时间内（1～4 年）对金融困境进行较好的预测，并能反映基于经济内生周期的金融不稳定性（Borio and Drehmann，2009a）。

2. 风险传染和机构关联法

这类方法主要侧重于从多角度测量金融机构间的风险传导，同时重点考察金融系统中机构间关系的复杂程度、非线性与不确定性等方面。Chen（1999）最早从投资者信息传递角度研究银行挤兑导致银行大规模倒闭的银行挤兑模型。Lehar（2003）从风险管理角度建立了银行系统风险测量模型，模拟计算多个银行收益率的协方差矩阵，通过预计银行体系的整体风险敞口，估算银行系统发生危机的概率。这类传统模型的共同点在于大多基于银行间交易数据建立与资产负债表相关的风险敞口模型，比较具有代表性的是矩阵模型、网络模型和违约强度模型。矩阵模型基于信息熵的思想，着重测量银行系统的复杂性，并以复杂程度判断系统性风险的大小。Jeannette Muller（2003）提出的网络模型是根据银行间交易数据建立网络分析法，将银行按照不同的网络结构分类，然后根据模拟法测算银行间系统的相关性及各个银行网络潜在的系统性风险。违约强度模型考察了由于金融机构间风险的相互传导而导致的对实体经济冲击的大小，它针对衍生类金融产品建立随机方程，通过估算违约率来衡量系统性风险的大小。与其他模型相比，违约强度模型与现实的拟合度最高，可以较好地捕捉到金融机构间的直接与间接联系及与结构相关的违约率变化（巴曙松等，2011）。此外，Bilio et al.（2010）基于主成分分析和格兰杰因果检验来捕捉银行、证券、保险和基金等不同类别金融机构的联系程度。Kritzman et al.（2010）提出"吸收率"（absorption ratio）的概念，他们通过计算一组资产收益的总方差被特定数目特征向量解释的比例来刻画机构间联系的紧密程度。

3. 系统性风险损失评估法

在经历了 2008 年国际金融危机中超大型金融公司倒闭或濒临破产

等事件后，研究者开始从评估个体机构的系统重要性这一方向测度系统性风险。Adrian and Brunnermeier（2009）引入了条件在险价值（Co-VaR）这一重要概念，用来衡量金融机构处于困境时整个金融系统的在险价值，而某个金融机构对系统性风险的边际贡献就是机构处于财务困境和处于平均状态两种情形下的金融系统在险价值（VaR）之差。这一度量在很大程度上取决于杠杆、规模和期限错配等因素，但缺乏可加性（Tarashev et al.，2010）。Segoviano（2009）提出了一种替代方法，即考察在给定某家银行倒闭的情况下，至少再有一家其他银行破产的条件概率。Zhou（2010）把这种测度扩展到了多元模型中，提出了"系统重要性指数"，用来计算某银行倒闭引发系统中其他银行倒闭的预期数量；同时还提出了反向的度量方法"脆弱性指数"，即考察在系统中给定数量银行倒闭的情况下，某个特定银行倒闭的概率。与该思路类似，Huang et al.（2009）构建了基于市场数据的指标"困境保费"，其具体定义为：在金融系统陷入困境时，对流动性损失进行假想性保护时的保险费用。Acharya et al.（2010）提出以系统性期望损失（SES）和边际期望损失（MES）两个指标来测度系统性风险，该指标的优点是可以与金融机构在危机中的资本不足挂钩，进而可以为监管方面的额外资本金要求等提供依据。Brownless（2011）在其基础上引入 DCC-GARCH 模型，可以更精确且动态化地测算系统性风险。

国内对系统性风险测度的研究起步较晚，主要是参考国外的测度方法，再结合我国的经济金融数据建立预警监测指标体系。吕江林和赖娟（2011）选择期限利差、银行业风险利差、股票市场波动性和外汇市场压力指数四个指标来构建中国金融压力指数，并构建了包含先导性经济、金融变量的压力模型进行检验预测。高国华（2013）从宏观经济风险、货币流动性风险、信贷扩张风险、资产泡沫风险和金融杠杆风险五个层面构建了中国宏观系统性风险监测指标体系，并用马尔科夫状态转化法对系统性风险指标的状态和拐点进行了识别。陶玲和朱迎（2016）建立了包含 7 个维度的系统性风险综合指数，并引入了指数修正机制，以更好地适应中国金融市场的动态发展。此外，还有部分学者根据金融危机后发展出的测度方法对我国金融机构的系统性风险进行衡量。白雪梅（2014）基于 CoVaR

（条件在险价值）方法对我国上市金融公司的系统性风险进行度量，并且考察不同金融行业对系统性风险的贡献程度。方意等（2012）利用DCC-GARCH模型及随机模拟法对我国金融机构的系统性风险进行了测度，发现系统性风险水平与资产规模、杠杆率及边际期望损失呈正相关关系。

前面讲到的系统性风险度量指标的提出者并没有直接考察这些指标与实体经济的相关关系。如前所述，我们已经看到关于系统性风险的定义虽然各不相同，但一个重要的共性是都强调对实体经济的负溢出效应。因此，下面系统研究各种系统性风险测度指标与实体经济的关系。

4.1.2　中国系统性风险指数的构建原理

（一）基础系统性风险测度指标的选择

Giglio et al.（2016）指出，金融体系系统性风险产生的内在原因主要有以下四个方面：一是金融机构自身的脆弱性，表现为金融机构经营不善、融资期限错配、融资结构失衡等；二是金融体系的联动性与传染性，各机构拥有共同的风险敞口或交叉持有头寸，风险可以在不同金融行业间转移和扩散；三是金融市场的波动性，如股价大幅下跌、债市崩盘、金融机构杠杆高企带来的不确定性等；四是金融市场的流动性与信用状况，如银行间市场的流动性风险、债券违约事件频发引发的信用危机。因此，我们选取的系统性风险测度指标涵盖了机构个体风险、联动和传染效应、波动率和不稳定性以及流动性和信用四个方面，共计15个，见表4-1。指标的测度方法主要参考Bisias，Flood，Lo and Vala-vanis（2012）和Allen，Bali and Tang（2012）。

（二）基于基础系统性风险测度的实体经济预测方法

为了检验这15种系统性风险测度是否具有预测宏观经济冲击的能力，我们采取的基本计量方法为基于分位数回归的样本外预测。在一般情况下，当系统性风险很高时往往带给实体经济较大的冲击，但当系统性风险较小时对宏观经济却影响甚微，因而采用分位数回归可以更好地评估系统性风险与宏观经济之间存在的不对称非线性关系。样本外预测可以评估这些系统性风险指标是否具有预测未来宏观经济冲击分布的能力，从而为政策制定者在监管方面提供更好的指标选择。

表 4 - 1 系统性风险测度方法汇总

指标类别	指标名称	指标含义	计算方法
机构个体风险	CoVaR	在险价值协方差	$\Pr(X^i < \mathrm{VaR}^i) = q$ $\Pr(X^{\mathrm{syst}} < \mathrm{CoVaR}^i \mid X^i = \mathrm{VaR}^i) = q$
	ΔCoVaR		$\Delta\mathrm{CoVaR}^i = \mathrm{CoVaR}^i(q) - \mathrm{CoVaR}^i(0.5)$
	MES	边际期望损失	$\mathrm{MES}^i = E(R^i \mid R^m < q)$
联动和传染效应	Absorption ratio	吸收比率	$\mathrm{Absorption}(K) = \dfrac{\sum\limits_{i=1}^{K}\mathrm{Var}(\mathrm{PC}_i)}{\sum\limits_{i=1}^{N}\mathrm{Var}(\mathrm{PC}_i)}$
	DCI	动态因果指数	$\mathrm{DCI}_t = \dfrac{\#\,\mathrm{significant\,GC\,relations}}{\#\,\mathrm{relations}}$
波动率和不稳定性	Volatility	收益波动率	个股平均日收益率月度标准差
	Turbulence	溢出波动率	$\mathrm{Turbulence}_t = (r_t - \mu)' \sum^{-1} (r_t - \mu)$
	Catfin	截面在险价值	非参数估计
	Book leverage	账面杠杆率	总负债/总资产
	Market leverage	市场杠杆率	总负债/总市值
	Size Con	规模集中度	$\mathrm{Herfindahl}_t = N \times \dfrac{\sum\limits_{i=1}^{N}\mathrm{ME}_i^2}{\left(\sum\limits_{i=1}^{N}\mathrm{ME}_i\right)^2}$
流动性和信用	AIM	个股流动性	$\mathrm{AIM}_t^i = \dfrac{1}{K}\sum\limits_{\tau=t-K}^{t}\dfrac{\mid r_{i,\tau}\mid}{\mathrm{turnover}_{i,\tau}}$
	TED spread	泰德利差	(3M) SHIBOR 和国债收益率的利差
	Default spread	违约利差	中债 BBB 和 AAA 债券到期收益率的利差
	Term spread	期限利差	3 个月期和 10 年期国债到期收益率的利差

资料来源：作者整理。

记 y_{t+1} 为宏观经济变量，其无条件的分位数回归方程如下：

$$Q_\tau(y_{t+1}) = \inf\{y : P(y_{t+1} < y)\} \geqslant \tau$$

也可写作：

$$Q_\tau(y_{t+1}) = \arg\inf_q\{E[\rho_\tau(y_{t+1} - q)]\}$$

$$\rho_\tau(x) = x(\tau - I_{x<0})$$

式中，τ 为回归的分位数，我们分别取 0.2、0.5 和 0.8 三个值。

基于自变量 x_t 的条件分位数回归形式如下：

$$Q_\tau(y_{t+1} \mid g_t) = \beta_{\tau,0} + \beta_\tau' x_t$$

式中，x_t 为系统性风险测度指标；$\beta_{\tau,0}$ 为常数；β_τ' 为自变量的系数。

我们的目的是检测这些系统性风险指标是否可以提供关于宏观经济的样本外信息，所以要看与无条件分位数回归相比，在已知系统性风险测度 x_t 的信息下的条件分位数回归是否能够提供关于宏观经济冲击分布更丰富的描述。为了验证这些系统性风险测度预测宏观经济的有效性，我们采用递归的样本外预测进行分位数回归，即 $t+1$ 期的被解释变量是由 $\{1, 2, \cdots, t\}$ 期的解释变量估计出来的，依此类推，直到最后一期。预测精度参照分位数回归衡量拟合程度的准 R^2：

$$R^2 = 1 - \frac{\sum_t [\rho_\tau(y_{t+1} - \hat{\alpha} - \hat{\beta}X_t)]}{\sum_t [\rho_\tau(y_{t+1} - \hat{q}_\tau)]}$$

其中，$\hat{q}_\tau$ 为被解释变量的 τ 分位数。由 R^2 的表达式可以看出，它衡量的是给定额外信息的条件分位数回归相对于历史无条件分位数回归在估计精度上的差别，样本外预测的 R^2 可正可负，当历史数据提供了比额外解释变量更充分的预测信息时，对应的 R^2 即为负数，反之亦然。在分位数回归的显著性检验上，我们采用的是 Clark and West（2007）调整后的 MSPE 统计量。

（三）系统性风险指数的构造

由于单独的基础系统性风险测度指标大多只针对系统性风险的某一层面进行度量，在预测经济波动时的表现可能不全面或不稳健，加总并提取这些测度中的有效信息并构造一个内涵更丰富的指数就成了自然的目标。一个最简单的想法就是将所有单一系统性风险指标全部作为分位数回归的解释变量，并观察预测效果是否有提高，但多元分位数回归很容易出现样本内过度拟合的问题，以致影响结果的准确性（Stock and Watson，2006）。另一个思路就是降维。利用降维的方法提取单个测度中能够有效预测经济波动的不可观测因子，再进行分位数回归，并观察是否可以得到更为稳健和有效的预测结果。Giglio et al.（2016）指出，根据这种思路建模，对美国实体经济的预测能力较好。因此，我们沿用了 Giglio et al.（2016）的模型。具体的模型如下：

假设 y_{t+1} 在给定信息集 g_t 下的条件 τth 分位数是不可观测的单变量因素 f_t 的线性方程：

$$Q_\tau(y_{t+1} \mid g_t) = \alpha f_t$$

式中，y_{t+1} 的真实值可以写成 $\alpha f_t + \eta_{t+1}$，η_{t+1} 是分位数估计误差项。

定义所有的解释变量（系统性风险测度）为向量 x_t，即

$$x_t = \Lambda F_t + \varepsilon_t \equiv \varphi f_t + \psi g_t + \varepsilon_t$$

式中，ε_t 为不同测度之间的异质误差项；x_t 可以被分为两部分，一部分是包含经济波动相关预测信息的 f_t，另一部分是与预测无关的附加信息 g_t，比如一些可以影响金融系统但并不会传染给实体经济的风险因素。

参照 Giglio，Kelly and Pruitt（2016），我们采用主成分分位数回归（PCQR）和偏分位数回归（PQR）两种方法估计上述模型。PCQR 和 PQR 的计量方法见表 4-2：

表 4-2 PCQR 和 PQR

	PCQR	PQR
因子提取阶段	用主成分分析法对 x_t 估计公共因子 $\hat{F}_t$（x_t 已标准化）	将 y_{t+1} 对单个解释变量 x_{it} 进行时间序列分位数回归，得到估计参数 $\hat{\phi}_i$
因子提取阶段	$\hat{F}_t = (\Lambda'\Lambda)^{-1}\Lambda'x_t$，$\Lambda$ 为前 K 个特征向量	对 x_{it} 和 $\hat{\phi}_i$ 求协方差，得到每一期的公共因子 $\hat{f}_t$
预测阶段	y_{t+1} 对 $\hat{F}_t$ 进行递归分位数回归	y_{t+1} 对 $\hat{f}_t$ 进行递归分位数回归

资料来源：Giglio，Kelly and Pruitt（2016）.

利用上述降维的方法提取出的公共因子就是基于实体经济角度构造出的系统性金融风险指数。

4.1.3 实证分析

（一）数 据

1. 基础系统性风险测度指标

如前所述，我们参考国外文献，结合中国的实际情况，选取了 15 个基础系统性风险测度指标，涵盖机构个体风险、联动和传染效应、波动率和不稳定性以及流动性和信用四个方面。表 4-1 总结了这些指标的具体含义及测度方法。

考虑到我国金融公司的同质性、资产规模以及系统重要性等因素，我们选择上市金融公司作为我国金融系统的代表性样本；考虑到股权分置改革从 2005 年开始，我们选取样本的时间跨度为 2005 年到 2016 年。个股收益率由上市金融公司的日收盘价计算得到，市场收益率选择沪深 300 收益率度量，计算杠杆率用到的总负债和总资产等财务数据源于上市公司季报披露的数据。此外，我们还用到了个股市值和各类市场利率，所有数据均源于国泰安和 Wind 数据库。观察表 4 - 1 中的测度公式可知，大部分系统性风险测度针对的是个体机构，我们通过对全部上市金融公司求算术平均来得到最终的基础指标。除了账面杠杆率和市场杠杆率是季度数据以外，其余基础指标均为月度数据。

2. 宏观经济变量

由于我们的目的是基于实体经济的角度衡量系统性金融风险，故选择实际工业增加值增长率作为宏观经济变量的代表，样本期间为 1995 年 1 月到 2016 年 6 月，相关数据源于 CEIC。

沿用 Giglio et al.（2016）的方法，我们对实际工业增加值增长率（Y_t）进行如下自回归：

$$Y_t = c + \sum_{l=1}^{p} a_l Y_{t-l} = a_p(L) Y_t$$

其中，c 为常数；L 为滞后项；a 为滞后项系数；自回归阶数 p 根据 AIC 信息准则决定，而宏观经济冲击可定义为自回归的残差项。

（二）实证结果

1. 系统性金融风险与实体经济

为了检验 15 种基础系统性风险测度指标预测宏观经济冲击的有效性，我们将它们与实体经济冲击序列进行了条件分位数回归，即

$$Q_\tau(y_{t+1} \mid g_t) = \beta_{\tau,0} + \beta'_\tau x_t$$

式中，x_t 为系统性风险测度指标；y_{t+1} 为宏观经济变量。

与此同时，我们采取两种降维的方法对这些基础指标提取公共因

子，得到了能够有效囊括实体经济衰退信息的系统性金融风险指数，具体实证结果见表4-3。

表4-3　系统性风险与实体经济（月度数据）

	20%分位数	中位数	80%分位数
面板1：基础系统性风险测度			
AIM	0.100 7**	0.025 4***	0.016 7***
CoVaR	0.195 2***	0.047 9***	0.014 5
ΔCoVaR	0.180 9***	0.087 4***	0.028 8***
MES	0.131 9**	0.181 9***	0.059 2***
DCI	0.238 8**	0.223 4***	0.048 0***
Size Con	0.247 4***	0.045 8***	0.009 2
Volatility	0.086 5*	0.090 8***	0.073 8***
Turbulence	0.194 8***	0.074 1***	0.062 6***
Catfin	0.129 5***	0.049 0*	0.035 9***
Absorption ratio	0.283 5	0.193 6***	0.062 1***
ΔAbs	0.092 5***	0.050 2***	0.027 4***
TED spread	0.124 8***	0.029 3**	0.022 0***
Term spread	0.201 3**	0.190 8***	0.203 3***
Default spread	0.530 9	0.685 8***	0.673 4***
面板2：系统性风险指数			
Mutiple QR	0.586 5	0.547 8	0.467 3
mean	0.183 6	0.188 8	0.095 0
PCQR1	0.162 6***	0.059 3***	0.009 7
面板2：系统性风险指数			
PCQR2	0.284 6**	0.298 1***	0.181 0***
PCQR	0.415 2***	0.397 4***	0.307 7***
PQR	0.162 3***	0.254 5***	0.080 3***

资料来源：作者计算。

注：面板1展示了用每个基础系统性风险测度指标（月度）预测实际工业增加值增长率冲击分布的结果，从左到右分别进行了20%分位数、中位数和80%分位数的分位数回归。表格中的数字是样本外分位数回归的R^2，*、**和***分别代表在10%、5%和1%的显著性水平下显著。全部样本期间为2005年1月到2016年6月，样本外预测起始时间为2007年7月。面板2中的"Mutiple QR"一行是对表4-1的部分指标进行多元分位数回归的结果，"mean"是对所有指标进行算术平均的简单降维方法，这两行均未进行显著性检验，结果仅作为参考。PCQR1和PCQR2是分别对基础指标池提取1个主成分和2个主成分的结果，PCQR是提取了所有特征根大于1的主成分的系统性风险指数。PQR是提取了单个公共因子的偏分位数回归法的结果。

　　观察表 4-3 的面板 1 可以发现，每个基础系统性风险测度指标的样本外预测统计量均为正，这说明我国系统性风险测度对实体经济冲击分布的刻画可以提供比宏观经济自身历史数据更丰富的信息。14 个指标中有 10 个在 20％分位数、中位数和 80％分位数回归中都具有显著的预测能力，一方面说明尽管每个基础指标描述金融风险的角度不尽相同，但这些指标本身可以捕捉我国金融系统中的系统性风险因素，另一方面也说明我国系统性风险确实会从不同侧面传导到实体经济中，而且这些指标具有一定的预测能力。其中，CoVaR、DCI、Size Con、Turbulence 和 Term spread 这几个测度指标对未来经济冲击下尾分布的预测能力相对较好，R^2 均在 20％左右。对比不同数值的分位数回归的 R^2 可以发现：11/14 的基础指标在 20％分位数回归中的 R^2 均大于中位数回归的 R^2，且两者的数值相差较大；中位数回归的 R^2 基本上都大于 80％分位数回归的结果。该趋势说明：系统性风险指标对宏观经济冲击的下尾分布预测能力较好，对中间趋势和上尾分布预测能力较弱，这也验证了系统性金融风险与宏观经济之间非对称的关系。

　　表 4-3 中的面板 2 表明，我们用来构造系统性风险指数的两种方法 PCQR 和 PQR 都可以对未来的宏观经济冲击提供显著的样本外预测。只提取一个主成分因素的 PCQR1 对下尾分布的预测能力更好，20％分位数回归的 R^2 为 16.26％。PCQR2 和 PCQR 的结果显示，它们对未来经济冲击具有较全面的预测能力，特别是提取所有大于 1 的特征根的 PCQR，不仅 20％分位数回归的 R^2 高达 41.52％，对中间趋势和上尾分布的预测相对其历史数据的准确度也在 30％以上。PQR 的预测效果也不错，对实体经济冲击的下尾分布和中间趋势的预测能力较强，但相比 PCQR 还是略逊一筹。与面板 1 中单独的基础指标预测结果相比，通过 PCQR 和 PQR 两种方法构造的系统性金融风险指数彰显了显著的样本外预测能力，不仅在预测的准确度上有了大幅提高，特别是 PCQR，R^2 甚至接近基础指标池中最高值的 2 倍，而且在预测未来宏观经济冲击的分布上也更为全面，与单个基础指标相比，它提供了关于实体经济更丰富的信息。

图 4-1 展示了使用 PCQR 方法进行样本外预测与实际宏观经济冲击的拟合情况。图中的圆点表示真实的宏观经济冲击，实线是 PCQR 进行样本外 20％分位数回归得到的预测值，虚线是全样本的经济冲击的20％分位数。从图中可以明显看出，PCQR 在 2008 年 6 月和 2015 年 6 月分别预测到了两次明显的经济下跌，与 2008 年美国金融危机传导到我国和 2015 年股灾爆发的时间基本吻合。

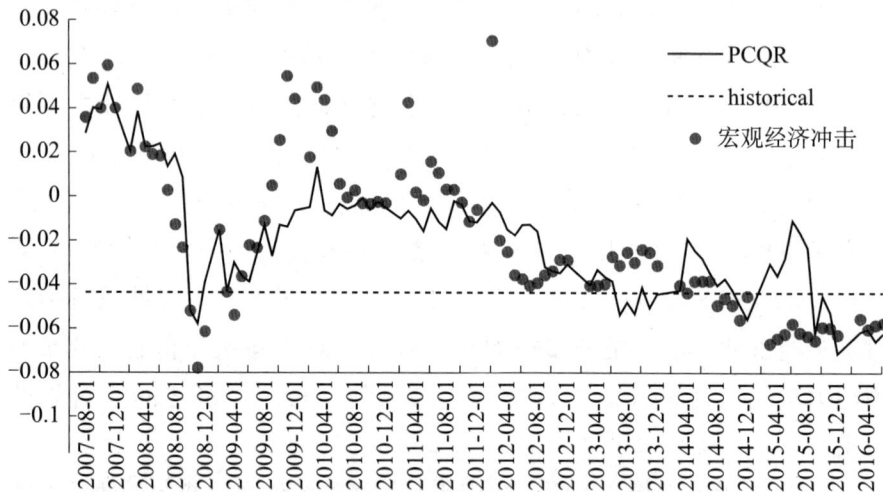

图 4-1   PCQR 预测拟合情况（20％分位数回归）

资料来源：作者计算绘制。

图 4-2 是采用 PCQR 方法构造的系统性风险指数的时间序列。虚线是经过季节性调整的实际工业增加值增长率的时间序列，三个子图中的实线分别对应对基础指标池实施主成分分析得到的三个主成分（特征值均大于 1），虚线对应的纵坐标为 0，也就是经过标准化的指数成分均值。构成系统性风险指数的这三个成分分别对应基础指标池的不同维度，而且随我国金融体系的发展处于不断变化之中。

观察第一个子图可知，对基础指标池方差贡献最大的主成分相较于实体经济代表变量的变动具有一定的先导性。以 2007—2008 年金融危机期间为例，系统性风险指数主成分在 2007 年末突然大幅上扬，恰好表现出危机爆发前金融系统繁荣期泡沫的积聚，而实际工业增加值增长率在 2008 年 5 月左右才发生突然的跌落，说明金融风险传导到实体经济中并造成冲击需要一段时间。在后金融危机时期，系统性风险指数主成分围绕均值上下平稳波动，甚至在 2013—2014 年表现出较低的风险水平，然而在 2014 年第三季度和 2015 年第一季度末接连上涨，正好对应股市的大起大落。目前，我国继续保持"经济新常态"，系统性风险指数相较 2015 年股灾有所回落，并维持在较为稳定的中高水平。下面两个子图对应的两个系统性风险指数主成分相较于实体经济的波动，其先导性没有那么明显，但协同性更强。

综合图 4-2 的三个子图来看，我国的系统性风险指数在金融危机爆发前处于中低水平；在危机爆发阶段，金融系统的风险急速攀升，宏观经济陷入衰退；政府出手救市，系统性风险指数逐渐回落，经济状况有所好转；随着经济逐渐走出衰退，系统性风险指数在较低水平小幅波动；当资本市场泡沫再度堆叠直至股灾爆发时，金融系统的风险再度飙升；随着我国经济进入转型期，实体经济在艰难中逐步企稳，系统性风险指数虽然回落，但维持在中高位，因而监管部门必须对系统性金融风险有所防范。

表 4-4 是基础系统性风险测度指标和系统性风险指数季度数据的预测结果。这些结果可以作为对月度指标模型结果的稳健性检验。表 4-4 的面板 1 比表 4-3 的面板 1 多了两个衡量金融部门杠杆情况的指标。与表 4-3 相比，部分基础系统性风险测度指标季度数据的 R^2 出现了负数，20% 分位数回归中 CoVaR 等 4 个指标的 R^2 为负，MES 和 ΔAbs 的 R^2 为正但不显著，说明这些指标对提前一个季度的宏观经济冲击下尾分布的预测能力还不如用经济冲击的历史数据效果好。R^2 显著为正且数值较高的指标有规模集中度（Size Con）、吸收率（Absorption ratio）和杠杆率（Book leverage，Market leverage）等，并且它们对宏观经济中位数趋势的预测效果也不错，特别是用市值衡量的杠杆率，下尾、中位数和上尾回归的 R^2 都很高，表明金融系统杠杆率的变动对我国实体经济的影响较大。总体来看，单个基础指标季度数据对宏观经济冲击分布的预测能力还是下尾最好，中位数次之，上尾最弱。

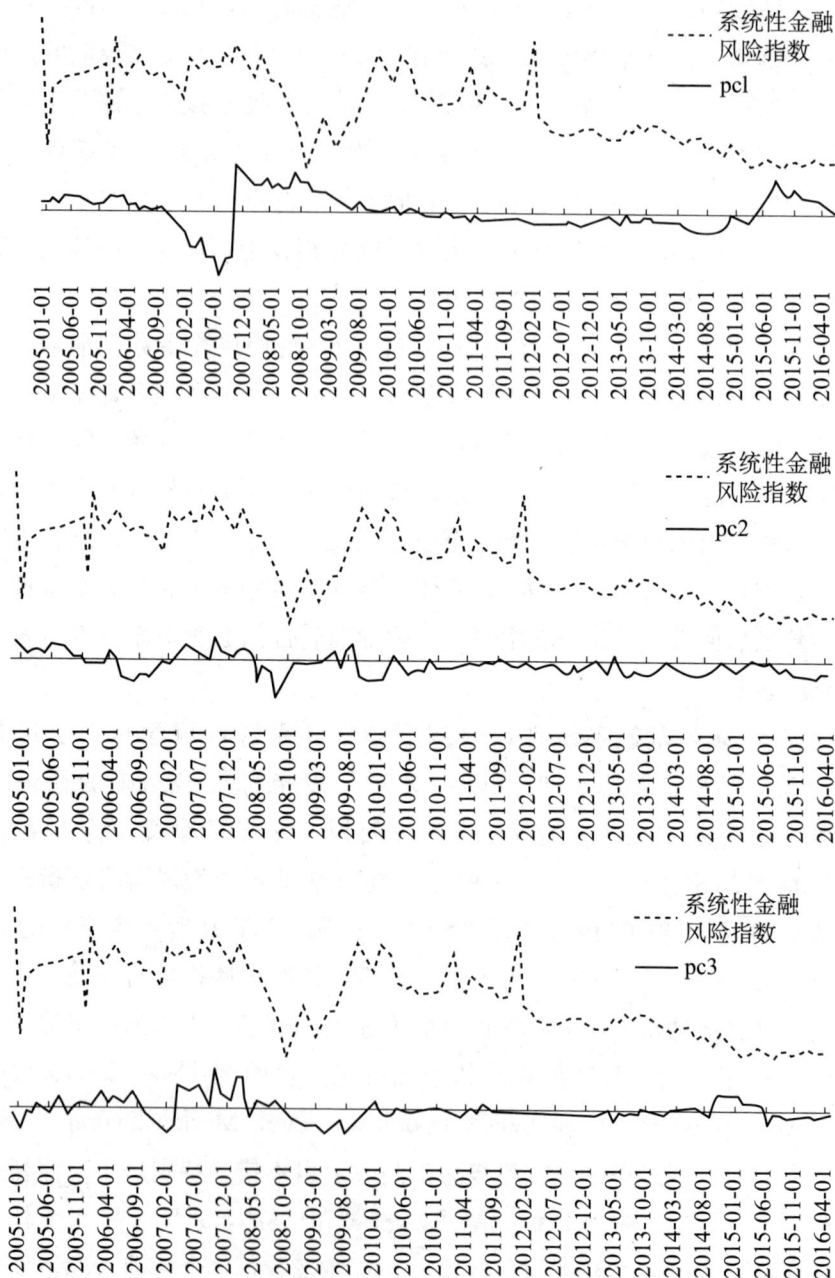

图 4 - 2　系统性金融风险指数与实际工业增加值增长率

资料来源：作者计算，相关数据源于国泰安数据库和 Wind 金融数据终端。

表 4-4　系统性风险与实体经济（季度数据）

	20%分位数	中位数	80%分位数
面板 1：单个系统性风险测度			
AIM	0.168 5***	0.060 0***	−0.008 4
CoVaR	−0.051 6	−0.010 0	0.020 8*
ΔCoVaR	−0.076 4	−0.039 9	0.029 0
MES	0.051 1	0.181 9***	0.029 8***
DCI	0.313 8**	0.287 8***	0.116 4
Size Con	0.369 5**	0.117 7***	−0.038 0
Volatility	0.197 5**	0.073 4***	0.012 4
Turbulence	−0.108 6	0.146 1**	0.081 2*
Catfin	0.274 6**	0.079 2***	−0.010 2
Absorption ratio	0.404 4**	0.256 8***	0.109 4***
ΔAbs	0.125 4	0.097 4**	0.021 1**
TED spread	−0.066 5	0.015 8	−0.023 1
Term spread	0.234 1*	0.242 6***	0.263 6***
Default spread	—	—	—
Book leverage	0.404 2*	0.204 3***	0.077 8***
Market leverage	0.365 4**	0.608 9***	0.524 7***
面板 2：系统性风险指数			
PCQR2	0.436 6**	0.367 8***	0.199 7***
PCQR	0.471 1**	0.491 3***	0.445 3***
PQR	0.265 3**	0.416 3***	0.456 8***

资料来源：作者计算。

注：表 4-4 中的面板 1 展示了单个系统性风险测度指标（季度）预测实际工业增加值增长率冲击分布的结果，从左到右分别进行了 20%分位数、中位数和 80%分位数的分位数回归。表格中的数字是样本外分位数回归的 R^2，*、** 和*** 分别代表在 10%、5%和 1%的显著性水平下显著。全部样本期间为 2005 年第一季度到 2016 年第一季度，样本外预测起始时间为 2012 年第三季度。面板 1 中的 "Default spread" 一行因违约利差数据不足，未纳入计量。面板 2 的 PCQR2 是对基础指标池提取了 2 个主成分的结果，PCQR 是提取了所有特征根大于 1 的主成分的结果。PQR 是提取了单个公共因子的偏分位数回归法的结果。

再看表 4-4 的面板 2，系统性风险指数再次展现了对实体经济良好的样本外预测能力。无论是 R^2 的数值还是统计量的显著性，都比单个测度指标有明显提高。这说明系统性风险指数对基础指标池中影响实体经济的公共因子的提取较为成功，从而可以比历史数据更好地预测未来宏观经济的走势。

表 4-3 与表 4-4 的对比说明，基础指标池中的绝大多数系统性风险测度指标对我国的宏观经济冲击分布具有一定的预测能力，但不够稳健，而用 PCQR 和 PQR 方法构造的系统性风险指数则对未来的实体经济走势具有显著且稳健的预测能力。此外，从整体上说，金融部门的系

统性风险测度对未来宏观经济冲击下尾分布的预测能力最好，中位数次之，上尾分布最弱。

2. 系统性风险与信贷

为了探究系统性风险通过何种渠道影响实体经济，我们用上述系统性风险指标和指数对信贷增长率进行了预测，我国实际信贷增长率为月度数据，数据来源为 CEIC，同样进行季节性调整和自回归处理。

从表 4-5 可以看出，大多数系统性风险测度指标在预测信贷增长率下尾分布时 R^2 显著为正，除了动态因果关系指标（DCI）的 R^2 较高（为 18.85%）外，其余都不超过 10%。从总体上看，基础指标关于信贷增长率的下尾预测能力相比其历史数据并没有提供太多的额外信息。对信贷增长率中位数和上尾分布的预测结果类似，但可以发现有个别在预测信贷冲击下尾分布时表现较弱的指标在预测中位数和上尾分布时的表现相对较好。不过，经横向比较发现，单个基础指标还是对信贷下尾分布的预测能力最强。表 4-5 的最后两行展示了系统性风险指数对信贷增长率的预测结果，可以发现：PCQR 和 PQR 的 R^2 在三组回归中都显著为正，且数值相较单个测度指标有了大幅提高，与信贷增长的历史数据相比，提供了对未来冲击分布较为全面的额外信息。

表 4-5 系统性风险与信贷

	20%分位数	中位数	80%分位数
AIM	0.047 1***	0.019 3	0.055 4*
CoVaR	0.050 6***	0.174 9***	0.381 9***
ΔCoVaR	0.092 7***	0.256 3***	0.428 5***
MES	0.046 1***	0.000 3	0.032 3
DCI	0.188 5***	0.109 6***	0.264 0**
Size Con	0.013 7	0.031 1***	0.092 4*
Volatility	0.018 1	0.027 3	0.055 5
Turbulence	0.028 1***	0.014 4***	0.105 9*
Catfin	0.047 5***	0.021 8***	0.091 6
Absorption ratio	0.048 1**	0.060 0***	0.164 3*
ΔAbs	0.012 5	0.022 4***	0.061 3
TED spread	0.092 7***	0.029 2**	0.060 4
Term spread	−0.007 6	0.022 5***	0.223 8***

续表

	20％分位数	中位数	80％分位数
Default spread	−0.073 6	−0.258 0	0.014 3**
PCQR	0.299 4***	0.272 0***	0.490 6***
PQR	0.121 4***	0.176 5***	0.523 4***

资料来源：作者计算。

注：表 4-5 是用单个系统性风险测度指标和系统性风险指数（月度）预测实际信贷增长率的结果，从左到右分别进行了 20％分位数、中位数和 80％分位数的分位数回归。表格中的数字是样本外分位数回归的 R^2，*、**和***分别代表在 10％、5％和 1％的显著性水平下显著。全部样本期间为 2005 年 1 月到 2016 年 6 月，样本外预测起始时间为 2007 年 7 月。PCQR 是提取了所有特征根大于 1 的主成分的指数预测结果。PQR 是提取了单个公共因子的偏分位数回归法的结果。

为了进一步检验是否因为金融部门系统性风险上升导致信贷紧缩，进而影响实体经济，我们参考 Allen，Bali and Tang（2012），对我国实际信贷增长率和单独的系统性风险测度及 PCQR 指数进行了如下回归，见表 4-6。

$$\text{Credit}_{t+1} = \alpha + \gamma \text{Index}_t + \varepsilon_{t+1} \tag{4-1}$$

式中，α 为常数；γ 为系数；ε_{t+1} 为误差项。

表 4-6　系统性风险测度对信贷增长率的预测结果

	γ（季度）	R^2	γ（月度）	R^2
AIM	−0.005 6 (−0.30)	0.002	−0.000 5 (−0.13)	0.000
CoVaR	−0.064 0*** (−3.82)	0.258	−0.020 8*** (−6.53)	0.240
ΔCoVaR	−0.077 6*** (−4.90)	0.364	−0.024 7*** (−8.28)	0.337
MES	0.018 9 (1.02)	0.024	0.006 76* (1.87)	0.025
DCI	−0.065 9*** (−4.18)	0.294	−0.022 7*** (−7.34)	0.285
Size Con	−0.027 1 (−1.46)	0.049	−0.009 9*** (−2.78)	0.054
Volatility	0.000 9 (0.05)	0.000	0.001 4 (0.39)	0.001

续表

	γ（季度）	R^2	γ（月度）	R^2
Turbulence	−0.004 9 (−0.26)	0.002	0.005 2 (1.44)	0.015
Catfin	0.015 3 (0.82)	0.016	0.001 1 (0.30)	0.001
Absorption ratio	0.039 6** (2.21)	0.104	0.012 6*** (3.60)	0.088
△Abs	0.007 3 (0.39)	0.004	0.005 3 (1.45)	0.015
TED spread	−0.012 7 (−0.68)	0.011	−0.004 5 (−1.25)	0.011
Term spread	0.054 2*** (3.23)	0.199	0.014 0*** (4.04)	0.108
Default spread	−0.010 7 (−0.94)	0.033	−0.002 9 (−1.40)	0.022
Book leverage	0.057 2*** (3.42)	0.217	—	—
Market leverage	0.008 0 (0.42)	0.004	—	—
PCQR	−0.027 5*** (−5.19)	0.461	−0.008 6*** (−3.03)	0.074

资料来源：作者计算。

注：表 4-6 是用滞后一期的基础系统性风险测度指标和系统性风险指数分别预测季度和月度信贷增长率的结果。季度回归的样本期间为 2005 年第一季度到 2016 年第一季度。月度回归的样本期间为 2005 年 1 月到 2016 年 6 月。γ 列每一行上面的数字是时间序列回归的估计系数，下面括号中的数字是对应 γ 的 t 值，*、** 和 *** 分别代表在 10%、5% 和 1% 的显著性水平下显著。R^2 一列的数字为回归的调整后 R^2。

　　表 4-6 分别进行了季度预测和月度预测，两列中均有 1/3 左右的基础指标对信贷增长率的预测系数显著为负，其中条件在险值（CoVaR 及 △CoVaR）和动态因果关系指数（DCI）的 R^2 相对较高，为 30% 左右，拟合程度较好。其他指标的系数显著为正或不显著。系统性风险测

度指数 PCQR 在对信贷增长的季度和月度预测中表现较好，回归系数显著为负，季度的 R^2 也相对较高，达 46.1%。这说明在提取了基础指标中影响实体经济的公共因素后，系统性风险指数的提高（即金融部门系统性风险的增加）与信贷增长的波动呈负相关关系，我国系统性风险对实体经济的影响很可能是通过信贷收缩这一路径传导的。

4.1.4　结　论

我们首先量化了 15 种此前文献提及的系统性金融风险测度指标。若想将这些指标用于我国的系统性金融风险防范和宏观审慎监管，它们理应对实体经济的变化有所影响，因而我们随后检验了这些测度指标对宏观经济未来冲击分布的预测能力。检验结果为，单个系统性风险测度指标对我国宏观经济未来冲击的下尾分布具有一定的预测能力，但不够稳健，其中衡量机构间联动和传染性的动态因果关系指数（DCI）、规模集中度（Size Con）、杠杆率以及衡量流动性的指标期限利差（Term spread）的预测能力较好。接下来，我们采取主成分分位数回归和偏分位数回归两种降维的方法对上述基础指标提取与实体经济波动相关的公共因子来构建我国的系统性风险指数。预测结果显示，当单独的系统性风险测度中与实体经济相关的有效信息被恰当加总时，由这些指标构成的系统性金融风险指数展现了显著且稳健的预测未来宏观经济冲击分布的能力，不仅提供了显著有效的额外信息（与历史数据预测相比），而且预测精度明显提高（与个体基础测度指标相比）。最后，我们对系统性风险在实体经济中的传导渠道进行了探究。利用基础指标和系统性风险指数分别对我国实际信贷增长率进行预测后发现，基础指标和指数对信贷增长下尾波动的预测能力较强，且部分基础指标和指数与信贷增长率呈负相关关系，因而我国金融部门的系统性风险提高，很可能是通过信贷收缩这一渠道传导至实体部门，进而对宏观经济产生负面影响的。

我们构建的我国系统性风险指数表明：2017 年，我国的金融风险处于中高位水平。2017 年开年，"守住不发生系统性风险的底线"成为一行三会监管讲话的关键词，因而我们为监管部门准确测度、识别系统性风险提供了基于实体经济视角的有效手段。如有需要，我们还可以从系统性风险指数主成分对应的不同风险维度入手，制定相应的监管政策，从而更好地防控我国的金融风险。当然，由于我国尚处于转轨经济体制下，意味着我国的金融市场还在动态的发展过程中，同时金融风险也会不断演化，因而以市场数据为基础的系统性风险测度方法体系还需要进一步完善。若想提高预警实体经济的前瞻性与精确度，还需要采用多种方法综合监测，并深入探究系统性风险在实体经济中的传播路径，最终做到从严、从实全面监管系统性风险。

4.2　股票市场中金融风险的转移

4.2.1　投机性泡沫

次贷泡沫破裂引发的 2008 年金融危机对全球经济产生了深远影响（Brueckner et al.，2012）。中国股市经历了类似的繁荣和萧条周期。2001—2007 年中国股市上涨了约 400%，但在 2008 年经历了一次萧条，上证综指下跌了 75.74%。这究竟是一个正常的市场周期还是泡沫破裂，截至 2017 年还没有定论。鉴于中国作为全球经济大国的关键作用，因此，对于国际投资者和决策者来说，对股市泡沫和股市繁荣与萧条周期的理解变得越来越重要。

现有文献中的许多研究试图发现股市泡沫（Hamilton，1986；West，1988；Fukuta，2002）。一些文献将股市泡沫视为实际价格与基本面之间的偏差，并发展了方差界检验来检测泡沫，如 Shiller（1981）和 LeRoy and Porter（1981）。然而，方差界检验依赖于线性假设，即所有观测值与先前观测值相关。Gurkaynak（2008）认为，泡沫反过来也会表现出非线性模式，人们不能将数据对方差约束的违反归因于泡沫的存在。其他文献考察了股市泡沫的统计特性。例如，Blanchard and Watson（1983）对股市泡沫进行了自相关和峰度检验。Evans（1987）用偏态检验来检测外汇市场的泡沫。Diba and Grossman（1988）采用单位根和协整检验来检测股市泡沫。然而，这些统计特征也可能受到基本价值的驱动，使得它们难以对股市泡沫进行决定性的检验。为了纳入股票收益的非线性模式，McQueen and Thorley（1994）开发了一个泡沫的持续期依赖性检验，允许泡沫结束的概率取决于正（或负）异常收益的长度。持续期依赖性检验比自相关和偏态等其他测量方法更拟合泡沫（McQueen and Thorley，1994；Lunde and Timmermann，2004）。这种方法在发达国家和发展中国家被广泛用于检测理性投机泡沫，如亚洲国家（Chan et al.，1998）、马来西亚（Mokhtar and Hassan，2006）、泰国（Jirasakuldech et al.，2008）和最近的美国（Wan and Wong，2015）。

我们运用持续期相关检验方法对中国股市泡沫进行检验。张（2008）将持续期依赖性检验应用于 1991—2001 年的中国股票市场。然而，他没有考虑到行业层面的结构性变化与总体层面泡沫的动态变化之间的重要联系。此外，货币政策与泡沫的关系还有待研究。我们通过调查行业层面的股价泡沫，以及股权分置改革对泡沫的动态影响来解决上述问题。因此，我们的研究对于中国这样一个新兴市场经济体的资本市场和货币政策都具有重要的政策意义。

中国最重要的资本市场改革之一，就是上市企业的股权分置改革。从一开始，中国就建立了股权分置结构，以保持国家在中国股票市场上的主导地位。大多数国有股以及首次公开发行前向其他投资者发行的股票（法人股）都被严格禁止在二级市场上交易。在 2005 年之前，上市公司只有大约三分之一的股份可以自由交易，并有大量投机交易，因为股票价格不是由其基本价值驱动的（He et al.，2017）。此外，由于公司经理没有从股价上涨中获益，他们对提高公司价值的积极性较低。2005 年 8 月 23 日，中国证监会发布了《关于上市公司股权分置改革的指导意见》。该改革的目的是将所有非流通股在二级市场上转换为合法流通股，它提高了市场流动性和上市公司的整体运营效率，因为所有股票都是按市值定价的。因此，股权分置改革为我们提供了一个独特的机会来研究限售与投机泡沫之间的关系。

与 Zhang（2008）的结果一致，我们的研究结果表明：中国股市存在泡沫。然而，在股权分置改革后，泡沫对整体股价的贡献是适度的。这表明放开交易限制有助于缓解投机泡沫。纵观行业层面的投机性泡沫，我们发现股权分置改革后的泡沫从电信行业向医疗行业迁移。此外，我们还发现货币政策工具在抑制泡沫方面是有效的，特别是在股权分置改革前。

Harman and Zuehlke（2004）认为，投机泡沫的持续期依赖性测试对模型规范非常敏感。为了检验稳健性，我们在不同的规范中重复同样的研究。我们的实证结果仍是用稳健的方法修正离散值，使用等权重和价值加权投资组合，以及使用每周与每月的股票回报。

4.2.2 持续期依赖性检验

根据 McQueen and Thorley（1994），我们假设资产的价格 p_t 等于其内在价值 p_t^* 加上泡沫，即

$$p_t = p_t^* + b_t \qquad\qquad (4-2)$$

式中，b_t 为泡沫，$E_t(b_{t+1})=(1+r_{t+1})b_t$；$p_t^* = \sum_{i=1}^{\infty}\left[E_t(d_{t+i})/\prod_{j=1}^{i}(1+r_{t+j})\right]$ 为基本面价值，d_{t+i} 为股息，r_{t+j} 为要求的回报率。

泡沫可以增长和破裂；更具体地说，我们定义：

$$b_{t+1} = \begin{cases} (1+r_{t+1})b_t/\pi - (1-\pi)a_0/\pi & p=\pi \\ a_0 & p=1-\pi \end{cases} \qquad (4-3)$$

泡沫以概率 π 增长，弥补了泡沫破裂时（概率为 $1-\pi$）投资者的损失。当泡沫破裂时，价格回到初始价格，泡沫的初始值很小，为 a_0。McQueen and Thorley（1994）指出，对于存在泡沫的情况，以一系列先前正异常收益为条件的负异常收益率的概率随着正异常收益率上期的持续期而降低。持续期依赖性检验基于前一次正异常收益的对数的逻辑转换：

$$h_i = \frac{1}{1+e^{-(\alpha+\beta\ln i)}} \qquad\qquad (4-4)$$

式中，h_i 为负异常收益的条件概率；i 为正异常收益前一次运行的长度（危险函数）。

危险函数的对数似然函数为：

$$L(\theta \mid S_T) = \sum_{i=1}^{N} N_i \ln h_i + M_i \ln(1 - h_i)$$

式中，N 为总运行次数；$\theta = (\alpha, \beta)'$；$S_T$ 为数据集；N_i 为长度是 i 的完整运行次数；M_i 为长度大于 i 的运行次数。

通过计算原假设下的检验统计量，我们进行了似然比检验，主要检验了无泡沫的原假设 $\beta = 0$。检验统计量 $L = \dfrac{\sup\limits_{\theta} L(\theta \mid S_T)}{\sup\limits_{\theta} L(\theta \mid S_T, \beta = 0)}$ 在原假设下服从 $\chi^2(1)$ 分布。

4.2.3 实证结果

(一) 主要结果

综合分析采用 1992 年 6 月 1 日至 2013 年 12 月 31 日沪、深两市 A 股价值加权周收益率。在行业层面分析中，从 2002 年 1 月 4 日至 2013 年 12 月 31 日的行业周收益率来自中国证券指数有限公司（CSI）的 10 个行业指数。CSI 采用行业分类系统，根据企业的主营业务活动将企业分为 10 类，包括能源、材料、工业、消费、日常消费、医保、金融、信息、电信和公用事业。[1] 我国在 2005 年 4 月实施了股权分置改革，我们将样本分为改革前和改革后两个阶段，以 2005 年 4 月的第一周为切入点。所有数据均从国泰安 CSMAR 数据库检索。

图 4-3 显示了 1991 年 6 月至 2013 年 12 月中国综合 A 股市场的每周连续复合名义收益率。这表明中国股市在过去 20 年里的波动很大。

---

[1] 中国证券指数有限公司是上海证券交易所和深圳证券交易所的合资公司，它提供索引的创建和管理以及与索引相关的服务。为了衡量不同行业的股票表现，该公司于 2002 年 1 月 4 日推出了 10 个行业指数。

在 1992—2005 年期间，中国股市的复合名义收益率在 0.5％至 1.5％之间变化。从 2005 年到 2007 年，中国股市的复合名义收益率增长了近 5 倍。在 2008 年国际金融危机期间，中国股市下跌了 60％以上。尽管中国实施了一系列刺激政策，如降低利率和银行存款准备金率[①]，但截至 2013 年底，中国股市并未复苏。

图 4 - 3　每周连续复合名义收益率（等权重）

资料来源：国泰安 CSMAR 数据库。

为了进行持续期相关性检验，我们首先计算异常收益并将其分为两种状态（正态和负态）。McQueen and Thorley（1994）估计了一个多因素模型，并将残差作为异常收益。该模型中的因素包括 AAA 级债券与政府债券之间的期限利差、收益率和股息。由于我国的股利分配制度尚不完善，用股利来衡量中国股市的基本面是不合适的（He and Rui，2016）。Lunde and Timmermann（2004）讨论了通货膨胀对名义股票价

---

① 为了抵消不利的全球经济形势，中国政府于 2008 年 11 月 9 日启动了一项四万亿刺激计划，通过提供额外的流动性来刺激国内需求。

格漂移的影响，因而我们在回归模型中也包含了一个通货膨胀指标。需要注意的是，股票周收益率的波动率是连续相关的，这将影响久期分布。为了解释波动率聚类的影响，我们采用了 Engle and Lee（1999）的广义自回归条件异方差模型（C-GARCH）。[①] 参考 Mcqueen and Thorley（1994）的研究，我们采用滞后收益最多为三阶的 C-GARCH 模型。[②] 具体说来，我们使用以下模型来计算中国股市的异常收益：

$$R_t = \alpha + \beta_1 \text{IFLA}_{t-1} + \gamma_1 R_{t-1} + \gamma_2 R_{t-2} + \gamma_3 R_{t-3}$$
$$\quad + \rho \sigma_t + \varepsilon_t \quad \varepsilon_t \sim N(0, \sigma_t^2)$$
$$\sigma_t^2 = q_t + \alpha(\varepsilon_{t-1}^2 - q_{t-1}) + \beta(\sigma_{t-1}^2 - q_{t-1})$$
$$q_t = \omega + \rho(q_{t-1} - \omega) + \phi(\varepsilon_{t-1}^2 - \sigma_{t-1}^2) \tag{4-5}$$

式中，R_t 为平均加权投资组合的周复合收益率[③]；IFLA 为消费者物价指数（CPI），周通货膨胀率的计算方法与 Lunde and Timmermann（2004）的计算方法相同[④]；σ_t 为条件标准差；q_t 为 σ_t 的临时分量；ω 为 σ_t 的永久分量。

表 4-7 总结了总量和行业异常收益的持续期统计，以及（4-4）式的全样本持续期相关性检验。[⑤] 表 4-7 中 A 组的结果表明，总股价存在泡沫。B 组的产业层面分析结果表明，泡沫起源于医保业。该结果与市场预期相符。截至 2013 年，医疗保健行业的市盈率已经超过 36 倍，是市场市盈率的近 4 倍。这表明该领域的创新风险被低估了，比如新药和新医疗器械。

---

① 在未报告的结果中，我们进行了 ARCH 检验，发现了股票周收益率序列的条件异方差性。

② 我们用平均 GARCH 模型得到了类似的结果，滞后收益达到三阶。

③ Engle and Lee（1999）指出，在温和的假设下，模型（4-5）中的方差方程可以重写为一个具有五个系数的方程，它识别了五个基本参数。

④ 通过求解周通货膨胀率，使用消费者物价指数平稳增长，且月度 CPI 后续值之间的增长率相同，将月度 CPI 转换为周通货膨胀率。

⑤ 需要注意的是，（4-4）式中的 h_i 是指总体概率，而 $h(i)$ 是指似然检验中使用的样本概率。

表 4 - 7　持续期的描述统计

A 组：总市场持续期统计

天数	正异常收益率			负异常收益率		
	消亡 总计 238	存活	风险率	消亡 总计 239	存活	风险率
1	133	105	0.558 8	108	131	0.451 9
2	41	64	0.390 5	61	70	0.465 6
3	23	41	0.359 4	19	51	0.271 4
4	17	24	0.414 6	20	31	0.392 2
5	10	14	0.416 7	12	19	0.387 1
6	1	13	0.071 4	5	14	0.263 2
7	6	7	0.461 5	8	6	0.571 4
8	3	4	0.428 6	3	3	0.500 0
9	2	2	0.500 0	2	1	0.666 7
10	1	1	0.500 0	0	1	0.000 0
11	1	0	1.000 0	1	0	1.000 0

对数逻辑检验统计量

α	$-0.140\ 0\ (0.340\ 2)$	$0.204\ 5\ (0.462\ 5)$
β	$0.465\ 1\ (0.090\ 1)$	$0.166\ 7\ (0.496\ 2)$
$\chi^2(1)$	$2.725\ 0\ (0.090\ 1)$	$0.463\ 1\ (0.496\ 2)$

B 组：分行业持续期统计

天数	能源	材料	工业	消费	日常消费	医保	金融	信息	电信	公用事业
1	0.508	0.465	0.503	0.516	0.536	0.519	0.522	0.485	0.475	0.514
2	0.424	0.400	0.473	0.495	0.592	0.568	0.535	0.460	0.495	0.528
3	0.434	0.350	0.449	0.435	0.655	0.632	0.550	0.444	0.521	0.524
4	0.467	0.333	0.407	0.500	0.600	0.500	0.556	0.633	0.522	0.450
5	0.563	0.423	0.563	0.615	0.750	0.571	0.625	0.727	0.636	0.545
6	0.286	0.533	0.571	0.600	1.000	1.000	0.333	0.667	0.750	1.000
7	0.400	0.429	0.333	1.000			0.500	1.000	1.000	
8	0.333	0.500	0.500				1.000			
9	0.500	0.500	1.000							
10	1.000	1.000								

对数逻辑检验统计量

	能源	材料	工业	消费	日常消费	医保	金融	信息	电信	公用事业
β	0.206 (0.80)	0.163 (0.52)	0.099 (0.88)	0.038 (0.95)	-0.373 (0.90)	0.680 (0.01)	-0.071 (0.98)	-0.229 (0.36)	-0.259 (0.67)	-0.120 (0.86)
观测值	187	187	187	188	153	183	180	194	181	183

资料来源：作者计算。

注：（1）运行长度 i 表示一系列异常收益持续的周数。异常收益是（4-5）式中的 C-GARCH 模型估计的误差。样本危险率的计算公式为：

$$h(i) = \frac{N_i}{M_i + N_i}$$

式中，N_i 为消亡数；M_i 为存活数；α，β 的参数由 $L(\theta \mid S_T) = \sum_{i=0}^{\infty} N_i \ln h_i + M_i \ln(1-h_i)$ 估计，S_T 为数据集；$h_i = \frac{1}{1 + e^{-(\alpha+\beta \ln i)}}$。

（2）P 值在括号内。

股权分置改革始于2005年4月，为了解释此次改革可能带来的市场结构变化，我们对模型进行了估计，并对子样本周期进行了（4-4）式的持续期检验，见表4-8。

表4-8 子区间的持续期统计

天数	正异常收益率			负异常收益率		
	消亡总计152	存活	风险率	消亡总计152	存活	风险率
A组：股权分置改革前						
1	89	63	0.585 5	67	85	0.440 8
2	28	35	0.444 4	38	47	0.447 1
3	13	22	0.371 4	10	37	0.212 8
4	11	11	0.5	16	21	0.432 4
5	5	6	0.454 5	7	14	0.333 3
6	0	6	0	5	9	0.357 1
7	4	2	0.666 7	7	2	0.777 8
9	1	1	0.5	1	1	0.5
10	1	0	1	1	0	1
对数逻辑检验统计量						
α	−0.281 2（0.400 7）			0.281 0（0.377 7）		
β	0.469 2（0.082 8）			0.117 2（0.655 9）		
$\chi^2(1)$	3.009 4（0.082 8）			0.198 6（0.655 9）		
B组：股权分置改革后						
1	44	42	0.511 6	41	46	0.471 3
2	13	29	0.309 5	23	23	0.500 0
3	10	19	0.344 8	9	14	0.391 3
4	6	13	0.315 8	4	10	0.285 7
5	5	8	0.384 6	5	5	0.500 0
6	1	7	0.125 0	0	5	0
7	2	5	0.285 7	1	4	0.200 0
8	3	2	0.600 0	3	1	0.750 0
9	1	1	0.500 0	1	0	1
10	1	0	1			

对数逻辑检验统计量

α	0.090 3 (0.741 1)	0.060 4 (0.899 4)
β	0.437 4 (0.115 3)	0.274 7 (0.437 4)
χ^2 (1)	2.480 5 (0.115 3)	0.603 0 (0.437 4)

资料来源：作者计算。

注：（1）运行长度 i 表示一系列异常收益持续的周数。异常收益是（4-5）式中的 C-GARCH 模型估计的误差。样本危险率的计算公式为：

$$h(i) = \frac{N_i}{M_i + N_i}$$

式中，N_i 为消亡数；M_i 为存活数；α，β 的参数由 $L(\theta \mid S_T) = \sum_{i=0}^{\infty} N_i \ln h_i + M_i \ln(1 - h_i)$ 估计。

（2）P 值在括号内。

在股权分置改革前，正异常收益和负异常收益都有 152 个持续期。在股权分置改革后，正异常收益的持续期观察值为 86，负异常收益的持续期观察值为 87。此外，我们还报告了危险率的统计数据。需要注意的是，持续期的危险率最初下降，而后上升。显然，超过一定的持续期，泡沫的存在高度依赖于持续期的长短。在九次之后，一个泡沫破裂了。表 4-8 的最后三行报告了 LR 似然比检验的结果。在股权分置改革前，条件正异常收益率的零值在 10% 的水平上被剔除，说明泡沫的存在及其对持续期的依赖性；在股权分置改革后，条件正异常收益率为零的 p 值为 0.115 3。在传统的显著性水平上，"没有泡沫"的假设不能被否定，因而总体分析表明，股权分置改革对消除泡沫是有效的。

2006—2008 年中国股指上涨了四倍，跌幅相同。有人可能会怀疑后股权分置时期存在泡沫。一个可能的解释是，股权分置改革有效地缓解了流通股股东与非流通股股东之间的冲突，提高了公司的经营效率。大量研究表明，股权分置改革对公司绩效具有较强的正向影响（Firth et al.，2010；Liao et al.，2014；He et al.，2017）。公司管理者更愿意为股东的利益服务，从而提高了公司的经营业绩和市场绩效。股指的上涨更可能是受经济基本面好转的推动，而不是投机泡沫。2008 年的国际金融危机导致全球经济衰退，股市下跌 60% 以上，投资者预计中国经济的增速将因这一不利的外部冲击而放缓。

图 4-4、图 4-5 和图 4-6 描述了生存函数及其 95％置信区间。图
4-7、图 4-8 和图 4-9 描述了累积风险率函数及其 95％置信区间。所
有的置信区间都是用似然比检验来计算的。

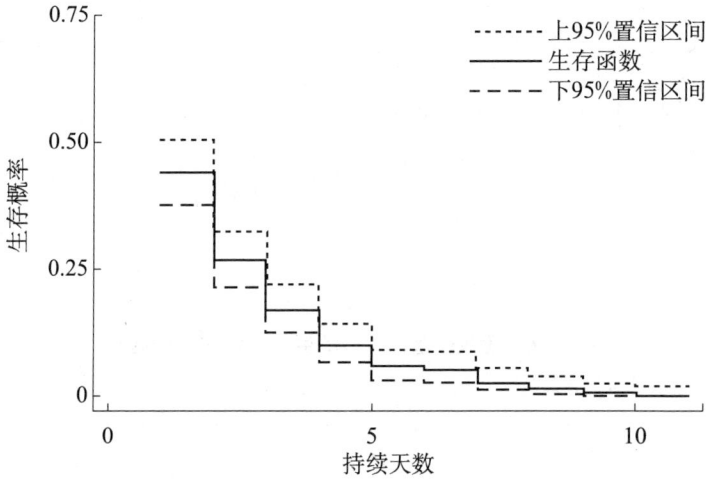

图 4-4　总市场的生存函数和置信区间

资料来源：作者计算。

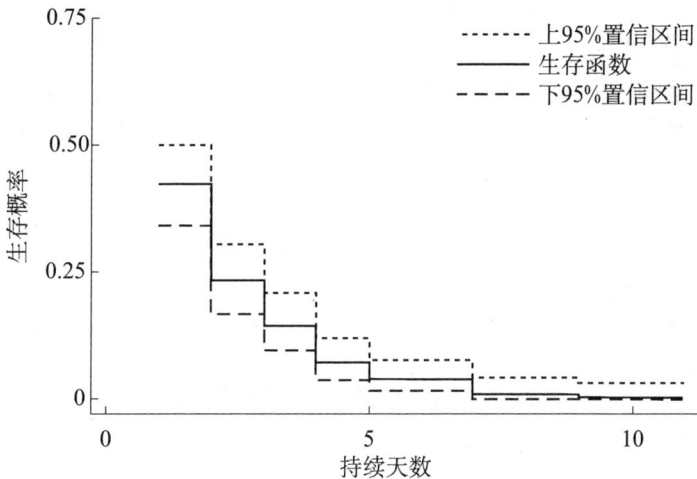

图 4-5　股权分置改革前的生存函数和置信区间

资料来源：作者计算。

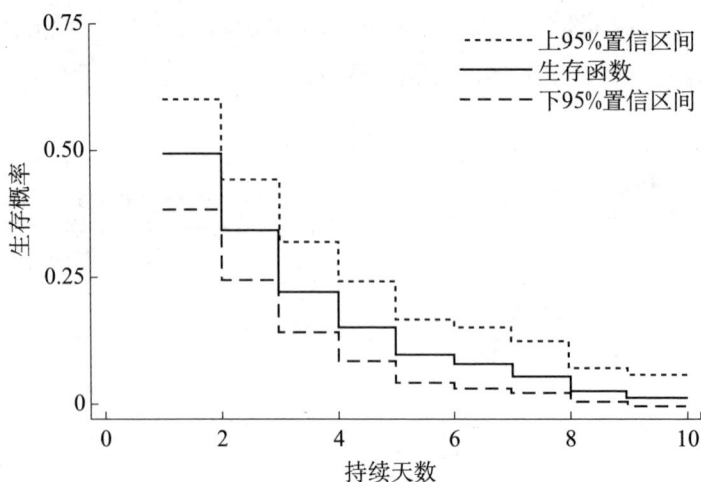

图 4-6 股权分置改革后的生存函数和置信区间

资料来源：作者计算。

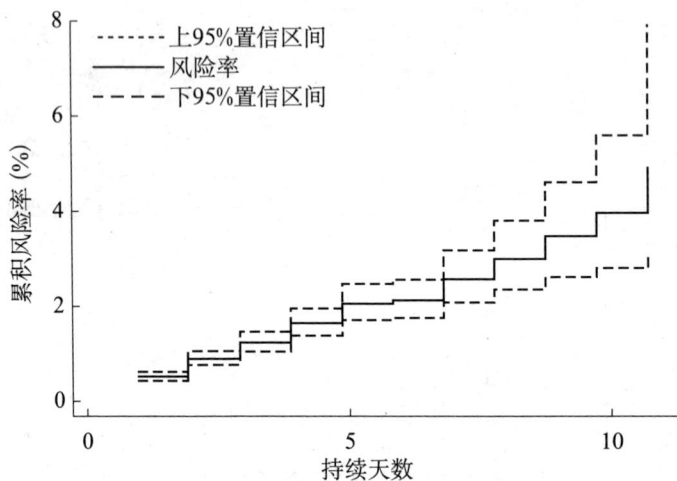

图 4-7 总市场的累积风险率和置信区间

资料来源：作者计算。

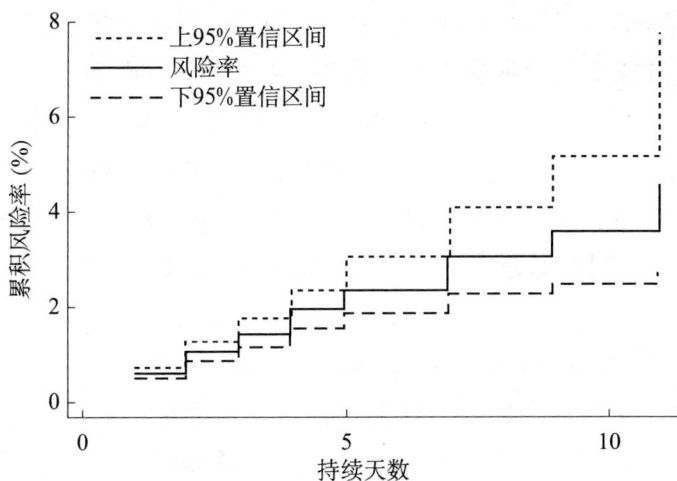

图 4-8　股权分置改革前的累积风险率和置信区间

资料来源：作者计算。

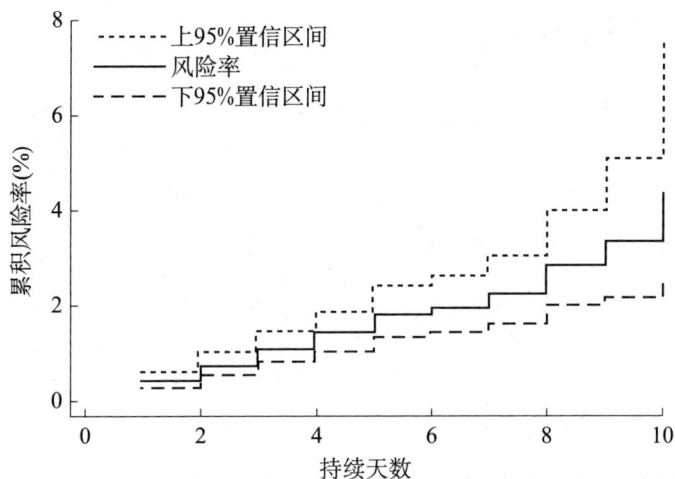

图 4-9　股权分置改革后的累积风险率和置信区间

资料来源：作者计算。

从表 4-9 可以看出，在股权分置改革前电信业存在持续期依赖性（P 值 $= 0.09$）；此后，医保业表现出显著的持续期依赖性（P 值 $= 0.05$）。因此，我们的研究结果表明，在股权分置改革后，泡沫并没有完全消失；相反，它从电信业转移到了医保业。

（二）检验持续期的差异

McQueen and Thorley（1994）认为，只有存在泡沫的情况下，持续期依赖才会出现于正异常收益的运行中。我们以 Lunde and Timmermann（2004）提出的两个基本模型来检验持续期样本的差异。由于任何持续期模型都没有闭合形式的解，我们采用非参数两样本检验来比较子样本之间的持续期相关性（Hollander and Wolfe，1999）。该检验有三个假设：

（1）持续期的数量是 $N = M_i + N_i$，N_i 代表消亡数，M_i 代表存活数。

（2）两个样本空间是 $\{X_1, X_2, \cdots, X_P\}$ 和 $\{Y_1, Y_2, \cdots, Y_P\}$。

（3）X 和 Y 相互独立，分别服从连续分布函数 F 和 G。

我们首先对以下原假设应用 Wilcoxon、Mann 和 Whitney 检验：

$$H_0: E(X) - E(Y) = 0$$

假设 s_i 是 Y_i 的升序排列的秩。Y 的秩和可以写成 $W = \sum_{j=1}^{n} s_j$。在原假设下，标准化秩和为：

$$W^* = \frac{W - E_0(W)}{\sqrt{\mathrm{Var}_0(W)}} \sim N(0, 1) \tag{4-6}$$

其中，

$$E_0(W) = \frac{n(N+1)}{2} \tag{4-7}$$

以及

$$\mathrm{Var}_0(W) = \frac{n\,m}{2}\left[N + 1 - \frac{\sum_{j=1}^{S}(t_j - 1)t_j(t_j + 1)}{N(N-1)} \right] \tag{4-8}$$

为了检验两个总体样本之间的差异，我们进行了 Kolmogorov-Smirnov 检验。原假设为 $H_0: F(t) = G(t)$，$t \in R$。对统计量的定义如下：

$$J = \frac{m\,n}{d} \max_{-\infty < t < +\infty} \{\,|F_m(t) - G_n(t)|\,\} \tag{4-9}$$

其中，$F_m(t)$ 和 $G_n(t)$ 是 X 和 Y 的经验分布函数；d 是 m 和 n 的最大公约数，样本分布的临界值由 Hollander and Wolfe（1999）提供。表 4-10 总结了两个样本的检验结果，数字为 P 值。

表4-9 子区间分行业持续期统计

天数	能源	材料	工业	消费	日常消费	医保	金融	信息	电信	公用事业
A组：在股权分置改革前										
1	0.522	0.443	0.514	0.554	0.694	0.594	0.576	0.529	0.624	0.524
2	0.438	0.359	0.500	0.552	0.727	0.577	0.571	0.545	0.467	0.467
3	0.500	0.320	0.471	0.462	1.000	0.455	0.583	0.467	0.515	0.375
4	0.444	0.176	0.444	0.571		0.333	0.600	0.500	0.700	0.300
5	0.600	0.257	0.800	0.333		0.500	1.000	0.500	1.000	0.571
6	0.500	0.444	1.000	0.500		1.000		0.500		1.000
7	1.000	0.500		1.000				1.000		
8		0.333								
9		0.500								
10		1.000								
对数逻辑检验统计量										
β	0.028	0.213	−0.113	0.101	−0.820	0.240	−0.186	0.018	−0.420	0.125
	(0.17)	(0.28)	(0.88)	(0.96)	(0.53)	(0.87)	(0.89)	(0.99)	(0.09)	(0.82)
观测值	67	70	70	65	36	64	66	70	63	63

续表

天数	能源	材料	工业	消费	日常消费	医保	金融	信息	电信	公用事业
B组：在股权分置改革后										
1	0.500	0.479	0.496	0.496	0.487	0.579	0.491	0.460	0.449	0.508
2	0.417	0.426	0.458	0.468	0.567	0.565	0.517	0.418	0.462	0.559
3	0.400	0.371	0.438	0.424	0.615	0.400	0.536	0.436	0.486	0.615
4	0.476	0.455	0.389	0.474	0.600	0.625	0.538	0.682	0.500	0.600
5	0.545	0.500	0.455	0.700	0.750	0.667	0.500	0.857	0.556	0.500
6	0.200	0.667	0.500	0.667	1.000	1.000	0.333	1.000	0.750	1.000
7	0.250	0.500	0.333	1.000			0.500		1.000	
8	0.333	1.000	0.500				0.500			
9	0.500		1.000				1.000			
10	1.000									
对数逻辑检验统计量										
β	0.198 (0.34)	0.013 (0.97)	0.134 (0.87)	−0.078 (0.85)	−0.499 (0.83)	−0.657 (0.05)	−0.108 (0.95)	−0.374 (0.14)	−0.256 (0.71)	−0.354 (0.84)
观测值	120	117	117	123	117	119	114	124	118	120

资料来源：作者计算。

注：（1）运行长度 i 表示一系列异常收益持续的周数。异常收益是（4-5）式中的 C-GARCH 模型估计的误差。样本危险率的计算公式为：

$$h(i) = \frac{N_i}{M_i + N_i}$$

式中，N_i 为消亡频数；M_i 为存活频数；α、β 的参数由 $L(\theta \mid S_T) = \sum_{i=0}^{\infty} N_i \ln h_i + M_i \ln(1-h_i)$ 估计。

（2）P 值在括号内。

表 4 - 10 两样本检验

| | Wilcoxon 符号秩检验 | Kolmogorov-Smirnov 检验 |
	正收益率－负收益率	正收益率－负收益率
股权分置改革前	0.010 2	0.065
股权分置改革后	0.870 8	0.964
	改革前－改革后	改革前－改革后
正收益率	0.118 9	0.494
负收益率	0.459 3	0.806

资料来源：作者计算。

该表通过比较正异常收益的持续期与负异常收益的持续期的样本，报告了两个样本的检验结果（P 值）。我们对股权分置改革前后都进行了检验。

通过对股权分置改革期正异常收益率和负异常收益率的双样本检验，我们发现：正异常收益率与负异常收益率之间存在显著差异，但股权分置改革后两样本的异常收益率差异不显著。这一结果与我们之前的研究结果一致，即股权分置改革后泡沫对股票总指数的贡献率显著降低。显然，股权分置改革抑制了投机泡沫。

4.2.4 利率对泡沫的影响

一般来说，加息对股票收益有负面影响，但其对中国股市泡沫的影响却鲜有人分析。为了验证这一点，在四种分布假设下，即指数分布、Weibull 分布、Gompertz 分布和 Cox 分布，我们分析了利率（I）及其变化（ΔI）对泡沫的影响。周无风险利率取自国泰安 CSMAR 数据库中中央银行公布的一年期存款利率。[①] 表 4 - 11 给出了四种分布假设下危险率的回归结果。

表 4 - 11 利率回归结果

系数	(1) 指数分布	(2) Weibull 分布	(3) Gompertz 分布	(4) Cox 分布
总样本				
I	0.011 2*	0.016 3	0.012 4	0.008 6
	(0.006)	(0.010)	(0.008)	(0.054)

---

① 我们也使用回购利率作为无风险利率的替代衡量标准，检验结果是我们的结果在质量上没有变化。

续表

系数	(1) 指数分布	(2) Weibull 分布	(3) Gompertz 分布	(4) Cox 分布
ΔI	0.368*** (0.140)	0.547*** (0.177)	0.438*** (0.167)	0.318** (0.142)
常数	−0.892*** (0.090)	−1.4*** (0.158)	−1.071*** (0.136)	
观测值	236	236	236	236
股权分置改革前				
I	0.013 4 (0.01)	0.021 8 (0.02)	0.016 9 (0.01)	0.012 3 (0.01)
ΔI	0.265*** (0.08)	0.373*** (0.11)	0.304*** (0.10)	0.247*** (0.08)
常数	−0.853*** (0.12)	−1.408*** (0.19)	−1.080*** (0.15)	
观测值	141	141	141	141
股权分置改革后				
I	0.028 5 (0.077)	0.049 (0.12)	0.042 1 (0.098)	0.032 3 (0.07)
ΔI	−1.415 (1.06)	−2.448 (1.6)	−1.744 (1.28)	−1.106 (0.91)
常数	−0.937** (0.44)	−1.532** (0.66)	−1.238** (0.55)	
观测值	95	95	95	95

资料来源：作者计算。

注：指数分布是 $h(i) = \exp(\beta_0 + \beta_1 I + \beta_2 \Delta I)$，Weibull 分布是 $h(i) = \alpha i^\alpha \times \exp(\beta_0 + \beta_1 I + \beta_2 \Delta I)$，Gompertz 分布是 $h(i) = \alpha \times \exp[-\exp(\beta_0 - \beta_1 I - \beta_2 \Delta I)]$，Cox 分布是 $h(i) = h(0) \times \exp(\beta_1 I + \beta_2 \Delta I)$，其中，$h$ 为危险率。括号内为稳健标准差，***表示 P 值<0.01，**表示 P 值<0.05，*表示 P 值<0.1。

从整个时期来看，利率的上升导致风险率显著上升、泡沫持续期缩短，表明利率政策对抑制泡沫起到了一定的作用。这个结果在四种不同的分布假设下是可靠的。

纵观股权分置改革前后的时期，我们发现存在显著差异。在股权分置改革前，利率的提高会导致风险率的显著上升、泡沫持续期的缩短，表明利率政策在抑制泡沫方面是有效的。相比之下，这种效应在股权分置改革后已不复存在。一种可能的解释是，在股权分置改革后，人们对人民币升值有预期。这些预期加上汇率制度导致了大量外汇储备，而外汇储备的积累导致流动性供给过剩，加大了资产价格上升的压力。这一时期的货币紧缩政策在很大程度上是为了抵消流动性过剩的影响，因而其影响可能会弱于此前的股权分置改革时期，所以外汇储备在此期间导致的流动性过剩问题并不是应关注的问题。

4.2.5　稳健性检验

到目前为止，我们所用的主要业绩是基于 1992 年 6 月至 2013 年 12 月平均加权投资组合的周回报率，异常收益率由（4 - 4）式估算。为了检验我们的持续期检验结果是否对估计方法和使用每周或每月的回报（Harman and Zuehlke，2004）敏感，我们在各种情况下重复检验。对于每一种情况，我们报告了等权重和价值加权投资组合的结果。

在情况 I~IV 中，我们使用替代方法估计正异常收益和负异常收益，见表 4 - 12。在情况 I~III 中，我们分别使用连续 Weibull 模型、区间 Weibull 模型和离散 Weibull 模型来检验我们的结果对连续时间离散观测值校正方法的敏感性。正异常收益率仍然表现出显著的持续期依赖性，而无泡沫假设在传统显著性水平下被否定。连续出现的负异常收益率仍不能拒绝无泡沫假说。这些结果对于使用等权重或价值加权的投资组合序列是稳健的。

当使用具有平均效应的 ARCH 模型（即 GARCH 模型，情况 IV）时，假设的等权拒绝具有 0.085 9 的 P 值。同样，使用市值加权投资组合的非泡沫假设在 0.088 5 的水平被拒绝。在最后一种情况（情况 V）中，每月股票收益率用于估计正异常收益率和负异常收益率。等权（价值加权）拒绝无泡沫假设的 P 值为 0.074 9（0.066 4）。我们仍然发现持续期不显著取决于负超额收益率。

总的说来，表 4 - 12 的证据表明，对于等权重投资组合和市值加权投资组合，对正异常收益率无泡沫假设的拒绝对所有测度方法都是稳健的。[1]与泡沫模型一致的是，持续期不显著取决于负超额收益率。

---

[1]　我们还根据行业水平和子样本周期（在股权分置改革前后）重复不同情况下的持续时间依赖性检验，我们的结果在质量上保持不变。为简洁起见，这些结果不做报告，但可根据要求提供。

表 4 - 12   持续期依赖性检验的敏感性分析

		等权重			市值加权	
		正收益率	负收益率		正收益率	负收益率
I. 连续 Weibull 模型	α	−0.159	0.317	α	−0.279	0.238
	β	0.403	0.135	β	0.323	0.462
	P	(0.086 7)	(0.474)	P	(0.089 3)	(0.619)
II. 区间 Weibull 模型	α	−0.391	0.227	α	−0.594	0.365
	β	0.437	0.367	β	0.573	0.201
	P	(0.081 1)	(0.315)	P	(0.099 4)	(0.524)
III. 离散 Weibull 模型	α	−0.282	0.498	α	−0.259	0.133
	β	0.776	0.127	β	0.727	0.505
	P	(0.083 1)	(0.259)	P	(0.085 3)	(0.578)
IV. GARCH 模型	α	−0.487	0.269	α	−0.443	0.254
	β	0.200	0.199	β	0.130	0.219
	P	(0.085 9)	(0.248)	P	(0.088 5)	(0.571)
V. 月收益率	α	−0.198	−0.180	α	−0.484	−0.221
	β	0.628	0.780	β	0.494	0.758
	P	(0.074 9)	(0.442)	P	(0.066 4)	(0.783)

资料来源：作者计算。

注：(1) 在情况 I～III 中，α，β 的参数估计采用 Harman and Zuehlke（2004）中规定的连续区间和离散 Weibull 模型。在情况 IV 下，用具有平均效应的 ARCH 模型（即 GARCH 模型）来估计异常收益率。在情况 V 下，采用月收益率代替周收益率。所有情况都包括等权重和市值加权投资组合。

(2) P 值在括号内。

4.2.6 结 论

中国作为一个主要经济大国的地位日益上升，这引发了全世界投资者和研究人员对了解中国股市行为的兴趣。我们运用一个持续期模型，实证检验了中国股市中存在的投机泡沫，找到了泡沫存在的证据。在股权分置改革前，泡沫破裂的概率随着泡沫持续期的延长而增大。在股权分置改革后，泡沫对股票总价格的贡献降低。我们的结果表明，这是由行业层面的市场结构变化造成的。具体说来，在股权分置改革前电信业存在泡沫，但在股权分置改革后，泡沫向医保业转移。在股权分置改革前，一级市场存在流通股和非流通股的分割。在二级市场上，不支付股息也会使市场变成一个追求投机性回报而非价值投资的场所。因此，在股权分置改革前很难消除泡沫。最后，我们的研究结果显示，在股权分置改革前，货币政策工具在抑制泡沫方面是有效的，但在股权分置改革后，其效果显著下降。

4.3　定向增发的金融风险

4.3.1　制度背景

（一）概　述

机构投资者是持有大量资本的金融机构，其目的是投资并创造资本收益。自 2003 年以来，中国允许合格境外机构投资者（QFII）投资国内股市。中国金融监管当局于 2003 年发布了相关规定，允许合格机构投资者投资在上海和深圳证券交易所上市的某些股票与债券。中国资本市场上的机构投资者有八种类型：QFII、共同基金、社保基金、投资银行、保险公司、信托基金、补充养老基金和金融附属机构。

在过去的十年里，中国机构投资者的数量经历了一次戏剧性的飙升，特别是在国际金融危机后，共同基金表现出了显著的复苏。[①] 图 4 - 10 显示，从 2004 年到 2014 年 9 月，共同基金的数量增长了 22 倍以上。同样，我们可以看到共同基金管理的总资产呈上升趋势。尽管在国际金融危机期间遭遇挫折，但共同基金管理的总资产仍保持在 1 万亿元左右，而危机过后，资金流入量持续增长。

与此同时，定向增发市场由于与中国公开发行股票相比具有某些优势而迅速扩大。根据中国证监会发布的《上市公司证券发行管理办法》的规定，对定向增发的批准不取决于发行公司的盈利能力；上市公司可以向控股股东和机构投资者募集资金。此外，定向增发可以作为控股股东向上市公司注入优质资产以提升市场前景的良好渠道，即企业支持。此外，定向增发有较低的披露要求，这对发行公司和投资者来说是快速和成本-效益高的方法。因此，定向增发已成为中国上市公司融资的主要渠道。截至 2014 年 11 月 22 日，我国定向增发共 1 546 起，募集资金26 880 亿元人民币。

考虑到机构投资者在定向增发中的重要性，拥有定向增发权利的上

---

① 根据国际证监会组织（IOSCO）在 2012 年的调查数据，2008—2010 年共同基金的总资产复合年增长率达到 25.4%，共有 16 633 只共同基金产品。在共同基金快速复苏的同时，资本市场也在迅速复苏。这表明共同基金的大量流入提振了投资者的信心，并可能对经济增长做出了贡献。

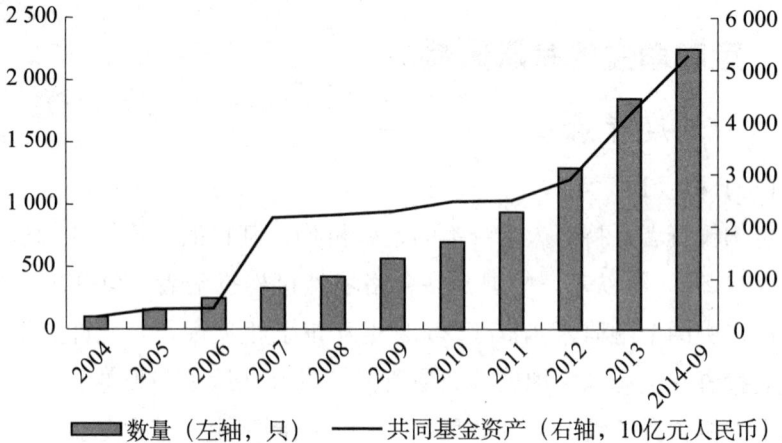

图 4 - 10　2004 年至 2014 年 9 月中国共同基金的发展情况

资料来源：国际证监会组织（IOSCO）。

市公司的机构持股数量显著增加。图 4 - 11 显示，机构持股比例从 2005 年的 4.8％增加到 2013 年的 38％，这与国际金融危机后定向增发的增加有关。上市公司需要大量融资才能从国际金融危机中复苏，而在定向增发中机构投资者的参与，有助于上市公司筹集足够的外部资金。

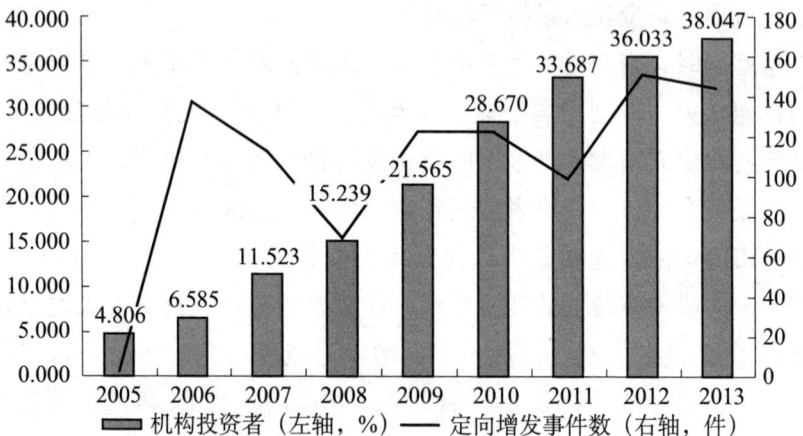

图 4 - 11　2005—2013 年中国机构持股和定向增发

资料来源：Wind 金融数据终端。

（二）假设的提出

首先，我们考察了机构投资者对定向增发公告的收益影响。大量文献记录了市场对定向增发公告的积极反应，比如 Wruck（1989）报告了美国定向增发公告的平均异常收益率为 4.4%。Chemmanur and Jiao（2011）发现，机构投资者较高的发行前净买入额和较低的经验股折价率与发行（包括定向增发）有关，机构投资者可以促进资本市场的信息生产。

由于中国证监会的监管，机构投资者和控股股东是定向增发的主要参与者。当机构投资者购买一小部分（或全部）新发行的股票时，它们可以获得与控股股东相同数量的信息。此外，信息优势不仅存在于定向增发的公告期，而且存在于发行前阶段，比如一些内幕信息可以传播给这些机构投资者。如果机构股东的持股比例超过 5%，则该上市公司将作为一家重要的上市公司进行公告。[①] 机构投资者可以向不知情的投资者披露其关于定向增发质量的专有信息。因此，机构投资者在定向增发前的持股可以缓解企业与不知情投资者之间的信息不对称，从而削弱定向增发的信号效应。我们提出的第一个假设为：

H1：公告收益与机构持股负相关。

现有研究表明，定向增发在长期不会产生显著的超额收益。然而，Chemmanur et al.（2009）发现，机构投资者能够区分长期股票收益较好的再融资，而且它们的发行前净买入与较低的折价正相关。因此，机构投资者可以对定向增发进行选择，从而获得更好的长期业绩。鉴于持股的机会成本很高，专注的机构投资者有动机监督这些上市公司的运营。此外，机构投资者优越的选股能力有助于选择长期业绩较好的定向增发。因此，我们提出的第二个假设为：

H2：公司的长期绩效随机构持股比例的增加而增加。

Bushee（1998）分析了机构投资者的行为，并将其分为三类：暂时性机构投资者、灰色机构投资者和专门机构投资者。Chen et al.（2007）认为，只有专注的机构投资者（即长期持有股票的独立机构）才有强烈的动机来监督上市公司。2003 年，机构投资者倾向于离开上市公司。继

---

① 《关于修改〈上市公司收购管理办法〉第六十三条的决定》（中国证券监督管理委员会令第五十六号）第十三条、第十四条、第十六条规定，当投资者及其一致行动人的股权达到上市公司已发行股份总数的 5% 时，应当向中国证监会报告，并公告其进一步交易情况。不同类型交易的要求各不相同。

Bushee（1998）后，我们根据机构投资者是否与定向增发公司有潜在的业务联系，将中国的机构投资者分为独立机构投资者和灰色机构投资者。QFII、共同基金和社会保障基金等独立金融机构受到严格监管，不太可能与上市公司有业务联系。相比之下，灰色机构投资者（如保险公司或一些大公司的金融附属机构）可能与上市公司有潜在的业务联系。灰色机构投资者可能与控股股东串通掏空上市公司，最终可能导致上市公司的业绩不佳。虽然上市公司的母公司和关联方也可以归为机构投资者，但我们将分析局限于金融行业的机构投资者。因此，我们提出的第三个假设为：

H3：独立金融机构投资者的存在与公司业绩的提高有关。

国有企业中私人股东的缺位往往会给管理者带来私人利益。私有化对公司治理的改善在现有文献中得到了广泛的论述。例如，钱（1996）指出，由于管理者缺乏责任感，一些国有企业政策负担重、代理成本高，而且没有市场化，政府干预较多。羌（2003）指出，国家持有的多数股权解释了相关的低效率。[①] Wang（2010）表明，在高管人员离职对公司绩效的敏感性方面，控股股东的作用比公司治理更重要，这表明我国公司治理的作用有限。但是，机构投资者有助于缓解信息不对称和控股股东对中小股东的侵占问题。良好的公司治理可以促进机构投资者的这种行为，从而提高定向增发后的绩效。因此，我们提出的第四个假设为：

H4：公司治理的改善增加了私营企业定向增发绩效和机构投资者之间的敏感性，但在国有企业中不是这样。

4.3.2 数据表和方法

（一）数　据

我们的样本涵盖了 2005—2013 年在上海证券交易所和深圳证券交易所拥有定向增发权利的所有上市公司。由于严格的政府监管，金融行业的上市公司被排除在我们的样本之外。如果上市公司有特殊待遇（以

---

① 2013 年 8 月，上市国企京东方科技集团（000725）在 A 股市场上发行了当时规模最大的定向增发，融资 460 亿元人民币。这是京东方自 2006 年以来的第四轮定向增发。不过，该公司的股票回报率相当低，年回报率不到 10%。

下称为"ST 股票")[1]，我们将剔除该观察值。最终，我们对 972 家样本公司在 2005—2013 年进行了定向增发调查。定向增发和机构持股信息从 Wind 数据库中检索，相关公司特征从中国经济金融研究数据库（CS-MAR）中检索。在整个实证检验过程中，我们采用机构持股的季度数据，以便更准确地捕捉机构投资者的变化。

（二）研究设计

根据 Chemmanur et al.（2009）的研究，我们估计了一个公司绩效的 OLS 模型，并从两个方面考察了机构投资者的角色：定向增发公告前的原始机构投资者（机构持股），以及一个表明机构投资者在定向增发公告时参与定向增发（参与）的虚拟变量。我们还引入了机构持股和参与的交互作用项，以考察原始机构投资者选择参与定向增发时的增量影响，即

$$
\begin{aligned}
\text{FirmPerformance} = {} & \text{Institutionalholding}_{i,t} + \text{Participation}_{i,t} \\
& + \text{Institutionalholding}_{i,t} x\ \text{Participation}_{i,t} \\
& + \text{ROA}_{i,t-1} + \text{Size}_{i,t-1} + \text{Leverage}_{i,t-1} \\
& + \text{Collect}_{i,t} + \text{Prior}\_90\text{AR}_{i,t} + \text{Discount}_{i,t} \\
& + \text{Prior}\_90\text{Risk} + \text{SOE} + \text{Largest} + \text{Board} \\
& + \text{Independence} + \text{Duality} + \varepsilon_{i,t} \quad\quad (4-10)
\end{aligned}
$$

FirmPerformance 是短期市场反应、长期超额股票收益率、长期经营绩效和公司治理的衡量指标。短期市场反应是以公告日前后 [-3，+3] 窗口的累积异常收益来衡量的，即 CAR [-3，+3][2]。长期超额股票收益率以定向增发公告后 360 个交易日的平均异常收益率来衡量，即 AAR [1，360]。长期经营绩效以定向增发入股后一年和三年的平均资产收益率 ROA 来衡量。公司治理由 0～4 的有序标量来衡量，其结构如下：如果上市公司的最大持股量低于平均水平、董事会的规模高于平均水平、独立董事的比例高于平均水平或首席执行官不担任董事会主席，则该公司的公司治理得分最高为 4，所有变量都在第 1 个百分位和第 99 个百分位处进行缩尾处理。

---

[1]　在上海证券交易所和深圳证券交易所，标有"ST"或"＊ST"标签的股票是指连续两年亏损的股票或正在退市的股票。

[2]　如果使用 CAR [-1，+1]，检验结果在质量上是相似的。

ROA 作为控制变量被纳入衡量盈利能力的变量。此外，公司规模 Firm Size 和杠杆率 Leverage 也因上市公司的财务特征而受到控制。Collect 是定向增发筹集资金的对数。Discount 是报价人接受定向增发的折现率。为了控制独立于定向增发的股票异常，我们纳入了事件窗口前 90 天的平均异常收益率以及同期的标准差，以控制其波动性。异常收益率的计算遵循市场模型。在公司治理方面，我们研究了上市公司的国家所有权（SOE）、第一大股东的所有权（Largest）、董事会成员人数的对数（Board）、独立董事的比例（Independence）以及 CEO 是否兼任董事长的双重性（Duality）。

（三）描述性统计

表 4-13 总结了 2005—2013 年中国定向增发的频率。[①] 定向增发一直是我国上市公司 SEO 的主要形式。平均机构持股比例从 2006 年的 6.6％上升到 2013 年的 38.0％。此外，在定向增发时，增加持股比例的机构投资者略多于减少持股比例的机构投资者。定向增发的行业分布见表 4-14。定向增发频率最高的三个行业是制造业（626）、批发和零售业（54）以及电力、热力、燃力及水的生产和供应业（41）。

表 4-13　定向增发（PEP）和机构投资者的分布

年份	个数	机构投资者（％）	定向增发事件中机构投资者的变化			
			增加	％	减少	％
2005	2	4.8	1	100.0	0	0.0
2006	139	6.6	85	61.6	53	38.4
2007	114	11.5	69	61.6	43	38.4
2008	70	15.2	41	59.4	28	40.6
2009	124	21.6	74	59.7	50	40.3
2010	124	28.7	70	57.4	52	42.6
2011	100	33.7	63	64.3	35	35.7
2012	153	36.0	73	47.7	80	52.3
2013	146	38.0	77	52.7	69	47.3

资料来源：Wind 金融数据终端。

注：本表为 2005—2013 年中国 A 股市场上市公司定向增发事件的年度分布情况。机构投资者描述了这些定向增发上市公司中机构投资者的平均比例。增加和减少描述的是拥有定向增发权利的上市公司数量，其机构投资者在每个时期都发生了变化。

[①] 在 2006 年 5 月前，只有大众交通（600611）和京山轻机（000821）两家定向增发入股。

表 4 - 14　定向增发的分布和机构投资者

行业	数量	机构投资者（%）	定向增发事件中机构投资者的变化			
			增加	%	减少	%
农、林、牧、渔业	25	20.3	15	60.0	10	40.0
采矿业	20	24.9	11	55.0	9	45.0
制造业	626	21.5	365	58.3	261	41.7
电力、热力、燃力及水的生产和供应业	41	22.2	20	48.8	21	51.2
建筑业	27	21.7	13	48.1	14	51.9
批发和零售业	54	22.3	26	48.1	28	51.9
交通运输	27	21.8	16	59.3	11	40.7
住宿和餐饮业	3	23.8	1	33.3	2	66.7
信息技术	33	20.6	21	63.6	12	36.4
房地产业	33	25.8	22	66.7	11	33.3
租赁和商务服务业	11	21.5	6	54.5	5	45.5
科学研究和技术服务业	2	25.3	1	50.0	1	50.0
水利、环境和公共设施管理业	7	21.4	4	57.1	3	42.9
居民服务、修理和其他服务业	2	19.9	1	50.0	1	50.0
教育	1	37.6	1	100.0	0	0.0
文化、体育和娱乐业	3	19.1	2	66.7	1	33.3
综合	28	21.8	16	57.1	12	42.9

资料来源：Wind 金融数据终端。

注：本表为 2005—2013 年中国 A 股市场上市公司定向增发事件在各行业的分布情况。机构投资者描述了各行业定向增发上市公司中机构投资者的平均比例。增加和减少描述的是拥有定向增发权利的上市公司的数量，其机构投资者在各个行业都发生了变化。

　　在调查机构投资者对定向增发所起的作用之前，我们试图复制市场对定向增发公告的反应。我们先进行事件研究，计算定向增发公告日前后的累积异常收益率（CAR），并检验 CAR 是否与零有显著差异。与市场对私募股权发行做出积极反应的现有文献（Wruck，1989；Lu et al.，2011；Fonseka et al.，2014）一致，表 4 - 15 显示：在公告日期前后，CAR 是积极的，而且具有统计学意义。我们将研究市场如何随机构投资者在定向增发之前的持股比例以及它们在定向增发中的参与程度而变化。

表 4 - 15　定向增发公告前后的累积异常收益率

	均值	t 检验	中位数	z 检验
CAR（0）	0.018	0.000***	0.001	0.000***
CAR [−1, +1]	0.143	0.000***	0.030	0.000***
CAR [−3, +3]	0.171	0.000***	0.046	0.000***
CAR [−5, +5]	0.199	0.000***	0.050	0.000***
CAR [−7, +7]	0.212	0.000***	0.058	0.000***
CAR [−30, +30]	0.219	0.000***	0.065	0.000***
CAR [−3, +1]	0.153	0.000***	0.045	0.000***
CAR [−5, +1]	0.159	0.000***	0.047	0.000***
CAR [−7, +1]	0.162	0.000***	0.048	0.000***
CAR [−30, +1]	0.165	0.000***	0.048	0.000***

资料来源：作者计算。

注：本表显示了不同活动窗口中的累积异常收益率。CAR [−3, +3] 为定向增发公告期内，自事件发生前 3 天起至事件发生后 3 日止的累积异常收益。同样，此表显示了 CAR（0）、CAR [−1, +1]、CAR [−5, +5]、CAR [−7, +7]、CAR [−30, +30]、CAR [−3, +1]、CAR [−5, +1]、CAR [−7, +1] 和 CAR [−30, +1] 的结果。我们用 t 检验来说明累积异常收益率的显著性，用 z 检验来说明中位数累积异常收益率的重要性。这两种检验的 P 值均以***、**和*分别表示在 1%、5%和 10%的显著性水平下显著。

表 4 - 16 显示了模型中关键变量的汇总统计信息。一方面，短期市场对定向增发的反应比长期超额股票回报更为明显。CAR [−3, +3] 为 0.01~0.02，而事件发生后 360 个交易日的平均异常收益率几乎为零。另一方面，机构投资者的持股比例为 19.3%，说明机构投资者在我国正发挥着重要作用。

表 4 - 16　汇总统计

因变量	观测值	均值	中位数	标准差
CAR [−3, +3]	972	0.013	0.029	0.043
AAR [1, 360]	972	0.000	0.000	0.002
ROA [0, 1]	924	0.001	0	0.039
ROA [0, 3]	882	0.005	0.004	0.027
Governance [0, 3]	882	2.059	2.000	0.838
Discretionary Accruals [0, 3]	724	0.022	0.011	0.120
自变量				
Institutional holding	28 464	0.193	0.081	0.232
Participation	28 474	0.355	0	0.478

续表

因变量	观测值	均值	中位数	标准差
控制变量				
Firm Size	30 273	21.687	21.520	1.366
Leverage	29 374	0.515	0.505	0.274
ROA	29 746	0.002	0.000	0.040
Collect	972	0.305	1.849	0.756
Discount	972	0.199	18.480	0.231
Prior_90AR	972	0.008	0.008	0.003
Prior_90Risk	972	0.026	0.026	0.008
SOE	30 816	0.517	1	0.500
Largest	29 473	0.385	0.369	0.162
Board	30 816	9.172	2.197	1.924
Independence	30 816	0.364	0.333	0.051
Duality	30 816	0.179	0.000	0.383

资料来源：作者计算。

注：本表列出了模型中使用的关键变量的描述性统计数据。CAR[−3，+3]为定向增发公告日前3日起至公告日后3日止的累积异常收益率。事件日期定义为定向增发计划首次公布的日期。AAR[1，360]是定向增发按照市场模式宣布后360个交易日的异常收益之和。资产收益率是净利润占总资产的比例。一年后的ROA和3年的平均ROA都记录在案。治理是一个从0到4的标量。如果上市公司最大股东的持股比例低于平均水平，或董事会的规模高于平均水平，或独立董事的比例高于平均水平，或首席执行官同时担任董事长，则加1分。可自由支配应计利润是根据调整后的琼斯模型计算的应计利润与非自由支配应计利润之间的差额（Dechow et al.，1995）。机构持股是指机构投资者持有的股权比例。如果在定向增发计划首次公布的季节内机构投资者增加，参与率等于1。

(四) 图形比较

为了说明机构投资者参与定向增发的影响，我们展示了市场对定向增发公告的反应的图形对比。如果机构投资者不低于5%（第1组），则将其定义为存在机构投资者的公司；否则，该公司不存在机构投资者或机构投资者不是公司内部人士（第0组）。图4-12为定向增发公告前后30个交易日的汽车交易量，图4-13为定向增发公告前后60个交易日的相对交易量。异常收益率采用市场模型计算，相对交易量为定向增发公告前360个交易日的平均交易量。这两个数据都显示，在机构投资者大量存在的情况下，市场的反应较弱，也更稳定。

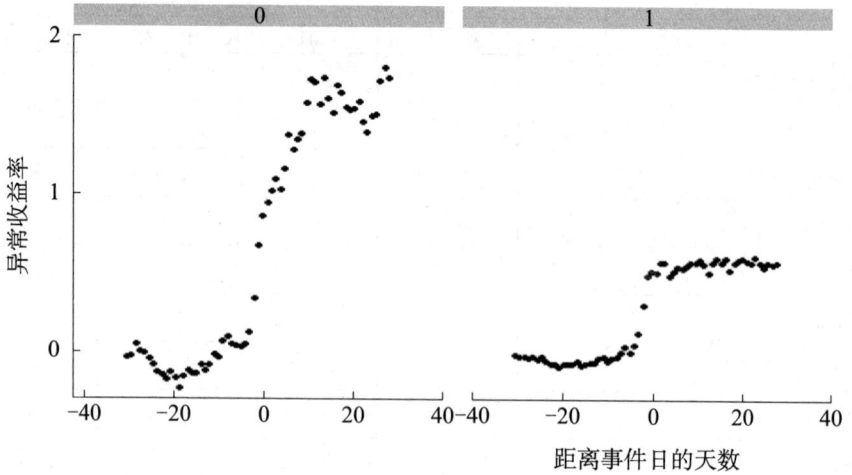

按照是否有机构投资者
进行定向增发分类

图 4 - 12　PEP 公告 CAR［－30，＋30］

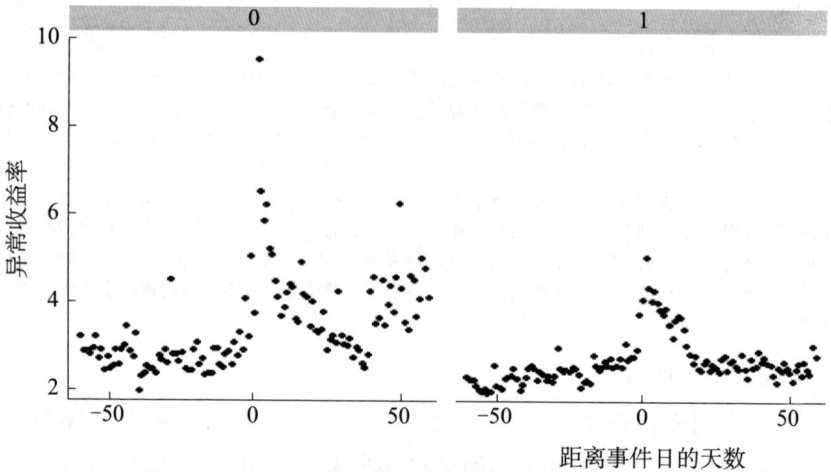

按照是否有机构投资者
进行定向增发分类

图 4 - 13　PEP 公告相对交易量［－60，＋60］

资料来源：作者计算绘制。

注：在本图中，"0"代表没有机构投资者（持股比例低于 5％）的定向增发公司，"1"代表拥有机构投资者且持股比例不低于 5％的公司。CAR 是市场模型计算出的异常收益率。相对交易量为每日交易量除以事件期间前 360 天的平均交易量，该平均交易量从定向增发公告 30 天开始，至事件发生后 30 天结束。

4.3.3 实证结果

(一) 单变量检验

为了比较不同绩效企业的机构投资者效应，我们将样本按表 4-17 中的市场反应和资产收益率分成两组。当按 CAR [−3，+3] 排序时，样本下半部分（32.1%）的机构投资者总额高于样本上半部分（28.5%），在 5% 的显著性水平下具有统计学意义。然而，我们并未发现长期超额股票收益率较高与较低的企业在机构投资者方面存在任何显著差异。此外，从定向增发入股后 1 年和 3 年的平均资产收益率来看，机构投资者的持股比例越高，事后的会计业绩越好（在 1% 的显著性水平下显著）。特别地，在 3 年平均事后收益率的下半部分，共同基金的持股比例仅占 4.2%，而在样本的上半部分为 10.9%，这支持了 Cuthbertson et al.（2008）关于共同基金优越选股能力的研究结果。

表 4-17　机构投资者对公司绩效影响的单变量检验

机构投资者	底部 1/2		顶部 1/2		t 检验	
	观测值	平均业绩	观测值	平均业绩	差值	P 值
短期市场反应（CAR [−3，+3]）						
私募基金	481	0.001	482	0.001	0.000	0.446
商业银行	481	0.000	482	0.002	−0.001	0.084
信托基金	481	0.002	482	0.001	0.001	0.109
补充养老基金	481	0.000	482	0.000	0.000	0.065
社会保障基金	481	0.005	482	0.006	−0.002	0.068
保险公司	481	0.005	482	0.003	0.001	0.077
合格机构投资者	481	0.003	482	0.003	0.001	0.501
金融公司	481	0.002	482	0.002	0.001	0.189
投资银行	481	0.003	482	0.003	0.001	0.824
公募基金	481	0.073	482	0.080	−0.007	0.379
总计	481	0.321	482	0.285	0.036	0.014
短期企业绩效（ROA [0，1]）						
私募基金	441	0.001	483	0.001	0.000	0.207
商业银行	441	0.001	483	0.001	0.001	0.217
信托基金	441	0.002	483	0.001	0.001	0.099
补充养老基金	441	0.000	483	0.000	0.000	0.039
社会保障基金	441	0.003	483	0.008	−0.005	0.000
保险公司	441	0.002	483	0.005	−0.003	0.000

续表

机构投资者	底部 1/2		顶部 1/2		t 检验	
	观测值	平均业绩	观测值	平均业绩	差值	P 值
合格机构投资者	441	0.002	483	0.004	−0.002	0.021
金融公司	441	0.001	483	0.002	−0.001	0.013
投资银行	441	0.002	483	0.004	−0.002	0.019
公募基金	441	0.042	483	0.110	−0.068	0.000
总计	441	0.273	483	0.331	−0.058	0.000
长期企业绩效（ROA［0，3］）						
私募基金	419	0.001	463	0.001	0.000	0.369
商业银行	419	0.002	463	0.001	0.001	0.155
信托基金	419	0.002	463	0.001	0.001	0.129
补充养老基金	419	0.002	463	0.000	0.000	0.045
社会保障基金	419	0.003	463	0.007	−0.005	0.000
保险公司	419	0.002	463	0.006	−0.004	0.000
合格机构投资者	419	0.002	463	0.004	−0.001	0.057
金融公司	419	0.001	463	0.003	−0.001	0.002
投资银行	419	0.002	463	0.004	−0.002	0.012
公募基金	419	0.042	463	0.109	−0.067	0.000
总计	419	0.274	463	0.328	−0.054	0.000

资料来源：作者计算。

注：本表显示了机构投资者对上市公司绩效影响的单变量均值差检验结果。企业绩效分别通过短期市场反应、短期企业绩效和长期企业绩效来衡量。我们将样本公司按每一类机构投资者的持股比例分成两组，然后比较其平均业绩，并得出差异。

（二）机构投资者对市场反应的影响

表4-18显示，在定向增发公告前一个季度，机构投资者的持有量较高，但与较弱的市场反应相关，在1％的显著性水平下，机构投资者可能在定向增发公告之前向不知情的投资者传达了一些内幕信息，从而导致市场反应减弱。在模型（1）中，机构持股与参与的交互项系数显著为正，如果机构投资者选择参与定向增发，从而增加其对公司的所有权，则会表现出更大的市场反应。当加入一组更全面的控制变量时，我们在模型（3）和模型（4）中证实了上述结果。

表 4 - 18　机构持股对定向增发市场反应的影响

	CAR [−3, +3]			
	模型（1）	模型（2）	模型（3）	模型（4）
Institutional holding	−0.510***	−0.366***	−0.362***	−0.377***
	(0.090)	(0.092)	(0.088)	(0.094)
Participation	−0.146***	−0.087*	−0.088**	−0.125***
	(0.047)	(0.045)	(0.043)	(0.048)
Institutional holding x Participation	0.295**	0.200	0.287**	0.348***
	(0.133)	(0.126)	(0.121)	(0.129)
Firm Size		−0.070***	−0.037***	−0.053***
		(0.012)	(0.013)	(0.015)
Leverage		0.533***	0.432***	0.492***
		(0.051)	(0.048)	(0.051)
ROA		2.242***	1.777***	1.988***
		(0.334)	(0.317)	(0.341)
Collect			0.015	0.026
			(0.027)	(0.030)
Discount			−0.001**	−0.001**
			(0.001)	(0.001)
Prior_90AR			−56.517***	−49.830***
			(4.641)	(5.183)
Prior_90Risk			19.976***	17.249***
			(2.078)	(2.435)
SOE				0.063**
				(0.031)
Largest				−0.002
				(0.101)
Board				−0.085
				(0.088)
Independence				0.134
				(0.294)
Duality				−0.017
				(0.037)

续表

	CAR $[-3, +3]$			
	模型（1）	模型（2）	模型（3）	模型（4）
常数	0.153	1.260***	0.230	0.722*
	(0.145)	(0.286)	(0.315)	(0.404)
行业、年份、季节固定效应	Yes	Yes	Yes	Yes
观测值	962	941	889	746
调整后 R^2	0.071	0.196	0.361	0.371

　　资料来源：作者计算。

　　注：因变量 CAR $[-3, +3]$ 是 PEP 公告的累积异常收益，从事件发生前 3 天开始，到事件发生后 3 天结束。机构持股是指机构投资者持有的股权比例。如果在定向增发计划公布的季节内机构投资者增加，参与率等于 1。括号内为异方差稳健标准误差。***、** 和* 分别表示在 1%、5% 和 10% 的显著性水平下显著。

　　机构投资者可以监督定向增发的控股股东。为了验证这一假设，我们分析了机构投资者与定向增发贴现率之间的关系。机构投资者可以降低贴现率，这往往是受到控股股东操纵的影响（Hertzel and Smith，1993）。表 4-19 显示，在定向增发公告前一个季度，机构持股比例的提高显著降低了贴现率。然而，当控股股东参与定向增发时，机构投资者与贴现率之间的敏感性在很大程度上被削弱。表 4-19 的模型（4）表明，如果上市公司的资产收益率较高，则控股股东提高贴现率的动机会更强。研究结果表明，机构投资者对控股股东的监督能力有限。因此，市场对定向增发公告的反应较弱，更有可能是由于机构投资者的存在而减弱了信息不对称。此外，表 4-20 显示机构投资者对长期超额股票收益率没有解释力。

表 4-19　机构投资者对控股股东的监测情况

	贴现率			
	模型（1）	模型（2）	模型（3）	模型（4）
Institutional holding	−0.148**	−0.252***	−0.161*	−0.269***
	(0.073)	(0.088)	(0.086)	(0.099)
Ctrl_Participate		−0.037		−0.038
		(0.023)		(0.023)
Institutional holding x Ctrl_Participate		0.237**		0.249**
		(0.116)		(0.117)

续表

	贴现率			
	模型（1）	模型（2）	模型（3）	模型（4）
ROA			−0.830***	−0.821***
			(0.301)	(0.300)
Institutional holding x ROA			3.962*	3.939*
			(2.393)	(2.388)
Prior_90AR	2.240	1.882	2.518	2.166
	(3.819)	(3.816)	(3.833)	(3.829)
Prior_90Risk	3.979**	4.124**	3.891**	4.041**
	(1.605)	(1.605)	(1.631)	(1.629)
Largest	−0.155**	−0.160**	−0.154**	−0.158**
	(0.063)	(0.063)	(0.064)	(0.064)
Board	−0.077	−0.068	−0.079	−0.069
	(0.055)	(0.055)	(0.056)	(0.056)
Independence	−0.096	−0.060	−0.064	−0.029
	(0.200)	(0.201)	(0.202)	(0.202)
Duality	−0.045*	−0.044*	−0.046*	−0.045*
	(0.025)	(0.026)	(0.026)	(0.026)
常数	0.026	0.007	−0.134	−0.151
	(0.207)	(0.207)	(0.217)	(0.217)
行业、年份、季节固定效应	Yes	Yes	Yes	Yes
观测值	741	741	724	724
调整后 R^2	0.222	0.225	0.232	0.235

资料来源：作者计算。

注：本表显示机构投资者能否抑制控股股东操纵定向增发的贴现率。贴现率是指定向增发的发行价格与基准之间的差额超过基准的比例。基准是公告前 20 天的平均股价。机构持股是指机构投资者持有的股权比例。如果控股股东参与定向增发，则控制权参与等于 1，否则为 0。括号内为异方差稳健标准误差。***、**和*分别表示在 1％、5％和 10％的显著性水平下显著。

表 4-20　机构持股对 360 天股票收益率的影响

	AAR [1, 360]			
	模型（1）	模型（2）	模型（3）	模型（4）
Institutional holding	−0.001	−0.000	−0.001	−0.001
	(0.000)	(0.001)	(0.001)	(0.001)
Participation	0.000*	0.000	0.000	0.000
	(0.000)	(0.000)	(0.000)	(0.000)
Institutional holding x Participation	−0.000	0.000	0.000	0.000
	(0.001)	(0.001)	(0.001)	(0.001)

续表

	AAR [1, 360]			
	模型（1）	模型（2）	模型（3）	模型（4）
Firm Size		−0.000	0.000	0.000
		(0.000)	(0.000)	(0.000)
Leverage		−0.001***	−0.001***	−0.001***
		(0.000)	(0.000)	(0.000)
ROA		−0.005***	−0.004***	−0.003**
		(0.001)	(0.001)	(0.001)
Collect			0.000**	0.000
			(0.000)	(0.000)
Discount			0.000***	0.000***
			(0.000)	(0.000)
Prior_90AR			0.042**	0.051***
			(0.017)	(0.019)
Prior_90Risk			−0.025***	−0.019**
			(0.008)	(0.009)
SOE				0.000
				(0.000)
Largest				−0.000
				(0.000)
Board				0.000
				(0.000)
Independence				0.001
				(0.001)
Duality				−0.000
				(0.000)
常数	0.001	0.002	0.001	0.000
	(0.001)	(0.001)	(0.002)	(0.002)
行业、年份、季节固定效应	Yes	Yes	Yes	Yes
观测值	843	823	770	630
调整后 R^2	0.092	0.128	0.204	0.173

资料来源：作者计算。

注：因变量 AAR [1, 360] 是私募股权发行公告后 360 个交易日的平均异常收益率。机构持股是指机构投资者持有的股权比例。如果在定向增发计划公布的季节内机构投资者增加，参与率等于 1。White 异方差稳健标准误差在括号内。***、**和*分别表示在 1%、5%和 10%的显著性水平下显著。

（三）机构投资者对经营绩效的影响

表 4-21 显示了机构投资者与经营绩效（即资产收益率）之间显著的正相关关系。一种解释是机构投资者具有优越的选股能力，比如通过其财务分析技能综合信息，选择基本面和增长前景良好的股票。另一种

解释是，机构投资者作为股东积极参与公司治理，从而提高了经营业绩，即1年和3年的平均ROA。模型（3）和模型（4）显示了在定向增发后机构投资者对公司治理的影响。如果机构投资者增加持股比例，可能会因其对控股股东的监督活动而使公司治理有所改善。模型（4）显示，在定向增发发行季，机构持股的增加可以减少盈余管理，这表明机构投资者具有监督作用。

表4-21　机构投资者对长期经营业绩的影响

	长期经验业绩			
	ROA [0, 1]	ROA [0, 3]	Governance [0, 3]	Discretionary accruals [0, 3]
	模型（1）	模型（2）	模型（3）	模型（4）
Institutional holding	0.018**	0.029***	−0.415**	−0.006
	(0.008)	(0.008)	(0.189)	(0.031)
Participation	−0.004	0.005	−0.063	0.014
	(0.004)	(0.004)	(0.084)	(0.015)
Institutional holding x Participation	0.009	−0.011	0.513*	−0.080*
	(0.012)	(0.012)	(0.271)	(0.044)
Firm Size	0.002	0.002	0.090***	−0.010**
	(0.001)	(0.001)	(0.028)	(0.005)
Leverage	−0.047***	−0.026***	0.255**	−0.008
	(0.005)	(0.005)	(0.111)	(0.018)
ROA			0.821	0.109
			(0.889)	(0.149)
Collect	−0.008***	−0.005**	0.007	−0.007
	(0.003)	(0.003)	(0.059)	(0.010)
Discount	−0.000	0.000	−0.000	−0.000
	(0.000)	(0.000)	(0.001)	(0.000)
Prior_90AR	−0.091	−1.556***	−26.461***	−3.062*
	(0.486)	(0.464)	(10.078)	(1.723)
Prior_90Risk	−0.519**	−0.249	−5.168	−1.005
	(0.230)	(0.220)	(4.577)	(0.830)
SOE	−0.011***	−0.012***		−0.012
	(0.003)	(0.003)		(0.011)
Largest	−0.003	−0.003		0.030
	(0.009)	(0.009)		(0.035)

续表

	长期经营业绩			
	ROA [0, 1]	ROA [0, 3]	Governance [0, 3]	Discretionary accruals [0, 3]
	模型（1）	模型（2）	模型（3）	模型（4）
Board	0.005 (0.008)	−0.014* (0.008)		−0.047 (0.030)
Independence	−0.009 (0.028)	−0.035 (0.026)		0.027 (0.104)
Duality	0.005 (0.004)	0.005 (0.003)		−0.020 (0.013)
常数	−0.006 (0.038)	0.019 (0.036)	−0.018 (0.727)	0.393*** (0.143)
行业、年份、季节固定效应	Yes	Yes	Yes	Yes
观测值	744	693	789	643
调整后 R^2	0.210	0.140	0.053	0.037

资料来源：作者计算。

注：长期经营业绩分别以定向增发公布后的 1 年资产收益率、3 年平均资产收益率、3 年平均公司治理水平和 3 年平均可自由支配应计利润率来衡量。ROA 是净利润占总资产的比率。公司治理是一个从 0 到 4 的变量。可自由支配应计利润是根据调整后的琼斯模型计算的应计利润与非可自由支配应计利润之间的差额（Dechow et al.，1995）。机构持股是指机构投资者持有的股权比例。如果在定向增发计划公布的季节内机构投资者增加，参与率等于 1。White 异方差稳健标准误差在括号内。***、**和*分别表示在 1%、5%和 10%的显著性水平下显著。

（四）不同类型的公司

Wang（2010）指出，在中国，国有企业的控股股东主导着企业的经营，这表明机构投资者对国有企业的监管可能比民营企业更为被动。我们将考察投资国有企业和民营企业的机构投资者对企业绩效的影响是否不同。

表 4-22 表明，与民营企业相比，事前机构持股对国有企业经营绩效的影响较小。此外，定向增发上市季机构持股比例的增大，削弱了机构持股对国有企业经营绩效的边际效应，但对民营企业却没有影响。这说明机构投资者对国有企业的监督作用有限。增加的机构持股缓解了上市公司与市场之间的信息不对称，但这种关系对国有企业并不显著。

表 4 - 22　不同类型的公司（ROA 是净利润占总资产的比率）

	ROA [0，3]		Discretional Accruals [0，3]	
	Private	SOE	Private	SOE
	模型（1）	模型（2）	模型（3）	模型（4）
Institutional holding	0.041***	0.018*	0.083	−0.073*
	(0.011)	(0.010)	(0.052)	(0.044)
Participation	0.007	0.015***	0.046*	−0.032
	(0.006)	(0.005)	(0.025)	(0.022)
Institutional holding x Participation	−0.018	−0.025*	−0.192***	0.039
	(0.016)	(0.014)	(0.073)	(0.058)
Firm Size	−0.000	0.002	−0.015	−0.012*
	(0.002)	(0.001)	(0.009)	(0.006)
Leverage	−0.017***	−0.007	−0.008	−0.006
	(0.006)	(0.006)	(0.029)	(0.025)
ROA	0.353***	0.465***	0.032	0.028
	(0.050)	(0.042)	(0.235)	(0.185)
Collect	−0.006	0.002	−0.007	−0.004
	(0.004)	(0.003)	(0.019)	(0.012)
Discount	−0.000**	0.000	−0.000	0.000
	(0.000)	(0.000)	(0.000)	(0.000)
Prior_90AR	−2.122***	−0.724	−2.216	0.884
	(0.603)	(0.566)	(2.682)	(2.346)
Prior_90Risk	0.353	0.021	−0.971	−1.456
	(0.290)	(0.261)	(1.289)	(1.076)
Largest	−0.004	−0.003	0.049	−0.021
	(0.012)	(0.011)	(0.054)	(0.046)
Board	−0.021*	0.000	−0.076	−0.025
	(0.012)	(0.008)	(0.053)	(0.035)
Independence	−0.047	0.006	−0.098	0.231*
	(0.038)	(0.030)	(0.176)	(0.128)
Duality	0.002	0.002	−0.013	−0.016
	(0.004)	(0.005)	(0.018)	(0.021)

续表

	ROA [0, 3]		Discretional Accruals [0, 3]	
	Private	SOE	Private	SOE
	模型（1）	模型（2）	模型（3）	模型（4）
常数	0.081	−0.036	0.669***	0.297*
	(0.059)	(0.042)	(0.244)	(0.170)
行业、年份、季节固定效应	Yes	Yes	Yes	Yes
观测值	338	394	318	364
调整后 R^2	0.370	0.316	0.012	0.019

资料来源：作者计算。

注：可自由支配应计利润（或 DA）是根据调整后的琼斯模型计算的应计利润与非可自由支配应计利润之间的差额（Dechow et al.，1995）。机构持股是指机构投资者持有的股权比例。如果在定向增发计划公布的季节内机构投资者增加，参与率等于 1。括号内为异方差稳健标准误差。***、**和*分别表示在 1%、5%和 10%的显著性水平下显著。

（五）不同类型的机构

持有上市公司股份的机构，如母公司或有业务联系的关联方，在技术上也是一种机构投资者。更重要的是，这些非金融机构可能比外部金融机构拥有更多的专有信息。我们将考察金融机构投资者与非金融机构投资者对公司绩效的不同影响。

表 4-23 表明，金融机构投资者的事前所有权与信息不对称有显著的负相关关系。交互项的正系数表明，金融机构投资者的增量持股与未来较高的预期股票收益有关。对于存在非金融机构投资者的上市公司来说，互动项系数不显著，非金融机构投资者参与定向增发的行为会导致显著的负面市场反应。市场可能会感觉非金融机构投资者的参与将导致更严重的征用。此外，只有金融机构的事前存在与较高的经营绩效相关，而非金融机构则没有。

表 4-23　金融机构和非金融机构

机构投资者类型	CAR [−3, +3]		ROA [0, 3]	
	金融机构	非金融机构	金融机构	非金融机构
	模型（1）	模型（2）	模型（3）	模型（4）
Institutional holding	−0.377***	−0.191**	0.044***	0.003
	(0.094)	(0.083)	(0.011)	(0.007)
Participation	−0.125***	−0.090**	0.004	0.001
	(0.048)	(0.044)	(0.003)	(0.004)

续表

机构投资者类型	CAR [−3, +3]		ROA [0, 3]	
	金融机构	非金融机构	金融机构	非金融机构
	模型（1）	模型（2）	模型（3）	模型（4）
Institutional holding x Participation	0.348***	0.129	0.007	−0.008
	(0.129)	(0.123)	(0.015)	(0.010)
Firm Size	−0.053***	−0.069***	−0.002	0.000
	(0.015)	(0.015)	(0.001)	(0.001)
Leverage	0.492***	0.514***	−0.005	−0.007*
	(0.051)	(0.051)	(0.004)	(0.004)
ROA	1.988***	1.872***	0.357***	0.378***
	(0.341)	(0.332)	(0.027)	(0.027)
Collect	0.026	0.030	−0.002	−0.002
	(0.030)	(0.030)	(0.002)	(0.002)
Discount	−0.001**	−0.002***	0.000	0.000
	(0.001)	(0.001)	(0.000)	(0.000)
Prior_90AR	−49.830***	−40.729***	−0.790*	−0.704*
	(5.183)	(5.084)	(0.404)	(0.411)
Prior_90Risk	17.249***	15.257***	−0.429**	−0.407**
	(2.435)	(2.348)	(0.185)	(0.188)
SOE	0.063**	0.075**	−0.004*	−0.005**
	(0.031)	(0.031)	(0.002)	(0.003)
Largest	−0.002	−0.047	0.003	0.002
	(0.101)	(0.099)	(0.008)	(0.008)
Board	−0.085	−0.108	−0.008	−0.008
	(0.088)	(0.085)	(0.007)	(0.007)
Independence	0.134	0.311	−0.031	−0.036
	(0.294)	(0.285)	(0.023)	(0.023)
Duality	−0.017	−0.008	0.002	0.002
	(0.037)	(0.036)	(0.003)	(0.003)
常数	0.722*	1.190***	0.095***	0.044
	(0.404)	(0.410)	(0.033)	(0.032)
行业、年份、季节固定效应	Yes	Yes	Yes	Yes
观测值	746	788	734	734
调整后 R^2	0.371	0.330	0.328	0.306

资料来源：作者计算。

注：金融机构包括金融业所有具有股权投资专长的专业机构，如共同基金、合格机构投资者等；非金融机构包括持有上市公司股权的母公司或关联方。括号内为异方差稳健标准误差。***、**和*分别表示在 1%、5% 和 10% 的显著性水平下显著。

根据 Bushee（1998）对机构投资者的分类，中国的机构投资者可分为独立机构投资者（如共同基金、社会保障基金和 QFII）和灰色机构投资者（如投资银行、保险公司、补充养老基金、信托基金和金融公司）。灰色机构投资者可能会与上市公司分享潜在的业务联系，这使得它们更容易获得内部信息。事实上，灰色机构投资者很难阻止控股股东的侵占行为。此外，独立机构投资者没有这种业务联系，更多地依赖它们的独立分析和选股能力。表 4-24 显示，信息不对称的缓解主要来自灰色机构投资者的参与。相比之下，独立机构投资者对长期经营业绩具有较高的预测力，这也印证了其优越的选股能力。

表 4-24　独立机构投资者和灰色机构投资者

机构投资者类型	CAR [−3, +3]		ROA [0, 3]	
	独立机构投资者	灰色机构投资者	独立机构投资者	灰色机构投资者
	模型（1）	模型（2）	模型（3）	模型（4）
Institutional holding	−0.281	−0.212**	0.067***	0.011
	(0.149)	(0.088)	(0.013)	(0.008)
Participation	−0.032	−0.091**	0.003	0.006
	(0.037)	(0.043)	(0.003)	(0.004)
Institutional holding x Participation	0.210	0.105	0.016	−0.008
	(0.188)	(0.117)	(0.017)	(0.011)
Firm Size	−0.064***	−0.068***	−0.001	0.001
	(0.015)	(0.015)	(0.001)	(0.001)
Leverage	0.508***	0.512***	−0.022***	−0.025***
	(0.052)	(0.051)	(0.004)	(0.004)
ROA	1.975***	1.928***		
	(0.339)	(0.332)		
Collect	0.029	0.030	−0.006**	−0.007***
	(0.030)	(0.030)	(0.003)	(0.003)
Discount	−0.002***	−0.002***	−0.000	−0.000
	(0.001)	(0.001)	(0.000)	(0.000)
Prior_90AR	−40.104***	−39.926***	−1.015**	−0.961**
	(5.102)	(5.070)	(0.456)	(0.466)
Prior_90Risk	15.875***	14.983***	−0.386*	−0.316
	(2.347)	(2.351)	(0.208)	(0.215)
SOE	0.058*	0.078**	−0.009***	−0.011***
	(0.031)	(0.031)	(0.003)	(0.003)

续表

机构投资者类型	CAR [−3, +3]		ROA [0, 3]	
	独立机构投资者	灰色机构投资者	独立机构投资者	灰色机构投资者
	模型（1）	模型（2）	模型（3）	模型（4）
Largest	−0.083	−0.056	0.005	0.002
	(0.098)	(0.099)	(0.009)	(0.009)
Board	−0.112	−0.107	−0.009	−0.009
	(0.085)	(0.085)	(0.008)	(0.008)
Independence	0.269	0.285	−0.016	−0.022
	(0.286)	(0.285)	(0.025)	(0.026)
Duality	0.001	−0.011	0.002	0.003
	(0.036)	(0.036)	(0.003)	(0.003)
常数	1.047**	1.182***	0.097***	0.029
	(0.418)	(0.410)	(0.037)	(0.036)
行业、年份、季节固定效应	Yes	Yes	Yes	Yes
观测值	788	788	734	734
调整后 R^2	0.325	0.331	0.146	0.101

资料来源：作者计算。

注：灰色机构投资者是指那些与上市公司有潜在业务联系的投资者，如投资银行、保险公司、补充养老基金、信托基金和金融公司。没有潜在业务联系的机构被视为独立机构投资者，如共同基金、社会保障基金和 QFII。括号内为异方差稳健标准误差。***、**和*分别表示在1％、5％和10％的显著性水平下显著。

4.3.4　稳健性检验

我们将使用替代方法和替代测度指标进行稳健性检验。为了检验机构投资者的存在是否影响定向增发的岗位绩效，我们进行了一个反事实检验。机构持股比例不低于5％的企业为处理组，机构持股比例低于5％的企业为控制组。我们使用倾向分数匹配法来识别控制组中机构存在概率相似但实际上不存在的公司。采用最近邻匹配技术对匹配企业进行识别。为了给机构存在度评分，我们控制行业、年份、公司规模、杠杆率、资产收益率、国有企业、第一大股东、董事会规模、独立董事比例和首席执行官双重性。为了避免控制组公司的自选择问题，匹配被随机重复200次。表 4-25 显示，该检验的结果与我们之前的回归结果没有本质上的区别。机构投资者事前的存在与事后公告效应较小、长期经营绩效较好有关，而公司治理并没有随着机构持股比例的提高而改善，这表明机构投资者可能没有积极参与公司治理。

表 4 – 25　倾向得分匹配

	# oftreatment	# ofcontrol	ATT	Std. dev	t-value
CAR [−1，+1]	746	147	−0.103	0.003	−35.000
CAR [−3，+3]	746	147	−0.101	0.003	−32.966
ROA [0，1]	744	141	−0.001	0.005	−0.162
ROA [0，3]	693	134	0.002	0.003	10.216
Corporate governance	789	147	−0.064	0.038	−1.671

资料来源：作者计算。

注：我们采用倾向得分匹配法来衡量定向增发公司的机构存在倾向。ATT 是指处理组的平均处理效果。处理组为定向增发公司，机构投资者不低于 5%。控制组为定向增发公司，机构持股比例低于 5%。采用最近邻匹配作为匹配方法。

表 4 - 26 适于作为定向增发公告前一季度的两种机构投资者替代测度指标：一个是虚拟变量，如果机构持股比例不低于 5%，则为 1；另一个也是虚拟变量，如果上市公司的机构投资者持股比例高于行业平均水平，则为 1。我们将机构存在的基准设定为 5%，因为它们被监管机构视为重要投资者，所以可以更好地获取内部信息，同时也会带来可观的持股成本。表 4 - 26 显示了本质上相似的结果，这证实了机构投资者角色的稳健性。

表 4 - 26　机构存在的替代指标

	机构存在		机构持股比例高于行业平均值	
	CAR [−3，+3]	ROA [0，3]	CAR [−3，+3]	ROA [0，3]
	模型 (1)	模型 (2)	模型 (3)	模型 (4)
Institutional holding	−0.019*	0.005*	−0.019*	0.007*
	(0.011)	(0.003)	(0.011)	(0.004)
Participation	−0.014	0.003	−0.014	0.004
	(0.012)	(0.003)	(0.012)	(0.004)
Institutional holding x Participation	0.032**	−0.001	0.032**	−0.005
	(0.014)	(0.003)	(0.014)	(0.005)
Financial characteristics	Yes	Yes	Yes	Yes
Corporate governance	Yes	Yes	Yes	Yes
PPE	Yes	Yes	Yes	Yes

续表

	机构存在		机构持股比例高于 行业平均值	
	CAR [−3, +3]	ROA [0, 3]	CAR [−3, +3]	ROA [0, 3]
	模型（1）	模型（2）	模型（3）	模型（4）
常数	0.166 (0.115)	0.027 (0.028)	0.166 (0.115)	0.041 (0.041)
行业、年份、季节固 定效应	Yes	Yes	Yes	Yes
观测值	614	568	614	596
调整后 R^2	0.149	0.432	0.149	0.313

资料来源：作者计算。

注：两个虚拟变量用作机构持股的代理指标。如果机构持股不低于 5%，虚拟变量为 1；如果机构持股比例高于行业平均水平，虚拟变量为 1。括号内为异方差稳健标准误差。***、**和*分别表示在 1%、5%和 10%的显著性水平下显著。

4.3.5 结 论

我们考察了 2005—2013 年机构投资者对定向增发公司绩效的影响，并发现：在定向增发之前的机构投资者与市场对定向增发公告的反应呈负相关关系。然而，在定向增发之前的机构投资者与事后的长期经营绩效正相关，尽管长期超额股票收益率与机构投资者的存在没有区别。此外，机构投资者可以对表现不佳或遭遇财务困境的上市公司进行监控。此外，相比其他与上市公司有潜在业务联系的非金融机构，独立金融机构更有能力选择经营业绩更好的股票。此外，与民营企业相比，国有企业对企业绩效和机构投资者的敏感性较弱，机构投资者的监督作用只适用于民营企业，而不适用于国有企业。我们的研究结果揭示了深化我国国有企业股份制改革的紧迫性。

Chemmanur et al. (2009) 认为，机构投资者通过增加上市公司的持股量表明了业绩更好的再融资，并获得更高的超额股票收益。在机构投资者的参与下，上市公司与市场之间的信息不对称得到显著缓解。该研究结果的一个启示是，在我国当前的金融改革背景下，应该鼓励独立的金融机构投资者更积极地参与股票市场。对 QFII 来说尤其如此，QFII只占中国机构投资者的不到 1%，然而这些金融机构的存在有助于挑选业绩更好的上市公司，从而提高我国资本市场的效率。

第 5 章　金融发展

5.1　中国金融形势的动态特征和演变机理

5.1.1　金融形势和金融发展

如何准确判定中国的金融形势和金融风险对中国与世界都有重要的意义。2017 年 5 月，穆迪下调中国主权信用评级，这是近 30 年来国际主要评级机构首次下调中国的主权评级。9 月，标准普尔也宣布将我国主权信用评级下调。这两次评级下调都激起了中国政府部门和媒体的强烈驳斥，争议的焦点在于评级的理论和方法是否符合中国实际。对于中国这样一个快速发展的经济体，对金融形势的研判需要有动态变化的眼光，而不能仅仅根据传统模型和历史数据做静态的、后顾式的分析。[①]这两次评级下调事件带给中国学术界的思考是：如何建立一套既遵循国际主流方法，又切合中国国情的科学衡量体系来判断中国的金融形势？中国的金融形势呈现哪些动态特征？其演变机理是什么？

自 Goodhart and Hofmann（2001）最早提出用"金融形势指数"方法衡量金融运行状况以来，Montagnoli and Napolitano（2004）、Boivin and Ng（2006）以及 Koop and Korobilis（2014）在该方法上做了许多改进，并将此用于发达经济体的金融形势测度。国内学者应用金融形势指数方法分析中国系统性金融风险的状况，并对该指数方法进行了适用

---

① 参见财政部网站。

于中国的改进（巴曙松和韩明睿，2011；郭晔和杨娇，2012；肖强和司颖华，2015；陶玲和朱迎，2016；尚玉皇和郑挺国，2018）。我们发现，其中依然存在一些问题：首先，中国金融形势指数的应用大多侧重于从整体上识别和预警金融风险水平，对金融形势的演变机理、不同金融市场对金融形势的影响力和风险传导关注不足；其次，基本上都使用国外较传统的方法，对中国的适用性较差。传统模型主要适用于成熟经济体，它们的金融制度和金融结构相对稳定，影响金融形势的变量组成和权重不会发生系统性变化。然而，对于新兴市场国家，在一个不长的时期内，金融制度和金融市场都可能发生较大的变化，因而选择哪些变量和这些变量的权重都有可能相应调整，导致传统模型的外推效果很差。因此，这就存在一个矛盾：单独的金融形势指数值本身并无意义，需要与不同时点的指数值相比较才能得出有价值的结论，因而模型在考察期内需要相对稳定；但是，对于结构性变化较快的新兴市场国家，又必须适时纳入新的金融形势影响因子并调整各因子的权重，如何兼顾这两者？如何动态引进新的因子、科学设定权重，同时保持模型相对稳定是测算中国金融形势指数必须要解决的问题。另外，金融形势指数的各指标变量间具有高度的相关性，如何解决相关性对指数有效性的影响是金融形势指数构建的重要难点。

我们采用基于动态模型选择时变因子增广向量自回归（DMS-TVP-FAVAR）的新方法测算了中国金融形势指数。这种方法能够基于金融制度、结构发生的新变化，动态引入新的因子，而不破坏模型的基本结构。模型的使用者可以根据形势变化加入重要的新变量，算法会自动进行动态模型指标选择：如果它确实对金融形势有较大影响，该模型在运算时会给它赋一个较大的权重；如果它不重要，则权重较低，该模型的整体结构不需要重构；对于曾经权重较大的变量，如果连续若干期的权重都变得较小，说明它对金融形势的影响趋于消失，可考虑删减这个变量。与此同时，由于金融经济变量一般具有较高的相关性，所以在将其纳入指标体系、构建指数时需要考虑共线性问题的影响。我们采用的模型以因子增广向量自回归模型为基础，VAR 类型的模型能够较好地处理变量间的影响关系，因子增广 VAR 将因子分析方法应用于 VAR 模型中，从高维的经济变量中提取出共同因子，更好地解决了指标变量间的共线性问题。总之，该方法使用的模型是有效的、开放的、前瞻的，更适合研究中国问题。

基于改进的中国金融形势指数测算方法，我们首次测算了 1996—2016 年中国月度金融形势的变化趋势，并通过影响因子权重的动态变化，分析了不同类型的金融市场发展对中国金融整体运行的影响力。我们构造的中国金融形势指数包含货币政策、外汇市场、货币市场、银行业、股票市场、债券市场、非传统金融市场和国外金融市场 8 大类一级指标。我们发现，样本期内的货币供应量一直是影响中国金融形势变化的最主要变量，而且随着金融发展程度的提升，影响金融形势的其他关键变量出现由传统的银行业、股票市场变量向非传统金融市场、外汇市场转变的趋势。需要注意的是，在 2008 年国际金融危机前后，外汇市场、国外金融市场因素对中国金融形势的影响表现出较强的主导性。

我们的主要贡献是通过新的中国金融形势指数测算方法，展现了中国金融形势从 20 世纪 90 年代至今的动态变化，并解释了这些动态变化的成因。通过分析中国金融形势的动态特征，我们可以看到不同时期各个经济变量影响力的动态权重变化，反映了不同金融部门或各类型金融市场在中国金融体系中的地位变迁，进而展示金融风险在哪个部门或市场萌生、如何在部门和市场间传导。与既往的文献不同，我们将数据频率由季度缩短到月度，以便及时判断金融形势并做出预测，从而提高了该方法的实用性。对中国金融形势的动态特征与演变机理进行分析，有助于及时识别潜在的金融风险，这些工作对货币政策制定和金融监管是有价值的。

5.1.2 文献回顾

在 2008 年国际金融危机后，国内外学者都非常关注系统性金融风险研究。在系统性金融风险变化与预测的研究中，金融形势指数的使用开始频繁。Mayes and Virén（2000）最早基于 IS 曲线的需求方程构建了金融形势指数。Goodhart and Hofmann（2001）将 VAR 脉冲响应分析的方法应用到金融形势指数的编制中，用以概括未来经济产出和金融形势的宏观信息。此后，一系列文献对编制金融形势指数的方法进行了改进。例如，Montagnoli and Napolitano（2004）纳入卡尔曼滤波方法，允许金融变量的权重随时间变化。Gauthier et al.（2004）引用了因子模型。Holz（2005）运用线性回归模型拟合指数计算。Boivin and Ng（2006）指出，由于随机误差相关性的存在，使用所有变量构建金融形势指标并不总能获得最优的指数，应允许对模型的变量进行动态选择或者动态平均。Koop and Korobilis（2014）运用动态模型选择的 TVP-FAVAR 模型构建了金融形势指数，该指数不仅考虑了变量权重的时变性，而且允许模型指标的动态选择，利用该方法测算出的金融形势指数对宏观经济变量的预测结果要强于普通的 VAR 模型和 FAVAR 模型。以往文献的主要做法是使用向量自回归模型考虑变量间的影响关系，然后构建指数。

近年来，国内学者也开始编制金融形势指数来评估中国的金融运行状况和系统性金融风险。部分学者以 VAR 模型的脉冲响应为基础构建金融形势指数，分析货币政策、汇率政策冲击对系统性金融风险的影响（巴曙松和韩明睿，2011；郭晔和杨娇，2012）。李建军（2008）、卞志村等（2012）、余辉和余剑（2013）运用状态空间模型、残差回归模型构建指数来分析系统性金融风险。肖强和司颖华（2015）首次将动态因子模型 FCI 应用于中国金融市场，更好地适应了中国金融市场的动态变化。陶玲和朱迎（2016）运用马尔科夫状态转换的方法在 7 个维度指标下构建金融形势指数，以分析、识别系统性金融风险的状态。尚玉皇和郑挺国（2018）基于季度 GDP 和月度经济指标构建的混频动态 FCI 在前瞻性金融风险预警方面有更优的表现。

金融形势指数既能综合地描绘金融的整体发展状况，又可以反映金融发展的内部结构变迁。Goldsmith（1969）提出，金融发展的实质就是金融结构的变化。Allen and Gale（2000）通过对欧、美、日金融结构的分析得出，在经济增长的不同阶段需要不同类型的混合金融服务来实现高效率运转。处于不同经济发展阶段的经济体具有不同的要素禀赋，由此内生决定了与预期相适应的最优产业结构，因而对金融服务的融资需求、风险特征存在系统性差异（林毅夫等，2009）。伴随着资本的形成，存在最优的金融结构与实体经济相匹配，最优的金融结构内生决定于要素禀赋结构，且在不同经济发展阶段的最优金融结构是动态演化的（张成思和刘贯春，2015）。从现有文献来看，学者们主要关注银行主导型与市场主导型金融结构的发展与演变（Diamond，1984；Boot and Thakor，1997；Allen and Gale，1999；Beck，2010）。然而，"两分法"忽略了金融结构更细微的内部变迁，不能体现金融结构随经济增长变化的动态特征。然而，通过金融形势指数，我们可以实现更细致的观察。表 5-1 对比了金融形势指数的主要编制方法及其优缺点，我们可以看到：在目前的金融形势指数研究中，由于 DMS-TVP-FAVAR 模型能够动态地进行模型选择、允许系数和权重随时间变化、解决了大量变量间的共线性问题，所以它是构建金融形势指数的重要模型。

表 5-1　金融形势指数编制方法对比

方法	优点	缺点	文献来源
缩减的需求模型	以需求模型为理论基础，可分析变量间的传导渠道	不适用高维、相关变量	Mayes and Virén（2000），Gauthier et al.（2004），刁节文和章虎（2012）
状态空间模型	可外推预测	不适用相关变量	卞志村等（2012），余辉和余剑（2013）
VAR/SVAR 模型	适用相关变量	指标体系、权重固定，不适用高维变量	Montagnoli and Napolitano（2004），Gauthier et al.（2004），Swiston（2008），郭晔和杨娇（2012）
FAVAR 模型	适用高维变量	指标体系、权重固定	English et al.（2009），Hatzius et al.（2010），Matheson（2013）
TVP-FAVAR 模型	系数、权重动态变化，适用高维变量	系数、权重固定	Goodhart and Hofmann（2008）
DMS-TVP-FA-VAR 模型	指标体系、权重动态变化，适用高维变量	计算较为复杂	Koop and Korobilis（2014）

资料来源：作者整理。

然而，就目前已编制的中国金融形势指数来说，其局限性体现在以下几个方面：

首先，评价体系尚不够系统全面。多数研究只是从货币供给、信贷、股票和债券市场几个有限的维度评析金融市场的运行状况，无法对金融市场的整体运行形势形成一个综合评价。其主要原因在于，当系统模型中的变量增多时，对高维数据的处理会使运算难度大大提高。

其次，模型的指标体系和指标权重依赖于模型设定及历史样本的选择，所以相对固定，不能及时反映金融制度和结构的变化。以往的研究忽略了金融结构的变化，在模型设定后，由于采用了固定指标和固定权重，不能呈现不同金融市场变量随时间的权重变动情况，无法展示它们在中国金融体系中的影响力变迁，而这正是中国金融发展的核心问题。新兴市场国家的金融制度和结构变化较大，因此，更合理的金融形势指数需要在指标和权重上体现出动态性。

再次，在以往的高维指数模型中，忽略了纳入变量之间的多重共线性问题。由于金融变量之间大多具有较强的关联性，如何有效地对大量具有相关关系的指标进行组合是需要考虑的重要问题。在以往对中国金融形势指数的研究中，状态空间模型、需求方程等方法不适用共线性的变量，因为变量间的相关关系会使回归系数出现偏误。VAR 类模型在一定程度上解决了变量共线性问题，由于该模型的重点是研究变量相互的影响效应，所以变量间的共线性并不违背 VAR 模型的基本假设。但对于具有高维变量的金融形势指数，VAR 类模型仍存在过度参数的问题。

最后，大多数研究使用季度数据，缺乏时效性。金融形势指数是金融监管和金融风险管理的参考工具，使用季度数据显然频率偏低，如能提高指数频率，将会极大地提升实用价值。

基于上述分析，借鉴国外的最新研究方法，将不同金融市场的核心变量进行综合后构建指标体系，同时选取灵活、权重可动态变化的中国金融形势指数，与时俱进地评价中国金融的整体运行状况、识别系统性金融风险、展示各金融变量影响力的动态变化是我们的主要工作。从指数的运行结果来看，我们构建的中国金融形势指数更贴合中国金融发展时点，较好地追踪了 2005—2015 年的汇率形成机制改革、2001 年加入WTO、2008 年国际金融危机以及 2014 年流动性紧张等历史事件，能够较好地对中国金融形势的发展进行客观描述。与此同时，不同金融部门对整体金融形势指数的影响权重的变迁，创新性地解析了不同金融市场对整体金融形势的影响力度。

5.1.3　中国金融形势指数的编制方法

金融形势指数是使用一篮子变量构建的一个能够综合反映金融整体形势的指标。其基本的计算形式如下：

$$F_t = \sum_i^K w_i x_{it} \tag{5-1}$$

式中，x_{it} 为金融变量；w_i 为该变量的权重系数；K 为指标体系变量的个数；t 为时间。

编制金融形势指数有两个关键性工作：一是确定能够反映金融形势的代表性金融变量；二是确定所选金融变量的权重。

（一）代表性金融变量的选择

编制中国金融形势指数必须选择符合中国金融体系特征、能够准确反映金融形势的变量。在既有文献的基础上，我们把金融变量划分为 8 大类，即货币政策、外汇市场和资本流动、货币市场、银行业、股票市场、债券市场、非传统金融市场和国外金融市场，然后在每一类中选取有代表性的指标变量，8 大类共选取了 35 个指标，具体指标变量见表 5-2。

表 5 - 2　编制中国金融形势指数的金融变量选取[①]

类型	变量	均值	最大值	最小值	标准差	指标选取依据
货币政策	流通中的现金	12.02	29.20	−2.93	4.55	Gauthier et al.（2004），English et al.（2009），尚玉皇和郑挺国（2018）
	狭义货币	0.17	2.60	−1.80	0.78	
	广义货币	11.01	42.50	−17.60	6.02	
	基准利率	15.12	38.96	1.20	6.44	Swiston（2008）
	社会融资规模	16.89	29.74	10.10	4.32	Beaton et al.（2009），尚玉皇和郑挺国（2018）
外汇市场和资本流动	实际有效汇率	6.30	12.06	4.35	1.59	Mayes and Virén（2000），Holz（2005），巴曙松和韩明睿（2011），刁节文和章虎（2012），陶玲和朱迎（2016），等等
	外汇储备	1.97	270.61	−201.61	80.54	
	QDII	0.04	85.26	−48.60	19.28	
	QFII	2.52	7.07	0.04	2.40	
	外商直接投资	3.29	60.08	−7.20	7.26	
货币市场	SHIBOR 溢价	1.84	52.08	−15.32	6.40	Holz（2005），Beaton et al.（2009），巴曙松和韩明睿（2011），刁节文和章虎（2012），等等
	央行票据溢价	1.70	75.50	−310.36	80.29	
	同业拆借	1.24	4.70	0.22	0.79	
银行业	存款余额	0.64	1.74	−0.94	0.46	Hatzius et al.（2010），English et al.（2009），Matheson（2013）
	贷款余额	−0.42	42.23	−40.38	27.26	
	理财规模	1.32	7.23	−1.91	1.13	
	委托贷款余额	1.21	5.56	−1.38	0.87	
股票市场	沪深 300 指数	3.35	26.79	−9.85	6.00	Mayes and Virén（2000），Gauthier et al.（2004），Hatzius et al.（2010），Matheson（2013），巴曙松和韩明睿（2011），刁节文和章虎（2012），尚玉皇和郑挺国（2018），等等
	上证综指	1.51	147.32	−169.97	67.99	
	深证综指	1.28	27.93	−25.85	9.42	
	股票总市值	0.68	27.81	−28.28	8.20	
	股票成交额	1.13	36.05	−31.24	9.72	
	股票市账率	1.92	27.88	−20.99	7.39	
	股票换手率	2.52	268.41	−149.01	53.30	
债券市场	国债基准利率	17.25	66.59	2.90	11.45	Goodhart and Hofmann（2008），English et al.（2009），Beaton et al.（2009），陶玲和朱迎（2016）
	债券期限溢价	2.23	4.77	0.73	0.78	
	债券信用溢价	0.26	1.17	−1.06	0.32	
	债券市值	0.83	1.94	0.10	0.37	
	成交数量	1.68	10.33	−3.10	2.08	
非传统金融市场	期货市场规模	1.34	580.54	−534.33	89.05	English et al.（2009），Beaton et al.（2009）
	基金总规模	2.66	103.30	−150.49	31.83	
	保费收入	2.53	17.14	−17.63	6.47	

---

　　① 所有变量均经过 $X-12$ 季节性调整，同时在加入 DMS-TVP-FAVAR 模型时进行标准化，以消除量纲的影响。

续表

类型	变量	均值	最大值	最小值	标准差	指标选取依据
国外金融市场	投资者风险偏好	2.72	79.12	−268.91	64.21	Goodhart and Hofmann (2008)，Matheson (2013)
	全球基准利率	0.04	85.26	−48.60	19.28	
	投资者信心指数	2.52	7.07	0.04	2.41	

资料来源：作者整理。

注：货币政策、外汇市场和资本流动、货币市场、国外金融市场等数据来源于 CEIC 数据库，其余变量数据来源于 Wind 数据库。月度的产出增长速度用工业增加值增速代表，通货膨胀率用 CPI 衡量。

（二）中国金融形势指数测算方法

我们应用 Koop and Korobilis（2014）动态模型选择时变因子增广向量自回归（dynamic model selection time varying parameters factor augment VAR，DMS-TVP-FAVAR）模型测算中国金融形势指数（CFCI）。该方法的基础是带有时变系数的因子增广向量自回归模型（TVP-FA-VAR），该模型的基本形式如下：

$$x_t = \lambda_t^y y_t + \lambda_t^f f_t + u_t \tag{5-2}$$

$$\begin{bmatrix} y_t \\ f_t \end{bmatrix} = c_t + B_{t,1} \begin{bmatrix} y_{t-1} \\ f_{t-1} \end{bmatrix} + \cdots + B_{t,p} \begin{bmatrix} y_{t-p} \\ f_{t-p} \end{bmatrix} + \varepsilon_t \tag{5-3}$$

式中，λ_t^y 为回归参数；λ_t^f 为因子载荷系数；x_t 为由构建指数的各金融变量组成的 $n \times 1$ 维向量；f_t 为主成分分析构成的潜在变量，即金融形势指数 FCI；y_t 为模型追踪的宏观经济变量，我们根据金融形势指数对宏观经济变量的追踪程度确定变量选择与动态权重；u_t、ε_t 为方差随时间变动的正态分布误差项，$u_t \sim N(0, V_t)$，$\varepsilon_t \sim N(0, Q_t)$，$V_t$、$Q_t$ 均为对角矩阵；$(B_{t,1}, B_{t,2}, \cdots, B_{t,p})$ 为 VAR 模型的参数。此外，x_t 为构成金融形势指数的变量集合，反映金融结构变迁的基础数据；y_t 为宏观经济变量，是金融发展的根本目的，也是用以评价金融形势好坏的政策目标，一般由产出和通货膨胀水平构成，可用 $y_t = (g_t, \pi_t)'$ 表示。我们通过 x_t 对 y_t 的追踪拟合效果在模型中确定 x_t 的动态权重。

借鉴美国金融形势指数构建的经验（Bernanke et al.，2005；Koop and Korobilis，2013），我们的指数构建包含两个子方程：第一个方程实现了从众多相关性较强的金融变量中提取出潜在的金融形势指数，即因子增广方法的成分提取；第二个方程估计金融形势指数与宏观经济变量间的动态作用，用于系数确定。金融形势指数指标体系中的经济变量一般具有较强的相关性，在 VAR 模型的基础上加入因子分析，能够解决变量间共线性的问题，从大量的、具有较强相关性的指标中提取出有效的不相关因子，能够规避过度参数与共线性问题，适用于含有大量指标变量的指数构建。

为考虑金融变量与宏观经济变量之间的动态联系，同时适应新兴市场国家快速发展时期金融结构和制度的动态变化，允许回归模型的系数随时间动态变化。在现有研究中，已有应用 TVP-FAVAR 方法研究中国金融形势发展，并考虑了经济结构的时变特征，但在目前国内的研究中尚未应用 DMS-TVP-FAVAR 模型，而且现有模型的时变特征仅反映在系数权重上，无法适时变更指标体系的构成。我们在指数构建中，不仅允许变量的系数随时间变化，而且考虑了对构成指数的金融变量进行动态选择。过去对目标变量没有影响或者影响很小的金融变量，随着时间的变化，若其影响程度增大，则会被加入模型；以往对目标变量影响较大的金融变量可能会因失去影响力而被模型剔除。为了使金融变量指标体系动态变化，我们对每个金融变量的加入或不加入都构建一个 TVP-FAVAR 模型，因而共计 $M_j = (2^n - 1)$ 个模型。我们采用卡尔曼滤波进行估计，对所有金融变量可能构成的模型组合进行动态选择，并根据 Raftery（2010）的方法，以信息指标计算不同模型组合在 t 时刻的使用概率，将最大使用概率对应的模型作为该时点的动态模型。据此将指标动态选择、系数动态变化统一到 FAVAR 模型的框架中，能够更加科学、准确地捕捉金融变量与宏观经济的联系，反映中国金融发展的结构性变迁特征，构建出更有效的金融形势指数。[1]

---

[1] 该模型的详细估计方法可联系作者索要。

5.1.4　中国金融形势的动态特征

基于前述方法，我们使用 1995 年 12 月至 2016 年 12 月的月度数据测算了中国金融形势指数，并分析了其动态变化特征。根据中国金融形势指数的测算方法，指数升高意味着金融形势乐观、金融发展速度较快，指数下降意味着金融形势紧张、金融发展速度趋缓。根据 Koop and Korobilis（2014）构建的金融形势指数与美国金融发展水平的后顾性验证，金融形势指数的极端值有很强的预警、指导意义。其中，指数极小值一般与金融市场萧条和危机相联系，指数极大值则代表金融发展过热和出现泡沫。我们以 5％分位数水平定义极小值，分位数为 −0.530 6；以 95％分位数水平定义极大值，分位数为 0.639 6。金融形势指数位于5％分位数以下，表明金融形势紧张，容易出现金融危机；高于 95％分位数则表明金融发展过于活跃、金融资产泡沫成分较大，即金融体系具有一定的脆弱性。图 5-1 展示了我们测算的中国金融形势指数的走势。

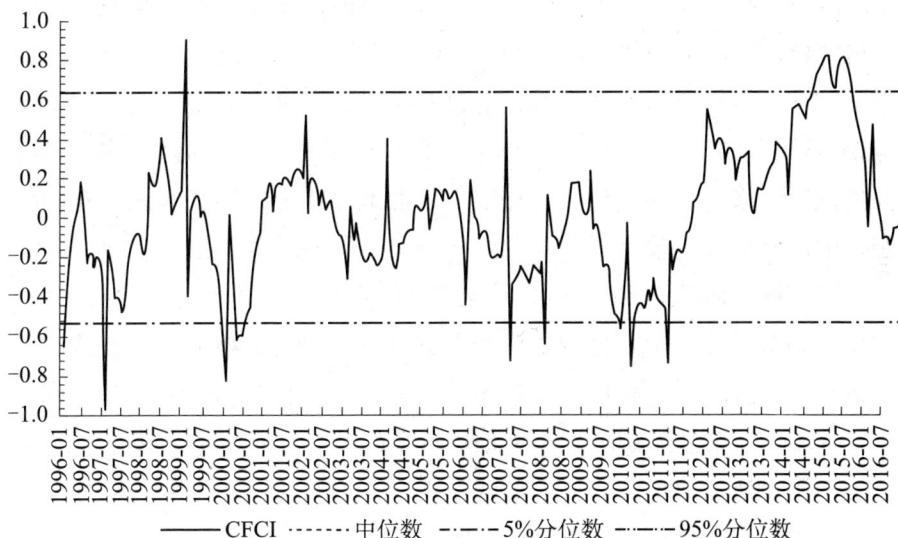

图 5-1　中国金融形势指数的动态特征

资料来源：作者计算绘制。

根据测算的中国金融形势指数（CFCI）的走势，自 1996 年以来，CFCI 呈现周期性波动的变化趋势，金融危机阶段的 CFCI 均处于较低位，金融发展阶段的 CFCI 则表现出增长趋势。以 Bai and Perron（1998）提出的断点分割方法检验 CFCI 的结构性断点，中国金融形势指数存在三个结构性断点，分别为 2000 - 11、2007 - 01、2011 - 08，据此划分为四个阶段：

（1）第一阶段，1996 年 1 月至 2000 年 11 月，中国金融市场处于起步阶段，金融市场发展的波动性较大，其间出现了三次金融抑制以及一次金融危机，CFCI 指数的波动性大。在 1996 年至 1998 年期间，中国金融形势指数值较小，金融市场活跃程度低。除 1996 年 7 月 CFCI 暂时性地超越中位数水平达到了 0.18，其余时期的中国金融形势指数值较小，金融发展较不活跃。在 1998 年以后，中国金融市场的发展渐佳，1998 年 7 月 CFCI 达到了阶段性的波峰 0.4，在 1999 年 1 月更是超过了 95％分位数的水平。CFCI 的急升与急降表明了中国金融发展初期的不稳定性。

（2）第二阶段，2000 年 12 月至 2007 年 1 月，中国金融形势的稳固发展阶段。在此期间，中国金融形势呈现周期性波动，初期金融市场的发展宽松，金融形势指数波动增长，而当金融市场活跃后，监管部门加强了监管，市场活跃程度降低、指数下降。整个阶段呈现"宽松-紧张-宽松-紧张"的周期性反复，CFCI 一直处于 5％～95％的区间内，没有高速发展带来的金融过热、泡沫堆积，也不存在金融形势紧张、金融抑制，因而金融风险较小。

（3）第三阶段，2007 年 2 月至 2011 年 8 月的国际金融危机时期。中国金融市场处于国际金融危机的影响阶段，中国金融形势指数持续处于低位，而且中国金融形势指数先是快速跃升，在 2008 年 10 月达到波峰 0.534 2，接近极端值，表示金融环境宽松、金融市场过度活跃；随后，中国金融形势指数出现断崖式下跌，在 2000 年 12 月和 2011 年 3 月中国金融形势指数均位于 5％的临界值以下，由于受到国际金融危机的持续影响，中国金融市场发展不景气。从 2011 年 4 月开始，国际金融危机的影响逐渐消除，金融市场活跃程度有所恢复，中国金融形势指数开始持续、缓慢回升。

（4）第四阶段，2011 年 9 月至 2016 年底，国际金融危机后的快速发展阶段，CFCI 整体保持在 0 以上，中国金融市场蓬勃发展、市场活跃度较高。特别是从 2014 年 10 月到 2015 年 9 月，CFCI 一直超过95％分位数，显示出市场极度高涨的状态，存在发生金融危机的系统性风险。随后，CFCI 有一个剧烈的下跌，到 2016 年中，CFCI 回到了零点附近。

为了比较使用不同方法构建的中国金融形势指数的有效性，我们对以往研究中 6 种计算金融形势指数的基本方法进行了建模，并使用构建的中国金融形势指数对产出、通货膨胀进行了 VAR 模型的样本外预测。在对比使用不同方法构建的指数的有效性后发现，基于 DMS-TVP-FA-VAR 方法构建的指数对产出的预测能力最强，对通货膨胀的预测能力也在六种指数中位列第二。综合来看，在已有的六种金融形势指数中，使用 DMS-TVP-FAVAR 方法构建的中国金融形势指数对宏观经济的预测能力更强，见表 5-3。

表 5-3　六种中国金融形势指数有效性对比[①]

	y_rmse	cpi_rmse	m2_rmse	FCI_rmse
FCI_rd	0.000 665	0.563 225	0.000 126	0.105 083
FCI_ss	0.000 702	0.489 008	8.24E-05	0.037 611
FCI_var	0.000 569	0.496 533	9.76E-05	0.095 861
FCI_fa	0.000 653	0.536 484	8.71E-05	0.059 349
FCI_tvp	0.000 661	0.466 170	9.20E-05	0.001 401
FCI_dms	0.000 592	0.480 732	8.67E-05	0.001 144

资料来源：作者整理。

与此同时，与其他金融形势指数相比，我们构建的指数更好地追踪了中国金融发展的重要时点，如国际金融危机时期以及复苏阶段的金融形势，对中国金融形势发展的刻画能力更强。首先，在国际金融危机前

---

①　为避免 FCI_rd 与 FCI_ss 的空值，在进行样本外预测精度比较时，所有指数均选用 2007 年 1 月后的数据，初始窗口为 24，逐期迭代滚动，进行样本外预测。也就是说，首先对 2007 年 1 月—2008 年 12 月的数据进行回归，在此基础上对 2009 年 1 月的数据进行预测，对比模型预测值与真实值以计算 RMSE。随后，逐期向后滚动，以 2007 年 1 月—2009 年 1 月的数据作为回归样本，预测 2009 年 2 月的数据。

（2007 年 1 月），CFCI 很高，表明金融过热是形成金融风险的诱因，同时国际金融危机爆发导致金融形势紧张，但 CFCI 在危机后缓慢恢复。2009 年，CFCI 恢复均值水平 0.2，我们构建的 CFCI 更符合金融危机酝酿、爆发及复苏的危机发展规律以及中国金融形势的发展情况。卞志村等（2012）构建的中国金融形势指数对国际金融危机出现时点的反映有较强的滞后性，在 2008 年第四季度与 2009 年第一季度才出现中国金融形势指数的下跌。陶玲和朱迎（2016）构建的指数忽略了 2014 年银行流动性紧张的情况。尚玉皇和郑挺国（2018）构建的 CFCI 在 2010—2015 年期间持续下跌，从一定程度上反映了金融形势的相对紧张，但对银行流动性危机、"8·11"汇率形成机制改革等重要时点没能在指数上有所反映。

5.1.5 金融形势影响因子的动态变化

（一）影响因子的权重变化

不同时期金融形势影响因子的动态权重变化，反映了不同金融市场对中国金融整体形势的影响力的变迁。在动态选择模型中，每一因子都以一定的概率加入模型，以便对目标变量的追踪实现最优化，而每一因子进入模型的概率都可作为权重。根据因子进入模型的概率，可计算出各因子的动态权重，见图 5-2。

$$w_{t,j} = \frac{P_{t,j}}{\sum_{l=1}^{J} P_{t,l}} \qquad (5-4)$$

首先，为考察各因子对中国金融形势发展的整体影响力，可根据动态权重计算平均权重，即

$$\overline{w}_j = \frac{w_{t,j}}{\sum_{t=1}^{T} w_{t,j}} \qquad (5-5)$$

各因子的平均权重分布见图 5-3，横向比较不同因子对中国金融形势的影响，其中影响力最大的为货币政策（占比 29%），随后为银行业、外汇市场和资本流动以及国外金融市场。我们可以直观地得出几个结论：①基础货币及整个市场的流动性对金融形势有重大影响，因而货币

货币政策

外汇市场和资本流动

货币市场

银行业

股票市场

债券市场

非传统金融市场

国外金融市场

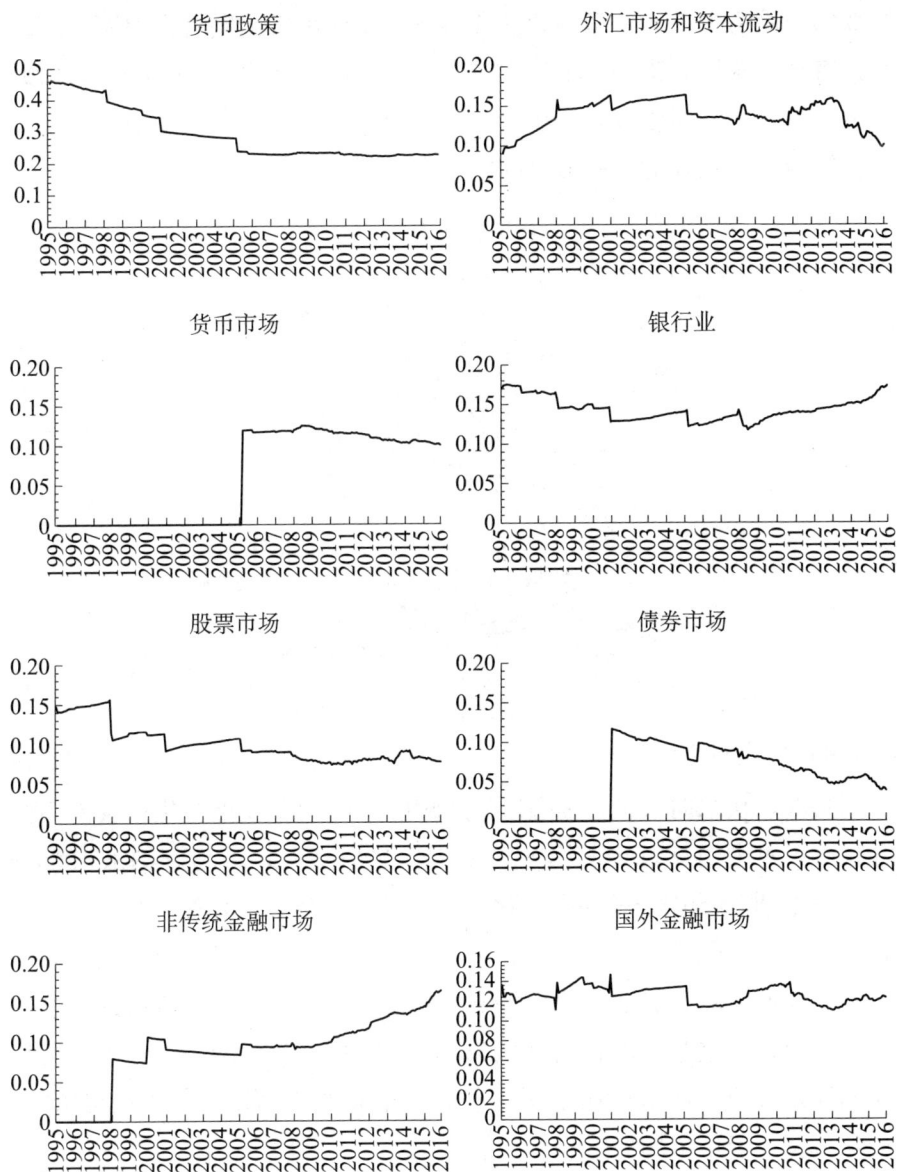

图 5 - 2　各影响因子的动态权重变化

资料来源：作者计算绘制。

注：由于数据可得性，货币市场于 2006 年 3 月开始加入模型，债券市场于 2002 年 1 月开始加入模型，非传统金融市场于 1999 年 1 月开始加入模型，故前期权重均为 0。

政策在 CFCI 中的权重较大，是影响金融形势的最重要因子；②中国银行业的影响力大于股票市场和债券市场，反映出中国银行主导型金融体系的特征；③股票市场的平均权重为 10%，而债券市场仅为 6%，由此可见债券市场相对于股票市场对金融形势的影响较小；④期货、基金等非传统金融市场在对金融形势的影响中也开始占据一定地位。

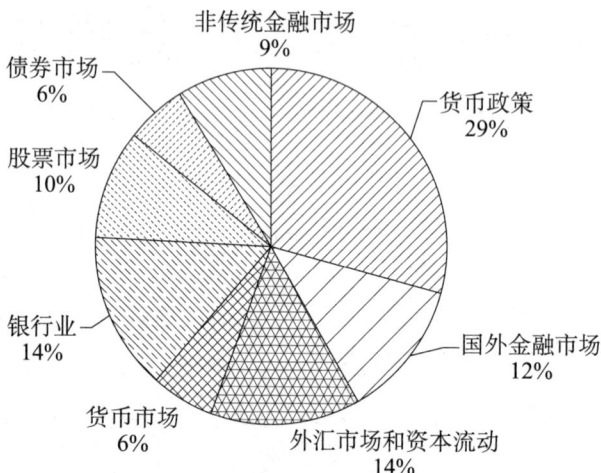

图 5-3　各影响因子的平均权重

资料来源：作者计算绘制。

其次，从纵向来看，金融形势影响因子的动态权重变化反映出不同金融市场对中国金融形势影响力的变迁，结合图 5-3 可归纳出 1996—2016 年各种影响因子的动态变化特点：①货币政策一直都是最重要的影响因子，但它的权重占比呈现下降趋势，而金融市场涵盖的领域不断增加；②外汇市场和资本流动、非传统金融市场、国外金融市场的影响力总体呈现上升趋势；③银行业的影响力呈现 U 形，2001—2008 年银行业的权重最低，从 2009 年开始，银行业的权重有所回升。④股票市场、债券市场、货币市场的影响力稳中有降。

（二）影响因子变化的机理分析

为进一步分析我国金融形势动态变化的机理，理解不同影响因子对中国金融形势影响力的变化，我们分析在不同金融发展阶段内，影响金融形势的前三大影响因子的变化情况，见表 5-4。

表 5 - 4　分时期金融形势的前三大影响因子

阶段	第一大影响因子	第二大影响因子	第三大影响因子
1996 - 01—2000 - 11	货币政策	银行业→外汇市场和资本流动	股票市场→银行业
2000 - 12—2007 - 01	货币政策	外汇市场和资本流动	银行业
2007 - 02—2011 - 08	货币政策	外汇市场和资本流动、银行业、国外金融市场交替	
2011 - 09—2016 - 12	货币政策	银行业	国外金融市场→非传统金融市场

资料来源：作者整理。

　　第一阶段，从 1996 年 1 月至 2000 年 11 月，是中国金融的初步发展阶段。在这一阶段，中国金融的整体增速缓慢平稳，货币政策、银行业以及股票市场是影响金融业发展的主要变量，同时外汇市场的重要性快速提升，超越股票市场和银行业成为第二大影响因子。货币政策的影响力最大，占据基础性地位，在该阶段的平均权重为 42.11%。紧随其后的是银行业（15.99%）和股票市场（13.37%）。金融市场的多元化与活跃度不足，主要的金融活动是银行间接融资以及股票市场直接融资，其他金融市场对金融形势的影响较小。需要注意的是，外汇市场的重要性正在不断提升，1999 年 1 月超越了股票市场，2000 年 6 月超越银行业成为影响中国金融形势的第二大因子。

　　第二阶段，从 2000 年 12 月至 2007 年 1 月，金融形势的前三大影响因子分别为货币政策（29.21%）、外汇市场和资本流动（15.40%）以及银行业（13.39%），而货币政策依然占据第一大权重的地位。在此阶段，最重要的变化是外汇市场和资本流动的重要性快速提升，一跃成为影响中国金融形势的第二大因子。外汇市场影响力提升的关键性事件是 2001 年中国加入 WTO，随着中国的产业正式对外开放，国际贸易与投资快速增长。由于经常项目的巨额顺差，中国的外汇储备持续增多，国际贸易以及国际资本流动增加使得外汇市场在中国金融市场中的地位凸显。在 2005 年 9 月后，由于 2005 年的汇率形成机制改革，人民币从钉住美元汇率转为参考一篮子货币、有管理的浮动汇率制度，因而外汇市场和资本流动因子的影响力进一步提升，同时中国金融市场的多元化程度提升，而且各影响因子对金融形势的影响力都在10%上下。中国的汇率弹性与波动幅度增大，国内各金融资产的外汇风险暴露增强，汇率对金融形势的影响力增大。

第三阶段，从2007年2月至2011年8月是银行业、外汇市场和资本流动及国外金融市场的交错波动阶段。虽然货币政策仍是中国金融形势的首要影响因子，但在该阶段仍表现出强烈的影响力交错特点，银行业、外汇市场和资本流动、国外金融市场三大因子的影响力交错变动，而且国外金融市场对中国金融形势的影响力迅速提升。受国际金融危机的影响，中国金融市场的运行趋势与内部结构出现了较为剧烈的变动，国外金融市场、外汇市场和资本流动与银行业的权重在11%～16%的区间交错变化，波动性加大。具体看来，首先，2008年底中国推出四万亿信贷刺激计划，使银行业的重要性有所提升，其对金融形势的影响力变大。其次，外汇市场和资本流动对中国金融形势的影响力波动上升，表明在国际金融危机期间，无论是资本流动还是汇率都有较大程度的波动，对中国金融形势产生了重大影响。国外金融市场影响力的提升是本阶段的突出特征，随着中国逐步建立对外开放的经济体制，中国金融的国际化程度与自由化程度不断提高，故全球金融风险的传染性增强，当外部环境出现较为剧烈的变动时，国外金融市场对国内金融形势的影响力会剧烈增加，因而需要做好风险隔离措施。

第四阶段，从2011年9月至2016年底，货币政策的影响力仍居首位，银行业次之。在国际金融危机后的恢复阶段，随着国际金融危机的影响消除，国外金融市场对中国金融形势的影响力有所减弱，随之变化的是非传统金融市场的影响力快速提升，在2014年初开始成为新时期影响中国金融形势的第三大因子，包括衍生品市场、基金市场等非传统金融市场成为我国金融发展的新兴力量。这一时期经历了股市从繁荣到崩溃的过程，非传统金融市场虽受到一定影响，却有较为活跃的表现。从2014年开始，基金市场的发展速度骤然提升，公募基金的资产净值、基金总数较2013年分别增长了27%与46%，比2013年以前年均20%的增速有了显著的提升。"股灾"之后，沪、深股票市场都出现了崩溃式下跌，上证指数和深证成指在2016年的增速分别为－12%、

−14.7％，然而公募基金的总数仍然保持了 30％以上的年增速，基金净值也实现了 8％的增长率。

　　通过分析中国金融形势影响因子的动态变化，可以概括出我国过去 20 多年间金融形势演变的机理特征，揭示不同金融部门或各类型金融市场在中国金融体系中的地位变迁，进而展示金融风险在哪个部门或市场萌生，以及如何在部门和市场间传导：①货币政策的影响力始终是最重要的。基础货币及流动性供给对金融形势有很大影响，因而政策制定者需要把握好货币供给闸门，通过流动性管理可以较好地管控金融形势。②在绝大多数时期，银行业都是影响中国金融形势的前三大因子，体现了中国银行主导型金融体系的特征，因为银行在金融发展中的重要地位，所以信贷供给仍是金融形势好坏的决定性因素。③在 1999 年以后，外汇市场和资本流动占据了较重要的地位，主要原因是中国在加入 WTO 后，外向型经济发展迅猛，积累了大量贸易顺差，有高额外汇占款，从而倒逼货币投放。另外，2005 年的汇率形成机制改革使得人民币的汇率弹性增大、市场化程度提升，外汇市场和资本流动对金融形势的影响力进一步提升。④在国际金融危机后，国外金融市场的影响力提升，中国金融市场与全球联系的程度更加紧密，外部风险更容易传导到国内金融市场。特别是在金融危机时期，风险的跨市场、跨区域传导更加快速，因此中国需要在改革开放中做好风险隔离。

5.1.6　结　论

　　从 1996—2016 年的中国金融形势月度指数可以看出，中国金融市场的整体形势呈现周期性波动的变化趋势，而且各金融因子的影响力存在动态变化。基于金融形势影响因子的动态权重变化进行分析，可以看出货币政策一直是影响中国形势的最主要变量，说明了流动性闸门的重要性，这是货币政策的首要关注点。影响中国金融发展的第二大、第三大因子则表现出由传统的银行业、股票市场向非传统金融市场、外汇市场和资本流动转变的趋势。需要注意的是，在 2009 年国际金融危机期间，外汇市场和资本流动、国外金融市场对中国金融发展表现出强烈的主导性。

　　根据中国金融形势的动态特征，我们可以得到一些政策性建议：首先，中国金融形势表现出了由传统金融市场向非传统金融市场和外向型金融市场转变的趋势，金融市场乃至实体经济可能受到金融创新与国际市场的冲击，要实现"守住不发生系统性金融风险的底线"的政策目标，需要建立全口径的宏观审慎监管框架，并扩大监管范围。应利用中国金融形势指数，及时判断中国金融市场的活跃程度，评估金融形势过冷和过热区间，提前识别潜在风险，指导金融监管部门的工作。其次，鉴于货币政策在中国金融发展中的基础地位不可忽视，政策制定者需要保持货币政策的稳健性，完善"货币政策＋宏观审慎政策"的双支柱框架，以支持金融和实体经济的发展。另外，中国需要有配合地逐步推进资本项目与汇率制度改革。如前所述，在国际金融危机期间，中国金融形势受到较大影响，市场发展活跃性极低、波动性较大。随着中国对外开放程度的加深、资本可兑换程度的提高、汇率机制的不断改革，中国不可避免地会受到国际市场冲击，风险跨区域传导的速度加快，因而更需要防范外部风险传导影响中国金融发展。

需要注意的是，由于我国的金融市场还处于动态发展过程中，对系统性金融风险的测量方法体系还需要进一步完善，才能及时调整、反映出动态特征，从而为相关政策制定提供前瞻性指引。我们利用 DMS-TVP-FAVAR 方法构建的中国金融形势指数能够在不给前期指标带来结构性突变的情况下，动态选择新指标及指标权重，在目前已有的方法体系中，不失为一种较好的追踪中国金融形势动态特征的方法。

5.2 金融发展与国际宏观政策协调

5.2.1 中美之间的政策协调

自 2017 年 3 月美国宣布对中国产品增加惩罚性关税以来，中美之间的贸易摩擦呈现出日益加剧的态势。中美贸易争端不仅对中美之间的经贸往来产生了消极影响，而且给全球经济的发展蒙上了阴影。自美国开启中美贸易争端以来，中国经济的下行压力加大、资本市场持续下跌，而美国经济在经历短暂的经济复苏后，贸易争端的负面效应持续发酵，其金融市场遭遇剧烈动荡。世界银行曾于 2019 年 1 月 8 日发布《全球经济展望报告》，该报告当时预测：在中美贸易争端的压力下，美国经济增长率将从 2018 年的 2.9% 放缓到 2019 年的 2.5% 和 2020 年的 1.7%，中国经济未来两年的增长率会下滑到 6.2%，而全球经济增速也会由于中美贸易争端下降 0.1～0.2 个百分点。虽然中、美双方都意识到了贸易争端的弊端，并进行了多次谈判，共同讨论解决争端的方案，但迄今为止，仍没有达成一个令人满意的政策协调和沟通机制。

中美贸易争端的一个核心问题在于，持续的国际收支不平衡和与此相关的人民币汇率问题。长期以来，由于美国在全球经济中的主导地位，美国的宏观经济政策在实现本国经济增长目标的同时，往往会对其他国家（特别是新兴经济体）产生明显的政策溢出效应。自中美贸易争端发生以来，美国的加息、缩表、减税和贸易保护主义政策等，造成了全球金融市场和新兴经济体的动荡，也影响了我国的国际收支、短期资本的跨境流动，最终叠加到人民币汇率的剧烈波动上。赵文胜和赵屹山（2012）发现，美国的量化宽松政策会引起人民币兑美元汇率的持续升值，导致汇率异常波动。与此同时，随着我国经济实力的增强以及对外开放程度的进一步加强，中国经济政策的外溢效应也日益显现。邓创和席旭文（2013）通过时变向量自回归模型分析中国货币政策对美国产出缺口和通货膨胀的"火车头"效应正逐渐增强。黄宪和杨子荣（2016）指出，中国货币政策对美国的利率和汇率均存在溢出效应，美国对华贸易依存度和中国金融开放度的提高，均会影响中国货币政策对美国利率和汇率的净溢出程度。人民币汇率的剧烈波动对中国经济和全球经济都产生了举足轻重的影响。伴随着人民币加入 SDR，人民币承担的国际责任不断增强，同时中国的经济实力日益强大，中国不再只是美国货币政策溢出效应的简单接受者。在存在双向溢出效应的情况下，汇率均衡不仅与本国利率的均衡状态相关，而且与外国利率的均衡状态相关。当外国利率失衡时，如果两国货币政策之间缺乏一定的协调配合机制，本国利率和汇率的同时均衡将成为一个不可能完成的任务（金中夏和洪浩，2015）。由此可见，中、美双方需要加强政策协调，此类协调的关键在于厘清两个经济政策彼此之间的溢出效应，这对中美之间国际政策协调机制的建立至关重要。国际政策协调（international policy coordination）

是指在各个国家或国际组织之间，就贸易政策、汇率政策、货币政策和财政政策等宏观经济政策进行磋商与协调，以缓解政策溢出效应和外部经济冲击对各国经济的不利影响，实现或维持世界经济均衡，促进各国经济稳定增长（范文仲，1995）。Hamada（1976）首次使用博弈模型描述了国际货币政策的协调机制，指出国内价格稳定和国际收支平衡难以同时实现，从而证明了国际货币政策协调的必要性。此后，Corsetti and Pesenti（2001）和 Zheng and Pappa（2008）对国际政策协调模型不断改进，都强调了国际协调的重要性。在国际政策协调特性演变的研究中，国际政策协调机制的时变性以及主体多样化吸引了众多学者的研究。Webb（1991）强调了资本流动性的大幅增加导致国际政策协调由管理国际收支失衡转向同时协调货币政策、财政政策和其他政策目标。Busch and Jörgens（2005）提出，国际政策协调应从主要基于外界强制力以及条约约束的强制性协作，发展为更加自愿的，基于市场的合作性、扩散性的协作。国际政策协调的基础是开放经济下各国间相互依赖、传导的经济关系。当一国采取财政政策和货币政策时，其扩张性的货币政策会立刻导致利率水平的下降和资本外流。在货币政策刺激本国经济之前，资本外流已经导致本国货币贬值，政府很难通过降低资本回报来刺激本国经济增长。在资本自由流动后，大国经济的外溢效应日益显著（Webb，1994）。以美国、英国等发达国家为主体的国际政策协调机制存在非常强的外部性和"以邻为壑"的特征，发达国家在协调国际宏观政策时更关心自己的利益诉求，其他小国无法参与国际协调，只能被动承受发达国家的协调结果。随着经济全球化的发展，资本流动的范围以及程度加剧，国际政策协调主体也应向多元化发展，以中国为代表的新兴市场国家需要纳入宏观经济政策协调的框架中（黄梅波和陈燕鸿，2009；王叙果和陆凯旋，2009）。

构建中美国际政策协调机制首先需要理清在开放条件下，中国与以美国为代表的发达国家宏观变量间的影响渠道，汇率政策冲击与货币政策冲击、技术冲击和劳动冲击之间如何交互影响，进而影响整个经济体与全球经济。Obstfeld and Rogoff（1995，1998，2000）建立了在开放经济条件下，具有微观基础、垄断竞争和理性预期的动态一般均衡模型来研究经济政策冲击的溢出效应。Ghironi and Rebucci（2000）、Gali and Monacelli（2005）、Bergin（2006）、Lubik and Schorfheide（2005）使用小国经济开放模型研究了汇率政策、货币政策的溢出效应问题。Chang et al.（2015）的研究表明：中国的资本管制、有管理的浮动汇率制度等中国特色外部政策有助于平抑经济冲击，实现汇率的平稳运行。在开放条件下的一般均衡模型仍处在不断丰富、修正，以使其更加接近现实设定的阶段。我们建立了符号约束的 SVAR 模型，把中、美两个大国的宏观经济指标纳入该模型，研究中、美两国间货币政策的双向溢出效应。与以往的研究相比，我们的主要贡献在以下三个方面：首先，符号约束的 SVAR 模型超越了小国开放模型的诸多假设，考虑了中、美两国汇率和中国资本管制的现实情况，刻画了中、美两国货币政策冲击给对方带来的不对称溢出效应，并指出了汇率是冲击溢出的重要渠道。其次，我们的研究结论对于中、美之间的政策协调机制有较强的指导意义。中、美之间货币政策双向溢出效应不对称性的存在，使中、美之间在货币政策信息协调方面的交流尤为重要。在当前存在中美经贸争端和人民币汇率问题的情况下，以往对贸易政策、投资政策的协调交流已无法解决上述问题，而解决问题的关键在于汇率。因此，我们研究国际风险溢价以及货币政策对人民币汇率以及国内经济变量的影响，能够为更好地提出中美国际政策协调机制提供有效依据。

5.2.2　汇率变动和中美经济的典型特征

自改革开放以来，人民币汇率形成机制改革经历了汇率双轨制、钉住美元汇率与参考一篮子货币调节、有管理的浮动汇率制度的阶段性变化，人民币汇率弹性与波动幅度逐渐放宽。与此同时，人民币资本项目可兑换稳步推进。目前，人民币在 7 大类共 40 项资本项目的交易中，已实现可兑换、基本可兑换、部分可兑换的项目共计 37 项。

汇率能否自由浮动、资本能否自由兑换对分析宏观经济政策的溢出效应有重大影响。一方面，汇率形成机制决定了汇率的波动范围与影响因素。当前，人民币汇率仍然依赖于央行制定的"锚"的变化，无法自由浮动。另一方面，资本项目的刚性会破坏汇率-利率的联动机制，影响货币政策、汇率政策的溢出效应。

图 5 - 4 为 1994—2017 年人民币兑美元汇率的变动情况。我们可以看到，在经历了多次汇率市场化改革后，人民币兑美元汇率的双向波动幅度逐步增大；与此同时，在人民币兑美元汇率整体升值的趋势下，2015 年 6 月至 2017 年 3 月人民币开始释放贬值压力，出现了暂时性的快速贬值。

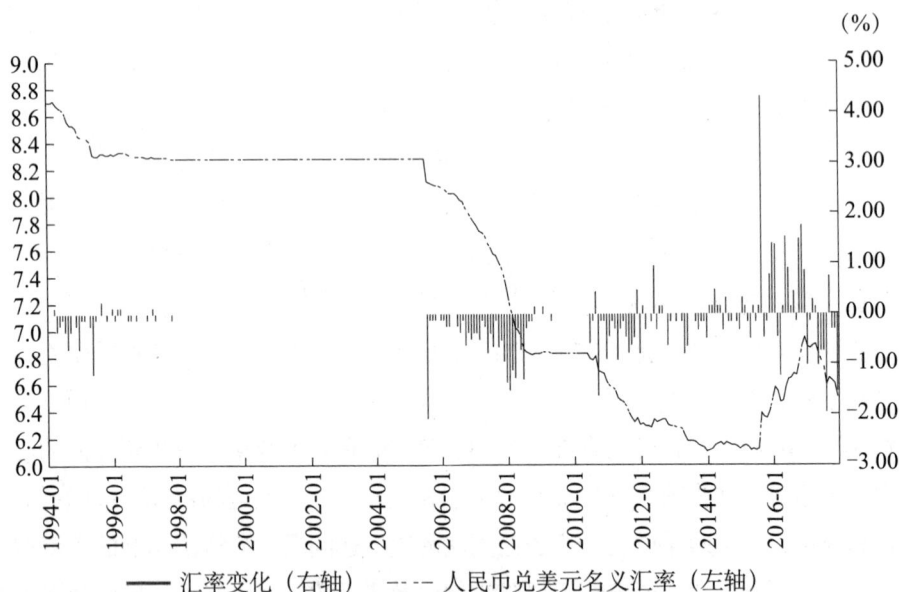

—— 汇率变化（右轴）   - - - 人民币兑美元名义汇率（左轴）

图 5 - 4 人民币兑美元汇率的变动情况

资料来源：CEIC 数据库。

在同一时期，中、美之间的宏观经济变量表现出了相似的时变特征以及较强的相关性。图 5 - 5 和图 5 - 6 分别为美国、中国的国内生产总值及其增速。我们可以看到，中、美之间的经济增长表现出了相关性。在国际金融危机前，美国基本保持了 5％左右的经济增速；2008 年和 2009 年受国际金融危机的影响，美国经济出现了负增长；2010 年以后，美国恢复了较为稳定的经济增长速度，并维持在 3.5％左右，符合一般发达国家的经济增长规律。中国的经济增长速度在国际金融危机前后变化剧烈：1994 年和 2007 年中国实现了超 20％的经济增速；在 2013 年以后，中国的经济增长速度回落，并保持在 8％左右。从中、美之间的经济增长率可以看出，随着经济全球化、资本流动自由化的加深，中国与美国的经济增长表现出了更高的相似性。第一，在国际金融危机时期（即 2008 年和 2009 年），两国的经济增速都出现了较为明显的下跌。第二，在 2014 年以后，中、美两国的经济联系更为紧密，无论是经济增长速度还是变化方向都表现出了较强的一致性。

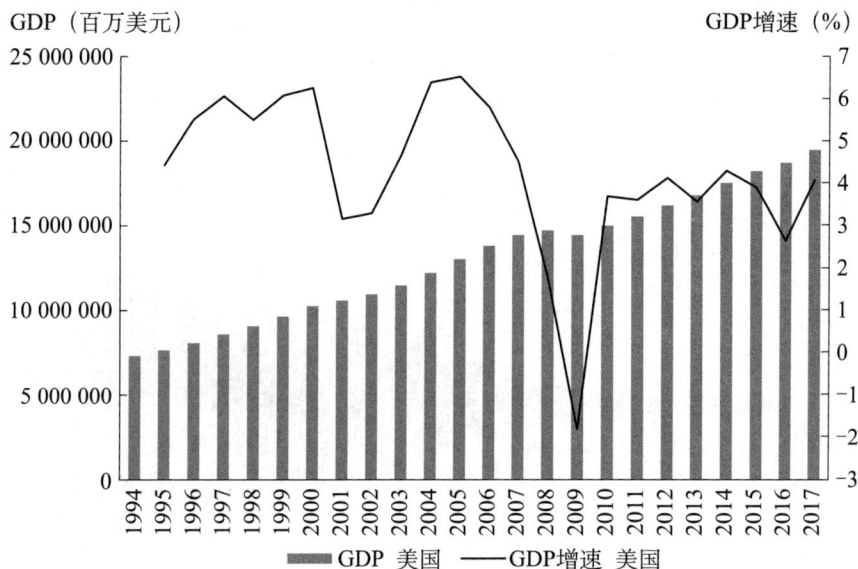

图 5 - 5　美国经济增长

资料来源：CEIC 数据库。

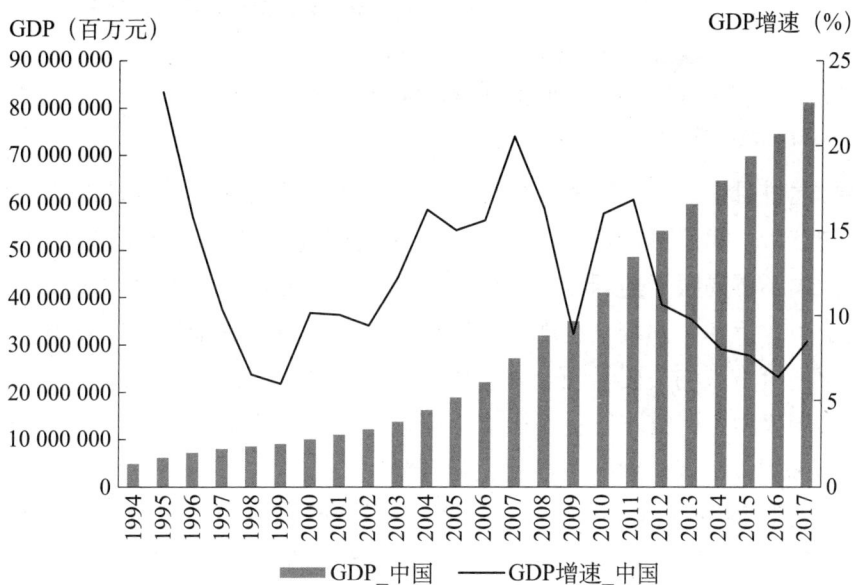

图 5 - 6　中国经济增长

资料来源：CEIC 数据库。

中国、美国在进出口贸易上的联系更密切。通过图 5－7、图 5－8 的两国进出口金额对比可以看出，两国的国际贸易规模都表现出不断增长的趋势，而在净出口金额上，中国的贸易盈余与美国的长期赤字呈现出非常强的负相关联系。

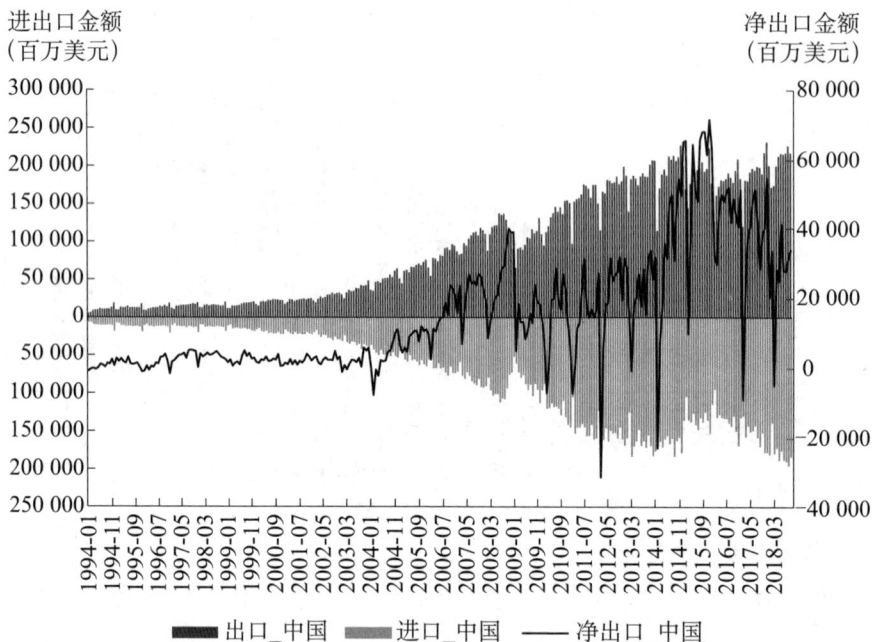

图 5－7　中国进出口金额

资料来源：CEIC 数据库。

通过对中国、美国的进出口贸易、经济增长以及汇率变动的典型事实的分析，我们可以看出：中国与美国之间的经济联系日益密切。中、美两国不再局限于美国作为大国将其经济政策外溢并影响到中国，中国的货币政策和汇率政策也能通过进出口贸易关系、资本流动以及国际金融市场价格影响美国乃至全球各国的经济发展。因此，构建中、美两国的大国模型，研究中、美两国货币政策的双向溢出效应，并制定中、美的国际政策协调机制框架显得尤为重要。

在汇率形成机制市场化改革与资本项目管制不断放松的过程中，中国的对外贸易水平不断提高和人民币的国际地位逐渐提升都是研究中、美货币政策双向溢出效应时需要考虑的现实问题。因此，由于人民币汇率的波动幅度不断增大以及汇率与金融体系、实体经济的密切性和复杂性，有必要在开

进出口金额
（百万美元）

净出口金额
（百万美元）

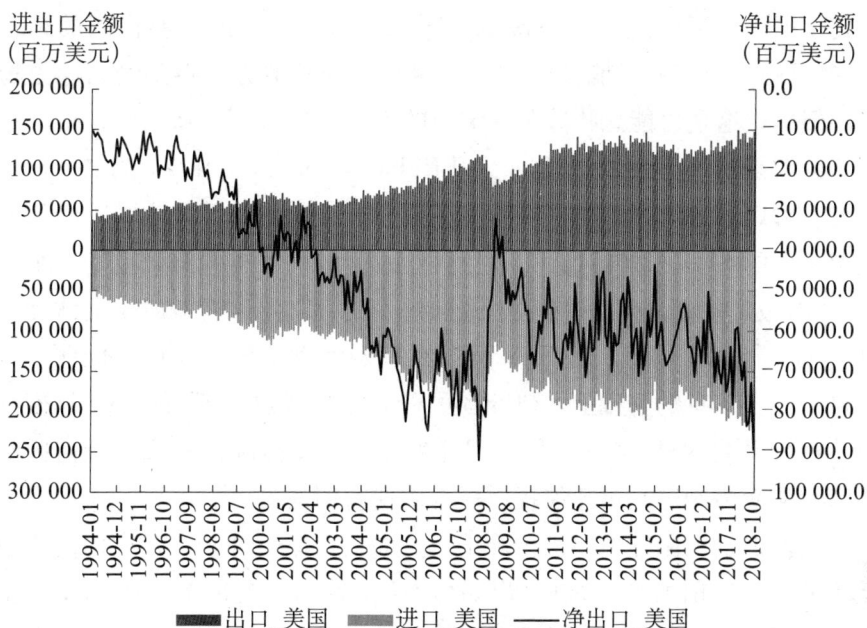

图 5-8　美国进出口金额

资料来源：CEIC 数据库。

放经济的模型中加入现实假设，考虑汇率冲击对其他经济波动的影响。

5.2.4　结构向量自回归模型

为了更好地反映中、美经济增长以及贸易、汇率等现实特征，我们
参考了 Antolín-Díaz and Rubio-Ramírez（2018）的方法，同时使用传统
的符号约束（sign restriction，SR）以及叙述性的符号约束（narrative
sign restriction，NSR）来识别结构向量自回归（SVAR）模型中外生冲
击对人民币汇率及其他宏观变量的影响。与传统的 SR 不同，研究者在
使用 NSR 的时候可以基于历史信息对外生冲击的符号以及该冲击对变
量的影响程度施加约束，从而更准确地识别外生冲击的影响。例如，基
于 2008 年国际金融危机以后美联储大幅削减名义利率，从而使美国的
名义利率到达"零下限"这一特征事实，我们在识别美国货币政策冲击
时可以认为，2008 年第四季度美国货币政策冲击的符号为负（即利率下
降），并且美国货币政策冲击在该季度对美国名义利率的影响大于其他
单一冲击对美国名义利率的影响。在使用 SR 时，研究者通常面临两个

问题：第一，当研究者对 SVAR 只施加少量的 SR 时，所得到的结论（主要是脉冲响应）可能会比通过短期约束等其他方法得到的结论更稳健。但是，这也可能意味着脉冲响应的置信区间较宽，从而难以得出有意义的政策建议（Antolín-Díaz and Rubio-Ramírez，2018）。第二，虽然研究者可以通过增加 SR 的数量使得脉冲响应的置信区间变窄，但如何选取更多的 SR 以及如何证明这些额外的符号约束准确有效也是一个难题（Uhlig，2017）。与此同时，施加过多的 SR 会大幅增加模型估计的难度以及所需的时间，而 NSR 可以在一定程度上解决这两个问题。在可靠的历史信息的基础上，研究者可以对已经施加了 SR 的 SVAR 模型再施加少量的 NSR 来进一步识别外生冲击，使得脉冲响应的置信区间收窄，从而为制定政策建议提供更准确的有用信息。

我们识别了国际风险溢价冲击、美国货币政策冲击以及中国的货币政策冲击。如前所述，之所以识别前两个冲击，是因为现有的文献指出：国际风险溢价冲击和美国货币政策冲击对人民币汇率的变动有着重要的影响。与此同时，我们也想探究与外部因素相比，中国的货币政策冲击对人民币汇率到底有多大的影响以及中国的货币政策对美国的宏观经济是否有明显的外溢作用。[1] 接下来，我们将介绍这个 SVAR 模型以及相关的识别约束，并汇报主要研究结果。

（一）SVAR 模型

我们的基准模型一共有 9 个变量[2]，分别是中国的通胀率、GDP、名义利率、人民币兑美元的名义汇率、净出口、中国持有的美元资产以及美国的通胀率、GDP 和名义利率。另外，我们将 SVAR 模型中滞后项的阶数设为 2。因此，我们的 SVAR 模型为：

$$y'_t A_0 = x'_t A_+ + \epsilon'_t \tag{5-6}$$

---

[1]　邓创和席旭文（2013）以及黄宪和杨子荣（2016）分别通过时变参数的向量自回归模型以及事件分析法对中国的货币政策效果进行了分析，他们指出：中国的货币政策对美国宏观经济有溢出作用。其中，黄宪和杨子荣（2016）进一步指出：美国对华贸易依存度以及中国金融开放度的提高会影响中国货币政策对美国宏观经济的溢出程度。

[2]　我们出于以下两个理由来选取 SVAR 模型中的变量。在新凯恩斯模型里，总产出、通胀率和名义利率是最重要的三个变量（Gali，2008），因此我们分别选取中、美两国的总产出、通胀率和名义利率。与此同时，正如前述 DSGE 模型所指出的，中、美两国的联系主要体现在人民币兑美元的汇率、中国的净出口以及中国持有的美元资产上，因此我们在 SVAR 模型中加入了这三个变量。

其中，A_0 和 A_+ 都被称为结构性参数，y_t 是一个包含了 9 个当期内生变量的列向量，而 ε_t 是一个包含了 9 个当期结构性冲击的列向量。所有结构性冲击都服从均值为 0、方差为 1 的正态分布，并且各个结构性冲击之间没有相关性。$x_t' = [y_{t-1}',\ y_{t-2}',\ 1]$，该向量包含了滞后项以及常数项，而 $A_+ = [A_1,\ A_2,\ A_c]$。如果我们在等式两边同时乘以 A_0^{-1}，就可以得到简化的 VAR 模型：

$$y_t' = x_t'B + u_t' \tag{5-7}$$

其中，

$$B = A_+ A_0^{-1}$$
$$u_t' = \varepsilon_t' A_0^{-1}$$

并且

$$E(u_t u_t') = \sum = (A_0 QQ' A_0')^{-1}$$

以及

$$QQ' = I$$

为了识别外生冲击，我们必须对 A_0 和 Q 施加约束。在经典的短期约束识别中，研究者通常假设 A_0^{-1} 是一个下三角的矩阵且 $Q = I$，从而识别结构性冲击。在符号约束识别中，研究者不需要假定 A_0^{-1} 是一个下三角的矩阵，只需要 $QQ' = I$，并且模型产生出来的脉冲响应符合符号约束即可。一般来说，相对于短期约束，符号约束能够约束的范围更小。但是，这很可能意味着 SVAR 模型得到的脉冲响应更宽泛。

（二）识别约束

在 SVAR 模型中，我们通过施加 SR 和 NSR 来识别国际风险溢价冲击、美国货币政策冲击以及中国货币政策冲击。基准模型中用到的 SR 和 NSR 为：

第一，我们基于 Chen and Liu（2018）的研究发现，假设一单位正向的国际风险溢价冲击会导致人民币名义汇率和中国的 GDP 在当期以及下一期（即 $t = 0$ 和 $t = 1$）下降，而净出口上升。

第二，我们基于 Antolin-Diaz and Rubio-Ramírez（2018）的设定，假设一单位正向的美国货币政策冲击会使美国的名义利率在当期以及下一期上升，而美国的产出和通胀率则下降。

第三，类似地，我们也假设一单位正向的中国货币政策冲击会使中国的名义利率在当期以及下一期上升，而国内的产出和通胀率则下降。

第四，我们假设 2015 年第三季度风险溢价冲击的符号是正的，即风险溢价上升以及人民币兑美元贬值。该假设基于 2015 年"8·11"汇改以后人民币在短期内出现大幅贬值这一历史事件。

第五，我们假设 2008 年第四季度美国货币政策冲击的符号是负的，即美国的名义利率下降。与此同时，我们还假设美国货币政策冲击在该季度是影响美国名义利率变动的最重要因素。该假设基于美联储在 2008 年第四季度将美国的联邦基金利率降到 0 这一历史事件。

第六，我们假定 2008 年第四季度中国货币政策冲击的符号是负的，即中国的名义利率下降。

需要注意的是，因为我们的研究目的之一是探究中美货币政策对于彼此的外溢作用，所以我们并没有对美国（中国）货币政策冲击对中国（美国）国内变量的影响施加 SR 或者 NSR。相反，我们通过上述约束识别了中美货币政策冲击以后，再进一步分析中国和美国的货币政策对彼此的宏观经济变量是否有外溢作用。

（三）模型估计

我们使用贝叶斯方法对 SVAR 模型进行了估计。贝叶斯估计使用了 1998 年第一季度到 2017 年第四季度的数据。SVAR 模型估计所使用的 9 个宏观变量对应的时间序列分别是：中国消费物价指数的增长率、中国实际 GDP 的对数、人民币兑美元的名义汇率的自然对数、中国净出口与名义 GDP 的比值、3 个月的银行间拆借利率、中国官方外汇储备增速、美国消费物价指数的增长率、美国的实际 GDP 的对数以及联邦基金利率。

在模型估计部分，我们参考了 Antolin-Diaz and Rubio-Ramírez（2018）的设定，将系数矩阵 $\boldsymbol{B}$ 和 $\sum$ 的先验分布设为扁平先验（flat prior）。首先，我们假设 $\sum$ 的先验分布服从均值为 $\sum^{\text{OLS}}$、自由度为 $T\text{-}n\text{-}k\text{-}1$ 的 Inverse-Wishart 分布。其中，$\sum^{\text{OLS}}$ 为 $\sum$ 的最小二乘估计值，而 T 为样本长度，n 为自变量的个数，k 为自变量的个数乘以滞后项的阶数再加 1。给定 $\sum$ 的先验分布，我们假设 $\boldsymbol{B}$ 服从均值为 B^{OLS}、方差为 $\sum \otimes X'X$ 的正态分布。其中，B^{OLS} 是 $\boldsymbol{B}$ 的最小二乘估计值，$\otimes$ 是克罗内克内积。

在给定先验分布以及最小二乘估计值后，我们可以得到参数的后验分布。B 和 $\sum$ 的后验分布依然分别服从正态分布以及 Inverse-Wishart 分布。然后，我们通过马尔科夫-蒙特卡洛抽样的方法（MCMC sampling）来抽取参数。我们将抽样的步骤简单概括为以下几步：

（1）从 $\sum$ 的后验分布中抽取一组参数 $\sum^{\text{post}}$。

（2）给定 $\sum^{\text{post}}$，从 B 的后验分布中抽取一组参数 B^{post}。

（3）计算 SVAR 模型的脉冲响应。如果脉冲响应与此前设定的约束相符，则保留这组参数；否则，重新抽取，直到符合为止。

（4）重复上述步骤，直到我们得到 20 000 组参数。

根据以上的 20 000 组参数，我们可以得到 20 000 组脉冲响应。然后，我们计算出脉冲响应的 50％分位点以及 68％的置信区间。

（四）脉冲响应

图 5-9、图 5-10 和图 5-11 分别展示了中国宏观变量对国际风险溢价冲击、美国货币政策冲击以及中国货币政策冲击的脉冲响应。其中，横轴是脉冲响应的时期，每一期代表一个季度，而纵轴是脉冲响应的幅度，单位是百分比。

图 5-9 展示了国际风险溢价冲击对中、美宏观变量的影响。SVAR 模型的脉冲响应显示：在给定一单位正向的国际风险溢价冲击的情况下，人民币汇率会相应下降（幅度约为 0.4％）。更重要的是，国际风险溢价冲击对名义汇率的负面影响具有很强的持续性。虽然我们只对名义汇率的即期以及第一季度脉冲响应的符号进行了约束，但图 5-9 显示，人民币兑美元的名义汇率至少要到第八个季度以后才能恢复到冲击发生以前的水平。图 5-9 显示，国际风险溢价冲击会使中国的净出口与总产出的比值在当期上升，而外汇储备的增速下降。然而，外汇储备的增速在冲击发生后的第二个季度就恢复到冲击发生前的水平，这说明国际风险溢价冲击对外汇储备的持续性影响要小于其对名义汇率的持续性影响。此外，图 5-9 还显示，中国的短期利率很可能在国际风险溢价冲击后的第一个季度下降。从过去 20 年的历史数据来看，当人民币出现贬值时，中国人民银行并不一定会通过提高利率的办法来保持汇率稳

定；相反，因为当前我国还实施着较为严格的资本管制，所以人民币的短期套利资金难以在短时间内大规模地流出中国，中国人民银行反而有可能通过降息或者调低准备金率等手段来刺激国内的总需求，从而保持国内的经济稳定。① 这可能解释了为什么中国的总产出虽然在冲击发生的当期下降约 0.2%，但在冲击发生的第二个季度以后就逐渐恢复到原有的水平。最后，我们发现，国际风险溢价冲击可能会使美国的总产出在当期下降约 0.05%。但是，在冲击发生的第一期以后，美国的总产出就会逐步恢复。与此同时，国际风险溢价冲击对美国的通胀率和名义利率并没有显著的影响（因为脉冲响应置信区间的上限和下限分别在 0 的上方和下方）。

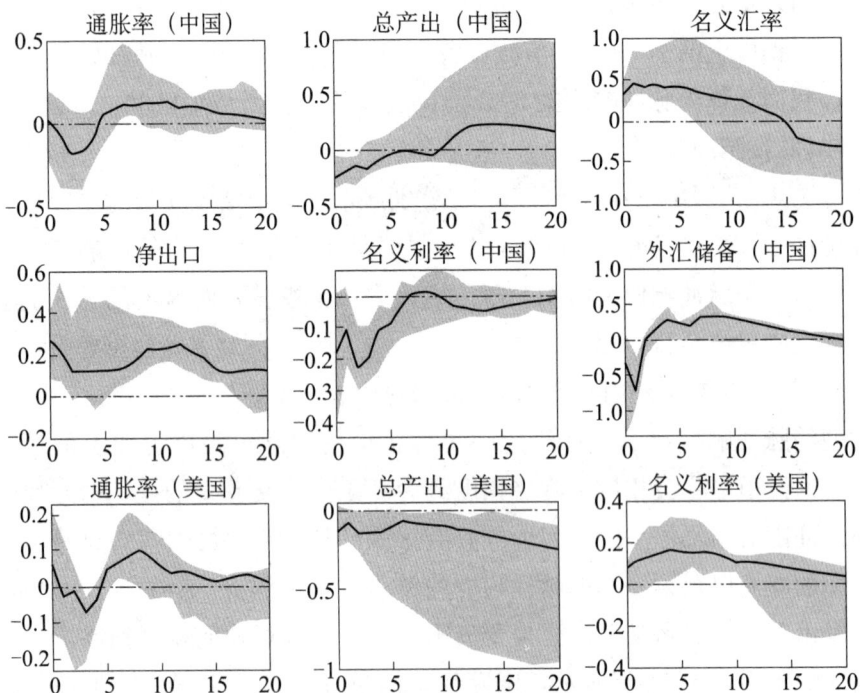

图 5-9　宏观变量对国际风险溢价冲击的脉冲响应

资料来源：作者计算绘制。

---

① 例如，在 2015 年的"8·11"汇改后，国际金融市场变得十分动荡，人民币兑美元的汇率在短期内出现了较大幅度的下跌。然而，央行并没有提高短期名义利率；相反，在 2015 年 8 月底和 10 月底，央行两度调低一年期存贷款利率。与此同时，央行也在 2015 年 9 月初和 10 月底两度调低了存款准备金率。这说明在内部经济下滑与外部经济失衡的两难抉择中，央行更倾向于使用政策手段来维护国内经济的均衡。

上述结果表明，国际风险溢价冲击会对人民币汇率造成十分重要且持续的贬值压力。然而，因为中国当前实施了较严格的资本管制，所以国际风险溢价冲击所导致的人民币贬值并不会造成资本持续的外流。与此同时，由于中国的央行可能会在国际风险溢价冲击发生时通过相对降息等方式来刺激国内总需求，从而稳定国内的经济形势，所以这使得国际风险溢价冲击只会对中国的总产出造成短期而非持续的负面影响。

图 5-10 展示了美国货币政策冲击对中、美两国宏观变量的影响。该图显示，美国的货币政策冲击会使美国的通胀率和总产出在短期内下降，而其对名义利率的影响十分持久。这与 Antolin-Diaz and Rubio-Ramírez（2018）的结果比较接近。需要注意的是，尽管我们只对美国的通胀率、总产出和名义利率对于美国货币政策冲击的脉冲响应施加了约束，但图 5-10 显示，美国货币政策冲击对人民币汇率以及中国的通胀率和总产出等宏观变量也有短期的影响。

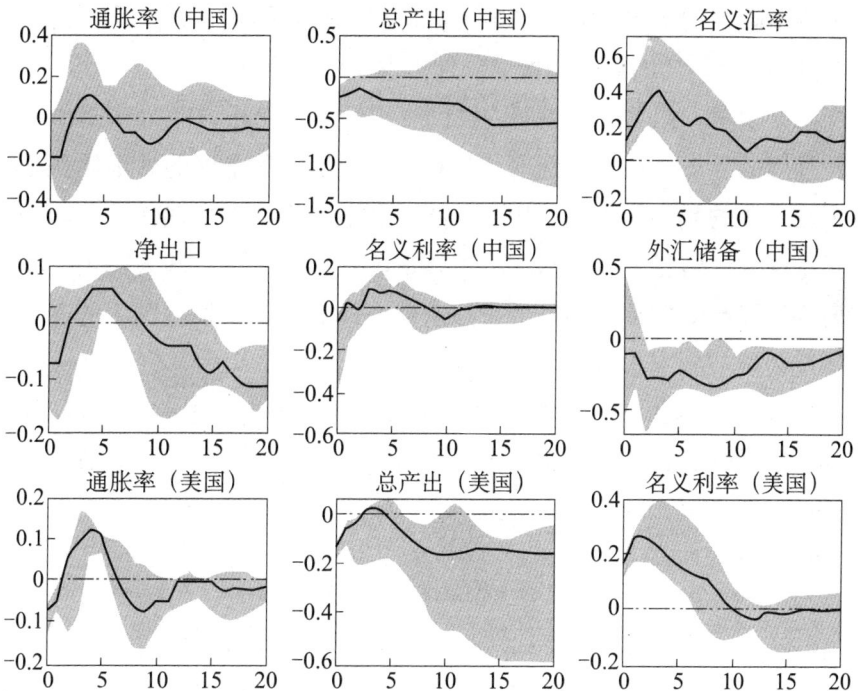

图 5-10　宏观变量对美国货币政策冲击的脉冲响应

资料来源：作者计算绘制。

SVAR 模型的脉冲响应显示，正向的美国货币政策冲击会使人民币汇率持续下降。直到第六个季度以后，人民币兑美元的汇率才逐渐恢复到冲击发生前的水平。与此同时，虽然人民币兑美元汇率的下降会在一定程度上降低中国出口产品的美元价格，但由于紧缩性货币政策会减少美国国内的总需求，中国的净出口可能会下降 0.1％。另外，美国加息也可能导致资本回流美国。因此，在贸易盈余减少以及资本流出的共同作用下，中国的外汇储备也会相应下降。与国际风险溢价冲击相比，图 5-10 显示，美国货币政策冲击对中国外汇储备的影响可能更持久。此外，在冲击发生的当期，中国的通胀率和总产出都会下降约 0.2％。这可能是因为美国的总需求下降会通过贸易途径传导到中国，即外部需求的下降会使中国的总产出和通胀率下降。由于美国的货币政策冲击使得我国的通胀率下降，中国人民银行可能会通过下调利率的手段来刺激国内的总需求，从而应对国内的通胀率和总产出下降。因此，当正向的美国货币政策冲击出现时，中国的短期利率并未随之上升，反而会在当期下降约 0.1％，然后逐步恢复到冲击发生前的水平。[①]

总体说来，图 5-10 表明，我们所用的美国货币政策冲击对中国有着较强烈的外溢作用。特别地，其对人民币汇率和中国的外汇储备都产生了较持久的影响。但是，因为当期我国仍实行相对严格的资本管制，同时中国人民银行具有更高的货币政策独立性，所以中国人民银行并不需要通过提高短期利率的办法来抑制资本外流，而是根据国内的宏观经济状况来调节利率水平。[②]

图 5-11 展示了中国货币政策冲击对中、美两国宏观变量的影响。脉冲响应的结果显示，中国货币政策冲击对国内的通胀率以及总产出有

---

① 自 2015 年美联储开始货币政策正常化以后，中、美短期利率的利差不断缩小。2018 年 8 月，中、美短期利率的利差更是跌至 46 个基点。在 2018 年 7 月的国务院常务委员会上，决策层要求货币政策保持适当宽松，以满足合理的融资需求、稳定经济增长。这说明中国的货币决策当局并未随着美联储的加息步伐而亦步亦趋，而是从国内经济状况出发，制定相应的货币政策。相反，在美联储开始利率政策化以后，土耳其和阿根廷等完全开放资本账户的新兴市场国家不得不通过将短期利率提高到 40％以上来抑制资本外流。然而，高额的利率会大幅增加国内债务人的负担，从长远来看，不利于国内经济的稳定。

② 刘利刚. 央行何时开启降息窗口？英国金融时报中文网，2019-02-13.

较为显著的影响，但对名义汇率的影响不是特别显著。虽然我们只对中国的通胀率、总产出和名义利率在即期以及冲击发生后第一个季度的脉冲响应施加了约束，但中国货币政策对通胀率和总产出的影响持续了数个季度。与此同时，中国货币政策对人民币兑美元的名义汇率、净出口以及外汇储备没有显著的影响。虽然国内的利率可能会导致人民币在短期内升值，从而使得人民币出口产品的相对价格上升，但由于美国对中国出口产品的依赖加大，人民币在短期内的升值压力并不会大幅减少净出口。由于净出口没有显著变化，外汇储备也不会大幅变动。另外，我们还发现，中国货币政策冲击对美国的外溢作用相对较弱。给定一单位正向的中国货币政策冲击，美国的通胀率和总产出都没有明显的变化，而美国的名义利率可能会在当期略微上升 0.1%。之所以美国的名义利率会略微上升，可能是因为中国的货币政策冲击会使人民币兑美元汇率小幅升值，从而导致美国进口的中国产品的价格上升。由于美国对中国

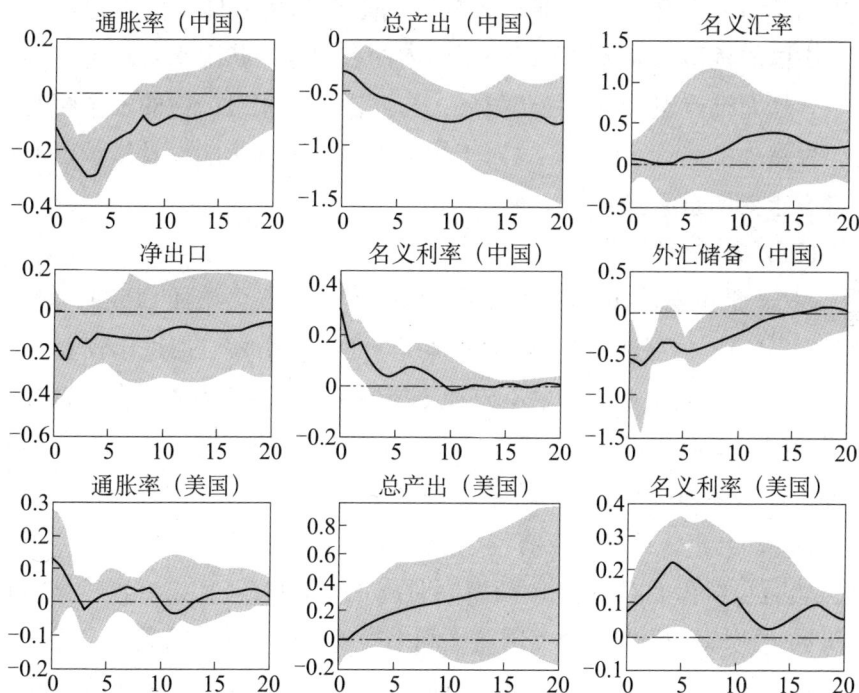

图 5-11 宏观变量对中国货币政策冲击的脉冲响应

资料来源：作者计算绘制。

进口产品的依赖较大，美国的消费者在短期内难以找到替代品，而从中国进口产品的价格上升可能会导致美国的通胀率轻微上升。由于美联储主要根据泰勒规则来制定货币政策，通胀率上升会迫使美联储提高利率。不过，由于中国货币政策冲击对人民币汇率以及中国的净出口没有显著的影响，其对美国宏观经济的外溢作用也比较微弱。

总体说来，以上的脉冲响应分析主要说明了以下几点：

第一，国际风险溢价冲击会给人民币汇率造成十分持久的影响，并使资本在短期内外流。但是，由于当期中国实行了相对严格的资本管制，资本外流的势头会在短期内得到遏制。

第二，美国货币政策冲击会在短期内给中国宏观经济造成负面的外溢作用，而中国货币政策冲击对美国宏观经济的外溢作用十分微弱。

第三，在现阶段，相对严格的资本管制使得中国的货币决策部门有较大的独立性。当国际风险溢价冲击或者美国的货币政策冲击发生时，中国的货币决策部门不必通过大幅提高短期利率来抑制资本外流；相反，中国的货币政策部门可以根据国内的宏观经济状况来合理调节利率水平，从而维持国内经济稳定发展。与此同时，相对严格的资本管制有利于保持外汇储备的稳定，这对于缓解外生冲击的影响以及维护汇率稳定都有重要的意义。[①]

（五）方差分解

表 5-5 和表 5-6 分别展示了同时对 SVAR 模型施加 SR 和 NSR 以及只对 SVAR 模型施加 SR 这两种情况下的方差分解。通过比较表 5-5 和表 5-6，我们发现：如果不施加 NSR 的话，SVAR 模型在识别外生冲击时很可能会出现偏差。例如，在只施加 SR 的情况下，中国货币政策冲击能够解释约 9% 的美国名义利率变动，而美国货币政策冲击只能解释约 6.5%。该结果不仅有悖于经济学直觉，而且与以往的研究不符合。然而，当我们对 SVAR 模型同时施加 SR 和 NSR 以后，美国货币政策冲击能够解释 30% 的美国名义利率变动，远大于中国货币政策冲击的解释力度。与此同时，如果只施加 SR，中国货币政策冲击和美国货

---

① 陆磊. 保储备还是保汇率是一个伪命题. 新浪财经, 2019-02-16.

币政策冲击对于中国名义利率的解释力相当，都是 8％左右。然而，当我们对 SVAR 模型同时施加 SR 和 NSR 时，中国货币政策冲击能够解释 10.36％的中国名义利率变动，大于美国货币政策冲击的解释力度。因此，上述结果说明了 NSR 能够帮助我们更准确地识别外生冲击。在下面的分析中，我们将着重分析同时施加 SR 和 NSR 这种情况下的方差分解（即表 5-5）。

表 5-5　方差分解（同时施加 SR 和 NSR）

	国内通胀率		国内总产出		名义汇率	
国际风险溢价冲击	0.104 0		0.065 3		0.161 7	
68％置信区间	0.034 7	0.266 9	0.026 8	0.147 7	0.044 2	0.211 4
美国货币政策冲击	0.096 4		0.067 5		0.044 5	
68％置信区间	0.064 5	0.205 4	0.012 3	0.137 9	0.002 4	0.205 0
中国货币政策冲击	0.078 5		0.138 0		0.116 4	
68％置信区间	0.046 5	0.117 3	0.038 9	0.297 7	0.049 9	0.347 6
	净出口		国内利率		外汇储备	
国际风险溢价冲击	0.103 7		0.099 5		0.109 9	
68％置信区间	0.061 4	0.198 3	0.081 0	0.138 6	0.047 2	0.257 1
美国货币政策冲击	0.064 3		0.086 0		0.081 9	
68％置信区间	0.027 6	0.186 0	0.042 6	0.151 6	0.040 6	0.114 1
中国货币政策冲击	0.091 1		0.103 6		0.148 2	
68％置信区间	0.039 4	0.209 4	0.058 5	0.229 6	0.087 2	0.313 4
	美国通胀率		美国总产出		美国利率	
国际风险溢价冲击	0.113 6		0.060 8		0.086 4	
68％置信区间	0.040 6	0.231 7	0.011 5	0.183 7	0.045 9	0.167 3
美国货币政策冲击	0.147 8		0.068 5		0.300 0	
68％置信区间	0.061 1	0.161 3	0.017 2	0.153 8	0.008 8	0.425 9
中国货币政策冲击	0.059 1		0.063 3		0.102 1	
68％置信区间	0.032 7	0.106 0	0.028 9	0.197 8	0.018 8	0.199 2

资料来源：作者计算。

表 5-6　方差分解（只施加 SR）

	国内通胀率		国内总产出		名义汇率	
国际风险溢价冲击	0.097 7		0.041 8		0.079 8	
68％置信区间	0.037 1	0.215 4	0.011 3	0.127 3	0.024 0	0.200 5
美国货币政策冲击	0.083 5		0.054 1		0.079 8	
68％置信区间	0.033 1	0.182 5	0.012 2	0.177 8	0.022 2	0.204 6
中国货币政策冲击	0.096 5		0.143 2		0.084 7	
68％置信区间	0.040 3	0.196 8	0.034 6	0.336 4	0.025 3	0.213 1

续表

	净出口		国内利率		外汇储备	
国际风险溢价冲击	0.088 4		0.102 4		0.100 8	
68%置信区间	0.033 8	0.196 8	0.039 5	0.230 3	0.043 4	0.200 3
美国货币政策冲击	0.079 1		0.080 5		0.074 1	
68%置信区间	0.026 3	0.190 4	0.033 1	0.175 5	0.031 2	0.156 5
中国货币政策冲击	0.092 7		0.086 4		0.106 1	
68%置信区间	0.032 5	0.219 9	0.037 3	0.179 0	0.045 2	0.209 1
	美国通胀		美国总产出		美国利率	
国际风险溢价冲击	0.111 8		0.074 3		0.089 7	
68%置信区间	0.049 0	0.209 4	0.017 9	0.235 4	0.024 3	0.241 5
美国货币政策冲击	0.083 8		0.065 4		0.064 7	
68%置信区间	0.038 7	0.158 5	0.014 8	0.202 3	0.018 7	0.170 3
中国货币政策冲击	0.076 7		0.073 0		0.089 0	
68%置信区间	0.035 0	0.145 1	0.018 8	0.226 5	0.025 4	0.224 5

资料来源：作者计算。

就名义汇率而言，国际风险溢价冲击可以解释 16.17% 的人民币名义汇率变动，大于美国货币政策冲击和中国货币政策冲击的影响。因此，这说明国际风险溢价冲击这一类实际因素对人民币名义汇率的影响大于名义因素对人民币名义汇率的影响。该结果也与 Steinsson（2008）以及 Juvenal（2011）的研究结果较为吻合。这两篇文献对美国以及其他发达国家的汇率进行分析以后发现，实际因素对汇率的影响要大于货币政策冲击等名义因素的影响。我们的结果对现有文献进行了补充，即对于中国这一类新兴市场国家而言，实际因素对汇率的影响比名义因素更大。

方差分解的结果表明，美国货币政策冲击对中国外汇储备的影响程度（8.19%）要大于其对中国净出口的影响程度（6.43%），再结合图 5-10 脉冲响应中美国货币政策冲击对中国外汇储备具有更持久影响这一结果，说明美国货币政策冲击主要通过金融途径影响人民币名义汇率的变动。

与此同时，我们也发现：国际风险溢价冲击对中、美两国的总产出、通胀率和利率的影响程度不尽相同。一方面，国际风险溢价冲击对中国的总产出和利率的影响更大。如前所述，这可能是因为我国的货币决策部门会在国际风险溢价冲击发生后通过下调利率的手段来稳定国内的总需求。另一方面，国际风险溢价冲击对美国通胀率的影响略大于其对中国通胀率的影响。不过，国际风险溢价冲击在两国的传导途径可能并不完全相同。对美国而言，国际风险溢价冲击可能会减少美国居民的消费，从而降低总需求，最终使得通胀率下降。对中国而言，国际风险溢价冲击通过减少国外需求而使通胀率下降。

接下来，我们将分析中、美两国货币政策对彼此的外溢作用。根据表 5-5 的方差分解，从总体来看，美国货币政策冲击对中国的外溢作用要大于中国货币政策冲击对美国的外溢作用。美国货币政策冲击对中国的通胀率、总产出和利率变化的解释力分别是 9.64%、6.75% 和 8.6%，而中国货币政策冲击对美国的通胀率、产出和利率变化的解释力分别是 5.91%、6.33% 和 10.21%。这与以往文献的研究发现相似，即美国货币政策对中国这一类新兴市场国家的宏观经济有着较强的外溢作用。与此同时，我们的研究结果表明：在过去的 20 年里，中国货币政策对美国的外溢作用较小。这可能是因为中国金融市场的开放程度相对较低。随着中国金融市场的不断开放以及外国投资者更多地持有中国的资产，中国货币政策对美国的外溢作用可能会增强。

5.2.4　结论和政策建议

我们建立了符号约束的 SVAR 模型，研究中、美两国间货币政策的双向溢出效应，以及国际风险溢价冲击、两国货币政策冲击是如何通过汇率这一渠道对中国的宏观经济产生影响的。SVAR 模型的检验结果证明：第一，国际风险溢价冲击对人民币汇率有着持久的贬值影响。但是，由于我国资本账户目前尚未完全放开，国际风险溢价冲击带来的人民币贬值压力并未使我国的外汇储备持续下降。中国的外汇储备在冲击发生后的第二个季度就恢复到冲击前的水平。另外，国际风险溢价冲击对中国这一类新兴市场国家的影响大于其对美国等发达国家的影响。第二，美国货币政策冲击（美国利率上升）会推动人民币贬值，并导致中国外汇储备在短期内下降。与此同时，美国货币政策冲击对中国的总产出和通胀率也有负面的溢出作用。第三，虽然国际风险溢价冲击和美国货币政策冲击会使人民币贬值，但由于我国资本账户尚未完全开放，资本难以在短期内大幅流出，因而资本流动的限制在一定程度上增强了中国货币政策的独立性，使得中国人民银行在面对汇率贬值压力时，不必通过大幅提高短期利率的方式来抑制资本外流，而是适当地下调国内的利率，从而稳定国内的总需求。第四，中国货币政策冲击对美国的外溢作用十分微弱。

我们的研究结果对于中美国际政策协调机制的建立有着十分重要的指导意义。

首先，随着资本账户开放步伐的不断加快、国际宏观形势不确定性的增强以及国际风险溢价冲击的影响的增强，人民币汇率波动和资本外流不可避免。在这种情况下，维持一定程度的资本项目管制有利于抑制资本在短期内大幅流出，并为货币政策的制定提供独立性。资本账户开放需要有序、依次、逐步推进，以维持中国人民银行应对国际风险溢价的剧烈冲击以及保持货币政策的独立性。国际风险溢价冲击对人民币汇率有着持久的贬值影响，但对资本流动的限制能够隔离国际风险溢价冲击对中国外汇储备的影响，从而避免人民币汇率的大幅异常波动。此外，对资本流动的限制使得中国在面对美国货币政策冲击（美国利率上升）时，能够隔离汇率贬值对利率的影响，从而能够独立地制定货币政策，稳定国内总需求。

其次，美国的加息步伐和人民币汇率变动息息相关，中美政策协调一致对于解决汇率问题以及贸易争端有显著作用。一方面，美国错误地认为中国通过压低人民币汇率来获取贸易优势，取得巨额贸易顺差；另一方面，美国在加息的过程中并没有考虑其对中国的溢出作用，导致人民币汇率的异常波动。上述结果表明，美国加息会对人民币汇率造成贬值压力。与此同时，美国挑起的贸易战会增加中国宏观经济的不确定性，也可能导致中国经济增速下滑以及汇率进一步贬值。因此，对于中美贸易争端，仅让中国单方面解决货币政策、汇率问题是不太可能的，中、美进行国际政策协调才是解决问题的有效途径。中、美应在贸易政策协调的基础上，将解决汇率以及贸易争端问题的方案落到货币政策与汇率政策的协调合作中。中、美应加强货币政策信息的交流，两国可以就影响货币政策与汇率走势的信息进行交换，包括两国政府对汇率变动的看法、对外汇市场调控的意愿、国内宏观经济政策走向、对国际经济形势的预期等。货币政策信息交流有利于两国政府了解对方的经济运行特征和政策方向，帮助寻找双方货币政策的分歧，更有利于达成对汇率走势的一致看法。

最后，由于中国货币政策冲击对美国的外溢作用十分微弱，与美国进行全面的货币政策协调难度很大，既无法满足美联储维护美国自身利益的需求，又不利于中国人民银行保持货币政策的独立性。美联储前主席耶伦在布鲁金斯学会（Brookings Institution）接受专访时[①]表示，美联储的政策确实对全球产生了影响，但要求美联储把所有的溢出效应考虑在内，在制定政策时考虑全球利益而不是美国经济利益，并不符合美联储对国会负责、实现美国物价稳定和就业最大化目标的基本任务。从总体上看，美国在制定货币政策时将国际溢出效应、全球经济发展趋势考虑在内是必要的。然而，无论是以中国为代表的新兴市场国家还是其他发达国家，其货币政策对美国的溢出效应都有限，难以对美国货币政策的制定产生影响。就中国货币政策而言，与美国进行全面的货币政策协调也不符合中国人民银行保持货币政策独立性和稳定国内经济的基本要求。目前，由于中国与美国货币政策双向溢出效应的不对称性，若贸然实行全面的货币政策合作，则美国必然在货币政策制定上占据优势，对人民币汇率波动和资本流动造成冲击，甚至影响国内经济稳定。

因此，基于我们对符号约束 SVAR 模型的分析，在当前中、美两国货币政策双向溢出效应存在较大不对称性的情况下，中美国际政策协调机制应朝如下方向发展：①贸易政策进行全面合作协调。中、美两国在货物贸易、服务贸易、直接投资等多维度存在广泛、紧密的合作共赢关系。中、美两国贸易政策全方面、深层次的合作有利于实现高水平的贸易、投资往来，提高国际贸易水平，共享两国经济发展的机遇与成果。在贸易层面的争端应在平等、互利的原则下，通过双方谈判合作解决。②进行货币政策信息的交流与协调。对于中美贸易争端以及汇率问题，

---

① 美联储前主席珍妮特·耶伦在布鲁金斯学会就货币和贸易问题接受了专访。

只依靠贸易政策的协调，双方难以达成共识，无法从根本上解决汇率异常波动、资本外流等问题。中、美两国有必要对货币政策的相关信息进行交流与协调，在保持双方货币政策独立性的前提下，在经济形势、汇率走势以及贸易关系等多维度达成共识。具体来看，中、美两国应建立央行、监管机构的信息交流渠道与定期会面机制。通过信息交流以及高级官员间的访问交流，充分交换意见。两国对经济形势、汇率走势看法的协调一致能够在很大程度上减少货币政策的负外部性、提高货币政策的有效性、维持国内经济稳定、促进全球经济发展。③建立中美货币互换机制。双边货币互换协议是国家政策协调合作深化的表现，有利于提高双方贸易投资中本币的使用，促进国际贸易。与此同时，在人民币汇率出现异常波动时，这一机制有助于我国规避汇率风险、维护金融市场稳定。④进一步推动资本的有序流动。我们在分析中指出，对资本账户的管制在一定程度上能够抵挡国际风险溢价以及美国货币政策溢出效应对国内经济的不利影响。因此，中国的资本账户应实行逐步、有序开放，资本的有序流动能够避免汇率异常波动的冲击，在渐进改革中保持货币政策的独立性，并稳定国内经济。⑤进一步提高人民币国际化水平。提高人民币在国际贸易计价结算以及金融交易中的使用份额，有利于降低外部冲击对国内宏观经济的影响，建立更为均衡的中美合作协调关系。这是因为，随着人民币在国际贸易计价结算以及金融交易中的份额上升，本国居民和厂商面临的汇率风险将下降，从而增加社会的总福利。人民币国际化水平的提高将增强中国货币政策对美国货币政策的溢出效应，缓解双向溢出效应的不对称，提升中国在国际政策协调中的话语权。

5.3　上海国际金融中心建设

5.3.1　上海金融中心的发展

从 20 世纪 80 年代至今，上海逐步发展成全国性金融市场；进入新时代后，上海努力推进与我国经济实力相匹配的国际金融中心建设，这是服务"一带一路"倡议、促进全球经济增长的重要支撑，也是服务长三角区域一体化发展、促进长江经济带建设的重要保证,具有重要的战略意义。在过去的几年中,上海在国家战略的推动下,着力于"五个中心"任务,借助自贸区"先行先试",不仅在金融创新上取得了重要成果,而且在金融开放上也取得了重大进展,上海已成为具有一定国际影响力的国际金融中心。2020 年是上海国际金融中心建设具有里程碑意义的一年,根据发展计划,2020 年上海将基本建成与我国经济实力以及人民币国际地位相适应的国际金融中心。2020 年 2 月 14 日,人民银行、银保监会、证监会、外汇局、上海市人民政府发布《关于进一步加快推进上海国际金融中心建设和金融支持长三角一体化发展的意见》,为上海国际金融中心建设的冲刺阶段注入重要力量。此外,抵抗新冠疫情带来的不利冲击,抓住特殊时期的发展机会,将对上海国际金融中心建设的目标至关重要。

　　国内外学者从不同的角度对于国际金融中心的发展进行了研究。Kingderberg(1974)提出,银行和高度专业化的金融中介的集聚,形成了金融服务中心,而金融市场组织中的规模经济是国际金融中心形成的向心力,主要体现在交易结算和支付体系中。Porteous(1995)认为,劳动力市场的外部性、中介服务、技术溢出、社会机构及文化因素是金融部门中的集聚因子,并强调了信息流对国际金融中心发展的作用。Gehrig(2000)利用实证分析证明了规模经济、信息溢出效应和市场流动性对于金融中心的形成具有向心作用。Kaufman(2001)指出,金融中心城市或地区的兴起,在一定程度上与这些地方作为主要商贸中心、交通枢纽、首都和中央银行总部所在地的地位变迁有关。国内也有不少学者对于国际金融中心的发展进行了研究:饶余庆(1997)从供求的角度解释了国际金融中心的形成;潘英丽(2002)将国际金融中心的形成理论归纳为区位理论和集聚经济理论;冯德连(2004)认为历史因素、城市因素和供求因素形成了国际金融中心发展的推动力,经济发展和科学技术形成拉力,同时地方政府的公共政策也是重要的影响因素。

　　国内不少学者对比分析了国际金融中心建设的先进经验:朱镇华(1996)以中国香港和新加坡为例探讨了亚洲地区国际金融中心的建设经验;张幼文(2003)借助世界各地国际金融中心崛起、衰落的若干案例分析了国际金融中心建设的经验教训；黄运诚（2003）通过分析成熟的国际金融中心的发展，总结了建设国际金融中心所需的基础性条件等。这些文献一方面聚焦于国际金融中心建设的总体条件的对比分析，另一方面成为上海国际金融中心在建设初期的经验借鉴。我们的主要着力点是对比各国际金融中心在重大事件冲击下受到的影响及采取的对策，如"9·11"事件下的纽约国际金融中心。通过解读各国际金融中心应对重大事件冲击的经验以及此次上海国际金融中心在重大突发卫生事件下受到的影响，分析上海应该如何应对此次疫情冲击，以实现2020年基本建成与我国经济实力以及人民币国际地位相适应的国际金融中心的目标。

接下来，我们回顾一下"9·11"事件和次贷危机下的纽约国际金融中心、国际债务危机和亚洲金融危机下的伦敦国际金融中心以及"泡沫时代"下的东京国际金融中心的实践经验，然后在分析上海国际金融中心发展及此次重大突发公共卫生事件对其影响的基础上，总结上海国际金融中心面临的挑战，并提出针对性建议。

5.3.2 重大事件冲击下的国际金融中心

（一）"9·11"事件和次贷危机下的纽约国际金融中心

1944年，联合国国际货币金融会议确立了"双挂钩"的布雷顿森林体系，即美元与黄金挂钩，各国货币与美元挂钩。布雷顿森林体系给予美元与黄金等同的地位，确立了以美元为中心的国际货币体系。随着美元的崛起，大量的国际借贷和资本筹措都开始聚集于纽约，纽约就此成为国际上最大的资本供应中心；随后，纽约凭借着优越的区位条件、优良的现代化城市基础设施和金融优势，迅速发展成为全球重要的国际金融中心。

进入21世纪后，纽约首先遭遇了"9·11"事件的重大袭击。2001年9月11日，恐怖分子劫持了美国四架民航客机，其中两架撞塌了纽约世贸中心"双子大厦"，一架撞毁华盛顿五角大楼的一角，另一架坠毁。这一系列袭击导致3 000多人死亡，多座建筑被摧毁，并造成数千亿美元的直接和间接经济损失。"9·11"事件给纽约的金融市场造成了巨大损失，即使美国股市休市四天，在 9 月 16 日股市恢复交易后，仅一周内股票市值就损失了 1.4 万亿美元，道琼斯指数的跌幅超过 14%；在外汇市场上，恐怖袭击事件打击了市场的信心，大量资本开始加速流出美国，并引发外汇市场上的剧烈动荡，在 9 月 19 日纽约外汇市场恢复交易后，美元指数跌至 114.65 点；由于资金开始纷纷转向避险资产，使得纽约现货黄金的价格大幅上扬；此外，世界银行、国际货币基金组织等重要国际组织的正常工作也几乎陷入瘫痪。为减少金融市场的波动，美国当局采取了积极的货币政策和财政政策进行应对。首先，在财政方面，美国当局迅速拨出 400 亿美元进行紧急援助；10 月 3 日，布什总统提出了 750 亿美元刺激经济复苏的一揽子计划，为市场注入了信心。其次，在金融方面，美联储于 9 月 17 日和 10 月 2 日大幅降息，以刺激美国经济；美联储也加强了与国际上其他金融机构的合作，在 9 月 13 日与欧洲中央银行达成了掉期换汇协议，纽约联邦储备银行可从欧洲中央银行获得欧元存款。在财政政策和货币政策的刺激下，美国政府有效地增加了公众对经济恢复的信心，及时有效地稳定了金融市场。此外，在 "9·11" 事件后，美国颁布了《爱国者法案》（The USA Patriot Act），建立了全球金融反恐和反洗钱监管架构，此法案不仅加强了对美国金融基础设施的安全保障，而且强化了美国在国际金融市场上的规则制定权和话语权。

　　2008 年的次贷危机是对纽约国际金融中心地位的一次巨大考验。次贷危机使纽约的金融业受到沉重打击，根据 2005 年 7 月英国《银行家》杂志发布的 "全球 1 000 家大银行的最新排位"，美国银行数量达到 197 家，税前利润为 1 515 亿美元，占 1 000 家银行利润总额的 27.9%；核心资本回报率为 26.3%，远高于 1 000 家银行 19.86% 的平均水平；但在此次危机中，许多银行以及与房贷相关的金融机构面临着巨大亏损甚至倒闭的风险，华尔街五大投资银行全部倒下。次贷危机加剧了美元贬值的趋势，对美元的世界货币地位造成一定冲击，国际货币基金组织于 2008 年 6 月公布的官方外汇储备数据显示，截至 2008 年第一季度，全球共有 4.3 万亿美元的外汇储备，其中美元外汇储备占 63%，低于 2007 年同期的 65%。此外，不仅资产价格以及投资者对资本市场的信心出现大幅下降，而且经济还开始出现了滞胀；在经济基本面糟糕的同时，原油价格也不断创新高，在 2008 年 5 月达到了 130 美元/桶的历史新高。当时纽约市官方估计，2009 年与 2010 年将有 16.5 万人面临失业危机，其中的 3.5 万人来自金融行业；纽约市市长布隆伯格称，此次危机造成的痛苦正大幅向外蔓延，其威力堪比"9·11"恐怖袭击。在 2008 年初，美联储便意识到了问题的严重性，并于 1 月份接连两次降息，国会也通过了 1 600 亿美元的刺激方案，通过税收返还来拉动消费；在雷曼兄弟倒闭后，政府出台了坏账购买计划（TARP）给市场注入流动性，旨在逐步恢复资产价格；高盛和摩根士丹利也获得了美联储的保护，美联储还出台了保护货币基金的措施，用以有效保证货币市场几万亿美元资产的流动性；在 2008 年末奥巴马当选美国总统后，美联储和财政部发布了 8 000 亿美元的救助计划，次年美联储宣布将扩大量化宽松（QE）的购买规模至 7 500 亿美元，并将用最多 3 000 亿美元购买国债；随后，财政部部长盖特纳宣布了 5 000 亿～10 000 亿美元的"有毒资产"收购计划，美联储和财政部向市场传递了一个重要信号——"大而不倒"。纽约市也从 2008 年开始先后推出了两套救市方案：一是在 2008 年 10 月 30 日宣布的一项应对危机计划，旨在通过加大基础设施建设投资和增加就业等措施，帮助纽约市民渡过经济难关；二是在 2009 年 2 月 18 日宣布的 11 项应对危机的措施，包括设立专项资金，为创业人员提供风险投资，以帮助金融业失业人员重新就业。此外，纽约市政府还采取措施吸引印度等国金融机构进驻纽约，以拯救纽约的金融业。

（二）金融危机下的伦敦国际金融中心

在工业革命后，英国成为国际资本的供应国，并以绝对优势取得了国际金融领域的统治地位，伦敦也成为世界上最大的国际金融中心。第一次世界大战和第二次世界大战的爆发改变了世界的政治经济格局，伦敦的国际金融中心地位自此衰落；但 1985 年国际债务危机后的"金融大爆炸"改革以及 1998 年亚洲金融危机后以"沙盒监管"为主的金融体制改革使得伦敦再次成为与纽约匹敌的国际金融中心，目前伦敦是世界最大的国际外汇市场和最大的美元交易市场，全球大约 45％的货币业务在伦敦交易。

1982 年 8 月 20 日，墨西哥政府宣布无力偿还其到期的外债本息，要求推迟 90 天，由此引发了全球性的发展中国家的债务危机。严重的债务危机无论是对于债务国，还是对于发达国家的债权银行，乃至整个国际社会，都形成了巨大的压力，包括国际金融组织的有关各方为解决债务危机提出了许多设想和建议，包括债务重组、债务资本化及证券化等。这场国际债务危机给正在复苏的伦敦国际金融中心带来了巨大冲击，为应对这场危机及优化金融市场发展环境，1986 年 10 月 27 日英国开始了一场规模宏大的"金融大爆炸"改革，这场改革旨在大幅减少金融监管约束，实现金融业高度的自由化。英国在推出的《金融服务法》中取消了经纪商和交易商两种职能不能互兼的规定，实现了自由的市场中介人制度，开放了对交易所会员资格的限制；取消了对证券交易最低佣金的限制，客户可与证券经纪商根据实际市场供求情况，决定按照何种标准收取佣金或是否收取佣金，实现证券交易代理手续费自由化；取消了非交易所成员持有交易所成员股票的限制，准许所有的金融机构参加证券交易所的活动；废除了各项金融投资管制，银行开始提供包括证券业务在内的综合性金融服务；等等。

1997 年亚洲金融危机从金融体系最脆弱的泰国爆发，导致泰铢崩盘，进而席卷东南亚其他国家并波及日韩；1998 年，在国际炒家的新一轮进攻中，俄罗斯的股市、汇率全部下跌，此时的亚洲金融危机已超出了区域性的范围，其影响波及全球金融市场。欧盟主要国家的商品和投资的需求遭到了冲击，经济合作与发展组织（OECD）将欧盟 1998 年和1999 年的经济增长分别调低 0.3 个百分点和 0.9 个百分点；此次亚洲金融危机不仅导致了英国股市的剧烈波动，而且使得英国的国际贸易受到一定程度的打击。为适应金融形势的变化，2000 年 6 月英国颁布了《2000 年金融服务与市场法》，这是英国自建国以来最重要的一部关于金融服务的法案，也是英国历史上创下最多修改纪录的立法；它取代了此前一系列用于监管金融业的法律、法规，明确了新成立的金融监管机构和被监管者的权利与义务，统一了监管标准，规范了金融市场的运作，大大提高了金融监管效率。此外，英国政府还分离了英格兰银行的金融监管职能，使其专注于货币政策的制定，同时成立英国金融业管理局

（FSA），负责金融业监管；FSA 作为英国唯一的、独立于政府的、对英国金融业实行全面监管的执行机构，拥有制定金融法规，颁布与实施金融行业准则，给予被监管者指引和建议的权力，以及制定一般政策和准则的职能。

"金融大爆炸"和监管制度的改革获得了巨大成功，优化了伦敦的营商环境，提高了伦敦的国际化水平和国际竞争力，扭转了伦敦国际金融中心地位下降的趋势，保持并恢复了伦敦金融城在多数金融交易市场中份额领先的地位。在其后的十年中，不论是银行贷款还是股票交易、外汇交易等，伦敦都超过了纽约，彻底巩固了伦敦国际金融中心的地位。

（三）泡沫时代下的东京国际金融中心

自 20 世纪 70 年代开始，东京借助亚洲经济发展和国内金融自由化的大环境，成为日本国内外金融机构的聚集地，不仅建立了东京证券交易所、东京国际金融期货交易所等重要的金融机构，而且各种金融交易的规模也越来越大；1985 年日本签订了"广场协议"，大量国际资本涌入日本市场，在日元升值的推动下，日本的海外投资迅速增长；1986 年东京设立离岸金融市场；1986 年实现了对欧洲日元债券和居民海外存款的自由化，东京逐步成为与伦敦、纽约齐名的世界三大国际金融中心之一。

随着 20 世纪 90 年代初日本经济泡沫的破灭，由于大量企业破产、银行的不良债权激增、证券市场交易下滑，东京的国际金融中心地位开始逐步衰落。在 1990 年后，日本政府对资产市场价格的过度膨胀做出反应，从 1991 年开始，日本货币和信贷的增长速度明显下降，并且于 1992 年和 1994 年出现了负增长。随着货币和信贷的收缩，日本的资产市场价格出现暴跌，东京的商用房地产价格下降了 57%，股票价格在 1989—1992 年下降了 47%，致使金融机构的资产质量大幅下降、银行的不良债权剧增，日本社会陷入了"投资疲软—就业减少—消费减少—企业业绩下滑"的恶性循环。到了 1998 年，日本的国内投资出现异常下降，金融机构的不良债权问题日益严重，日本长期信用银行和日本债券信用银行也因陷入危机而被政府收归国有，同时东京的外国银行数量开始逐年减少，外国银行的撤离在很大程度上说明东京国际金融中心地位的衰落。此后 20 年，日本年均 GDP 增速只有 0.75%，日本六大主要城市的住宅用地价格跌幅达到 65%，国民财富损失高达 1 500 万亿日元。

　　经济泡沫破灭和国内经济不景气使得东京国际金融中心出现空心化现象，即在国际金融交易中，回避东京市场的事例不断发生，东京作为国际金融中心的机能在降低。有鉴于此，日本政府出台了一系列金融改革措施来重振东京的国际金融中心地位。1996 年，日本政府提出《金融体系的改革——面向 2001 年东京市场的新生》，其目标涵盖了整个金融体系，力图实现银行、证券、保险等金融机构在业务领域相互准入，由此拉开了"金融大爆炸"的序幕；然而，这一系列改革并不十分成功，1997 年由于山一证券、北海道拓殖银行等大量金融机构倒闭以及会计制度改革遭到业界的抵制，一些改革项目不得不分阶段进行、推迟或放弃。1998 年 10 月，为了摆脱金融行业困境和适应全球金融自由化与国际化趋势，日本国会通过了《金融再生法》和《早期健全法》，由此掀起了日本银行业大规模合并的浪潮。进入 21 世纪后，日本又接连施行新的《SPC 法》、《投信法》、《证券决算系统改革法》和《外国外汇令》。2006 年，安倍晋三首次担任首相后提出要重振东京的国际金融中心地位，并于 2007 年 12 月公布了《强化金融资本市场竞争力计划》，该计划包含了约 60 项"松绑"措施，大幅放宽对证券交易所、基金和金融机构的监管，这些举措对日本经济发展起到了一定的促进作用，但未能完全恢复东京的国际金融中心地位。

（四）各国际金融中心应对冲击的经验借鉴

　　通过对纽约、伦敦、东京三个国际金融中心在不同时期应对不同事件冲击的比较分析，我们发现有冲击过后国际金融中心地位依旧稳固的，如纽约国际金融中心、伦敦国际金融中心，也有冲击过后地位未能恢复的，如东京国际金融中心。尽管国际金融中心的形成与发展得益于一些共同因素，如优越的地理环境、繁荣的国际贸易往来和完善的金融基础设施等，但在上述不同历史事件的冲击下，其国际金融中心地位的保持与否有着不同的原因。如表 5 - 7 所示，纽约之所以能在"9·11"

事件和次贷危机后维持其国际金融中心地位，得益于其开放的金融环境、强大的国际话语权和美元国际货币的地位；这两次金融危机之所以未影响到伦敦的国际金融中心地位，得益于营商环境的改善以及其在金融科技和金融创新上的独特优势；东京的国际金融中心地位在 20 世纪 90 年代经济泡沫后逐渐衰落的原因在于其丧失了稳定的金融发展环境。

表 5-7　各国际金融中心应对冲击的经验借鉴

国际金融中心	冲击事件	经验借鉴
纽约	2001 年的"9·11"事件 2008 年的次贷危机	金融开放、国际话语权和货币国际化
伦敦	1985 年的国际债务危机 1998 年的亚洲金融危机	营商环境改善、金融科技和金融创新
东京	20 世纪 90 年代的"经济泡沫"	金融稳定和金融监管

资料来源：作者整理。

尽管"9·11"事件和次贷危机对纽约的经济金融造成了很大伤害，但美元的国际货币地位、纽约高水平的金融开放和国际话语权保证了纽约的国际金融中心地位不受动摇。在世界贸易中，尽管使用欧元、日元、英镑、人民币的结算比例有所提高，但使用美元的交易量一直保持着 50% 以上的占比，美元在资产交易和外汇储备占比上也一直维持着世界第一的位置，美元的国际货币职能给纽约国际金融中心注入了持续不断的发展动力；此外，纽约的金融开放程度较高，各类金融机构和金融资产交易平台都聚集在纽约，在相当长的一段时期内，美国一直是全球跨国公司首选的上市地；美国强大的经济地位推动纽约成为国际组织的中心，无论是布雷顿森林体系的安排，还是石油、黄金等大宗商品的定价，纽约在国际金融事务中都具有较大的话语权。

虽然在两次金融危机下伦敦的经济和金融遭受了一定的打击，但通过一系列明智的改革措施，伦敦在营商环境、金融科技和金融创新等方面占据的优势不断巩固其国际金融中心地位。"金融大爆炸"改变了伦敦金融分业经营的体制，推动了商业银行业务与股票经纪业务相融合，金融机构开始呈现出多元化的趋势；此外，在"金融大爆炸"之后，伦敦不断出现金融产品创新的浪潮，伦敦场外衍生品的主要份额不断增加，逐步成为全球最大的外汇与衍生品议价交易中心。另外，在 2015

年 5 月 11 日，英国金融行为监管局网站上第一次提出了"监管沙盒"制度。这是金融监管机构为了促进金融创新和金融科技发展，让取得实施许可的金融机构或初创科技企业，在一定时间和有限范围内对其新产品、新模式和新业务流程在现实环境中进行测试，并相应地对测试项目降低准入门槛、放松监管限制，这为支持金融创新、树立伦敦金融科技中心的国际地位打造了良好的生态环境。

稳定的金融环境和良好的风险应对能力是确保国际金融中心得以持续发展的重要因素。在日本经济泡沫期间，东京的整体风险应对能力较差，在不同风险的冲击下丧失了稳定的金融发展环境。从日本国内的银行来看，日本政府长期以来的保护制度使得银行间的竞争被人为抑制，银行的发展滞后也抑制了其他金融机构的发展，整个金融体系内部的资金链条比较脆弱，对外抗打击能力较弱。与欧美国家相比，日本政府对经济的主导能力更强，这种政府主导实体经济、放任资本市场的结构，导致整个经济的自我调节能力较差；在资产价格飞涨之时，日本政府并未采取有效限制措施，而市场本身缺乏短期调整能力，自由流动的资本于是向错误的方向流动，并加剧了经济的扭曲。

5.3.3　公共卫生事件冲击下的上海国际金融中心

（一）上海国际金融中心的建设

上海是自改革开放以来中国金融创新的先行者，从 20 世纪 80 年代至今，上海逐步发展成全国性金融市场；在新时代，上海努力建设与我国经济实力相匹配的国际金融中心，这是服务"一带一路"倡议、促进全球经济增长的重要支撑，也是服务长三角区域一体化发展、促进长江经济带建设的重要保证。

20 世纪 80 年代的上海在改革开放的背景下，开始逐步建立起金融市场。1980 年，上海允许外国金融机构设立驻华办事处，成为最早引进外资银行的城市之一；1984 年，上海成为全国第一批沿海开放城市之一；1986 年，中国第一个股票交易柜台在上海诞生，中国人民银行上海分行成立了第一个有形短期资金市场；1987 年，中国第一家全国性股份制银行——中国交通银行在上海设立总部，中国第一个股票指数"静安指数"在上海诞生；1988 年，中国第一个公开的外汇调剂市场在上海成立，中国最早的证券公司之一海通证券在上海成立；1989 年，上海短期资金调剂中心组建成立。在这十年间，上海独特的地理优势和曾经作为远东金融中心的历史优势逐渐显现，上海的金融业开始发展，金融机构和金融要素市场体系逐步形成。

20 世纪 90 年代的上海从改革开放的经济"后卫"顺利转变为经济发展的"前锋"。1990 年，上海证券交易所正式成立；1992 年，上海开放保险市场，美国友邦等外资保险公司进入上海；1993 年，上海第一家股份制商业银行——上海浦东发展银行成立；1994 年，中国外汇交易中心在上海成立；1995 年，中国第一家全员持股的商业银行——上海城市合作银行成立；1996 年，全国同业拆借市场在上海建立；1997 年，银行间债券市场在上海建立；1998 年，上海期货交易所成立。在这十年间，上海依靠国家的战略支持，金融业不断发展壮大，金融体系不断完善，全国性金融要素市场在上海基本形成，建设国际金融中心的发展目标得以明确。

21 世纪初的上海抓住了中国入世的重大机遇，在金融改革和创新发展方面取得了瞩目成就，形成明确的国际金融中心建设路径。2002 年，上海黄金交易所成立，中国银联在上海成立；2006 年，上海金融期货交易所成立；2007 年，上海银行间同业拆放利率（SHIBOR）正式运行，上海金融仲裁院成立；2008 年，中国人民银行征信中心在上海成立；2009 年，全国第一笔跨境贸易人民币结算业务在上海完成，上海清算所成立；2010 年，上海证券交易所股票交易额、上海期货交易所成交额位居全球前三，沪深 300 指数期货合约上市交易。在这十年间，上海的全国性金融要素市场进一步发展完善，国内金融中心的地位得到明显巩固，建设国际金融中心的发展框架基本形成。

21 世纪头十年的上海，全国性金融市场体系已经发展健全，在国家战略的推动下进入国际金融中心建设的最后攻坚冲刺期。2013 年，上海自贸试验区成立；2014 年，"沪港通"正式开始运行；2015 年，CIPS一期在上海上线运行，上海国际能源交易中心成立；2016 年，"上海金"基准价诞生，上海保险交易所成立，上海票据所成立；2017 年，"债券通"正式上线，全球清算对手方协会在上海设立；2018 年，原油期货在上海国际能源交易中心挂牌交易，上海金融法院成立；2019 年，上海期货交易所成交量、上海黄金交易所现货黄金成交额均位居全球第一。在这十年间，上海的金融创新取得重要成果，金融对外开放取得重大进展，上海已成为具有一定国际影响力的国际金融中心。

（二）公共卫生事件对上海国际金融中心的影响

2020 年新冠疫情的暴发对全球经济造成了显著的负面影响。目前，除中国、韩国等少数国家外，全球大部分国家和地区的防控形势依旧严峻，全球经济可能经历"大萧条"以来最严重的衰退，而且此次冲击的持续时间和影响程度还有很大的不确定性。从国内宏观环境上看，中国受疫情的影响，2020 年第一季度的 GDP 同比增速为－6.8％，较 2019年第四季度大幅下滑 12.8％，该跌幅远超 2003 年非典时期和 2008 年国际金融危机时期，也是自 1992 年公布季度数据以来的首次负增长；根据上海市统计局发布的上海经济运行数据，2020 年第一季度的上海市GDP 为 7 856.62 亿元，比 2019 年同期下降 6.7％，多项主要经济指标明显下降，经济运行情况与全国基本一致。从行业角度来看，新冠疫情给第三产业中的餐饮、旅游、电影、交通运输等行业带来了巨大冲击；在新冠疫情防控期间，全国范围内均取消了聚餐、集会等活动，大量餐饮企业停止营业，使得餐饮企业损失惨重；此外，全国的主要景点关闭，庙会等文化活动也纷纷取消，导致旅游业受到较大的影响；在封城、封路等隔离措施出台后，交通运输行业也受到了较大的冲击，根据中国国家铁路集团有限公司发布的数据，2020 年春节期间的出行人次减少了70％。从国内资本市场看，新冠疫情暴发并快速扩散对市场参与者的预期以及经济基本面都有一定负面影响，这也造成了资本市场遭受的短期冲击较大，其中餐饮、旅游及房地产等行业受影响最严重；投资情绪指数也从 1 月的 44.5 下降到 2 月的 42.6，3 月继续下降到 40.8，总体呈下降趋势。从国际金融市场看，国际上各类风险资产的波动幅度变大，如国际油价出现了大幅下跌，黄金市场也出现了剧烈波动，说明国外市场的环境处于极其不稳定的状态；此外，国外主要的股票市场均出现了较大幅度的波动，美国股票市场更是出现了两周 4 次熔断的暴跌情况，而国际金融市场的波动在短期内给国内相关金融市场带来了一定程度的冲击。

新冠疫情在给上海国际金融中心带来一定负面影响的同时，也带来了新的发展机遇。首先，新冠疫情并未影响上海国际金融中心建设的步伐。2020 年 2 月 14 日，人民银行、银保监会、证监会、外汇局和上海市政府发布《关于进一步加快推进上海国际金融中心建设和金融支持长三角一体化发展的意见》，就更好发挥上海在金融对外开放方面的先行先试作用和支持上海国际金融中心建设提出了具体举措，在疫情时期进一步明确了上海金融开放的坚定步伐。其次，在整体经济下行的环境中，2020 年第一季度的上海金融市场活跃度却有所提升，上海金融市场交易总额比 2019 年同期增长 4.0%；其中，上海证券交易所有价证券成交额增长 16.7%；股票、基金和债券成交额分别增长 30.5%、46.9% 和 11.6%；中国金融期货交易所和上海黄金交易所成交额增速分别达到 98.1% 和 83.5%。在全球疫情蔓延期间，跨国公司对上海布局的脚步依旧坚定，2020 年第一季度上海实到外资投资额同比增长 4.5%，新增跨国公司地区总部 10 家、外资研发中心 5 家；截至 2020 年 3 月底，落户上海的跨国公司地区总部和外资研发中心累计分别达到 730 家和 466 家。最后，3 月最新公布的全球金融中心指数（GFCI）报告显示，上海在全球金融中心的排名上升至第四名，在全球经济金融受到疫情影响的情况下，整体经济都有一个"停板期"，上海国际金融中心地位的提升具有非常重要和深远的意义。

（三）上海国际金融中心面临的挑战

首先，金融市场对外开放的步伐有待加速。OECD 每年统计并计算外资限制指数，该指数可以衡量一个国家对外直接投资（FDI）的限制程度，数值越高表示限制程度越高、开放程度越低，从表 5-8 可以看出，我国的外资限制指数在 2018 年排名第六，对 FDI 有着较严格的限制，因而我国的对外开放程度有待进一步提高。自 2006 年履行全面开放金融业的承诺以来，我国金融市场与世界主要金融市场的相互融合度得到显著提升。不过，我国债券市场、股票市场和银行市场的国际化程度与发达国家（地区）相比均有一定差距。

表 5-8 2018 年外资限制指数排名最高和最低的国家

外资限制程度最高的国家		外资限制程度最低的国家	
国家	对外限制指数	国家	对外限制指数
菲律宾	0.374	卢森堡	0.004
沙特阿拉伯	0.372	葡萄牙	0.007
印度尼西亚	0.313	斯洛文尼亚	0.007
俄罗斯	0.257	罗马尼亚	0.008
马来西亚	0.252	捷克	0.010
中国	0.251		

资料来源：OECD。

其次，在国际金融组织和人民币国际化领域的全球影响力亟待增强。改革开放 40 多年来，随着我国经济实力的不断增强，我国加入并参与了大量国际金融组织，而且主导设立的金融机构影响力不断扩大；人民币国际化程度也在逐步提高。但是，无论是从国际金融组织还是从人民币国际化领域来看，目前我国的全球影响力与我国的经济实力都不匹配。从国际金融机构来看，目前的国际协调机制仍由发达国家主导，包括中国在内的发展中国家都只是被动接受者；世界银行和国际货币基金组织掌握着全球金融命脉，但我国在世界银行的投票份额仅为 5.71%，远低于美国的 15.87%，人民币在 IMF 特别提款权（SDR）中的比例仅为 10.92%，也远低于美元的 41.73% 和欧元的 30.93%。在人民币国际化的进程中，从人民币的计价结算、投资交易和价值储藏来看，人民币国际化的水平仍有待提高。

再次，金融创新环境亟待优化，金融创新能力有待提升。目前，我国的证券交易所、外汇交易中心等均为会员制的事业单位，会员制交易所不能在会员间分配收入，限制了产品创新的自主性和积极性。如表 5-9 所示，根据世界知识产权组织（WIPO）发布的《2019 年全球创新指数》，我国排在第 14 位，是中等收入经济体中唯一进入前 30 的国家，但与美国、英国、新加坡等传统国际金融中心相比还有一定差距，在创新改革领域还有较大的进步空间。对比其他国际金融中心，我国的金融产品创新多是模仿性创新，缺乏自主性创新；此外，我国金融工具的创新受到市场经济发育程度的限制，特别是受到汇率市场、利率市场不完善的限制。

表 5 - 9　2019 年全球创新指数

国家	全球创新指数得分	全球创新指数排名
瑞士	67.2	1
美国	61.7	3
英国	61.3	5
新加坡	58.4	8
德国	58.2	9
中国	55.1	14
日本	54.7	15

资料来源：世界知识产权组织（WIPO）.2019 年全球创新指数，2019 - 07 - 24.

最后，对金融市场的监管效率有待提升。多头监管是我国金融市场比较明显的现象，多头监管是分业监管模式的必然产物，它会导致跨市场、跨领域的监管薄弱，也会导致部分业务缺乏监管、效率低下。随着金融市场的发展，金融风险在金融市场与金融机构之间快速传递，分业监管导致监管部门难以有效获得全面的金融数据及其影响的客观评估，从而对系统性风险缺乏有效的监控和预警。此外，多头监管使得监管套利有机可乘，因而金融机构出现风险事件是正常的，最大的风险往往来源于部分机构监管力度不够或监管职责不明确。

5.3.4　结论和建议

2020 年新冠疫情的突然暴发在给世界经济带来重创的同时，也给上海国际金融中心的建设带来了新的挑战和机遇。我们梳理和分析了历史事件冲击对各国际金融中心的影响及各国采取的对策：纽约在"9·11"事件和次贷危机后依旧保持其国际金融中心地位的原因在于高水平的金融对外开放和美元国际化，以及美国在国际金融市场上强大的话语权；国际债务危机和亚洲金融危机并未影响伦敦国际金融中心地位的原因是伦敦拥有独特的金融开放、金融科技和金融创新的优势；在"泡沫时代"后，东京国际金融中心地位逐步衰落的原因是东京的金融体系应对风险的能力较差。此次重大突发的公共卫生事件对上海国际金融中心的影响既有消极的方面又有积极的方面，把握此次公共卫生事件冲击下的发展机遇，对于把上海建成与人民币的国际地位相适应的国际金融中心具有重要的战略意义。通过与国际经验对比，我们可以发现：目前，上海国际金融中心建设需要进一步完善的方面有金融开放程度、货币国际化进程、金融创新水平以及金融监管效率。

基于以上分析，结合上海国际金融中心建设过程中面临的挑战，我们提出了如下建议。

第一，进一步高层次、高水平地推动金融对外开放。上海可以在相关政策的支持下，采取支持外资在上海设立合资理财公司、设立或控股证券期货经营机构、设立或参股养老金管理公司等方式，鼓励跨国公司在上海设立全球或区域性的资金管理机构；此外，上海还可以优化外资金融机构的准入条件，比如将原来的准入管理和审批管理改为社会备案管理、在负面清单上的部分业务领域以"有条件准入"代替"禁止准入"，吸引外资金融机构特别是非银行金融机构入驻上海，增加外资金融机构在上海的占比；在疫情期间，保障各种企业国内外资金流动的畅通和结售汇的需求，为外资企业、外资金融机构进入上海市场提供金融支持。

第二，明确当前推动人民币国际化所面临的挑战和机遇。在这个特殊时期，上海应进一步明确当前推动人民币国际化所面临的挑战和机遇，要在坚定不移地推动人民币国际化的思想指导下，推动人民币的跨境使用，提升其他国家对人民币计价和结算的接受程度，培养使用人民币计价和结算的习惯；增加以人民币计价的债券、股票、基金、期货、期权等金融产品的种类，提高人民币在国际上的接受程度，丰富金融市场参与者类型，增强人民币资产的定价权；扩大上海金融市场的国际影响力，进一步吸引境外央行类机构增配人民币资产，稳步提升人民币的储备货币功能等，发挥上海国际金融中心在推动人民币国际化进程中的引领作用。

第三，聚焦金融科技力量，推动金融创新。上海国际金融中心的建设需要深化金融对科技创新的支持，加强金融与科技的深层次融合。上海应鼓励金融服务运用人工智能、区块链、云计算等科技手段，提升金融服务实体经济的能力；探索金融业与其他领域的数据共享和大数据应用模式，大力发展数字普惠金融；支持金融机构研究制定金融科技的中国标准，争取在金融科技领域的话语权；同时也要加强金融中心与科创中心联动，支持更多风险资本在上海聚集，支持更多科创企业来上海发展，通过科创板撬动科技产业发展。在新冠疫情的影响下，人们对保险的风险管理作用和对保险业的认知程度都有了大幅提高，这为上海的金融创新带来了新的机遇，可以支持各类保险机构围绕科技金融开展保险产品研发、创新和应用，在此基础上加快上海保险交易所建设，不断增强上海保险市场的聚焦效应和辐射功能，不断提升规模和国际竞争力。

第四，切实防范金融风险和稳定金融发展环境。鉴于当前形势的特殊性和复杂性，全球经济金融体系的风险交互传染，经济运行的负反馈效应不可避免地会传导给金融体系，上海国际金融中心的建设要审慎研判金融风险，健全宏观金融风险预警监测体系，及时掌握各种风险的发展情况，适时采取政策措施化解风险，坚决守住不发生系统性风险的底线；针对疫情引发的多重金融风险，特别是短期内全球股票、债券、原油市场数次下跌引发的国内金融资产价格震荡，金融机构应加强企业内部的风险管理能力，建立健全企业内部风险识别、鉴定和评估体系。与此同时，在非常时期，金融监管部门应积极采用新技术方法和手段防控金融风险、完善监管组织架构、提升监管效率，由被动监管转变为主动监管，提高风险管理水平，稳定金融发展环境。

第6章 结 论

要建立以国内大循环为主体、国内外双循环相互促进的新发展格局，必然要求金融体系结构的优化和金融供给侧改革。本书从金融制度、金融科技、金融风险和金融发展四大角度探讨了优化金融结构、构建金融新发展格局的最优路径，期望最终实现：既能高效服务实体经济，又能防范系统性金融风险；既能提高金融资源配置效率，又能规范引导金融创新；既能畅通经济内部循环，又能抵御化解外部冲击；促进我国金融业健康发展，让国民经济实现更高质量、更有效率、更开放、更持续、更安全的发展。

6.1 金融制度

金融制度改革是金融结构优化的重点之一。公司治理模式、股票市场交易制度、地方投融资平台经营管理制度和人民币汇率形成制度是有代表性的、改革潜在红利较大的金融制度。

（1）公司治理模式的差异可以在很大程度上解释各国是否采用累积投票制，以及累积投票制的实施细则和作用的差异：在英美模式下，累积投票制的作用有限，但实施细则呈差异化、多元化和个性化；在德日模式下，累积投票制的作用更加有限，实施细则也跟在美英后亦步亦趋，流于形式；在家族模式下，累积投票制的作用因股权结构而异，但为中小股东赋权是良好公司治理的必要不充分条件，而在立法模式上偏好"强制式"。将中国的情况与上述国际实践经验进行比较可以发现，在中国控股股东和内部人对公司控制力较强的背景下，目前累积投票制的实施存在以下问题和难题：作用有限、强制实行的阈值设置过高、缺乏累积投票制的前置程序和事后保障程序、董（监）事分别选举、董事会的规模较小、容易成为恶意并购的工具等。

（2）并不能根据一周内的净总内幕交易活动预测未来八周的市场组合收益。这表明中国的内部人并不是只根据他们对自己公司证券定价错误的评估来进行股票交易的。尽管中国证监会要求企业内部人报告其公司股票交易，但他们有多种方式可以有选择地报告交易或隐藏某些交易，以谋取私利。然而，在非国有公司、股权多元化或高度集中的公司以及控制权和现金流权没有分离的公司中，可以根据内幕交易总量预测未来的股票收益。在被征用风险较小的公司，内部人的交易更容易受到审查，因而他们倾向于根据经济整体因素造成的错误定价来交易自己公司的股票。

（3）比较中国股票市场对强制停牌和自愿停牌的反应，可以发现：停牌前存在信息泄露，股票价格在停牌期间对新信息的调整不完全，因而停牌前的趋势在停牌后继续。我们将自愿停牌样本分为利好消息子样本和利空消息子样本，发现在两个子样本中，价格发现过程在停牌之前就开始了。在利空消息子样本中，这种现象可以用信息泄露或公司为防止股价进一步下跌而要求停牌的情况来解释。在停牌后，无论是利好消息子样本还是利空消息子样本都存在价格漂移现象。利好消息子样本在传播信息方面比强制停牌更有效。在停牌后，交易波动性会增加，而自愿停牌的波动性相对高于强制停牌的波动性。强制停牌样本的交易波动性随事件窗口的扩大而下降，而自愿停牌样本显示波动性增加。

（4）地方投融资平台在运营上受到行政政策的影响较大，无法独立自主地做出平台利益最大化的投融资决策；地方投融资平台的管理人员不具备现代企业的管理能力和管理经验，公司治理水平相对较差。从宏观层面来说，较高的地方税收收入、较高的地方教育水平、较高的地方储蓄将提高地方投融资平台的经营绩效，而较高的地方政府支出将降低地方投融资平台的经营绩效；从微观层面来说，较大的城市投融资平台的规模、投融资平台上市将提高投融资平台的经营绩效，而较高的资产负债率可能降低地方投融资平台的经营绩效。

（5）中国人民银行在人民币定价机制中引入"逆周期因子"，不仅有利于克服原汇率形成机制的顺周期性，而且能够培养遵循经济基本面进行交易的理性市场主体。我们根据实证结果可以得出结论：逆周期因子不直接影响汇率增长率，而是起到稳定预期、平滑汇率波动性的作用。中国人民银行通过引入逆周期因子来调节市场顺周期性情绪，加强外汇市场参与者的预期管理。理性外汇市场参与主体的培育才是未来人民币汇率市场化改革成功与否的关键。

6.2　金融科技

中小企业为我国经济发展做出了巨大贡献，却长期面临较强的融资约束。在考虑中小企业发展现状、金融机构改革路径以及外部支持环境变革需求后，解决中小企业金融服务困境不能完全依赖传统途径。作为金融结构优化的另一个重点，金融科技的发展为中小企业金融服务问题的解决提供了新的视野。

1. 金融科技缓解信息不对称问题

中小企业金融服务变革需要缓解信息不对称问题。例如，通过人工智能技术缩短决策链，减少委托-代理问题；推进社会信用体系建设，特别是利用银行内部信贷数据库的建立，完善中小企业信用评估；利用区块链技术，改良现有的供应链金融，提高信息化水平。

2. 金融科技降低金融服务成本

中小企业金融服务变革需要降低金融服务成本，而金融科技中大数据征信的采用能够极大地降低信息获取成本，人工智能系统的使用可以降低人力成本，推动信贷资产证券化等新产品的开发可以减少流动性成本，提供综合性金融服务形成规模效应可以降低单位成本，并提高综合性金融服务效率。

3. 金融科技降低金融服务风险

大数据等技术的应用能够从技术手段上解决中小企业风险评估问题，降低金融服务风险。我们可以通过增强担保机构的专业能力和偿付能力、改进融资信用担保业务的风险分担机制和构建严格的融资信用担保监管机制、建立完善的中小企业征信机制、继续推行联贷联保制度来完善融资信用担保体系。通过发展信用保证保险制度来提高债务人的信用等级，可以减轻中小企业的信用风险，降低银行承担的信贷风险

4. 金融科技提高金融服务可得性

对于大型金融机构来说，除了改变信贷观念和改善已有的信贷技术，还应引进高新技术来促进新型信贷技术的使用。对于中小金融机构来说，应当拓宽融资渠道，更多地利用互联网平台实现合作，以弥补资金和人员上的不足。

5. 金融科技支持外部环境改善

在信用体系建设方面，我们要完善法律法规，促进征信系统的信息共享，并使用金融科技实现大数据、多维度征信，提升征信的质量和效率。

随着科技与金融服务不断结合，金融科技在融资借贷、支付结算、财务咨询、投资管理、保险等方面发挥了诸多传统金融服务所不具备的优势，从不同环节为中小企业获得金融服务提供便利。人工智能、大数据、区块链、云计算、生物识别等一系列金融科技应用于中小企业金融服务中，创新了一系列金融产品，为解决中小企业的金融困境提供了有益尝试。

我们可应用人工智能技术对中小企业进行信用风险分析，帮助金融机构快速有效地识别中小企业的信用风险，提高中小企业的融资效率，增加中小企业的融资可得性。RPA（机器人流程自动化）技术为中小企业解决财务管理的相关问题提供了一个低价高效的解决方案。基于马科维茨的投资组合理论和机器学习算法技术，我们可以根据中小企业的风险偏好、财务状况、投资目标和行业背景，找出针对该中小企业的最优投资组合，并根据市场变化进行动态调整。智能客服通过生物认证、语音识别、自然语言识别等人工智能技术，分析客户的语言和行为，提取客户需求，并利用知识图谱和数据库内容构建客服机器人的回答体系，为中小企业提供了更为人性化的服务，同时提高了服务水平。

大数据征信把大数据技术运用到传统征信服务中，通过大规模数据

的采取、存储、计算和分析，能够更准确地分析中小企业的信用状况。大数据风控可以更早地发现违约风险和欺诈风险，及时避免损失的发生，从而提高了金融机构的风险管控能力，并降低了金融机构的风险成本。大数据技术的应用让金融机构在进行风险评估和控制时，扩充了信息的来源，可以为中小企业制定个性化的定价模式。

区块链的应用场景更广泛，它在企业融资、支付结算、保险、资产交易平台、征信和供应链金融方面都有很好的应用前景。总的来说，区块链提供的底层技术支持，在中小企业金融服务去中心化和去信任的前提下，中小企业能够更安全、高效地获得金融服务。

云计算通常不直接作用于服务过程或是应用于金融产品，而是通过对金融机构经营管理类系统、渠道类系统和核心业务系统等 IT 系统的云化，为大数据技术和人工智能技术应用提供基础设施支持，使得金融机构能够及时、快速地对接中小企业客户，提升中小企业金融服务的可得性，降低中小企业获取金融服务的成本。

生物识别主要从支付方式和交易方式方面为中小企业金融服务提供技术支持。在支付结算方面，基于生物识别的移动支付在帮助中小企业拓展客户资源、拓宽业务市场和维持资金稳定方面具有战略性意义。在交易方面，生物识别可以帮助中小企业便利、安全地实现远程开户、交易转账，进一步降低中小企业的成本。

6.3 金融风险

金融业发展始终要把守住不发生系统性风险的底线作为前提，特别是在当前内外部环境复杂多变、国民经济运行面临诸多挑战的环境下。我们构建了中国系统性金融风险测度指标，提出了对金融系统风险进行有效监测的方法，重点关注了中国股市投机泡沫和定向增发两个重点领域的风险形势并提出了应对措施。

（1）量化了 15 种此前文献提及的系统性金融风险测度指标，随后检验了这些测度指标对宏观经济未来冲击分布的预测能力。检验结果发现，单个系统性风险测度指标对我国宏观经济未来冲击的下尾分布具有一定的预测能力，但不够稳健，其中衡量机构间联动和传染性的动态因果关系指数（DCI）、规模集中度（Size Con）和杠杆率以及衡量流动性的指标期限利差（Termspread）的预测能力相对较好。接下来，我们采取主成分分位数回归和偏分位数回归两种降维的方法对上述基础测度指标提取与实体经济波动相关的公共因子来构建我国系统性风险指数。预测结果显示，当单独的系统性风险测度中与实体经济相关的有效信息被恰当地加总时，由这些指标构成的系统性金融风险指数展现了显著且稳健的预测未来宏观经济冲击分布的能力，不仅提供了显著有效的额外信息（与历史数据预测相比），而且预测精度明显提高（与个体基础测度指标相比）。最后，我们针对系统性风险对实体经济的传导渠道进行了探究。利用基础测度指标和系统性风险指数分别对我国实际信贷增长率进行预测后发现，它们对信贷增长下尾波动的预测能力较强，且部分测度指标和指数与信贷增长率呈负相关关系，因而我国金融部门的系统性风险提高很可能是通过信贷收缩这一渠道传导至实体部门，进而对宏观经济产生负面影响的。

（2）运用一个持续期模型，我们实证检验了中国股市中存在的投机泡沫，并找到了泡沫存在的证据。在股权分置改革前，泡沫破裂的概率随着泡沫持续期的延长而增加。在股权分置改革后，泡沫成分对股票总价格的贡献降低。我们的研究结果表明，这是由行业层面的市场结构变化造成的。具体说来，在股权分置改革前，电信业存在泡沫，但在股权分置改革后，该泡沫向医保业转移。在股权分置改革前，一级市场存在流通股和非流通股的分割。在二级市场上，不支付股息也会使股票市场变成一个追求投机性回报而非价值投资的场所，因此在股权分置改革前很难消除泡沫。最后，我们的研究结果显示，在股权分置改革前，货币政策工具在抑制泡沫方面是有效的，但在股权分置改革后，其效果显著下降。

（3）在定向增发之前持仓的机构投资者与市场对定向增发公告的反应呈负相关关系，然而在定向增发之前持仓的机构投资者与事后的长期经营业绩正相关，尽管长期超额股票回报率与机构投资者是否持仓没有关系。此外，机构投资者可以对表现不佳或遭遇财务困境的公司进行监控。与其他和上市公司有潜在业务联系的非金融机构相比，独立金融机构更有能力选择经营业绩更好的股票。与民营企业相比，国有企业对企业绩效和机构投资者的敏感性较弱，机构投资者的监督作用只适用于民营企业，而不适用于国有企业。

6.4 金融发展

实现金融业的防范风险和服务实体两大目标，其本质是促进中国金融业的改革与发展，提高金融业的覆盖广度和服务深度，以及不断减轻金融抑制。我们就如何宏观把握中国金融发展形势、应对外部金融冲击、实施高水平对外金融开放进行了探讨。

（1）根据 1996—2016 年的中国金融形势月度指数，中国金融整体呈现周期性波动趋势，并且各金融因子的影响力存在动态变动。从金融形势影响因子的权重变化角度进行分析，货币政策一直是影响中国金融形势的最主要变量，说明了流动性闸门的重要性，这是货币政策的首要关注点。影响中国金融发展的第二大、第三大因子表现出由传统的银行业、股票市场向非传统金融市场、外汇市场和资本流动转变的趋势。需要注意的是，在 2009 年国际金融危机期间，外汇市场和资本流动、国际金融市场对中国金融发展的影响表现出强烈的主导性。

（2）以中、美两国的大型开放经济模型为基础，我们建立了符号约束的 SVAR 模型，用于研究中、美两国货币政策的双向溢出效应，以及国际风险溢价冲击、两国货币政策冲击是如何通过汇率这一渠道对中国的宏观经济产生影响的。SVAR 模型的检验结果证明：第一，国际风险溢价冲击对人民币汇率有着持久的贬值影响。但是，由于我国资本账户目前尚未完全放开，国际风险溢价冲击带来的人民币贬值压力并未使我国的外汇储备持续下降，我国外汇储备在冲击发生的第二个季度就恢复到了冲击前的水平。另外，国际风险溢价冲击对中国这一类新兴市场国家的影响大于其对美国等发达国家的影响。第二，美国货币政策冲击（美国的利率上升）会推动人民币贬值，并且导致我国的外汇储备在短期内下降。与此同时，美国货币政策冲击对中国的总产出和通胀率也有负面的溢出作用。第三，虽然国际风险溢价冲击和美国货币政策冲击会使人民币贬值，但由于我国资本账户尚未完全开放，资本难以在短期内大幅流出，因而对资本流动的限制在一定程度上增强了中国货币政策的独立性，使得中国人民银行在面对汇率贬值压力时，不必通过大幅提高短期利率的方式来抑制资本外流，而是适当下调国内的利率，从而稳定了国内的总需求。第四，中国货币政策冲击对美国的外溢作用十分微弱。

（3）进一步高层次、高水平地推动金融对外开放。上海可以在相关政策的支持下，通过支持外资在上海设立合资理财公司、设立或控股证券期货经营机构、设立或参股养老金管理公司等方式，鼓励跨国公司在上海设立全球或区域性的资金管理机构；此外，上海还可以优化外资金融机构的准入条件，比如将原来的准入管理和审批管理改为社会备案管理、在负面清单上的部分业务以"有条件准入"代替"禁止准入"，吸引外资金融机构特别是非银行金融机构入驻上海，增加外资金融机构在上海的占比；在疫情期间，应保障各种企业国内外资金流动的畅通和结售汇的需求，为外资企业、外资金融机构进入上海市场提供金融支持。

参考文献

Acharya V., Pedersen L., Philippon T. and Richardson M., "Measuring Systemic Risk", NYU Stern School Working Paper, 2010.

Ackert L. F., Church B., and Jayaraman N., "An Experimental Study of Circuit Breakers: The Effects of Mandated Market Closures and Temporary Halts on Market Behavior", *Journal of Financial Markets*, 2001, 4 (2).

Adrian T., and Shin H., "Financial Intermediaries and Monetary Economics", Federal Reserve Bank of New York Staff Reports, 2009.

Aghion P., Bacchetta P., Ranciere R., Rogoff K., "Exchange Rate Volatility and Productivity Growth: The Role of Financial Development", *Journal of Monetary Economics*, 2009, 56 (4).

Aitken B., "Have Institutional Investors Destabilized Emerging Markets?" *Contemporary Economic Policy*, 1998, 16 (2).

Aktas N., De Bodt E., and Van Oppens H., "Legal Insider Trading and Market Efficiency", *Journal of Banking and Finance*, 2008, 32 (7).

Allen F., and Gale D., *Comparing Financial Systems*, Cambridge, MA: MIT Press, 2000.

Allen F., and Gale D., "Diversity of Opinion and Financing of New Technologies", *Journal of Financial Intermediation*, 1999 (8).

Allen F., Qian J., and Qian M., "Law, Finance, and Economic

Growth in China", *Journal of Financial Economics*, 2005, 77 (1).

Allen L., Bali T., Tang Y., "Does Systemic Risk in the Financial Sector Predict Future Economic Downturns?" *Review of Financial Studies*, 2012 (25).

Allen N. Berger, Anthony Saunders, Joseph M. Scalise, "The Effects of Bank Mergers and Acquisitions on Small Business Lending", *Journal of Financial Economics*, 1998, 50 (2).

Alvarez F., Atkeson A., Kehoe P. J., "Money, Interest Rates, and Exchange Rates with Endogenously Segmented Markets", *Journal of Political Economy*, 2002, 110 (1).

Amihud Y., "Illiquidity and Stock Returns: Cross Section and Time-series Effects", *Journal of Financial Markets*, 2002 (5).

Anaya P., Hachula M., and Offermanns C. J., "Spillovers of US Unconventional Monetary Policy to Emerging Markets: The Role of Capital Flows", *Journal of International Money and Finance*, 2017 (73).

Antolín-Díaz J., and Rubio-Ramírez J. F., "Narrative Sign Restrictions for SVARs", *American Economic Review*, 2018, 108 (10).

Avramov, and Doron, "Stock Return Predictability and Asset Pricing Models", *Review of Financial Studies*, 2004, 17 (3).

Axley R., "The Case Against Cumulative Voting", *Wisconsin Law Review*, 1950 (2).

Bacchetta P., Van Wincoop E., "Does Exchange-Rate Stability Increase Trade and Welfare?" *American Economic Review*, 2000, 90 (5).

Bacha O. I., Rashid S. A., and Ramlee R., "The Efficiency of Trading Halts: Emerging Markets Evidence", *International Journal of Banking and Finance*, 2008, 5 (2).

Bahl R., "Fiscal Decentralization, Revenue Assignment, and the Case for the Property Tax in South Africa", International Center for

Public Policy, Andrew Young School of Policy Studies, Georgia State University, 2001.

Bai J. , and Perron P. , "Estimating and Testing Linear Models with Multiple Structural Changes", *Econometrica*, 1998, 66 (1).

Bailey W. , Karolyi G. A. , and Salva C. , "The Economic Consequences of Increased Disclosure: Evidence from International Cross-Listings", *Journal of Financial Economics*, 2004, 81 (1).

Bai Y. , Dang T. V. , He Q. , et al. , "Does Lending Relationship Help or Alleviate the Transmission of Liquidity Shocks? Evidence from a Liquidity Crunch in China", *Journal of Financial Stability*, 2021 (1).

Banz R. W. , "The Relationship Between Return and Market Value of Common Stocks", *Journal of Financial Economics*, 1981, 9 (1).

Basel Committee for Banking Supervision, "International Framework for Liquidity Risk Measurement, Standards and Monitoring", Bank for International Settlements, Basel, 2009 - 12.

Beaton K. , Lalonde R. and Luu C. , "A Financial Conditions Index for the United States", Discussion Papers, 2009 (11).

Bebchuk L. A. , and Roe M. J. , "A Theory of Path Dependence in Corporate Ownership and Governance", *Stanford Law Review*, 1999, 52 (1).

Beck T. , "Financial Structure and Economic Development: Financial Industry and Country Evidence", World Bank Publications, 2000.

Benigno G. , Chen H. , Otrok C. , Rebucci A. , and Young E. R. , "Optimal Capital Controls and Real Exchange Rate Policies: A Pecuniary Externality Perspective", *Journal of Monetary Economics*, 2016 (84).

Berger A. N. , and Udell G. F. , "A More Complete Conceptual Framework for SME Finance", *Journal of Banking and Finance*, 2006, 30 (11).

Bergin P. R. , "How Well Can the New Open Economy Macroeconomics Explain the Exchange Rate and Current Account?" *Journal of International Money and Finance*, 2006, 25 (5).

Bernanke Ben, Mark Gertler, and Simon Gilchrist, "The Financial Accelerator in a Quantitative Business Cycle Framework", *Handbook of Macroeconomics*, 1999 (1).

Bernanke B. S., and Eliasz B. P., "Measuring the Effects of Monetary Policy: A Factor-augmented Vector Autoregressive (Favar) Approach", *The Quarterly Journal of Economics*, 2005, 120 (1).

Bernanke B., "The Subprime Mortgage Market", Speech at the Federal Reserve Bank of Chicago's 43rd Annual Conference on Bank Structure and Competition, Chicago, 2007 - 05 - 17.

Bhagat S., and Brickley J., "Cumulative Voting: The Value of Minority Shareholder Voting Rights", *The Journal of Law and Economics*, 1984 (27).

Billio M., Lo A., Getmansky M. and Pelizzon L., "Econometrics Measures of Connectedness and Systemic Risk in the Finance and Insurance Sectors", *Journal of Financial Economics*, 2012 (104).

Bird R. M., Vaillancourt F., *Fiscal Decentralization in Developing Countries*, Cambridge: Cambridge University Press, 2008.

Bisias D., Flood M., Lo A., Valavanis S., "A Survey of Systemic Risk Analytics", Working Paper, 2012.

Black B., Carvalho A., and Gorga E., "Corporate Governance in Brazil", *Emerging Markets Review*, 2010 (11).

Black B. S., and Coffee J. C., "Hail Britannia? Institutional Investor Behavior under Limited Regulation", *Michigan Law Review*, 1994, 92 (7).

Black F., "Noise", *The Journal of Finance*, 1986, 41 (3).

Blanchard O., Dell'Ariccia G., and Mauro P., "Rethinking Macroeconomic Policy", IMF Staff Position Note SPN/10/03, 2010 - 02 - 12.

Blanchard O. J., and Watson M. W., "Bubbles, Rational Expectations and Financial Markets", National Bureau of Economic Research, Inc, No. 0945, 1983.

Boivina J. , and Ngb S. , "Are More Data Always Better for Factor Analysis?" *Journal of Econometrics*, 2006, 132 (1).

Boivin J. , and Giannoni M. P. , "Has Monetary Policy Become More Effective?" *Review of Economics and Statistics*, 2006, 88 (3).

Boot A. W. A. , and Thakor A. , "Financial System Architecture", *Review of Financial Studies*, 1997 (10).

Borio C. , and Drehmann M. , "Towards an Operational Framework for Financial Stability: 'Fuzzy' Measurement and Its Consequences", BIS Working Papers, No. 284, 2009.

Borio C. , and Shim I. , "What Can (Macro-) Prudential Policy Do to Support Monetary Policy?" BIS Working Paper, No. 242, 2007.

Borio C. , "Implementing the Macroprudential Approach to Financial Regulation and Supervision", Banque de France Financial Stability Review, No. 13, 2009.

Borio C. , "Towards a Macroprudential Framework for Financial Supervision and Regulation?" BIS Working Paper. No. 128, 2003.

Boycko M. , Shleifer A. , and Vishny R. W. , "A Theory of Privatisation", *The Economic Journal*, 1996, 106 (435).

Brochet F. , Jagolinzer A. , and Riedl E. , "Mandatory IFRS Adoption and Financial Statement Comparability", *Contemporary Accounting Research*, 2013, 30 (4).

Brueckner J. K. , Calem P. S. , and Nakamura L. I. , "Subprime Mortgages and the Housing Bubble", *Journal of Urban Economics*, 2012, 71 (2).

Bruhn Miriam, Hommes Martin, Khanna Mahima, Singh Sandeep, Sorokina Aksinya, Wimpey Joshua Seth. , *MSME Finance Gap: Assessment of the Shortfalls and Opportunities in Financing Micro, Small, and Medium Enterprises in Emerging Markets (English)*,

Washington D. C.： World Bank Group，2017.

Brunnermeier M.，and Sannikov Y.，"A Macroeconomic Model with a Financial Sector"，Mimeo，Princeton University，2009 - 11.

Buera F.，and Moll B.，"Aggregate Implications of a Credit Crunch"，Mimeo，Princeton University，2011.

Busch P. O.，Helge Jörgens，"Globale Ausbreitungsmuster Umweltpolitischer Innovationen（The International Spread of Environmental Policy Innovations)"，*Ssrn Electronic Journal*，2005 (2).

Bushee B. J.，"The Influence of Institutional Investors on Myopic R&D Investment Behavior"，*Accounting Review*，1998，73 (3).

Calvo G. A.，Reinhart C. M.，"Fear of Floating"，*The Quarterly Journal of Economics*，2002，117 (2).

Campbell C.，Gillan S.，and Niden C.，"Current Perspectives on Shareholder Proposals：Lessons from the 1997 Proxy Season"，*Financial Management*，1999 (28).

Campbell W.，"The Origin and Growth of Cumulative Voting for Directors"，*The Business Lawyer*，1955 (10).

Carey M.，Prowse S.，Rea J.，and Udell G.，"The Economics of the Private Equity Placement Market"，Board of Governors of the Federal Reserve System，Washington D. C.，1993.

Cecchetti S.，Kharroubi E.，"Reassessing the Impact of Finance on Growth"，BIS Working Paper，2012.

Chaboud A. P.，Chiquoine B.，Hjalmarsson E.，and Vega C.，"Rise of the Machines：Algorithmic Trading in the Foreign Exchange Market"，*The Journal of Finance*，2014，69 (5).

Chakrabarty B.，Corwin S. A.，and Panayides M. A.，"When a Halt Is Not a Halt：An Analysis of Off-NYSE Trading during NYSE Market Closures"，*Journal of Financial Intermediation*，2011，20 (3).

Chamon M.，Garcia M.，Souza L. FX，"Interventions in Brazil：

A Synthetic Control Approach", *Journal of International Economics*, 2017 (108).

Chaney P. K. , Faccio M. , and Parsley D. , "The Quality of Accounting Information in Politically Connected Firms", *Journal of Accounting and Economics*, 2011, 51 (1).

Chang C. , Chen K. , Waggoner D. F. , "Trends and Cycles in China's Macroeconomy", *Electronic Economics*, 2015, 30 (1).

Chan K. , Mcqueen G. , and Thorley, S. , "Are There Rational Speculative Bubbles in Asian Stock Markets?" *Pacific-Basin Finance Journal*, 1998, 6 (1 - 2).

Chemmanur T. J. , and Jiao Y. , "Institutional Trading, Information Production, and the SEO Discount: A Model of Seasoned Equity Offerings", *Journal of Economics and Management Strategy*, 2011, 20 (1).

Chemmanur T. J. , He S. , and Hu G. , "The Role of Institutional Investors in Seasoned Equity Offerings", *Journal of Financial Economics*, 2009, 94 (3).

Cheng Q. , and Warfield T. , "Equity Incentives and Earnings Management", *Accounting Review*, 2005, 80 (2).

Chen H. , Chen H. , and Valerio N. , "The Effects of Trading Halts on Price Discovery for NYSE Stocks", *Applied Economics*, 2003, 35 (1).

Chen X. , Harford J. and Li K. , "Monitoring: Which Institutions Matter?" *Journal of Financial Economics*, 2007 (86).

Chen Y. , and Liu D. , "Dissecting Real Exchange Rate Fluctuations in China", *Emerging Markets Finance and Trade*, 2018, 54 (2).

Chen Y. , Li W. , and Lin K. J. , "Cumulative Voting: Investor Protection or Antitakeover? Evidence from Family Firms in China", *Corporate Governance: An International Review*, 2015 (23).

Cheung Y. W. , Chinn M. D. , "Currency Traders and Exchange Rate Dynamics: A Survey of the US Market", *Journal of International*

Money and Finance，2001，20（4）.

Chong T. T. L.，He Q.，Hinich M. J.，"The Nonlinear Dynamics of Foreign Reserves and Currency Crises"，*Studies in Nonlinear Dynamics and Econometrics*，2008，12（4）.

Christiano，Lawrence，Martin Eichenbaum and Sergio Rebelo，"When Is the Government Spending Multiplier Large?" NBER WP 15394，2009.

Clark-Joseph A. D.，Ye M.，Zi C.，"Designated Market Makers Still Matter：Evidence from Two Natural Experiments"，*Journal of Financial Economics*，2017，126（3）.

Collins D. W.，Gong G.，and Hribar P.，"Investor Sophistication and the Mispricing of Accruals"，*Review of Accounting Studies*，2003，8（2）.

Corsetti G.，Pesenti P.，"Welfare and Macroeconomic Interdependence"，*Quarterly Journal of Economics*，2001，116（2）.

Crockett A.，"Marrying the Micro-and Macroprudential Dimensions of Financial Stability"，BIS Speeches，21 September，2000.

Cull R.，and Xu L. C.，"Institutions，Ownership，and Finance：The Determinants of Profit Reinvestment among Chinese Firms"，*Journal of Financial Economics*，2005，77（1）.

Cuthbertson K.，Nitzschea D.，and O'Sullivanb N.，"UK Mutual Fund Performance：Skill or Luck?" *Journal of Empirical Finance*，2008，15（4）.

Dang T.，and He Q.，"Bureaucrats as Successor CEOs"，BOFIT Discussion Paper，No. 13，2016.

David E. Rapach，Jack K. S.，and Guofu Zhou，"Out-of-sample Equity Premium Prediction：Combination Forecasts and Links to the Real Economy"，*The Review of Financial Studies*，2010，23（2）.

Dechow P. M.，Sloan R. G.，and Sweeney A. P.，"Detecting Earnings Management"，*Accounting Review*，1995，70（2）.

Diamond D. W. , and Dybvig P. H. , "Bank Runs, Deposit Insurance and Liquidity", *Journal of Political Economy*, 1983, 91 (3).

Diamond D. W. , "Financial Intermediation and Delegated Monitoring", *Review of Economic Studies*, 1984 (51).

Diba B. T. , and Grossman H. I. , "Explosive Rational Bubbles in Stock Prices?" *American Economic Review*, 1988, 78 (3).

Dodd P. , and Warner J. , "On Corporate Governance: A Study of Proxy Contests", *Journal of Financial Economics*, 1983 (11).

Dong G. N. , Gu M. , and He H. , "Market Regulation and Private Equity Placements in China", Working Paper, 2015.

Du J. , He Q. , and Rui O. M. , "Channels of Interprovincial Risk Sharing in China", *Journal of Comparative Economics*, 2011, 39 (3).

Du J. , He Q. , Rui O. M. , "Does Financial Deepening Promote Risk Sharing in China?" *Journal of the Asia Pacific Economy*, 2010, 15 (4).

Dutra M. , and Saito R. , "Conselhos de Administração: Análise de Sua Composição em um Conjunto de Companhias Abertas", *Revista de Adminstração Contemporânea*, 2002 (6).

Eichengreen B. J. , "Globalizing Capital: A History of the International Monetary System", Princeton: Princeton University Press, 1998.

Engelen P. J. , and Kabir R. , "Empirical Evidence on the Role of Trading Suspensions in Disseminating New Information to the Capital Market", *Journal of Business Finance and Accounting*, 2006, 33 (7 - 8).

Engle R. F. , and Lee G. J. , "A Permanent and Transitory Component Model of Stock Return Volatility", in *Cointegration, Causality, and Forecasting: A Festschrift in Honor of Clive*, eds. Granger W. J. , Engle R. F. , and White H. , New York: Oxford University Press, 1999.

English W. , Tsatsaronis K. , and Zoli E. , "Assessing the Predictive Power of Measures of Financial Conditions for Macroeconomic Variables", Investigating the Relationship Between the Financial and Real Economy，2009.

Evans D. S.，"Tests of Alternative Theories of Firm Growth"，*The Journal of Political Economy* 1987，95（4）.

Faccio M.，and Lang L. H.，"The Ultimate Ownership of Western European Corporations"，*Journal of Financial Economics*，2002，65（3）.

Fama E. F.，and French K. R.，"Common Risk Factors in the Returns on Stocks and Bonds"，*Journal of Financial Economics*，1993，33（1）.

Fama E. F.，and French K. R.，"The Cross-section of Expected Stock Returns"，*Journal of Finance*，1992，47（2）.

Federal Reserve Bank of Chicago，"Chicago Fed National Financial Conditions Index［NFCI］，Retrieved from FRED"，Federal Reserve Bank of St. Louis，2019.

Fernandes N.，and Ferreira M. A.，"Insider Trading Laws and Stock Price Informativeness"，*Review of Financial Studies*，2009，22（5）.

Fidrmuc J.，"Insider Trading and Corporate Governance：International Evidence"，*Social Science Electronic Publishing*，2015.

Fidrmuc J. P.，Goergen M.，and Rennoboog L.，"Insider Trading，News Releases and Ownership Concentration"，*Journal of Finance*，2006（61）.

Fidrmuc J. P.，Korczak A.，and Korczak P.，"Insider Trading and Corporate Governance：International Evidence"，Unpublished Manuscript，University of Reading，2009.

Firth M.，Lin C.，and Zou H.，"Friend or Foe? The Role of State and Mutual Fund Ownership in the Split Share Structure Reform in China"，*Journal of Financial and Quantitative Analysis*，2010（45）.

Firth M.，Lin C.，Liu P.，and Wong S. M.，"Inside the Black Box：Bank Credit Allocation in China's Private Sector"，*Journal of*

Banking and Finance, 2009, 33 (6).

Fogel K. ,Morck R. , Yeung B. , "Corporate Stability and Economic Growth: Is What's Good for General Motors Good for America?" *Journal of Financial Economics*, 2008, 89 (1).

Fonseka M. M. , Sisira S. R. N. , and Tian G. L. , "Effects of Regulator's Announcements, Information Asymmetry and Ownership Changes on Private Equity Placements: Evidence from China", *Journal of International Financial Markets*, *Institutions and Money*, 2014 (29).

Frankel J. A. , Froot K. A. , "Chartists, Fundamentalists, and Trading in the Foreign Exchange Market", *The American Economic Review*, 1990, 80 (2).

Friedman M. , Schwartz A. J. , *A Monetary History of The United States: 1867—1960*, Princeton: Princeton University Press, 1963.

Frino A. , Lecce S. , and Segara R. , "The Impact of Trading Halts on Liquidity and Price Volatility: Evidence from the Australian Stock Exchange", *Pacific-Basin Finance Journal*, 2011, 19 (3).

Fukuta Y. , "A Test for Rational Bubbles in Stock Prices", *Empirical Economics*, 2002, 27 (4).

Gai P. , and Kapadia S. , "Contagion in Financial Networks", Mimeo, Bank of England, 2008 (3).

Gali J. , and Monacelli T. , "Monetary Policy and Exchange Rate Volatility in a Small Open Economy", *The Review of Economic Studies*, 2005, 72 (3).

Gali J. , "Technology, Employment, and the Business Cycle: Do Technology Shocks Explain Aggregate Fluctuations?" *American Economic Review*, 1999, 89 (1).

Gauthier C. , Graham C. ,and Liu Y. , "Financial Conditions Indexes for Canada", Working Papers, 2004.

Gehrig T. , "Cities and the Geography of Financial Centers", Economics of Cities: Theoretical Perspectives, 2000.

Gehrig T., Menkhoff L., "The Rise of Fund Managers in Foreign Exchange: Will Fundamentals Ultimately Dominate?" *The World Economy*, 2005, 28 (4).

Gertler M., and Kiyotaki N., "Financial Intermediation and Credit Policy in Business Cycle Analysis", Mimeo, New York University, 2010.

Gertler M., Kiyotaki N., "Banking, Liquidity and Bank Runs in a Infinite Economy", Working Paper, 2012.

Ghironi F., Rebucci A., "Monetary Rules for Emerging Market Economies", Boston College Working Papers in Economics, 2000 (2).

Ghosh A. R., Ostry J. D., Chamon M., "Two Targets, Two Instruments: Monetary and Exchange Rate Policies in Emerging Market Economies", *Journal of International Money and Finance*, 2016 (60).

Giannetti M., and Simonov A., "Which Investors Fear Expropriation? Evidence from Investors' Portfolio Choices", *The Journal of Finance*, 2006, 61 (3).

Gillan S., and Starks L., "The Evolution of Shareholder Activism in the United States", *Journal of Applied Corporate Finance*, 2007 (19).

Gompers P., Ishii J., and Metrick A., "Corporate Governance and Equity Prices", *The Quarterly Journal of Economics*, 2003 (118).

Goodhart C., and Hofmann B., "Asset Prices and the Conduct of Monetary Policy", Royal Economic Society Conference, 2002.

Gordon J., "Institutions as Relational Investors: A New Look at Cumulative Voting", *Columbia Law Review*, 1994 (94).

Green S., "Making Monetary Policy Work in China: A Report from the Money Market Front Line", Stanford Center for International Development, Working Paper, No. 245, 2005.

Greenwald B. C., and Stein J. C., "Transactional Risk, Market Crashes, and the Role of Circuit Breakers", *The Journal of Business*, 1991, 64 (4).

Gürkaynak R. S. , "Econometric Tests of Asset Price Bubbles: Taking Stock", *Journal of Economic Surveys*, 2008, 22 (1).

Guerrieri, Veronica, and Guido Lorenzoni, "Liquidity and Trading Dynamics", *Econometrica*, 2009, 77 (6).

Guichard S. , and Turner D. , "Quantifying the Effect of Financial Conditions on US Activity", Economics Department Working Papers, No. 9, 2008.

Guzman M. , Ocampo J. A. , Stiglitz J. E. , "Real Exchange Rate Policies for Economic Development", National Bureau of Economic Research, 2017.

Hamada K. , "A Strategic Analysis of Monetary Interdependence", *Journal of Political Economy*, 1976, 84 (4).

Hamilton J. D. , "On Testing for Self-fulfilling Speculative Price Bubbles", *International Economic Review*, 1986, 27 (3).

Hannoun H. , "Towards a Global Financial Stability Framework", Speech at the 45th SEACEN Governors' Conference, Siem Reap Province, Cambodia, 26 – 27, February, 2010.

Hanouna P. , Novak J. , Riley T. , and Stahel C. , "Liquidity and Flows of U. S. Mutual Funds", U. S. Securities and Exchange Commission, 2015.

Harman Y. S. , and Zuehlke T. W. , "Duration Dependence Testing for Speculative Bubbles", *Journal of Economics and Finance*, 2004, 28 (2).

Hasan I. , He Q. , Lu H. , "Social Capital, Trusting, and Trustworthiness: Evidence from Peer-to-Peer Lending", *Journal of Financial and Quantitative Analysis*, 2020.

Hasan I. , He Q. , Lu H. , "The Impact of Social Capital on Economic Attitudes and Outcomes", *Journal of International Money and Finance*, 2020 (108).

Hatzius J. , Hooper P. , and Mishkin F. S. , et al. , "Financial Conditions Indexes: A Fresh Look after the Financial Crisis", NBER Working Papers, 2010.

He Q. , and Rui O. M. , "Ownership Structure and Insider Trading: Evidence from China", *Journal of Business Ethics*, 2016, 134 (4).

He Q. , Cheng B. , Wen J. , "Does Aggregate Insider Trading Predict Stock Returns in China?" *International Journal of Finance and Economics*, 2019, 24 (2).

He Q. , Chong T. T. L. , Li L. , et al. , "A Competing Risks Analysis of Corporate Survival", *Financial Management*, 2010, 39 (4).

He Q. , Chong T. T. L. , Shi K. , "What Accounts for Chinese Business Cycle?" *China Economic Review*, 2009, 20 (4).

He Q. , Gan J. , Wang S. , et al. , "The Effects of Trading Suspensions in China", *The North American Journal of Economics and Finance*, 2019 (50).

He Q. , Guo Y. , Yu J. , "Nonlinear Dynamics of Gold and the Dollar", *The North American Journal of Economics and Finance*, 2020 (52).

He Q. , Hou J. W. , Wang B. , et al. , "Time-varying Volatility in the Chinese Economy: A Regional Perspective", *Papers in Regional Science*, 2014, 93 (2).

He Q. , Korhonen Iikka, Guo Junjie, et al. , "The Geographic Distribution of International Currencies and RMB Internationalization", *International Review of Economics and Finance*, 2016 (42).

He Q. , Korhonen I. , Qian Z. , "Monetary Policy Transmission with Two Exchange Rates of a Single Currency: The Chinese Experience", *International Review of Economics and Finance*, 2021 (75).

He Q. , Leung P. H. , Chong T. T. L. , "Factor-augmented VAR Analysis of the Monetary Policy in China", *China Economic Review*, 2013 (25).

He Q., Li D., Lu L., et al., "Institutional Ownership and Private Equity Placements: Evidence from Chinese Listed Firms", *International Review of Finance*, 2019, 19 (2).

He Q., Liu F., Qian Z., et al., "Housing Prices and Business Cycle in China: A DSGE Analysis", *International Review of Economics and Finance*, 2017 (52).

He Q., Liu J., Wang S., et al., "The Impact of COVID-19 on Stock Markets", *Economic and Political Studies*, 2020, 8 (3).

He Q., Liu J., Xue C., et al., "Bureaucratic Integration and Synchronization of Regional Economic Growth: Evidence from China", *China Economic Review*, 2019.

He Q., Liu J., Zhang C., "Exchange Rate Exposure and International Competition: Evidence from Chinese Industries", *Journal of Contemporary China*, 2021 (prepublish).

He Q., Liu J., Zhang C., "Exchange Rate Exposure and Its Determinants in China", *China Economic Review*, 2021 (65).

He Q., Li X., " The Failure of Chinese Peer-to-Peer Lending Platforms: Finance and Politics", *Journal of Corporate Finance*, 2021 (66).

He Q., Lu L. P., and Ongena S. R. G., "Who Gains from Credit Granted between Firms? Evidence from Inter-Corporate Loan Announcements Made in China", CFS Working Paper, No. 529, 2016.

He Q., Qian Z., Fei Z., et al., "Do Speculative Bubbles Migrate in the Chinese Stock Market?" *Empirical Economics*, 2019, 56 (2).

He Q., Rui O. M., Zhu C., "Bankers in the Boardroom and Firm Performance in China", *Emerging Markets Finance and Trade*, 2016, 52 (8).

He Q., Xue C., and Zhu C., "Financial Development and the Patterns of Industrial Specialization: The Evidence from China", *Review of Finance*, 2017, 21 (4).

He Q., Xue C., Zhou S., "Does Contracting Institution Affect the Patterns of Industrial Specialization in China?" *China Economic Review*, 2019 (54).

He Q., Zhang C., Zhu W., "Does Currency Matter for Regional Trade Integration?" *International Review of Economics and Finance*, 2019, 76 (1).

Hertzel M., and Smith R. L., "Market Discounts and Shareholder Gains for Placing Equity Privately", *Journal of Finance*, 1993, 48 (2).

Hirschey M., Slovin M. B., and Zaima J. K., "Bank Debt, Insider Trading, and the Return to Corporate Selloffs", *Journal of Banking and Finance*, 1990, 14 (1).

Hollander M., and Wolfe D. A., "Nonparametric Statistical Methods", Wiley, Chichester, 1999.

Holz M., "A Financial Conditions Index as Indicator for Monetary Policy in Times of Low, Stable Inflation and High Financial Market Volatility", 2005 (1).

Hong-jun L. U., "Appraisal on the Comprehensive Competitiveness of International Financial Centers", *Journal of Finance and Economics*, 2007 (3).

Huddart S., Hughes J. S., and Levine C. B., "Public Disclosure and Dissimulation of Insider Trades", *Econometrica*, 2001, 69 (3).

Illing M., Liu Y., "An Index of Financial Stress for Canada", Bank of Canada, 2003.

Illing M., Liu Y., "Measuring Financial Stress in A Developed Country: An Application to Canada", *Journal of Financial Stability*, 2006, 2 (3).

IMF. "Global Financial Stability Report", October 2007.

IMF. "World Economic Outlook", April 2008.

Jaffe J., "Special Information and Insider Trading", *Journal of Business*, 1974 (47).

Jeanne O. , Rose A. K. , "Noise Trading and Exchange Rate Regimes", *The Quarterly Journal of Economics*, 2002, 117 (2).

Jeanneret P. , "Use of the Proceeds and Long-term Performance of French SEO Firms", *European Financial Management*, 2005, 11 (1).

Jensen M. C. , and Meckling W. H. , "Theory of the Firm: Managerial Behavior, Agency Costs and Ownership Structure", *Journal of Financial Economics*, 1975, 3 (4).

Jensen M. C. , Meckling W. H. , "Theory of the Firm: Managerial Behavior, Agency Costs and Ownership Structure", *Journal of Financial Economics*, 1976, 3 (4).

Jiang X. , and Zaman M. A. , "Aggregate Insider Trading: Contrarian Beliefs or Superior Information?" *Journal of Banking and Finance*, 2010, 34 (6).

Jiao Y. , "Corporate Disclosure, Market Valuation, and Firm Performance", *Financial Management*, 2011, 40 (3).

Jirasakuldech B. , Emekter R. , and Rao R. P. , "Do Thai Stock Prices Deviate from Fundamental Values?" *Pacific-Basin Finance Journal*, 2008, 16 (3).

Johnson S. , Boone P. , Breach A. , and Friedman E. , "Corporate Governance in the Asian Financial Crisis", *Journal of Financial Economics*, 2000, 58 (1).

Juvenal L. , "Sources of Exchange Rate Fluctuations: Are They Real or Nominal?" *Journal of International Money and Finance*, 2011, 30 (5).

Kang J. K. , Kim Y. C. , and Stulz R. M. , "The Underreaction Hypothesis and the New Issue Puzzle: Evidence from Japan", *Review of Financial Studies*, 1999, 12 (3).

Kaufman G. G. , "Emerging Economies and International Financial Centers", *Review of Pacific Basin Financial Markets and Policies*, 2001, 4 (4).

Kayral I. E. , Karan M. B. , "The Research on the Distinguishing Features of the International Financial Centers", *Journal of Applied Finance and Banking*, 2012, 2 (5).

Keim D. B. , and Stambaugh R. F. , "Predicting Returns in the Stock and Bond Markets", *Journal of Financial Economics*, 1986, 17 (2).

Khanna T. , and Palepu K. , "Emerging Market Business Groups, Foreign Investors, and Corporate Governance", In *Concentrated Corporate Ownership*, edited by Randall Morck, NBER Conference Report, University of Chicago Press, 2000.

Kim S. , "International Transmission of US Monetary Policy Shocks: Evidence from VAR's", *Journal of Monetary Economics*, 2001, 48 (2).

Kim Y. H. , Yagüe J. , and Yang J. J. , "Relative Performance of Trading Halts and Price Limits: Evidence from the Spanish Stock Exchange", *International Review of Economics and Finance*, 2008, 17 (2).

Kindleberger C. P. , *The Formation of Financial Centers: A Study in Comparative Economic History*, Princeton: Princeton University Press, 1974.

Koop G. , and Korobilis D. , "A New Index of Financial Conditions", *European Economic Review*, 2014 (71).

Koop G. , and Korobilis D. , "Large Time-varying Parameter Vars", *Journal of Econometrics*, 2013, 177 (2).

Kraakman R. , and Black B. S. , "A Self-Enforcing Model of Corporate Law", *Harvard Law Review*, 1998 (109).

Kritzman M. , Li Y. , Page S. , "Principal Components as a Measure of Systemic Risk", *Journal of Portfolio Management*, 2011 (37).

Kritzman M. , Li Y. , "Skulls, Financial Turbulence, and Risk Management", *Financial Analysts Journal*, 2010 (66).

Kryzanowski L. , "The Efficacy of Trading Suspensions: A Regulatory Action Designed to Prevent the Exploitation of Monopoly Information", *The Journal of Finance*, 1979, 34 (5).

Lagunoff, Roger, and Stacey Schreft, "A Model of Financial Fragility", Mimeo, September, 1998.

Lakonishok J., Shleifer A., and Vishny R. W., "Contrarian Investment, Extrapolation, and Risk", *Journal of Finance*, 1994, 49 (5).

La Porta R., Lopez-de-Silanes F., and Shleifer A., "Government Ownership of Banks", *Journal of Finance*, Forthcoming, 2002.

La Porta R., Lopez-de-Silanes F., Shleifer A., and Vishny R., "Investor Protection and Corporate Governance", *Journal of Financial Economics*, 2000, 58 (1).

La Porta R., Lopezdesilanes F., Shleifer A., and Vishny R., "Investor Protection and Corporate Governance", *Journal of Financial Economics*, 2000 (58).

La Porta R., Lopez-de-Silanes F., Shleifer A., and Vishny R., "Law and Finance", *Journal of Political Economy*, 1998 (106).

La Porta R., Lopezdesilanes F., Shleifer A., and Vishny R., "Law and Finance", *Journal of Political Economy*, 1998 (106).

Lee C. M. C., Ready M. J., and Seguin P. J., "Volume, Volatility, and New York Stock Exchange Trading Halts", *The Journal of Finance*, 1994, 49 (1).

Lehnert, Andreas, and Wayne Passmore, "Pricing Systemic Crises: Monetary and Fiscal Policy When Savers are Uncertain", Federal Reserve Board Working Paper, 1999.

LeRoy S. F., and Porter R. D., "The Present-value Relation: Tests Based on Implied Variance Bounds", *Econometrica*, 1981, 49 (3).

Leuz C., and Oberholzer-Gee F., "Corporate Transparency and Political Connections", Office of Research, Unpublished Manuscript, Singapore Management University, 2003.

Leuz C. , and Oberholzer-Gee F. , "Political Relationships, Global Financing, and Corporate Transparency: Evidence from Indonesia", *Journal of Financial Economics*, 2006, 81 (2).

Liao L. , Liu B. , and Wang H. , "China's Secondary Privatization: Perspectives from the Split-Share Structure Reform", *Journal of Financial Economics*, 2014, 113 (3).

Lin Y. , and Chang Y. , "Does Mandating Cumulative Voting Weaken Controlling Shareholders? A Difference-in-differences Approach", *International Review of Law and Economics*, 2017 (52).

Liu J. , Angeles L. , and Thomas J. , "Stock Returns and Accounting Earnings", *Journal of Accounting Research*, 2000, 38 (1).

Liu Z. , and Wang S. , "Understanding the Chinese Stock Market: International Comparison and Policy Implications", *Economic and Political Studies*, 2017, 5 (4).

Loughran T. , and Ritter J. R. , "The New Issues Puzzle", *Journal of Finance*, 1995, 50 (1).

Lubik T. , Schorfheide F. , "A Bayesian Look at New Open Economy Macroeconomics", *NBER Macroeconomics Annual*, 2005 (20).

Lu D. , Li S. F. , and Wu W. X. , "Market Discounts and Announcement Effects of Private Placements: Evidence from China", *Applied Economics Letters*, 2011, 18 (5).

Lunde A. , and Timmermann A. , "Duration Dependence in Stock Prices: An Analysis of Bull and Bear Markets", *Journal of Business and Economic Statistics*, 2004, 22 (3).

Magud N. E. , Reinhart C. M. , Vesperoni E. R. , "Capital Inflows, Exchange Rate Flexibility and Credit Booms", *Review of Development Economics*, 2014, 18 (3).

Mann H. B. , and Whitney D. R. , "On a Test of Whether One of Two Random Variables Is Stochastically Larger than the Other", *Annals of Mathematical Statistics*, 1947, 18 (1).

Marciukaityte D. , Szewczyk S. H. , and Varma R. , "Investor Over-optimism and Private Equity Placements", *Journal of Financial Research*, 2005, 28 (4).

Matheson T. , "New Indicators for Tracking Growth in Real Time", IMF Working Papers, No. 2, 2013.

Mayes D. G. , and Virén M. , "The Exchange Rate and Monetary Conditions in the Euro Area", *Review of World Economics*, 2000, 136 (2).

McKinnon R. , *Money and Capital in Economic Development*, Washington D. C. : Brookings Institution Press, 1973.

McQueen G. , and Thorley S. , "Bubbles, Stock Returns, and Duration Dependence", *Journal of Financial and Quantitative Analysis*, 1994, 29 (3).

Menkhoff L. , "Foreign Exchange Intervention in Emerging Markets: A Survey of Empirical Studies", *The World Economy*, 2013, 36 (9).

Meyer D. R. , "World Cities as Financial Centers", *Globalization and the World of Large Cities*, 1998, 4 (9).

Michaely R. , Thaler R. H. , and Womack K. , "Price Reactions to Dividend Initiations and Omissions: Overreaction or Drift?" *The Journal of Finance*, 1995, 50 (2).

Mokhtar S. H. , and Hassan T. , "Detecting Rational Speculative Bubbles in the Malaysian Stock Market", *International Research Journal of Finance and Economics*, 2006 (6).

Mollan, Simon, and Ranald Michle, "The City of London as an International Commercial and Financial Center since 1900", *Enterprise and Society*, 2012 (13).

Montagnoli A. , and Napolitano O. , "Financial Condition Index and Interest Rate Settings: A Comparative Analysis", Money Macro and Finance, 2004 - 09 - 17.

Morck R. , Yeung B. , and Yu W. , "The Information Content of

Stock Markets: Why Do Emerging Markets Have Synchronous Stock Price Movements?" *Journal of Financial Economics*, 2000 (58).

Nakamoto S., "Bitcoin: A Peer-to-Peer Electronic Cash System", 2008.

Nier E., Yang J., Yorulmazer T., and Alentorn A., "Network Models and Financial Stability", Bank of England Working Paper, No. 346, 2008.

Oates W. E., "Fiscal Federalism", Books, 1972.

Oates W. E., "Searching for Leviathan: An Empirical Study", *The American Economic Review*, 1985, 75 (4).

Obstfeld M., Rogoff K., "Risk and Exchange Rates", *General Information*, 1998 (16).

Obstfeld M., Rogoff K. S., *The Intertemporal Approach to the Current Account*, Elsevier, 1995.

Obstfeld M., Rogoff K., "The Six Major Puzzles in International Macroeconomics: Is There a Common Cause?" Center for International and Development Economics Research, Institute for Business and Economic Research, UC Berkeley, 2000.

Park, Yoon, Yoon S. Park, and Musa Essayyad, "International Banking and Financial Centers", *Springer Science and Business Media*, 1989.

Parrino R., Sias R., and Starks L., "Voting with Their Feet: Institutional Ownership Changes Around Forced CEO Turnover", *Journal of Financial Economics*, 2003 (68).

Poon J. P. H., "Hierarchical Tendencies of Capital Markets Among International Financial Centers", *Growth and Change*, 2003, 34 (2).

Porteous D. J., *The Geography of Finance: Spatial Dimensions of Intermediary Behavior*, Aldershot: Avebury, England, 1995.

Porteous D., "The Development of Financial Centers: Location, Information Externalities and Pathdependence", in: Martin Red, *Money and The Space Economy*, Wiley, Chichester, 1999.

Pound J., "Proxy Contests and the Efficiency of Shareholder Oversight", *Journal of Financial Economics*, 1988 (20).

Prud Homme R. , "Fiscal Decentralization and Intergovernmental Fiscal Relations: Draft Paper for the Participatory Symposium on Decentralization and Local Governance in Africa", United Nations Capital Development Fund, Cape Town, 2001.

Qiang Q. , "Corporate Governance and State-owned Shares in China Listed Companies", *Journal of Asian Economics*, 2003, 14 (5).

Qian Y. , "Enterprise Reform in China: Agency Problems and Political Control", *Economics of Transition*, 1996, 4 (2).

Qian Y. , Roland G. , "Federalism and the Soft Budget Constraint", *American Economic Review*, 1998 (88).

Rae D. , Hanby V. , and Loosemore J. , "Thresholds of Representation and Thresholds of Exclusion: An Analytic Note on Electoral Systems", *Comparative Political Studies*, 1971 (3).

Rapp M. , and Strenger C. , "Corporate Governance in Germany: Recent Developments and Challenges", *Journal of Applied Corporate Finance*, 2015 (27).

Reinhart C. M. , Rogoff K. S. , "The Modern History of Exchange Rate Arrangements: A Reinterpretation", *The Quarterly Journal of Economics*, 2004, 119 (1).

Ritter J. R. , "The Long-Run Performance of Initial Public Offerings", *The Journal of Finance*, 1991, 46 (1).

Rozeff M. S. , and Zaman M. A. , "Market Efficiency and Insider Trading: New Evidence", *Journal of Business*, 1988, 61 (1).

Rudebusch G. D. , "Do Measures of Monetary Policy in a Var Make Sense? A Reply to Christopher A. Sims", *International Economic Review*, 1998, 39 (4).

Samuelson P. A. , "The Pure Theory of Public Expenditure", *The Review of Economics and Statistics*, 1954 (36).

Sarno L. , Taylor M. P. , "Official Intervention in the Foreign Exchange Market: Is It Effective and, If So, How Does It Work?" *Journal of Economic Literature*, 2001, 39 (3).

Schnorbus Y., "Tracking Stock in Germany: Is German Corporate Law Flexible Enough to Adopt American Financial Innovations", *University of Pennsylvania Journal of International Law*, 2001 (22).

Seyhun H. N., "Insiders' Profits, Costs of Trading and Market Efficiency", *Journal of Financial Economics*, 1986 (16).

Seyhun H. N., "The Information Content of Aggregate Insider Trading", *Journal of Business*, 1988 (61).

Seyhun H. N., "Why does Aggregate Insider Trading Predict Future Stock Returns?" *Quarterly Journal of Economics*, 1992, 107 (4).

Shaw E., *Financial Deepening in Economic Development*, Oxford: Oxford University Press, 1973.

Shiller R. J., "Do Stock Prices Move Too Much to Be Justified by Subsequent Changes in Dividends?" *American Economic Review*, 1981, 71 (3).

Shleifer A., and Vishny R. W., "Politicians and Firms", *The Quarterly Journal of Economics*, 1994, 109 (4).

Shleifer A., "State Versus Private Ownership", National Bureau of Economic Research, No. w6665, 1998.

Steadman C., and Gibson G., "Should Cumulative Voting for Directors be Mandatory: A Debate", *The Business Lawyer*, 1955 (11).

Stefano G., Byran K., Seth P., "Systemic Risk and Macroeconomy: An Empirical Evaluation", *Journal of Financial Economics*, 2016 (119).

Steinsson J., "The Dynamic Behavior of the Real Exchange Rate in Sticky Price Models", *American Economic Review*, 2008, 98 (1).

Sturdy H., "Mandatory Cumulative Voting: An Anachronism", *The Business Lawyer*, 1961 (16).

Swiston A. J., "Financial Conditions Index: Putting Credit Where

Credit Is Due", *Social Science Electronic Publishing*, 2008 (8).

Tan R. S. , and Yeo W. Y. , "Voluntary Trading Suspensions in Singapore", *Applied Financial Economics*, 2003, 13 (7).

Tarashev N. , Borio C. , and Tsatsaronis K. , "Attributing Systemic Risk to Individual Institutions", BIS Working Papers, No. 308, May, 2010.

Tatsuta M. , "Restrictions on Foreign Investment: Developments in Japanese Law", *University of Pennsylvania Journal of International Law*, 1981 (3).

Theissen E. , and Westheide C. , "Call of Duty: Designated Market Maker Participation in Call Auctions", CFR Working Paper, 2017.

Tian G. G. , Ma S. , "The Relationship between Stock Returns and the Foreign Exchange Rate: The ARDL Approach", *Journal of the Asia Pacific Economy*, 2010, 15 (4).

Tiebout C. M. , "A Pure Theory of Local Expenditures", *Journal of Political Economy*, 1956, 64 (5).

Uhlig H. , "Shocks, Sign Restrictions, and Identification", in *Advances in Economics and Econometrics: Volume 2: Eleventh World Congress* (Vol. 59, p. 95), Cambridge: Cambridge University Press, 2017.

Uhlig H. , "What Are the Effects of Monetary Policy on Output? Results from an Agnostic Identification Procedure", *Journal of Monetary Economics*, 2005, 52 (2).

Walque G. D. , Lejeune T. , Rychalovska Y. , "An Estimated Two-country EA-US Model with Limited Exchange Rate Pass-through", Working Paper Research, 2017.

Wang J. , "A Comparison of Shareholder Identity and Governance Mechanisms in the Monitoring of CEOs of Listed Companies in China", *China Economic Review*, 2010, 21 (1).

Wang M. , and Wong M. C. S. , "Rational Speculative Bubbles in the US Stock Market and Political Cycles", *Finance Research Letters*, 2015 (13).

Webb M. C. , "Capital Mobility and the Possibilities for International Policy Coordination", *Policy Sciences*, 1994, 27 (4).

Webb M. C. , "International Economic Structures, Government Interests, and International Coordination of Macroeconomic Adjustment Policies", *International Organization*, 1991, 45 (3).

West K. D. , "A Specification Test for Speculative Bubbles", *The Quarterly Journal of Economics*, 1988, 102 (3).

Wruck K. H. , "Equity Ownership Concentration and Firm Value: Evidence from Private Equity Financings", *Journal of Financial Economics*, 1987, 23 (1).

Wu L. , "Market Reactions to the Hong Kong Trading Suspensions: Mandatory Versus Voluntary", *Journal of Business Finance and Accounting*, 1998, 25 (3 - 4).

Xu H. C. , Zhang W. , and Liu Y. F. , "Short-term Market Reaction after Trading Halts in Chinese Stock Market", *Statistical Mechanics and its Applications*, 2014 (401).

Zhang B. , "Duration Dependence Test for Rational Bubbles in Chinese Stock Market", *Applied Economics Letters*, 2008, 15 (8).

Zhao A. , and Brehm A. , "Cumulative Voting and the Conflicts between Board and Minority Shareholders", *Managerial Finance*, 2011, 37 (5).

Zheng L. , Pappa E. , "Gains from International Monetary Policy Coordination: Does It Pay to Be Different?" *Journal of Economic Dynamics and Control*, 2008, 32 (7).

巴曙松，韩明睿．基于 SVAR 模型的金融形势指数．宏观经济研究，2011 (4).

巴曙松，王凤娇，孔妍．系统性金融风险的测度方法比较．湖北经济学院学报，2011，9 (1).

白雪梅，石大龙．中国金融体系的系统性风险度量．国际金融研究，2014 (6).

卞志村，孙慧智，曹媛媛．金融形势指数与货币政策反应函数在中国的实证检验．金融研究，2012（8）．

陈华．央行干预使得人民币汇率更加均衡了吗？经济研究，2013（12）．

陈伊莉．一文览尽大数据、人工智能、区块链、云计算在金融领域的全景应用，2017-08-11．

陈玉罡．累积投票制、利益侵占与公司绩效．财贸研究，2015（26）．

陈玉罡，许金花，李善民．对累积投票制的强制性规定有效吗？管理科学学报，2016（19）．

成为，王碧峰，何青，杨晓光．基于风险-收益模型的外汇储备币种结构的多因素分析．管理评论，2013，25（2）．

邓创，席旭文．中美货币政策外溢效应的时变特征研究．国际金融研究，2013（9）．

狄剑光，武康平．房地产因素对我国货币流通速度影响的研究．中国经济问题，2013（3）．

刁节文，章虎．基于金融形势指数对我国货币政策效果非线性的实证研究．金融研究，2012（4）．

范文仲．国际经济政策协调的含义、目标和途径．世界经济与政治，1996（6）．

方意．货币政策与房地产价格冲击下的银行风险承担分析．世界经济，2015（7）．

方意，赵胜民，王道平．我国金融机构系统性风险测度与监管——基于 DCC-GARCH 模型的研究．金融监管研究，2012（11）．

冯德连，葛文静．国际金融中心成长的理论分析．中国软科学，2004（6）．

干杏娣，杨金梅，张军．我国央行外汇干预有效性的事件分析研究．金融研究，2007（9A）．

刚健华，何青．日本大地震的溢出性经济影响与中国对策．经济理论与经济管理，2011（6）．

高国华．逆周期资本监管框架下的宏观系统性风险度量与风险识别研究．国际金融研究，2013（3）．

戈志武. 对我国信贷市场信用评级发展的思考. 征信, 2016, 34 (10).

管涛. 四次人民币汇改的经验与启示. 金融论坛, 2017 (3).

郭喜才. 基于互联网金融背景下的中小型科技企业融资问题研究. 科学管理研究, 2014 (4).

郭晔, 杨娇. 货币政策的指示器——FCI 的实证检验和比较. 金融研究, 2012 (8).

韩飚, 刘胜会, 张宏伟, 孙景德, 曾辉, 洪波. 中小企业融资成本调查及思考——基于全国 18 个地市问卷调查的实证分析. 金融发展评论, 2014 (1).

韩晴. 独立董事治理与声誉回报——基于累积投票选举的分析. 暨南学报 (哲学社会科学版), 2016 (38).

何青, 杜巨澜, 薛畅. 中国消费风险分担偏低之谜. 经济研究, 2014, 49 (S1).

何青, 房睿. 内幕交易监管: 国际经验与中国启示. 经济理论与经济管理, 2013 (7).

何青, 冯浩铭, 余吉双. 应对新冠疫情冲击的货币政策国际协调. 经济理论与经济管理, 2021, 41 (5).

何青, 甘静芸, 刘舫舸, 张策. 逆周期因子决定了人民币汇率走势吗? 经济理论与经济管理, 2018 (5).

何青, 郭泳秀. 公司治理模式下累积投票制的作用、问题与改进方案——基于国际比较的视角. 金融监管研究, 2018 (2).

何青, 李东旭. 企业异质性风险影响经理人变更吗——来自中国上市公司的证据. 经济理论与经济管理, 2014 (12).

何青. 内部人交易与股票市场回报——来自中国市场的证据. 经济理论与经济管理, 2012 (2).

何青, 钱宗鑫, 郭俊杰. 房地产驱动了中国经济周期吗? 经济研究, 2015, 50 (12).

何青, 钱宗鑫, 刘伟. 中国系统性金融风险的度量——基于实体经济的视角. 金融研究, 2018 (4).

何青，余吉双，涂永红．人民币与新兴市场货币的联动分析．金融评论，2019，11（5）．

何青，张策，郭俊杰．人民币汇率指数有效性研究．国际金融研究，2018（1）．

何青，张策，田昕明．中国工业企业无利润扩张之谜．经济理论与经济管理，2016（7）．

胡萍，周萃．融资性担保行业在保余额超2万亿元．金融时报，2013 - 06 - 28．

黄解宇，杨再斌．金融聚集论：金融中心形成的理论与实践解析．北京：中国社会科学出版社，2006．

黄梅波，陈燕鸿．当前金融危机下的国际宏观经济政策协调．世界经济与政治论坛，2009（2）．

黄宪，杨子荣．中国货币政策会冲击到美国货币政策吗——基于效应外溢的视角．国际金融研究，2016（1）．

黄运成，杨再斌．关于上海建设国际金融中心的基本设想．管理世界，2003（11）．

金中夏，洪浩．国际货币环境下利率政策与汇率政策协调．经济研究，2015（5）．

金中夏，洪浩．开放经济条件下均衡利率形成机制——基于动态随机一般均衡模型（DSGE）对中国利率变动规律的解释．金融研究，2013（7）．

京东金融研究院．2017金融科技报告：行业发展与法律前沿（摘要版），2017 - 06 - 17．

36氪研究院．科技炼金 融创未来——FinTech行业研究报告，2016 - 07 - 21．

36氪研究院．如虎傅翼 革故鼎新——FinTech行业研究报告，2017 - 09 - 25．

黎伟，许桂华．"金融脱实向虚"形成机制的理论解释与经验证据．统计与决策，2021，4（13）．

李华民，刘芬华，赵丹妮．信用积累与中小企业融资．征信，

2009，27（4）.

李建军，胡凤云．中国中小企业融资结构、融资成本与影子信贷市场发展．宏观经济研究，2013（5）.

李建军．中国货币状况指数与未观测货币金融状况指数——理论设计、实证方法与货币政策意义．金融研究，2008（11）.

李仁真，申晨．Fintech 监管的技术创新与改革．湖北社会科学，2017（6）.

李伟，朱烨东．中国区块链发展报告（2017）．北京：社会科学文献出版社，2017.

梁帅．地方政府债务管理，财政政策转向与经济增长．管理世界，2017（4）.

林毅夫，孙希芳，姜烨．经济发展中的最优金融结构理论初探．经济研究，2009（8）.

林毅夫，孙希芳．信息、非正规金融与中小企业融资．经济研究，2005（7）.

零壹智库．2017 年全球金融科技发展指数（GFI）与投融资年报，2018－01－11.

零壹智库．2016 年全球金融科技投融资与指数报告，2016－01－10.

陆志明，程实．外汇干预与就业，宏观经济增长研究——以 1994—2007 年中国外汇干预实证研究为例．财经研究，2009，35（4）.

吕江林，赖娟．我国金融系统性风险预警指标体系的构建与应用．江西财经大学学报，2011（2）.

罗煜，甘静芸，何青．中国金融形势的动态特征与演变机理分析：1996—2016．金融研究，2020（5）.

罗煜，何青，薛畅．地区执法水平对中国区域金融发展的影响．经济研究，2016，51（7）.

茆训诚，王周伟，吕思聪．宏观审慎调控框架下系统性风险管理体系的构建研究．金融管理研究，2014（1）.

梅慎实，现代公司机关权力构造．北京：中国政法大学出版社，1996.

米璨．我国地方政府投融资平台产生的理论基础与动因．管理世界，2011（3）．

倪意．投资者利益保护与累积投票制．财会月刊，2009（11）．

潘英丽．金融中心形成的微观基础——金融机构的空间聚集．上海财经大学学报，2003（1）．

钱颖一，许成钢．中国的经济改革为什么与众不同：M型的层级制和非国有部门的进入与扩张．经济社会体制比较，1993（1）．

钱玉林．累积投票制的引入与实践——以上市公司为例的经验性观察．法学研究，2013（35）．

丘邦翰，胡志宏．金融科技对金融风险管理影响之探讨．海峡科学，2017（5）．

饶余庆．香港——国际金融中心．北京：商务印书馆，1997．

任兴磊，谢军占，沈亚桂．分析与展望：中国中小微企业生存发展报告2016—2017．北京：中国经济出版社，2017．

如是金融研究院．金融科技：一场静悄悄的革命，金融科技研究手册第1集，2017-03-07．

尚玉皇，郑挺国．中国金融形势指数混频测度及其预警行为研究．金融研究，2018（3）．

苏冬蔚，毛建辉．股市过度投机与中国实体经济：理论与实证．经济研究，2019，54（10）．

苏静．我国发展信用保证保险面临的挑战及对策．中国保险，2018（1）．

孙东升，兰弘，范林青．资本账户开放、汇率浮动与货币政策选择．国际金融研究，2017（2）．

孙红燕，王雪敏，管莉莉．金融"脱实向虚"测度与影响因素研究——基于全球价值链的视角．国际金融研究，2020，4（9）．

孙立坚．开放经济中的外部冲击效应和汇率安排．上海：上海人民出版社，2005．

陶玲，朱迎．系统性金融风险的监测和度量——基于中国金融体系的研究．金融研究，2016（6）．

王爱俭，邓黎桥．中央银行外汇干预：操作方式与效用评价．金融研究，2016（11）.

王芳，甘静芸，钱宗鑫，何青．央行如何实现汇率政策目标——基于在岸-离岸人民币汇率联动的研究．金融研究，2016（4）.

王芳．人民币汇率改革评析．经济理论与经济管理，2013（12）.

王芳，张策，何青，钱宗鑫．人民币区域化能促进贸易一体化吗？国际金融研究，2017（7）.

王继军．股份有限公司累积投票制度研究．中国法学，1998（5）.

王丽辉．金融科技与中小企业融资的实证分析——基于博弈论的视角．技术经济与管理研究，2017（2）.

王世春，钱红燕，陈勇．探析"融资难"：解中小企业发展之困——常州市中小企业融资成本相关调研报告．价格理论与实践，2013（8）.

王叙果，陆凯旋．国际货币政策协调收益的研究现状及述评．世界经济与政治论坛，2009（4）.

魏加宁．地方政府投融资平台的风险何在．中国金融，2010（16）.

吴晶妹，2018年展望：征信面临突破．征信，2018（1）.

吴晶妹．我国社会信用体系建设五大现状．征信，2015（9）.

吴磊磊，陈伟忠，刘敏慧．公司章程和小股东保护——来自累积投票条款的实证检验．金融研究，2011（2）.

肖崎．现代金融体系下系统性风险的演变与防范．金融发展研究，2012（1）.

肖强，司颖华．我国FCI的构建及对宏观经济变量影响的非对称性．金融研究，2015（8）.

薛畅，何青．汇率波动与货币国际化路径——基于门限面板回归的分析．经济学报，2016，3（3）.

姚耀军，董钢锋．中小企业融资约束缓解：金融发展水平重要抑或金融结构重要？——来自中小企业板上市公司的经验证据，金融研究，2015（4）.

余辉，余剑．我国金融状况指数构建及其对货币政策传导效应的启示——基于时变参数状态空间模型的研究．金融研究，2013（4）.

余永定，肖立晟．完成"811汇改"：人民币汇率形成机制改革方向分析．国际经济评论，2017（1）.

张保华，张宏杰．从累积投票制数学原理评我国上市公司相关实践．管理世界，2012（3）.

张成思，刘贯春．经济增长进程中金融结构的边际效应演化分析．经济研究，2015（12）.

张捷，王霄．中小企业金融成长周期与融资结构变化．世界经济，2002（9）.

张翔，何平，马菁蕴．人民币汇率弹性和我国货币政策效果．金融研究，2014（8）.

张勇．热钱流入、外汇冲销与汇率干预——基于资本管制和央行资产负债表的 DSGE 分析．经济研究，2015（7）.

张幼文．国际金融中心发展的经验教训——世界若干案例的启示.社会科学，2003（1）.

赵驰，周勤，汪建．信用倾向、融资约束与中小企业成长——基于长三角工业企业的实证．中国工业经济，2012（9）.

赵文胜，张屹山．货币政策冲击与人民币汇率动态．金融研究，2012（8）.

赵鹞．Fintech 的特征、兴起、功能及风险研究．金融监管研究，2016（9）.

中国人民大学课题组，吴晓求．"十四五"时期中国金融改革发展监管研究．管理世界，2020，36（7）.

中国信息通信研究院．中国金融科技前沿技术发展趋势及应用场景研究，2018-01-16.

周黎安．晋升博弈中政府官员的激励与合作——兼论我国地方保护主义和重复建设问题长期存在的原因．经济研究，2004，6（1）.

周黎安，李宏彬，陈烨．相对绩效考核：中国地方官员晋升机制的一项经验研究．经济学报，2005，1（1）.

周黎安．中国地方官员的晋升锦标赛模式研究．经济研究，2007（7）.

周小川．金融政策对金融危机的响应——宏观审慎政策框架的形成背景、内在逻辑和主要内容．金融研究，2011（1）.

周雪光."关系产权":产权制度的一个社会学解释.社会学研究,2005,2(3).

祝志勇,高扬志.财政压力与官员政绩的牵扯:细究地方政府投融资平台.改革,2010(12).